법조윤리
사례연구

법조윤리 사례연구

박 휴 상

전남대학교출판부

서문

'전문직(profession)'으로서의 법조와 그 역할 및 가치에 대한 기본적인 이해는 법학교육 이수를 위한 주춧돌이라고 할 수 있다. 법조윤리가 법학전문대학원 교과과정에서 필수 교과목으로 지정되고, 변호사의 자격취득을 위한 필요요건으로 법조윤리시험의 합격을 요구하고 있는 것은 바로 이 때문이다.

법조윤리는 법조인이 실제 분쟁의 현장에서 마주하게 되는 여러 상황, 특히 법률 외적인 상황을 판단하는 데 있어서 매우 유용한 길잡이가 되어준다. 법조인으로서 직무를 수행함에 있어서 종종 느끼는 부담감은 대체로 법률지식 보다는 법률 외적인 상황으로부터 야기되는 경우가 많은데, 이때 법조윤리는 법조인으로 하여금 심적인 부담감을 덜게 하고 가장 바람직한 판단을 내릴 수 있도록 도와주는 지침의 역할을 한다. 따라서 법조윤리 교육은 단순히 이론적인 수준에만 머무는 것보다는 실제 상황에서 직접 응용할 수 있는 사례형 중심의 교육으로 나아갈 때 더욱 의미 있는 교육이라고 할 수 있을 것이다.

이러한 취지에서 이 책은 법조윤리 교과목을 이해하고 법조윤리시험을 준비하고자 하는 학생들에게 학업적인 길잡이가 되어주는 데 머무르지 않고, 앞으로 수행하게 될 법조업무에 있어서 직접 적용 가능한 실제적이고 유용한 지침서가 될 수 있도록 구성되어 있다. 이를 위하여 특히 다음의 점을 강조하여 서술하였다.

첫째, 법조윤리규정의 이해를 돕고자 각각 주제별로 사례화하고 이를 해설하는 방식으로 기술했다.

둘째, 2011년까지의 주요 판례는 물론 대한변호사협회의 주요 질의회신내용을 사례화하여 가능한 한 모두 해설하고자 노력했다.

셋째, 최근에 개정된 변호사법 및 외국법자문사법 등을 포함하여 관련 규정의 내용들을 정리하고 상세하게 설명하고자 했다.

넷째, 우리나라의 실무 사례가 없는 경우에는 우리와 법제도가 유사한 일본의 사례를 소개하는 등 대부분의 주요 쟁점을 사례형 문제로 다루어 볼 수 있도록 구성하였다.

다섯째, 이러한 사례를 소개하고 해설함에 있어 그 기초가 된 법조윤리의 이론을 설명하는 데 소홀함이 없도록 하였다. 이러한 기초이론은 본인의 저서 '법조윤리'(2011년 제2판, 도서출판 피데스)를 비롯한 국내외 법조윤리 교과서를 참조하여 기술하였다. 이론적으로 부족한 부분이나 더 자세한 내용을 알고자 할 때에는 위 문헌들을 참고하기 바란다.

아무쪼록 이 책이 법조윤리를 공부하는 학생들과 법률분쟁의 현장에서 법조윤리적인 판단의 갈림길에서 어려움을 겪고 있는 실무 법조인들에게 실제적이고 유용한 도움이 될 수 있기를 기대한다.

이 책을 출간하기까지 여러 사람의 도움이 있었다. 이 책의 출간을 위하여 교정과 색인작업에 힘써준 법학전문대학원의 연구조교 이기탁 군에게 고마움을 표한다. 더불어 이 책의 전체적인 편집을 맡아준 전남대학교출판부 윤화정 님에게 깊은 감사의 마음을 전하고 싶다.

2011년 11월

저자 씀

목차

제1장 총설

제2장 변호사윤리의 일반론

제3장 법률사무소의 개설과 운영

제4장 변호사 · 의뢰인의 관계

제5장 변호사의 기본의무

제6장 이익충돌회피의무

제7장 변호사의 직무에 관한 의무

제8장 변호사의 광고

제9장 변호사의 보수

제10장 공동사무소 · 법무법인 · 기업변호사의 윤리

제11장 상대방 · 다른 변호사 · 법원과의 관계

제12장 형사변호의 윤리

제13장 변호사의 사회활동

제14장 변호사의 징계

제15장 법관과 검사의 윤리

제1장 총설

Ⅰ. 법조윤리의 특징

> 법조는 중세 이래 성직자, 의사와 함께 3대 전문직(profession)으로 불리며, 이들에게는 일반 시민과는 다른 윤리가 요구되어 왔다. 법조윤리란 무엇인가? 법조윤리는 전문직 윤리로서 어떠한 특징을 가지고 있는가? 일반적인 사회윤리 및 개인윤리와는 어떻게 다른가?

1. 윤리로서의 법조윤리

(1) 법조윤리(Legal Ethics)란 "법조가 법시스템, 사법제도, 사회일반, 의뢰인, 법조상호관계, 소속조직에 대하여 그 직무의 수행에 있어 준수하여야 할 가치 · 원리 · 규칙 등의 행동기준"[1]을 말한다. 여기서 법조란, 법의 운용에 관련된 전문직 집단으로서의 법관, 검사 및 변호사의 3자를 지칭하는데, 이들에게는 일반시민과는 다른 특별한 윤리가 요구된다.

(2) 법조윤리의 내용은 법조로서 마땅히 지켜야 할 자세를 지도하는 자율적 · 자주적 규범으로부터, 징계나 형벌의 근거규정이 되는 강제적인 실정법규범까지 다양하다. 일반적으로는 실정법규범을 포함하여 법조가 직무수행에 있어서 준수해야 할 행동기준 전체를 법조윤리라고 부른다.[2]

(3) 법조윤리는, 변호사윤리가 중심을 이루고 있지만, 변호사, 법관, 검사 3자에 공통되는 윤리와 3자 각기 특유한 윤리가 있음을 고려하여, 변호사윤리뿐만 아니라 법관윤리, 검사윤리를 포함하는 광의의 의미로 이해하는 것이 적절하다.[3]

---

1) 小島 등(1면).
2) 小島 등(2면).
3) 小島 등(2면).

(4) 법조윤리의 특질로서 가장 중요한 것은 그것이 의료윤리(medical ethics) 등과 함께, 전문직 윤리의 일종이라는 점이다. 미국에서는 법조윤리를 전문직 책임(professional responsibility)이라 부른다. 전문직이 통상의 직업과 구별되는 것은 자율적인 직업단체를 형성하고, 고도의 전문적 지식에 기하여 독특한 공공적 서비스를 제공하는 직무를 독점적으로 수행함과 동시에, 그에 수반되는 서비스 질의 확보와 윤리의 확립에 책임을 부담하고 있다는 점이다. 따라서 전문직 윤리도 이와 같은 조직의 자치권능을 기초로 하고 있다는 점에 중요한 특징이 있고, 그 전문성의 확립과 밀접하게 관련되어 있다.[4)]

2. 전문직(profession)으로서의 법조

(1) 법조윤리는 위와 같이 전문직 윤리로서, 법조가 그 역할 내지 직책상, 개인적으로나 조직적으로 부담해야 할 특별한 윤리적 책임을 중심으로 논해지고 있다. 법조윤리는 일종의 역할윤리로서, 시민일반의 도덕과는 구별된다. 시민으로서의 통상적인 책임·의무와 법조로서의 독자적인 책임·의무가 충돌하는 경우도 적지 않다. 이 때문에 법조윤리의 특징과 기능을 이해하기 위해서는 윤리의 일환으로서 뿐만 아니라 전문직으로서의 법조의 역할 내지 직책론의 관점에서도 고찰할 필요가 있다.[5)]

(2) 전문직으로서의 법조의 특징으로는 ① 특수한 교육과 훈련에 의해 전문적 지식을 갖추고 있다는 점(전문성), ② 사회의 모든 사람들에게 개방된 서비스를 제공하는 공공적 활동을 한다는 점(공공성), ③ 자격부여·교육훈련·규율유지 등의 권한과 책임을 가진 자율적인 단체가 존재한다는 점(자치성)의 3가지 조건을 드는 것이 일반적이다. 그 위에 ④ 개개의 법조가 다른 누구에게도 종속되지 않고, 독립하여, 책임 있는 자기 판단에 따라 직무를 수행한다는 직무수행의 독립성과 자율성의 조건을 추가하는 경우(독립성, 자율성)도 있다.[6)]

(3) 전문직 윤리라 함은 광의로는 전문직으로서 활동함에 있어서 마땅히 지켜야 할 기준을 의미한다. 이러한 기준으로는 ① 전문직으로서 활동하기 위해 습득해야 하는 필요 최소한의 행동기준, ② 위반 시에 동료로부터 비판을 받고, 때로는 동료 또는 조직된 단체

4) 박휴상(15-17면) 참조.
5) 小島 등(4면).
6) 高中(2면), 小島 등(5면).

로부터 정식의 제재(징계 등)를 받아야 되는 행위규범(협의의 전문직 윤리), 나아가 ③ 위반시에 국가법상의 제재(주로 형벌)가 부과되어 법적 의무로 되는 것 등 여러 가지가 있다. 협의의 전문직 윤리라 할 때에는 ②의 경우, 그 중에서도 성문으로 되어 있는 것(장전, 전범)을 지칭하는 것이 보통이다. 따라서 전문직 윤리에서는 일반적으로 그 위반에 대하여 부과되는 제재(자주적 제재 = 규제)가 동시에 문제된다.[7] 전문직이 윤리(혹은 윤리강령)를 가지고 있다고 할 때에는 동시에 자주적인 제재를 위한 기구를 가지고 있다는 것을 의미하는 것이 보통이다.[8]

Ⅱ. 법조윤리의 기능

(1) 법조윤리는 위에서 언급한 전문직으로서의 법조의 4가지 조건(전문성, 공공성, 자치성, 독립성)을 확보하는 것과 밀접하게 관련되어 있다. 특히 변호사의 윤리는 조직의 자치권능을 기초로 하여 이루어지고 있다는 데 그 의의가 있다. 즉 자율적인 변호사단체를 조직하여, 독자의 직업윤리를 확립하고 실효성 있게 제재를 행함으로써, 자기규율기능을 적정하게 수행하고 있다는 점이 그 특징이다

(2) 그러므로 법조윤리의 제1차적인 기능은, 법조단체로 하여금 그 구성원인 법조가 직무를 수행함에 있어서 자율적으로 준수해야 할 윤리적 행위규범을 정하도록 하고, 그러한 자기규율을 통해 직업윤리를 유지 · 향상시키는 데 있다.

(3) 그러나 법조 개개의 자기규율과 상호비판만으로 법조윤리가 반드시 실효성 있게 유지 · 향상되는 것은 아니다. 따라서 법조단체의 자치기능은 위와 같이 윤리적 행위규범을 지도하는 것에 추가하여, 중대한 규범위반에 대해서, 징계 등의 제재를 가함으로써 기강을 유지하는 권한도 포함하고 있는 것이 일반적이다. 이와 같이 법조윤리위반이 징계사유로 되는 경우에는 단체 내부의 일종의 행정처분의 재결규범으로서의 기능을 갖게 된다. 법조윤리규범 위반 중에는 변호과오 등의 민사책임, 비밀누설죄 등의 형사책임, 판사 · 검사에 대한 국가배상책임 등의 법적책임을 단체 내부의 처분과는 별개의 사법절차에 의해

7) 小島 등(5, 6면).
8) 박휴상(18, 19면) 참조.

서 추궁되는 사례가 있다. 그러한 경우에는 법조윤리가 사법적인 재결규범으로서의 기능도 갖게 된다.

(4) 법조윤리는 이상과 같이 법조의 직무상의 행위규범을 기초로 하면서, 단체 내부의 행정처분의 재결규범, 나아가 사법절차에 의한 법적 책임추궁의 재결규범으로서 기능을 하고 있다. 이렇듯 자율보다는 강제의 계기가 강화됨에 따라, 법조윤리의 규정방식도, 법조가 지켜야 할 자세나 갖추어야 할 덕성을 지도하는 '일반적 추상적인 이상・가치의 원리'로부터, 법조가 준수해야 할 의무나 책임의 구체적 내용에 대하여 '요건=효과를 명확히 하는 준칙'을 정하는 방향으로 진행되는 경향이 있는데, 이를 법조윤리의 '법화'경향이라 한다.[9)]

Ⅲ. 법조윤리의 근거

> 변호사에 대한 징계제도를 운용함에 있어서 변호사윤리장전의 존재는 징계와 어떠한 관계가 있는가?

우리나라 법조윤리는 단순히 자율적・자주적인 윤리적 행위규범에 그치지 않고, 강제적인 실정법규범으로도 구성되어 있다. 즉, 법조윤리 중 변호사윤리는 변호사법, 변호사회의 회칙 및 변호사윤리장전 등에 규정되어 있으며, 법관 및 검사의 윤리는 법관윤리강령, 검사윤리강령 등을 제정하여 시행중이다.

1. 변호사법

(1) 실정법규범으로는 변호사법이 그 대표적인 예이다. 변호사법에서는 변호사윤리의 방향과 기본을 정하고 있다. 그 중에서 변호사윤리와 직결된 부분으로는 제1장(변호사의 사명과 직무), 제4장(변호사의 권리와 의무), 제9장(법조윤리협의회), 제10장(변호사의 징계 및 업무정지) 등을 들 수 있다.

---

9) 小島 등(14, 15면), 박휴상(20, 21면) 참조.

(2) 이들 중 제4장 '변호사의 권리와 의무'는 변호사의 윤리와 관련된 내용을 구체적으로 규정하고 있다. 예컨대, 품위유지의무(24조 1항)와 같은 직무 내외를 막론하는 일반적인 의무뿐만 아니라 진실의무(24조 2항), 회칙준수의무(25조), 비밀유지의무(26조), 공익활동 등 지정업무처리의무(27조), 장부의 작성·보관(28조), 수임사건의 건수 및 수임액의 보고(28조의2) 등 직무와 관련된 구체적 의무까지 규정하고 있다.

(3) 이러한 변호사법상의 의무규정에 위반한 행위는 동법 91조 2항에 의해 징계사유가 된다. 경우에 따라서는 형사처벌의 대상이 된다.

2. 변호사회의 회칙

(1) 변호사법에 의하면 변호사의 윤리에 관한 구체적 내용은 변호사회의 회칙으로 정하도록 규정하고 있다. 대한변호사협회 회칙에는 '회원의 권리 및 의무에 관한 사항'과 '회원의 지도 및 감독에 관한 사항'이 필요적 기재사항이다(법 80조). 지방변호사회의 회칙도 위와 같은 필요적 기재사항을 규정해야 한다(법 66조).

(2) 이에 따라 대한변호사협회회칙은 9조에서 '회원의 의무'를 정하고 있다. 1항에서 "모든 회원은 이 회의 회칙, 규칙, 규정 및 결의를 준수하여야 하며, 이 회로부터 지정 또는 위탁받은 사항을 신속·정확하게 처리하여야 한다"고 일반적인 의무를 규정하고, 회비납부(2항), 지정한 업무의 성실처리(3항), 수임사무작성·보관(4항), 변호인선임서 등의 제출과 지방변호사경유(5항, 6항) 등을 구체적인 의무로서 명시하고 있다.

(3) 이러한 회칙에 위반한 행위도 변호사법 91조 2항에 의하여 징계사유가 된다.

3. 변호사윤리장전

(1) 변호사의 전형적인 윤리규정으로는 변호사윤리장전이 있다. 이 윤리장전은 대한변호사협회의 자율적·자주적인 규정이다. 윤리장전은 1958. 9.부터 서울변호사회와 대한변호사협회가 공동으로 제정에 착수하여, 1962. 6. 30. 선포한 것이다. 그동안 변화된 사회현실과 시대적 요구에 맞추어 윤리장전은 수차례의 개정을 거쳐, 7개항의 윤리강령과 본문 5장 38개조의 윤리규칙으로 구성된 현행 윤리장전에 이르게 되었다.

(2) 변호사윤리장전은 "윤리강령"의 부분과 "윤리규칙"의 부분으로 나누어진다. 윤리강령은 다음과 같다.

1. 변호사는 기본적 인권의 옹호와 사회정의의 실현을 사명으로 한다.
2. 변호사는 성실·공정하게 직무를 수행하며 명예와 품위를 보전한다.
3. 변호사는 법의 생활화 운동에 헌신함으로써 국가와 사회에 봉사한다.
4. 변호사는 용기와 예지와 창의를 바탕으로 법률문화향상에 공헌한다.
5. 변호사는 민주적 기본질서의 확립에 힘쓰며 부정과 불의를 배격한다.
6. 변호사는 우애와 신의를 존중하며, 상호부조·협동정신을 발휘한다.
7. 변호사는 국제 법조 간의 친선을 도모함으로써 세계 평화에 기여한다.

이와 같이 윤리강령은 변호사의 행동을 지도하는 '일반적, 추상적인 가치·원리'를 담고 있다. 이 내용은 추상적이고 선언적이어서 이로부터 직접 구체적인 직무규범을 도출할 수는 없다.

윤리규칙은 총 38조에 이르는 매우 구체적인 내용을 담고 있다. 이 윤리규칙은 변호사가 직무를 수행함에 있어서 반드시 지켜야 할 행위규범이다.

(3) 변호사윤리장전은 징계 등 강제규범 또는 징계 사유로 규정화한 것이 아니라, 개개의 변호사가 직무를 수행함에 있어서 자율적으로 준수해야 할 윤리적 행위규범으로서 이것을 확인하고, 스스로 부과하려는 데 그 취지가 있다고 할 것이다. 따라서 윤리장전의 위반이 직접 변호사법 91조의 징계사유가 되는 것은 아니다. 징계사유는 변호사법 91조의 규정 자체에 의해 판단해야 하는 것이지, 변호사윤리조항을 해석하는 방법에 의해 결정되는 것은 아니기 때문이다.[10] 그러나 윤리장전을 위반한 행위가 상당성 내지 합리성의 범위를 넘었을 때에는 변호사법 91조의 품위를 손상하는 행위로서 징계사유가 된다.

4. 법관·검사의 윤리강령

(1) 법관에 대해서는 「법관윤리강령」이 1995. 6. 23.에 제정(2006. 5. 25. 개정)되어 시행중이며, 검사에 대해서도 「검사윤리강령」이 1999. 1. 1.부터 시행중이다. 또한 징계에 관해서는 법관징계법과 검사징계법이 각 제정되어 실시되고 있다.

---

10) 사법연수원(198면), 박휴상(33면).

(2) 이 윤리강령들은 법관이나 검사의 윤리 기준에 관한 것이며, 동시에 행위 전범의 성격을 가진다. 그러므로 이 강령에는 추상적 윤리 기준에 관한 선언적 규정과 행동에 관한 지침적 규정이 혼재되어 있다.

(3) 이 강령은 기본적으로 법관이나 검사에 대한 선언적 · 권고적 성격을 가지는 것으로서, 이를 위반한 행위는 상당성 내지 합리성의 범위를 넘었을 때 징계사유가 된다. 이 강령은 법관이나 검사의 자각과 양심에 호소하고 있으며, 모든 법관이나 검사가 스스로 책임과 규율 아래 강령의 내용을 지켜나갈 것을 선언하고 있다. 그러나 법관이나 검사가 상당성 내지 합리성의 범위를 넘어 이 강령을 위배함으로써 징계의 대상이 되었을 때는 이 강령의 내용이 징계의 기준이 될 수 있으므로, 이 강령의 강제적 측면이 전적으로 배제되는 것은 아니다.

해설

1) 변호사법 91조는 징계사유로서, '변호사법에 위반한 경우,' '소속 지방변호사회 또는 대한변호사회협회의 회칙 · 규칙에 위반하는 행위' 또는 '직무의 내외를 막론하고 변호사로서의 품위를 손상하는 행위'를 정해 놓고 있다. 이들 법정요건에 해당하는 행위는 모두 징계의 대상이 되는 한편, 이에 해당되지 않는 행위는 징계대상이 되지 않는다. 이것은 변호사윤리라는 이름으로 새로운 징계사유를 창설하는 것이 허용되지 않는다는 점과, 아울러 변호사윤리에 규정되지 않았다고 해서, 법정요건에 해당되는 행위를 면책하는 것은 아니라는 점을 말해준다. 다시 말하면, 징계사유는 변호사법 91조의 규정 자체에 의해서 판단해야 하고, 변호사윤리장전을 해석하는 방법에 따라 결정해야 하는 것은 아니다.

2) 그러나 변호사윤리장전이 징계사유와 전혀 무관한 것은 아니다. 변호사윤리가 자발적 준수를 기대한다고 하더라도, 이에 위반하는 행위는 법정의 징계사유인 '품위를 손상하는 행위'를 판단할 때 하나의 자료가 될 수 있기 때문이다. 물론 그것이 징계사유로 되는지 여부는, 해당 행위가 변호사윤리장전에 의해서 금지되어 있다는 것만으로 결정되는 것은 아니다. 그것이 행하여진 동기, 주변의 사정, 행위의 양태 · 횟수, 상대방에의 영향의 대소 등 많은 요인을 종합하여 판단해야 할 것이다. 이와 같이 변호사윤리장전에 위반되는 행위가 있었다고 해서 바로 변호사법 91조에 규정된 징계사유나 변호과오 책임이 있다고 단정 지을 수는 없다. 다만 윤리장전에 위반한 행위가 상당성 내지 합리성의 범위를 넘었을 때에는 징계사유나 변호과오 책임의 존재를 인정할 수 있고, 그 위반의 정도가 중대하면 그들의 존재가 인정될 개연성도 커진다고 말할 수 있을 것이다.[11]

---

11) 사법연수원(199면), 박휴상(33면).

제2장 변호사윤리의 일반론

Ⅰ. 변호사윤리의 이념

> 변호사 이념론으로는 전문직 이론과 법서비스모델이 있는데, 각 이론은 변호사윤리의 특성으로 어떠한 것을 제시하고 있는가? 양 이론은 본질적으로 어떠한 차이가 있으며, 어떠한 비판을 받고 있는가?

변호사윤리란, 변호사가 그 직무를 수행함에 있어서 지켜야 할 행동기준을 말한다. 변호사윤리의 내용은 변호사라는 직업의 이념・특성으로부터 도출되는데, 변호사 이념론으로는 전문직 이론과 법서비스모델이 있다.

1. 전문직 이론

(1) 이 이론은 변호사가 전문직(profession)임을 전제로 한다. 변호사윤리는 전문직으로서의 윤리적 요소를 필연적으로 가지고 있다는 것이 이 이론의 출발점이다. 특히 미국의 변호사윤리는 이 이론에서 출발한다.

(2) 전문직은 인간의 삶에서 각별히 중요한 가치들을 다루는 직업이다. 따라서 이들은 그 직무를 비즈니스로서 행하는 것이 아니라, 시민을 위해서, 국민을 위해서 행하는 것이며, 공공성을 가진다. 이러한 직무의 특성상 아주 특별한 자격을 갖춘 사람만이 제한적으로 전문직의 일원이 될 수 있고, 전문직의 자율성을 보장하기 위해서 외부적 규율이 아닌 자기규율의 필요성이 강조된다. 그리하여 전문직 이론에서는 변호사윤리의 특성으로 앞에서 본 전문성, 공공성(공익성), 자치성, 독립성의 4가지를 제시한다.

(3) 변호사는 위와 같이 전문직으로서의 특성을 가지고 있으므로 그들에게는 일반 시민에게 요구되는 윤리와는 다른 윤리가 요구된다. 전문직 이론에서 추구하는 변호사상은

'의뢰인과 공익을 위해서 봉사하는 변호사'이다. 변호사 개인의 이익이 의뢰인의 이익 및 공익에 우선해서는 안 된다. 그리고 의뢰인의 이익과 공익이 충돌하는 경우 공익을 우선시해야 한다. 공익의 추구야말로 변호사의 본질적 징표라고 할 수 있다.[1)]

2. 법서비스 모델(시장모델)

(1) business lawyer의 대량 출현 등 변호사를 둘러싼 환경의 변화는 전문직 이론, 특히 변호사의 공공성에 대해 의문을 제기하는 새로운 이론을 탄생시켰다. 이 이론이 법서비스 모델(시장모델)이다. 이는 시장성의 관점에서 변호사업무의 본연의 모습을 재인식해야 한다는 것이다.

(2) 법서비스 모델에서 변호사는 '상품으로서의 법률서비스'를 공급하는 '상인'이며, 변호사는 법률서비스를 매개로 한 영리행위의 주체이다. 따라서 법서비스모델은 변호사의 직무에 시장의 원리가 적용되어야 하고, 전문직의 특성 중에서 공공봉사는 필요하지 않다고 주장한다.

(3) 변호사의 특성으로는, '전문기술성'과 '의뢰인 주권'을 들고 있다. 특히 '의뢰인 주권'이란 변호사에게 대가를 지급하고, 필요한 서비스를 자유로이 매수한 의뢰인이야말로 변호활동을 결정하는 주권자라는 것을 말한다. 따라서 변호사의 우월적 지위는 인정되지 않는다. 변호사와 의뢰인은 계약을 통하여 상호이익을 추구하는 대등한 관계로 상정된다.

(4) 법서비스 모델에서는 변호사의 윤리규범으로서 공익을 염두에 두지 않는다. 변호사는 의뢰인 이외의 공익이나 제3자의 이익에 대해서 고려할 필요가 없다. 변호사윤리는 시장의 규칙을 준수하는 것에 한정된다. 따라서 법서비스 모델에서는 변호사가 불공정거래를 하는 등 경쟁을 제약하거나 왜곡하는 것은 가장 중요한 윤리위반이 된다.[2)]

1) 박휴상(35-36면).
2) 박휴상(36-37면).

3. 양 이론의 조화

(1) 법서비스 모델에 대하여 다음과 같은 문제점들이 제기되고 있다.

① 첫째, 법서비스 모델은 변호사의 특성으로서 공익적 가치를 부정하는 대신 '전문기술성'과 '의뢰인 주권'이라는 특성을 들고 있으나, 이것들을 변호사 고유의 특성으로 보기는 힘들기 때문에 이를 바탕으로 변호사의 일체성을 확립하기는 곤란하다.

② 둘째, 법서비스 모델은 자유경쟁에 가치를 두고 단체적 규제를 가능한 한 배제하려고 하지만, 스스로 변호사 자치를 붕괴시킬 위험성을 안고 있다. 변호사의 본질로서의 자유는 자유·독립의 정신으로 직무를 행한다는 것을 의미하지, 자유로이 영업할 수 있다는 것을 뜻하는 것은 아니다.[3)]

③ 셋째, 법서비스 모델의 시장이란 하나의 이념형에 불과하다. 실제로 완전한 시장은 불가능할 뿐만 아니라, 시장의 활성화에도 불구하고 의뢰인과 변호사 간의 힘의 불균형은 해소될 수 없기 때문에 변호사 측에 강한 윤리적 책임을 기대할 수밖에 없다.[4)]

(2) 전문직 이론에 대해서도 이론적인 측면은 물론, 현실적인 측면에서 많은 비판이 제기되고 있다. 그 비판은 주로 공공성을 근거로 한 배타성과 자율성에 집중되고 있다.

① 첫째, 공공성의 의미를 재규정해야 한다고 한다. 개개의 변호사 업무는 의뢰인의 개인적 이익을 옹호하는 것을 목적으로 하고 있으며, 다만 그들의 집적이 결과적으로 공익적 성격을 갖는다고 보는 것이 현실에 적합하다는 것이다.

② 둘째, 전문직 이론의 배타성과 자율성은 특권적이고 반시장적이라고 비판한다. 전문직 이론은 진입장벽을 만들고, 경쟁을 억압하고, 혁신을 저해하는 것으로서, 폐쇄적·담합적·반시장적이라는 것이다.

③ 셋째, 변호사 수의 급증에 따라 법률전문직의 특권적 지위가 이미 붕괴되었기 때문에 전문직이론은 현실 적합성이 없다는 주장도 있다. 공익에 봉사하는 전문직업인을 발견하기란 현실적으로 어렵다는 것이다.

결국 전문직 이론을 비판하는 이러한 입장들은 전문직도 다른 직업과 다름없이 사적 이익을 추구할 뿐이라는 점을 강조한다.[5)]

---

3) 小島 등(9면).
4) 박휴상(37-38면).
5) 박휴상(38면).

(3) 우리나라 판례는 변호사는 '고도의 공공성과 윤리성'이 강조되는 직업으로서 상인이 아니라고 판시하고 있다.[6] 그럼에도 불구하고 변호사의 실무에서 상인적 성격이 강조되고 있다는 사실을 부인하기는 어렵다.

따라서 상인적 성격이 강화되는 현실과 그에 맞서 공공성을 강조하는 윤리적 요청 사이의 긴장이 현재의 상황이라고 할 수 있다. 즉 시장주의에 대한 회의와 혐오가 있고, 다른 한편으로 전문직 이론이 갖는 특권주의와 허위의식에 대한 비판도 있는 것이다. 오늘날 변호사윤리는 결국 그 사이에서 중용을 발견하고 실천하는 것으로 귀결되어야 할 것이다. 전문직의 특권성이 배제되면서도 공공성에 대한 인식이 유지되는 현대의 전문직 이론을 추구해야 하는 것이다.[7]

Ⅱ. 변호사의 사명과 직무

1. 변호사의 역할(성격)

> 변호사의 역할(성격)로는 공공성과 당파성 두 가지를 들고 있다. 이 두 가지 역할을 어떻게 이해해야 하는가? 그 기준은 무엇이라고 생각하는가?

(1) 변호사는 '기본적 인권을 옹호하고 사회정의를 실현'함을 사명(법 1조)으로 하면서, "당사자와 그 밖의 관계인의 위임 등에 의하여 소송에 관한 행위 및 행정처분의 청구에 관한 대리행위와 일반 법률사무를 하는 것"을 그 직무로 한다(법 3조). 전자는 변호사의 '공익적 역할', 즉 '공공성(공익성)'을, 후자는 '당사자의 대리인으로서의 역할' 즉 '당파성'을 표명한 것이다. 여기서 당파성(partisanship)이란, 어떠한 악인이더라도, 변호사가 의뢰인의 친구가 되어 조력해야 한다는 것을 의미한다.[8]

(2) 이러한 변호사의 공공성(공익성)과 당파성은 균형을 취해야 한다.[9] 그 기준으로는 당사자의 대리인적 역할에 한계를 긋는 것을, 곧 공익적 역할이라고 해석하는 것이 상당

6) 대법원 2007. 7. 26. 결정, 2006마334.
7) 박휴상(39면).
8) 사법연수원(368면).
9) 加藤(6면).

하다. 즉 변호사는 의뢰인과의 신뢰관계에 기한 선관주의의무에 의하여, 최대한의 노력을 기울여 의뢰인의 권리실현 또는 이익옹호에 매진하게 되는데, 이 때문에 사회정의 기타 규범에 위반하거나 또는 공익 내지 공적가치에 저촉하는 행위를 하는 것은 허용되지 않는다고 보아야 한다.[10)]

해설

변호사의 공공성과 당파성의 관계에 관하여는 세 가지 견해가 있다. ① 공공성을 우선시해야 한다는 견해, ② 당파성을 우선시해야 한다는 견해, ③ 양자의 균형을 취해야 한다는 견해가 그것이다. 그러나 어느 역할을 우선해야 한다는 어떤 견해도 그 정당성을 확보하기가 쉽지 않다. 오히려 양자의 균형을 취해야 한다는 견해가 가장 타당할 것이다. 그러면 양자의 균형을 어떻게 취해야 하는가? 이는 공익적 역할을 기준으로 의뢰인에 대한 변호사의 대리인적 역할에 한계를 정함으로써 가능할 것이다. 즉 변호사가 의뢰인의 이익을 옹호하는 것이 1차적 역할이라고 하더라도 사회정의, 인권, 기타 공적 가치에 저촉되는 행위를 하는 것은 허용되지 않는다고 보는 것이다.[11)]

2. 변호사의 사명

L 변호사는 돈을 벌기 위해서 변호사가 되었고, 적극적으로 의뢰인을 개척하여 현재는 100여 곳의 고문변호사를 맡고 있으며, 매일 아침 일찍부터 늦은 밤까지 일하고 있다. 반면에 국선변호, 변호사회의 위원회활동은 물론 사회봉사활동은 돈이 되지 않는다는 이유로 일체 하지 않고 있다.

(1) L 변호사의 이러한 태도에 문제가 있는가?

(2) 최첨단 법률문제를 처리하고 싶다는 지적요구에서 위와 같은 행동을 취했다면 어떠한가?

2-1. 인권옹호와 사회정의 실현

(1) 변호사법 1조는 "기본적 인권의 옹호와 사회정의의 실현"을 변호사의 사명으로 선언하고 있다(법 1조). 변호사윤리장전은 윤리강령에서 이를 선언(1호)함과 아울러, 윤리규칙에서도, "변호사는, ① 정의와 자유를 사랑하며, 진리를 추구하고, 민주적 기본질서의

10) 박휴상(45면).

11) 加騰(6-7면).

확립에 정진해야 한다(윤리규칙 1조 1항). ② 인권사상에 투철하고 양심과 용기로써 그 사명완수에 진력하여야 한다(동조 2항). ③ 항상 공명정대하여야 하며(동 2조 1항), ④ 명예를 존중하고 신의를 지키며 인격을 도야하고 지식의 연마에 힘써야 한다(동 2조 2항)"고 규정하고 있다. 이 규정들은 변호사의 공익적 역할, 즉 공공성(공익성)을 선언한 것이다.

(2) 변호사의 공익적 역할이 강조되는 이유에 대해서 판례는 다음과 같이 설명하고 있다.[12] "변호사는 전문적인 지식을 보유하고 있는 소위 전문직으로서, 사회(법)는 일정한 전문직에 대해서 엄격한 심사를 통해 일정한 지식과 기술을 보유한 것으로 인정되는 자들에게만 그 직무를 수행할 수 있는 자격을 주고 그러한 자격이 없는 자가 전문직의 직무를 수행하는 것을 처벌함으로써 그 독점적인 지위를 보장하여 주고 있다. 이는 전문직에 종사하는 사람들의 이익을 지켜주기 위함이라기보다 이를 이용하는 일반 공공의 이익을 보호하기 위한 것으로 사회(법)는 일정 전문직에게 독점적인 지위를 보장하는 대가로 공공성을 요청하고 있는 것이다."

2-2. 성실한 직무수행과 법제도에 대한 충실

(1) 변호사법 1조 2항은 "변호사는 그 사명에 따라 '성실히' 직무를 수행하여야 한다"고 규정하고 있다. 변호사윤리장전 16조 1항도, "변호사는 의뢰인에게 항상 친절하고 '성실'하여야 한다"고 규정한다. 여기서 성실이란 업무처리에 있어서 의뢰인의 권익을 최대한 옹호하도록 노력하는 것을 의미한다(윤리규칙 16조 3항 참조). 성실의무는 의뢰인과의 관계에서 가장 기본적 의무로서, 다른 많은 의무를 포괄하는 일반 규정적 성격이 강하다.

(2) 변호사는 위와 같이 의뢰인의 이익을 성실히 옹호해야 하지만, 어디까시나 '법의 허용범위' 내에서 옹호해야 한다. 변호사가 의뢰인의 이익에 충실한 것이 법제도에 대한 충실과 모순되어서는 안 되며, 이 양자가 모순되는 경우 변호사는 법에 대한 충실의무를 우선시해야 한다.

(3) 이러한 법제도의 충실의무는 다음 네 가지로 요약할 수 있다.

1) 첫째, 변호사는 법을 준수해야 한다. 이에 관하여 변호사윤리장전은 "변호사는 법령과 대한변협 및 소속 지방변호사회의 회칙 · 규칙 · 규정 · 결의사항 등을 준수"해야 한다고 규정한다(윤리규칙 4조). 변호사는 법률전문직(법 2조)이므로 일반인보다 더 엄격한

12) 서울지방법원 2003. 12. 17 결정, 2003비단19.

법준수의무를 요구받는다.

2) 둘째, 사법권의 독립과 사법제도의 원활한 운영에 협조해야 한다. 이와 관련하여 윤리장전은 사법권독립의 존중(윤리규칙 26조), 소송촉진(동 27조), 법질서유지에 대한 협조(동 28조) 등의 의무를 규정하고 있다.

3) 셋째, 변호사는 의뢰인의 위법행위에 조력해서는 안 된다. 이에 관하여 변호사윤리장전은 "변호사는 의뢰인의 범죄행위 기타 위법행위에 협조해서는 아니 된다. 직무수행 중 의뢰인의 행위가 범죄행위 기타 위법행위에 해당한다고 판단된 때는 즉시 그 협조를 중단해야 한다"고 규정한다(윤리규칙 14조 1항).

4) 넷째, 변호사는 사회질서와 법률제도 개선을 위해 노력해야 한다(법 1조 2항 후단). 이에 관하여는 변호사법에서 규정할 뿐만 아니라, 변호사윤리장전에서도 "변호사는 법령과 제도의 민주적 개선에 노력하여야 한다"고 규정한다(윤리규칙 1조 3항).[13]

해설

L 변호사의 태도는 변호사의 공공성·공익성을 전혀 고려하지 않는다는 점에 문제가 있다. 변호사가 된 동기가 불순하거나 부당한 것은 아니지만, 그의 행동에는 전문직으로서의 인식이 희박하다고 말할 수 있다. 최첨단 법률문제를 취급하고 싶다는 욕구에서 그런 행동을 취했다고 하더라도 마찬가지이다. 변호사 중에는 공익활동을 하지 않고 금전으로 대신 지급하는 경우가 상당수 있지만, 건강상의 이유나 가정상의 이유에 의한 부득이한 경우를 제외하고는 공익활동에 직접 참가하는 것이 변호사의 공익적 성격에 맞는 행동이라고 할 것이다.

3. 변호사의 직무

3-1. 직무의 범위

L 법무법인은 X자동차손해보험사로부터 구상채권에 관하여 위임을 받았다. L 법무법인은 그 사무를 처리함에 있어 소제기 전후로 채무자에 대하여 유선 또는 서면으로 변제의사유무를 확인하거나 변제를 촉구하는 등의 업무를 행하였다. 이러한 업무는 법무법인의 직무범위에 포함되는 것인가?

(1) 변호사는 "당사자와 그 밖에 관계인의 위임이나 국가·지방자치단체와 그 밖의 공

13) 이상수(111-115면), 박휴상(54-56면).

공기관의 위촉 등에 의하여 소송에 관한 행위 및 행정처분의 청구에 관한 대리행위와 일반 법률 사무를 하는 것을 그 직무로 한다"(법 3조). 이는 변호사의 대리인적 역할을 표명한 규정이다.

(2) 위 규정에 의하면 변호사의 직무는 소송에 관한 행위, 행정처분의 청구에 관한 대리행위와 일반 법률사무로 나누어지고, 변호사법 109조 1호에서는 이를 좀 더 구체적으로 "소송사건·비송사건·가사조정 또는 심판사건·행정심판 또는 심사의 청구나 이의신청 기타 행정기관에 대한 불복신청사건, 수사기관에서 취급 중인 수사사건 또는 법령에 의하여 설치된 조사기관에서 취급 중인 조사사건 기타 일반의 법률사건에 관하여 감정·대리·중재·화해·청탁·법률상담 또는 법률관계 문서 작성 기타 법률사무를 취급하는 것"으로 규정하고 있다.[14)]

(3) 여기서 '법률사건'이란 '법률상의 권리·의무에 관하여 다툼 또는 의문이 있거나 새로운 권리의무 관계의 발생에 관한 사건 일반'을 뜻한다.[15)] '법률사무'는 '법률사건에 관하여 그 분쟁이나 논의의 해결을 위하여 법률상의 효과를 발생, 변경 또는 보전하는 사항을 처리하는 것'으로서, 구체적으로는 감정·대리·중재·화해·청탁·법률상담 또는 법률관계 문서 작성 및 당사자를 조력할 수 있는 기타의 방법 등이 있다.[16)]

(4) 따라서 위 각 규정의 취지에 의하면 변호사의 직무는 '법률사건에 관한 법률사무를 행하는 것'으로서, "법률상의 권리·의무에 관하여 다툼 또는 의문이 있거나 새로운 권리의무 관계의 발생에 관한 사건 일반에 관하여, 그 분쟁이나 논의의 해결을 위하여 법률상의 효과를 발생, 변경 또는 보전하는 사항을 감정·대리·중재·화해·청탁·법률상담 또는 법률관계 문서 작성 및 당사자를 조력할 수 있는 기타의 방법 등으로 처리하는 것"이라 할 수 있다.[17)] 다만 변호사의 직무는 법률상 전문지식에 기하여 제공되는 소송 및 행정처분의 청구에 관한 대리행위와 기타 법적 서비스를 처리하는 것을 의미하지, 법률사건에

14) 판례와 통설은 변호사법 3조에서 정한 변호사의 직무 범위와 109조 1호에서 정하고 있는 비변호사의 취급금지 업무범위가 같다고 본다(도재형 82면 참조).

15) 대법원 1998. 8. 21. 판결, 98도2340, 동 2001. 8. 21. 판결, 2001도1316, 동 2001. 11. 27. 판결, 2000도513.

16) 대법원 1995. 2. 14. 판결, 93도3453, 동 1998. 2. 24. 판결, 97도2718, 동 1999. 12. 24. 판결, 99도771.

17) 대법원 2006. 5. 11. 판결, 2003두14888, 동 1998. 8. 21. 판결, 98도2340, 동 2001. 11. 27. 판결, 2000도513.

관한 일체의 사무를 취급하는 것을 의미하지는 않는다.[18)]

Example ① 채권추심업무(채권의 변제를 독촉하는 행위 포함)는 변호사의 직무에 포함되므로 「신용정보의 이용 및 보호에 관한 법률」의 영업허가 없이 할 수 있다.[19)] ② 서류의 작성 및 제출 대행업무도 변호사의 직무에 포함되므로 이를 행함에 있어 별도로 법무사 등록을 할 필요가 없다.[20)]

③ 그러나 일반 법률사무는 법률행위를 그 내용으로 하는 사무라 할 것이므로 사실행위를 중심개념으로 하는 공인중개사법 소정의 부동산중개행위는 법률사무에 포함되지 않는다.[21)] 따라서 변호사는 공인중개사처럼 중개대상물의 매도인(임대인), 매수인(임차인) 등 당사자 양측의 사이에서 계약을 성사시키기 위한 알선행위는 할 수 없다. 다만 변호사는 부동산 매매의 매수인과 매도인이 정해진 상태에서 그 일방으로부터 매매계약체결의 위임을 받고 매매계약 체결을 대리하거나 당사자 일방으로부터 매수·매도 등을 위임받아 이를 대리하여 처리하는 것은 가능하다고 할 것이며, 이때 부수하는 일부 사실행위는 가능하다고 할 것이다.[22)]

해설

채권추심업무는 변호사의 직무에 포함된다. 채권의 변제를 독촉하는 것도 채권추심업무에 부수하는 업무이므로 이 역시 할 수 있다고 본다.[23)]

3-2. 온라인 법률사무

> **P 법무법인은 직접 온라인을 개설한 후 업무담당 변호사를 지정하였고 그 담당변호사는 법무법인 명의로 온라인 유료 법률상담을 행하고 있다. P 법무법인의 온라인 법률사무는 변호사법상 허용되고 있는가?**

(1) 법률사무소를 개설한 변호사 또는 법무법인이 행하는 온라인 법률사무는 변호사법 3조에서 정하고 있는 일반 법률사무로서 변호사의 직무에 해당하고, 법무법인의 업무(법 49조 1항) 범위에 속한다. 또한 업무담당 변호사를 지정하고 그 담당변호사가 법무법인

18) 대법원 2006. 5. 11. 판결, 2003두14888.
19) 대한변협 2008. 10. 28. 법제 2501호.
20) 대한변협 2008. 9. 2. 법제 2212호.
21) 대법원 2006. 5. 11. 판결, 2003두14888, 법무부 2002. 1. 22.자 질의회신.
22) 법무부 2002. 1. 22.자 질의회신.
23) 대한변협 2008. 10. 28. 법제 2501호.

명의로 온라인 법률사무를 수행하는 경우에는 법무법인의 업무집행방법에 관한 변호사법(동법 50조)위반의 문제가 발생할 여지도 없다. 아울러 법무법인 정관이나 등기부에 변호사의 직무에 속하는 업무가 목적사항으로 기재되어 있으므로 법무법인이 온라인 법률사무를 수행하기 위하여 정관을 변경하여 법무부장관의 인가(변호사법 41조 2문)를 받거나 변경등기(동법 43조 1항 2문) 또는 변호사회에 허가 등의 절차를 밟을 필요도 없다.

(2) 다만, 법무법인 또는 법률사무소가 직접 온라인을 개설하고 법률사무를 취급하는 것이 아니라 인터넷 포털사이트와 업무제휴를 하고 그 사이트를 통하여 법률사무를 위임받고 상담 또는 수임료 중 일부를 그 대가로 지급하거나 공제하는 방식을 취하는 경우에는 알선이나 소개에 대한 대가의 성격이 있고, 보수를 분배하는 것에 해당하므로 변호사법 34조 1항 및 5항에 위반될 수 있다.[24)]

해설

P 법무법인이 행하는 온라인 법률사무는 변호사법 3조에서 정하고 있는 일반 법률사무로서 변호사의 직무에 해당하고, 법무법인의 업무(법 49조 1항) 범위에 속한다. 또한 업무담당 변호사를 지정하고 그 담당변호사가 법무법인 명의로 온라인 법률사무를 수행하는 경우에는 법무법인의 업무집행방법에 관한 변호사법(동법 50조)위반의 문제가 발생할 여지도 없다.

3-3. 변리 · 세무 업무

> L1 변호사는 변리업무 및 세무업무도 함께 행하려고 한다. 이 업무를 행하는 것이 가능한가? 변리사로 등록한 P 법무법인의 구성원 변호사 L2는 법무법인과는 별도로 변리사 개인 자격으로 변리사 업무를 행하려고 한다. 이것이 가능한가?

(1) 변호사의 자격을 가진 자는 변리사, 세무사의 자격을 동시에 가진다(변리사법 3조 2호, 세무사법 3조 3호). 따라서 변호사는 변리사나 세무사 업무도 수행할 수 있다.

(2) 변리 업무는 법률사무에 속하므로 변호사는 변리사 등록을 하지 않고 변호사법에 의해 이들 업무를 수행할 수 있다. 그러나 변호사가 변리사로서 업무를 행하려는 경우에는 반드시 변리사 등록을 하고(변리사법 3조 2호), 의무적으로 변리사회에 가입하여야 한다

24) 대한변협 2004. 6. 17. 법제 1557호.

(동법 11조). 변리사회에 의무적으로 가입하지 않고서는 변리사 업무를 할 수 없다는 규정(동법 11조 등)의 위헌 여부가 문제되었는데, 헌법재판소는 위헌이 아니라고 결정하였다.[25)]

(3) 변호사에게 세무사의 자격이 있어 세무대리 업무를 할 수는 있으나(세무사법 3조 3호), 이는 어디까지나 변호사의 직무로서 행하는 것이다. 변호사는 세무사 명칭을 사용할 수 없다(동법 20조 2항). 세무사 명칭을 사용할 수 없는 점(동법 20조 2항)에 대하여 위헌 여부가 문제되었으나 헌법재판소는 위헌이 아니라고 결정하였다.[26)]

(4) 변리사로 등록한 법무법인의 구성원 변호사는 법무법인과는 별도로 변리사 개인 자격으로 변리사 업무를 행할 수 없다. 법무법인 구성원 변호사는 자기 또는 제3자의 계산으로 변호사의 업무를 행할 수 없기 때문이다(법 52조 1항). 세무사의 경우도 마찬가지이다.

해설

1) 변리업무, 세무업무는 법률사무에 해당하므로 변호사는 변호사의 직무로 이러한 업무를 행할 수 있다. 그러나 변리사의 자격으로 이러한 업무를 다루려면 반드시 변리사 등록을 하고(변리사법 3조 2호), 의무적으로 변리사회에 가입을 하여야 한다(동법 11조). 반면 세무사 명칭은 변호사가 사용할 수 없다(동법 20조 2항).

2) 법무법인 구성원 변호사는 자기 또는 제3자의 계산으로 변호사의 업무를 행할 수 없다(법 52조 1항). 따라서 변리사로 등록한 법무법인의 구성원 변호사는 법무법인과는 별도로 변리사 개인 자격으로 변리사 업무를 행할 수 없다.

3-4. 비변호사의 법률사무취급금지

금전적 대가를 받았거나 받기로 약속한 다음 행위 중 변호사법 위반이 아닌 것은? (다툼이 있는 경우에는 판례에 의함)[27)]

① 건설업자 A는 상가의 분양 및 임대를 둘러싼 분쟁에 있어서 일부 이해관계인들을 대리 내지 대행하여 다른 이해관계인들과의 사이에 화해, 합의서 및 분양계약서를 작성하고 등기사무 등을 처리하였다.

25) 헌재 2008. 7. 31. 결정, 2006헌마666.
26) 헌재 2008. 5. 29. 결정, 2007헌마248.
27) 법조윤리시험(2011년) 문제이다.

> ② 부동산컨설팅업자 B는 부동산 등기부등본을 열람하여 근저당권, 임차권, 가압류 등이 등재되어 있는지를 확인한 후 그 내용을 기재한 보고서를 의뢰인에게 제공하고 수수료를 받았다.
> ③ 손해사정인 C는 교통사고 피해자들로부터 손해사정업무를 위임받고 피해자들을 대신하여 보험회사와 접촉하여 손해액 결정요인들에 대하여 절충한 후 피해자들로 하여금 보험회사와 합의하도록 유도하였다.
> ④ 공인중개사 D는 임대차 관련 소송의 당사자로부터 소송을 조속히 끝내면 그 대가로서 금원을 받기로 하고 소송 관련 서류를 건네받은 후 소송의 해결에 필요한 실체적, 절차적 사항에 관하여 정보를 제공하였다.

(1) 의의

1) 변호사법 109조 1호는 비변호사의 법률사무취급을 금지하고, 이를 형사처벌의 내상으로 하고 있다. 즉, "변호사가 아니면서 금품·향응 또는 그 밖의 이익을 받거나 받을 것을 약속하고 또는 제3자에게 이를 공여하게 하거나 공여하게 할 것을 약속하고 법률사건에 관하여 감정·대리·중재·화해·청탁·법률상담 또는 법률관계 문서 작성, 그 밖의 법률사무를 취급하거나 이러한 행위를 알선한 자를 7년 이하의 징역 또는 5천만 원 이하의 벌금"에 처하도록 하고 있다.

2) 비변호사의 법률사무취급을 금지하는 것은 "변호사 자격이 없는 사람이 처음부터 금품 기타 이익을 얻기 위해 타인의 법률사건에 개입함을 방치하면 당사자 기타 이해관계인의 이익을 해하고 법률생활의 공정, 원활한 운용을 방해하며 나아가 법질서를 문란케 할 우려"가 있기 때문이다.[28]

(2) 법률사무에 해당하는 사례

비변호사의 취급이 금지된 법률사무에 해당하는 사례를 보면 다음과 같다.

1) 아파트 입주민들의 아파트건설사업 주체에 대한 손해배상청구에 있어서 필요한 자료제공의 일환으로 실시한 하자감정행위는 변호사법상 감정에 해당한다.[29] 그러나 감정은 법률 외의 전문지식에 기한 것은 제외되므로, 예컨대 아파트 관리 및 하자보수공사 등을 목적으로 하는 회사가 소송자료제공의 일환으로 하자내역을 조사하고 하자보고서를 작성한 경우, 그 하자보고서의 내용이 위 회사의 업무수행 상 통상적으로 행할 수 있는 조사보고에 불과하다면 변호사법상 '감정'에 해당하지 않는다.[30]

---

28) 대법원 1998. 8. 21. 판결, 96도2340.
29) 대법원 1999. 12. 24. 판결, 99도771.

2) 한국교통사고조사기술원 지부장이 경찰의 교통사고 현장검증 등에서 의뢰인을 대신하여 참가하고 의견을 개진하는 것은 사실상의 변호행위로서 변호사법상 대리에 해당한다. 의뢰인을 대신하여 고소장을 작성, 제출한 것도 마찬가지이다.[31)]

3) 의뢰인으로부터 건당 일정한 수임료를 받고 개인회생신청사건 또는 개인파산·면책신청사건을 수임하여 사실상 그 사건의 처리를 주도하면서 의뢰인들을 위하여 그 사건의 신청 및 수행에 필요한 모든 절차를 실질적으로 대리한 행위는 변호사법상 대리에 해당한다.[32)]

4) 법무사사무원이 독자적으로 경매입찰을 사실상 대리하여 주고 그 수수료 명목으로 돈을 받은 것은 변호사법상 대리에 해당한다.[33)]

5) 손해사정인이 교통사고의 피해자 측을 대리 또는 대행하여 보험회사에 보험금을 청구하거나 피해자 측과 가해자가 가입한 자동차보험회사 등과 사이에서 이루어질 손해배상액의 결정에 관하여 중재나 화해를 하도록 주선하거나 편의를 도모하는 등으로 관여하는 것은 손해사정인의 업무범위에 속하지 않는다.[34)]

6) 상가의 분양 및 임대를 둘러싼 분쟁에 있어서 일부 이해관계인들을 대리 또는 대행하여 다른 이해관계인들과의 화해, 합의서, 분양계약서의 작성 및 등기사무 등을 처리한 것은 변호사법에 위반된다.[35)]

7) 민사소송의 당사자로부터 소송에 관한 법률적인 지원을 부탁받고 당사자를 만나 변호사선임 문제 등을 논의한 후 소송 관련 서류와 함께 착수금 명목의 금원을 교부받았다면 그 행위는 그 자체로 변호사법상 법률상담에 해당한다.[36)]

(3) 법률사무에 해당하지 않는 사례

1) 단지 부동산등기부등본을 열람하여 등기부상에 근저당권, 전세권, 임차권, 가압류, 가처분 등이 등재되어 있는지 여부를 확인·조사하거나 그 내용을 그대로 보고서 등의 문서에 옮겨 적는 행위는 일종의 사실행위에 불과하여 이를 법률사무 취급행위라고 볼 수는 없다.[37)]

---

30) 대법원 2007. 9. 6. 판결, 2005도9521.
31) 대법원 1995. 2. 14. 판결, 93도3453.
32) 대법원 2007. 6. 28. 판결, 2006도4356.
33) 대법원 2009. 4. 23. 판결, 2007도3587.
34) 대법원 2001. 11. 27. 판결, 2000도513.
35) 대법원 1998. 8. 21. 판결, 96도2340.
36) 대법원 2005. 5. 27. 판결, 2004도6676, 동 2009. 10. 15. 판결, 2009도4482.

2) 변호사법 109조 1호 라의 '법령에 따라 설치된 조사기관에서 취급 중인 조사사건'이라 함은 사인의 공법상 또는 사법상의 권리의무나 법률관계에 대하여 이를 조사하거나 조정 해결하는 절차로써 그 절차에 관여하는 것이 법률사무를 취급하는 변호사의 직역에 속하는 것을 이른다 할 것이므로, 한국감정원에서 하는 부동산시가감정업무는 이에 해당하지 않는다.[38)]

(4) 변호사법 109조 1호 위반행위의 사법적 효력

강행법규인 변호사법 109조 1호에 저촉되는 법률행위는 반사회적 법률행위로서 무효이다.[39)]

해설

부동산컨설팅업자가 부동산 등기부등본을 열람하여 근저당권, 임차권, 가압류 등이 등재되어 있는지를 확인한 후 그 내용을 기재한 보고서를 의뢰인에게 제공하는 것은 사실행위로서 일반 법률사무에 포함되지 않는다. 따라서 이러한 행위는 변호사 아닌 자도 행할 수 있다. 그러나 ①, ③, ④의 행위는 법률사무에 포함되므로 변호사 아닌 자가 금전적 대가를 받았거나 받기로 약속하고 행하였다면 변호사법 위반(법 109조)이 된다. 정답은 ②번이다.

4. 상인성 문제

> 변호사 L은 상호 'L 법률사무소', 사업장소재지 '서울 강남구 역삼동 ○○○ 강남빌딩 705호실,' 업태 '서비스', 종목 '변호사'로 사업자등록을 하였다. 변호사 L은 그 사업자등록증을 첨부하여 법원의 상업등기소에 상호신설등기를 신청하였다. 등기관은 이러한 등기신청에 대해서 각하처분을 하였다. 이 결정은 정당한가?

(1) 변호사는 일반상인과 같이 사업자등록을 하고, 수임료를 신고하고, 소득세와 부가가치세를 납부하는 의무를 지고 있다. 이로 인하여 변호사도 상법상의 상인에 해당하는 것이 아닌지 논란이 되고 있다.

이와 관련하여, 전문직(profession)이론에 의하면, 변호사의 공공성이 강조되므로 변호

37) 대법원 2008. 2. 28. 판결, 2007도1039.

38) 대법원 1988. 4. 12. 판결, 86도5.

39) 대법원 1987. 4. 28. 판결, 86다카1802, 동 1990. 5. 11. 판결, 89다카10514 등.

사의 상인성은 당연히 부정된다. 반면, 법서비스 모델에서 변호사는 '상품으로서의 법률서비스'를 공급하는 상인에 해당한다.

(2) 우리나라 변호사법과 변호사윤리장전은 전문직이론에 따라 고도의 공공성과 윤리성을 강조하고, 변호사의 영리추구 활동을 엄격히 제한하고 있다. 즉, ① 변호사법에 의하면, "변호사는 기본적인 인권을 옹호하고 사회정의를 실현함을 사명으로 하고(법 1조), 공공성을 지닌 법률 전문가로서 독립하여 자유롭게 그 직무를 수행"하는 것으로 규정하고 있다(법 2조). ② 또 엄격한 자격을 지닌 자만이 변호사로 등록하여 변호사 직무를 수행할 수 있도록 하고, 변호사가 아니면서 변호사의 직무를 행하는 자를 처벌하는 규정을 두고 있다(법 109조). ③ 특히 38조에서 겸직제한 규정을 두어 변호사가 소속 지방변호사회의 허가 없이 상업 기타 영리를 목적으로 하는 업무를 경영하거나 이를 경영하는 자의 사용인이 되거나 영리를 목적으로 하는 법인의 업무집행사원, 이사 또는 사용인이 될 수 없는 것으로 규정하고 있다.

(3) 이러한 규정에 비추어 보면, 변호사가 변호사의 직무를 수행하는 것은 상행위가 아닌 것으로 천명하고 있다고 보아야 한다.[40] 따라서 변호사는 상법 5조 1항이 규정하는 '상인적 방법에 의하여 영업을 하는 자', 즉 의제상인으로 볼 수 없다. 비록 변호사가 일반상인과 같이 사업자등록을 하고, 수임료를 신고하고, 소득세와 부가가치세를 납부하는 의무를 지고 있더라도 변호사 직무의 공공성과 윤리성에 비추어 상인으로 볼 수 없는 것이다.

판례도 이와 같은 취지에서 변호사의 상인성을 부정하고, 법원의 상업등기소에 상호신설등기를 할 수 없다고 하고 있다.[41]

해설

판례는 이에 관하여 "변호사는 그 직무수행과 관련하여 의제상인에 해당한다고 볼 수 없고, 조세정책적 필요에 의하여 변호사의 직무수행으로 발생한 소득을 사업소득으로 인정하여 종합소득세를 부과한다고 하여 이를 달리 볼 것은 아니며, 변호사가 상인이 아닌 이상 상호등기에 의하여 그 명칭을 보호할 필요가 있다고 볼 수 없으므로 등기관이 변호사의 상호등기신청을 각하한 처분이 헌법상 평등의 원칙에 위반된다고 볼 수 없다"고 한다. 따라서 등기관이 이 사건 상호신

40) 서울지방법원 2003. 12. 17. 결정, 2003비단19.

41) 대법원 2007. 7. 26. 결정, 2006마334, 서울고등법원 2008. 7. 2. 판결, 2007나118684.

설등기신청에 대하여 비송사건절차법 제159조 제2호에 해당한다는 이유로 이를 각하한 처분은 정당하다 할 것이다.

Ⅲ. 직무의 독립성

L 변호사는 A로부터 의뢰받은 토지인도청구소송을 수행함에 있어서, 준비서면에 무엇을 기재해야 할 것인지, 누구를 증인으로 신청할 것인지, 증인신문사항에 무엇을 포함시킬 것인지, 감정평가할 필요가 있는지 등에 관한 사항에 대해서 일일이 의뢰인에게 문의한 후에 처리하고 있다. L 변호사는 의뢰인의 소송이므로 모든 사항의 최종 결정은 의뢰인이 해야 한다는 생각을 갖고 있다. 이러한 L 변호사의 행동은 적절하다고 보는가?

1. 법률전문직

(1) 변호사는 공공성을 지닌 법률전문직으로서 독립하여 자유롭게 그 직무를 수행한다(법 2조).

(2) 이 규정은 변호사법 1조(변호사의 사명)와 더불어, 변호사의 지위를 전문직으로 정의하면서 그 특성으로서 '공공성', '전문성', '독립성'이 요청됨을 선언한 것으로 볼 수 있다. 이에 반하여 법서비스 모델은 시장성의 관점에서 변호사의 직무를 보기 때문에 변호사 특성으로서 공공성을 요구하지 않는다.

2. 독립성

(1) 변호사는 '독립하여 자유롭게' 그 직무를 수행한다(법 2조).[42] 이는 변호사의 본질이 '독립성'에 있으며, 권력이나 물질에 좌우되어서는 안 된다는 것을 선언한 것이다.

(2) 독립성은 권력으로부터의 독립, 의뢰인으로부터의 독립, 다른 변호사와의 관계에

42) 독립은 자유를 의미하므로 '독립하여 자유롭게'는 같은 의미의 말을 반복한 것이라고 할 것이다(박상근 변호사의 직무윤리와 의무, 서울법대(242면) 참조). 따라서 이하에서는 '독립과 자유'를 '독립성'으로 표현한다.

서의 독립이라는 3가지 내용을 가지고 있다. 이들 중 핵심이라고 할 수 있는 의뢰인과의 관계에서 가장 강조되는 것은 판단의 독립성, 행동의 독립성, 경제적 독립성이다.

판단의 독립성은 변호사가 의뢰받은 사건처리에 있어서 외부로부터 간섭을 받지 않고 스스로 독자적으로 의견을 형성하여 사건처리에 필요한 결론을 도출한다는 의미이다. 행동의 독립성은 그렇게 형성된 판단에 따라 행동하는 것을 뜻한다. 경제적 독립성은 직무상 판단·행동을 함에 있어 물질에 좌우되는 등 경제적으로 종속되지 않는다는 것을 뜻한다.[43]

(3) 사건의 수임 및 처리의 관점에서 독립성을 살펴보면, 사건의 수임에 있어서는 수임의 낙부에 관해 원칙적으로 자유로운 입장이어야 한다는 것을 의미한다. 수임사건의 처리에 있어서는 주로, 처리를 위해서 하는 재량적 판단·행동에 있어 의뢰인에게 동화(일체화) 내지 종속되지 않고 전문가로서의 입장을 유지해야 한다는 것을 의미한다.

(4) 그러나 독립하여 행사해야 할 변호사의 재량권의 범위는 전문적 기능의 행사(법적 수단의 선택 및 법률판단)와 관련된 것에 한정된다. 그 범위에 속하지 않는 사항에 관해서는 당사자인 의뢰인에게 지시·결정을 요구하여 그에 따라야 할 의무를 부담한다. 따라서 변호사는 사건의 경과·귀추에 영향을 미치는 사항을 필요 시마다 보고하여, 의뢰인으로 하여금 최종결정(자기결정)을 내릴 수 있도록 기회를 보장해야 한다. 다만 의뢰인의 지시·결정이 위법·부당한 것일 때에는 만연히 그에 따를 것이 아니라 그 시정을 지도하거나 사임해야 할 것이다.[44]

해설

사례와 같이 법적 수단의 선택이나 법률판단에 관한 사항은 변호사가 전문가의 입장에서 독자적으로 결정해야 할 것이다. 일일이 의뢰인의 지시·결정을 요구할 필요가 없다고 본다. 물론 의뢰인과 사전 상의하는 것은 무방하다.

---

43) 塚原 등(371면).

44) 日辯連 注釈(73면)(박휴상 57면에서 재인용).

Ⅳ. 변호사 자치

변호사 자치란 무엇이며, 어떤 이유에서 변호사 자치가 확립된 것인가? 변호사 자치의 의미와 그 이념에 대해서 검토해 보라.

1. 변호사 자치의 이념

(1) 변호사 자치란 일반적으로 변호사의 자격심사나 징계를 변호사의 자율에 맡기고, 변호사의 직무활동이나 규율에 관해서 법원, 검찰청 또는 행정관청의 감독을 받지 않는다는 원칙을 말한다.

(2) 변호사 자치의 이념에 대해서는 여러 가지 입장[45]이 있으나, 독립보장설[46]이 통설적 견해이다. 이 견해에 의하면, 기본적 인권의 옹호와 사회정의의 실현이라는 변호사의 사명(법 1조)을 달성하기 위해 변호사는 권력 등으로부터 독립하여 자율적인 존재가 되어야 하고, 변호사 자치는 그것을 보장해 준다고 한다.[47]

2. 변호사윤리와의 관계

(1) 변호사 자치는 변호사의 직업윤리의 확립과 관련이 있다. 전문직(profession)이 전문직으로서 사회적 존재를 인정받기 위해서는 그것이 집단으로 존재하고 사회로부터 승인을 받을 필요가 있다. 이 승인을 받으려면 집단(단체) 스스로 직업윤리를 확립하여 구성원의 행동을 규제하고, 그 비행에 대해서는 징계를 가하는 자기규율성을 가져야 한다. 그러므로 변호사의 자치적 단체에는 그 자치기능으로서 회원인 변호사의 직업윤리를 확립하도록 노력할 것이 요청된다.[48]

(2) 이러한 취지에서 우리나라 변호사법은 대한변호사협회와 지방변호사회의 회칙에 필요적 기재사항으로서, "변호사의 지도 및 감독에 관한 사항"을 두도록 규정하고 있다(법

45) 이에는 독립보장설, 단체자치설, 자율적 기능설이 있다.
46) 塚原(8면), 森際(304면).
47) 박휴상(75면).
48) 박휴상(76면).

66조 6호, 88조 5호). 이에 따라 대한변호사협회는 변호사의 직업윤리를 확립하기 위하여 「변호사윤리장전」을 제정하고, 회칙에는 "변호사는 그 사명에 따라 성실하게 그 직무를 수행하고 직업윤리를 준수하여 품위를 보전하여야 한다"는 규정을 두고 있다(대한변호사협회회칙 42조).

3. 변호사자치의 내용

(1) 현행 변호사법은 변호사 자치의 내용으로서 다음 사항을 정하고 있다.

① 변호사로서 개업을 하려면 대한변호사협회에 등록을 하여야 한다(법 7조 1항). 이 때 등록을 하려는 자는 가입하려는 지방변호사회를 거쳐 등록신청을 한다(같은 조 2항). 대한변호사협회는 등록거부사유가 있으면 등록심사위원회의 의결을 거쳐 등록을 거부할 수 있다(법 8조).

② 변호사에 대한 지도·감독권은 소속지방변호사회와 대한변호사협회가 가진다(법 64조 1항, 78조 1항).

③ 변호사에 대한 징계사유가 발생할 때에도 대한변호사협회가 변호사징계위원회를 열어, 징계사건을 심의하고 징계여부 및 징계종류를 결정한다(법 90조 이하).

(2) 이와 같이 변호사의 등록·활동·징계에 관한 사항을 변호사회에서 자율적으로 시행함으로써 변호사의 직무의 독립성을 보장하려고 하는 것이 변호사의 자치이다.

해설

1) 변호사 자치란 일반적으로 변호사의 자격심사나 징계를 변호사의 자율에 맡기고, 변호사의 직무활동이나 규율에 관해서 법원, 검찰청 또는 행정관청의 감독을 받지 않는다는 원칙을 말한다.

2) 변호사는 변호사로서의 사명을 달성하기 위해서 때로는 국가권력과 직접 충돌하게 된다. 형사사건에 있어서 검사와 대등한 입장에서 피의자나 피고인을 위하여 공정한 재판을 요구해야 할 변호사가 검사의 감독 하에 놓이게 되면 변호사가 그 사명을 달성할 수 없는 것은 너무나 명백하다. 또한 민사사건에서도 변호사가 공해재판 등과 같이 국가를 상대로 다투어야 할 때 변호사가 국가기관의 감독을 받는다고 하면 변호사로서의 사명을 온전히 달성할 수 없을 것이다. 행정기관을 상대방으로 하는 행정재판에서는 더욱 그러하다. 그러므로 충돌하는 상대방인 검찰 혹은 법무부, 사법부가 그 변호사에 대한 징계권을 행사한다면 징계권의 남용을

가져올 뿐만 아니라, 국민의 권리 보장이라는 변호사의 사명을 위축시킬 염려가 있다. 당해 의뢰인은 물론, 궁극적으로는 국민 전체가 변호사의 조력을 받을 권리를 충분히 누릴 수 없게 된다. 이와 같이 권력으로부터의 독립이라는 이유에서 변호사 자치가 확립된 것이다.[49)]

Ⅵ. 사례 연습

1 L 변호사는 X로부터 Y에 대한 매매대금청구사건을 의뢰받아 소송을 제기하였다. 소송에서 Y는 청구원인사실을 다투지 않고, 다만 자금융통이 어려우므로, 분할지급의 화해를 하고 싶다는 신청을 하였다. 그러나 L 변호사는 즉시 전액을 회수하여 의뢰인을 만족시켜주기 위해서 화해를 거부하였다. 승소판결을 받은 후에는 직접 Y의 주요거래처에 대한 매출채권을 압류하여 지연손해금을 포함한 채권 전액을 회수하였다. 그러나 Y는 이 압류에 의한 자금경색으로 인해 도산하고, 얼마 후 자살하였다.

L 변호사의 행동은 의뢰인에게 충실한 것인데, 전혀 문제가 없다고 할 수 있는가?[50)]

2 L 변호사는 금융회사인 X주식회사의 고문변호사이고, 그 사무소는 X주식회사 본점 내에 있고, 무상으로 사용하고 있다. 또한 전화료나 사무원 급여 등도 모두 X주식회사에서 부담하고 있다. L 변호사의 수임사건은 X주식회사의 대여금회수사건뿐이어서, 모든 수입을 X회사에 의존하고 있다. L 변호사의 이러한 태도에 문제가 있는가?[51)]

3 L 변호사는 부동산회사인 X주식회사의 고문변호사인데, 동 회사의 부동산등기신청사건에 대해서 그의 대부분의 업무는 사원이 작성한 등기신청서에 서명날인을 하는 것이었다. L 변호사의 태도에 문제가 있는가?[52)]

4 변호사 L은 공인중개사처럼 중개대상물의 매도인(임대인), 매수인(임차인) 등 당사자 양측의 사이에서 계약을 성사시키기 위한 알선행위를 하고 있다. 변호사로서 이러한

49) 박휴상(75면).
50) 高中(42면).
51) 高中(46면).
52) 高中(47면).

행위를 하는 것이 허용되는가?

5 L 변호사는 부동산회사인 Q주식회사의 의뢰에 의하여, X와 Y 사이의 토지매매계약의 입회인이 되어, Q주식회사가 준비한 매매계약서에 입회인으로서 서명날인한 후, Q주식회사로부터 입회비로 금 300만 원을 받았다. 입회는 X와 Y 사이의 계약이 성립된 것을 증명하고, 앞으로 발생할 분쟁을 방지하기 위한 것이다.

L 변호사가 취한 행동은 변호사의 직무에 포함되는가? 이러한 입회행위는 변호사로서 회피해야 하는 것이 아닌가? Q주식회사로부터가 아닌 X와 Y로부터 각기 150만 원씩 입회비를 받은 경우는 어떠한가?[53)]

6 L 변호사는 X로부터 남편 Y에 대한 이혼사건을 수임하고, Y에게 수임의 뜻을 통지하였다. 그 후 Y가 L 변호사의 사무실에 찾아와, 이혼하는 데는 동의하지만, 자녀의 양육비 및 재산분할·위자료의 금액에 대해서는, L 변호사가 X와 Y 사이에 입회하여 중립적으로 결정하여 주면 그것에 따르겠다고 하였다. X에게 Y의 의향을 전하자, X도 L 변호사가 중립적으로 결정하여 주면 이에 따르겠다고 하였다.

L 변호사는 어떻게 행동하면 좋은가?

7 법무법인 L과 그 구성원 변호사들이 행한 다음 업무 중에서 변호사법상 허용되는 것은?[54)]

① 자동차손해보험사의 구상금 소송 사건을 보험사로부터 위임받은 법무법인 L은 그 사무를 처리함에 있어, 소 제기 전후로 구성원 변호사 甲으로 하여금 적극적으로 채무자에게 유선 또는 서면으로 변제의사 유무를 확인하거나 변제를 촉구하는 등의 업무를 행하도록 하였다.

② 변리사로 등록을 한 법무법인 L의 구성원 변호사 乙이 법무법인과는 별도로 변리사 개인 자격으로 변리사 업무를 행하였다.

③ 법무법인 L의 구성원 변호사 丙은 소속 지방변호사회의 겸직허가를 받지 않고 X회사의 이사로 취임하였다.

④ 법무법인 L은 구성원 변호사 丁을 담당변호사로 지정하여 부동산의 매도인, 매수인

53) 高中(44면).

54) 법조윤리시험(2011년) 문제이다.

등 당사자 양측의 사이에서 계약을 성사시키기 위한 중개업무를 행하도록 하였다.

8 금전적 대가를 받았거나 받기로 약속한 다음 행위 중 변호사법 위반이 아닌 것은?

① 아파트 입주민들의 아파트건설사업 주체에 대한 손해배상청구에 있어서 필요한 자료제공의 일환으로 실시한 하자감정행위를 하였다.

② 한국감정원에서 부동산시가를 감정하는 업무를 행하였다.

③ 민사소송의 당사자로부터 소송에 관한 법률적인 지원을 부탁받고 당사자를 만나 변호사선임 문제 등을 논의한 후 소송 관련 서류와 함께 착수금 명목의 금원을 교부받았다.

④ 손해사정인 C는 교통사고 피해자들로부터 손해사정업무를 위임받고 피해자들을 대신하여 보험회사와 접촉하여 손해액 결정요인들에 대하여 절충한 후 피해자들로 하여금 보험회사와 합의하도록 유도하였다.

9 변호사 아닌 A가 소송당사자인 B로부터 소송사건을 떠맡아 B를 대리하여 A의 비용과 책임 하에 소송대리인을 선임하는 등의 일체의 소송수행을 하여 B를 승소시켜 주고 그 대가로서 소송물의 일부를 양도받기로 하는 내용의 양도약정을 한 경우 그 약정은 유효한가?

해설

1 L 변호사는 의뢰인에게는 충실하였지만, 의뢰인의 이익만을 편면적으로 너무 중시한 것이 아닐까? 결국 변호사 L은 X가 외상매출금를 회수하지 못하면 도산될 처지가 아닌 한, X를 설득하여 화해에 의한 해결을 우선시했어야 했다.

2 L 변호사는 경제면에서 독립성을 유지하고 있다고 말할 수 없다. 그러나 변호사 수의 증가로, L 변호사와 같은 태도를 예외적인 경우라고 단정 지을 수는 없을 것이다. 이 점에서 L 변호사와 같은 존재를 윤리적으로 비난하는 것이 점점 곤란해져 가고 있는 것은 아닐까?

3 L 변호사는 판단의 독립성, 행동의 독립성을 유지하고 있다고 말할 수 없을 것이다. 그러나 L 변호사와 같은 존재는 금후 증대되어 갈지도 모른다.

4 변호사는 공인중개사처럼 중개대상물의 매도인(임대인), 매수인(임차인) 등 당사자 양측의 사이에서 계약을 성사시키기 위한 알선행위는 할 수 없다. 다만 변호사는 부동산 매매의 매수인과 매도인이 정해진 상태에서 그 일방으로부터 매매계약체결의 위임을 받고 매매계약 체결

을 대리하거나 당사자 일방으로부터 매수·매도 등을 위임받아 이를 대리하여 처리하는 것은 가능하다고 할 것이며, 이때 부수하는 일부 사실행위는 가능하다고 할 것이다.[55)]

5 계약입회는 변호사의 권위 내지 위세를 이용하려는 데 불과하기 때문에, 그것을 변호사의 직무범위로 보기에는 다소 무리가 있다. 후일 계약당사자 사이에 분쟁이 발생하면 증인적 존재가 되어야 하고, 일방 당사자의 대리인이 될 수는 없게 된다는 난점이 있으므로 원칙적으로는 회피해야 할 것이다. 계약당사자 쌍방으로부터 입회를 의뢰받는 경우도 마찬가지이다.[56)]

6 변호사는 당사자 일방의 의뢰에 의해서 그 자를 위하여 그 사건의 처리를 행하는 것이지만, 경우에 따라서는 당사자의 중립적 입장에 서서 조정을 행하는 경우가 있을 수 있다. 이러한 중재행위는 변호사법 3조의 직무에 직접 포함되지는 않기 때문에, 그것을 변호사 직무의 범위 내에 있는 것으로 볼 수 있을지가 문제된다. 변호사법 31조 1항 3호는 변호사가 중재인으로서 취급한 사건에 대해서 그 직무수행을 금지하고 있는데, 이는 변호사가 중재인으로서 직무를 행할 수 있음을 전제한 규정이라고 할 수 있다. 따라서 중재계약에 기한 경우 기타 이에 준하는 중립조정적 역할을 하는 것은 직무범위 내에 있다고 볼 것이다. 다만 이 경우 최소한 유의할 점은 당사자 쌍방으로부터 동의를 얻어야 한다는 것이다[57)].

7 채권의 변제를 독촉하는 행위를 포함한 채권추심업무는 변호사의 직무인 일반 법률사무에 포함된다.[58)] 법무법인의 구성원 기타 변호사는 자기 또는 제3자의 계산으로 변호사의 업무를 행할 수 없으므로(법 52조 1항) 법무법인 구성원 변호사는 법무법인의 구성원으로서만 변리업무를 수행할 수 있으며, 변리사로서 별도로 업무를 행할 수 없다. 변호사가 이사로 취임하려면 지방변호사회 허가를 받아야 한다(법 38조 2항). 부동산 중개행위는 변호사의 업무에 해당하지 않으므로 변호사가 수행할 수 없다. 따라서 ①번이 옳은 것으로 정답이다.

8 한국감정원에서 하는 부동산시가감정업무는 법률사무에 해당하지 않는다.[59)] 다른 업무는 법률사무로서 비변호사가 금전적 대가를 받았거나 받기로 약속하고 그러한 행위를 하면 변호사법 위반이 된다. 따라서 정답은 ②번이다.

9 위 약정은 강행법규인 변호사법 109조 1호에 위반되는 반사회적 법률행위로서 무효이다.[60)]

55) 법무부 2002. 1. 22.자 질의회신.
56) 高中(304면).
57) 高中(304면).
58) 대한변협 2008. 10. 28. 법제 2501호.
59) 대법원 1988. 4. 12. 판결, 86도5.
60) 대법원 1987. 4. 28. 판결, 86다카1802.

제3장 법률사무소의 개설과 운영

Ⅰ. 변호사의 등록과 법률사무소의 개설

1. 변호사의 등록

> 변호사의 자격을 취득한 후 ○○○부의 사무관으로 근무하던 L은 2008. 5. 12. 서울중앙지방법원에서 직무유기죄로 징역 1년에 집행유예 2년을 선고받았는데, 항소를 포기하여 그 형이 확정되었다. 그 후 L은 2011. 5. 20. 집행유예기간이 상당기간 지났기 때문에 변호사 개업을 하려고 대한변호사협회에 변호사 등록신청을 하였다. 대한변호사협회는 L의 등록신청을 받아 주어야 하는가?

1-1. 변호사의 자격

(1) 변호사의 자격은 ① 사법시험에 합격하여 사법연수원의 과정을 마친 자, ② 판사나 검사의 자격이 있는 자, ③ 변호사시험에 합격한 자에게 있다(법 4조).

(2) 변호사의 결격사유에 해당하는 자는 변호사가 될 수 없다(법 5조). 즉, ① 금고 이상의 형을 선고받고 그 집행이 끝나거나 그 집행을 받지 아니하기로 확정된 후 5년이 지나지 아니한 자, ② 금고 이상의 형의 집행유예를 선고받고 그 유예기간이 지난 후 2년이 지나지 아니한 자, ③ 금고 이상의 형의 선고유예를 받고 그 유예기간 중에 있는 자, ④ 탄핵이나 징계처분에 의하여 파면되거나 변호사법에 따라 제명된 후 5년이 지나지 아니하거나 징계처분에 의하여 해임된 후 3년이 지나지 아니한 자, ⑤ 금치산자 또는 한정치산자, ⑥ 파산선고를 받고 복권되지 아니한 자, ⑦ 변호사법에 따라 영구제명된 자는 변호사가 될 수 없다.

1-2. 등록 및 등록 거부

(1) 변호사로서 개업을 하려면 대한변호사협회에 등록을 하여야 한다(법 7조 1항). 위 등록을 하려는 자는 가입하려는 지방변호사회를 거쳐 등록신청을 하여야 하므로(동조 2항), 변호사는 지방변호사회에 반드시 가입하여야 한다. 우리나라 변호사단체는 변호사가 입강제주의를 채택하고 있다.

(2) 대한변호사협회는 등록을 신청한 자가 ① 변호사법 4조에 따른 변호사의 자격이 없는 자(법 8조 1항 1호), ② 변호사법 5조에 따른 결격사유에 해당하는 자(2호), ③ 심신장애로 인하여 변호사의 직무를 수행하는 것이 현저히 곤란한 자(3호), ④ 공무원 재직 중의 직무에 관한 위법행위로 인하여 형사소추 또는 징계처분(파면 및 해임을 제외한다)을 받거나 퇴직한 자로서 변호사의 직무를 수행하는 것이 현저히 부적당하다고 인정되는 자(4호), ⑤ 4호에 해당하여 등록이 거부된 후 2년이 지나지 아니한 자(5호), ⑥ 4호에 해당하여 변호사법 18조 2항에 따라 등록이 취소된 후 2년이 지나지 아니한 자(6호) 중 어느 하나에 해당하면 등록심사위원회의 의결을 거쳐 등록을 거부할 수 있다(법 8조 1항).

1-3. 개업 · 휴업 · 폐업 신고 및 소속변경 등록

(1) 변호사가 개업하거나 법률사무소를 이전한 경우, 혹은 휴업하려는 경우에는 지체 없이 소속 지방변호사회와 대한변호사협회에 신고하여야 한다(법 15조, 16조). 변호사가 폐업하려면 소속 지방변호사회를 거쳐 대한변호사협회에 등록취소를 신청하여야 한다(법 17조).

(2) 변호사가 지방변호사회의 소속을 변경하려면 새로 가입하려는 지방변호사회를 거쳐 대한변호사협회에 소속 변경등록을 신청하여야 한다(법 14조 1항). 소속이 변경된 변호사는 지체 없이 종전 소속 지방변호사회에 신고하여야 한다(법 14조 2항).

1-4. 등록취소

(1) 대한변호사협회는 변호사가 ① 사망한 경우, ② 변호사법 4조에 따른 변호사의 자격이 없거나 변호사법 5조에 따른 결격사유에 해당하는 경우, ③ 변호사법 17조에 따른 등록취소의 신청이 있는 경우, ④ 변호사법 19조에 따른 등록취소의 명령이 있는 경우 중 어느 하나에 해당하면 변호사의 등록을 취소하여야 한다. 다만 위 ②의 사유에 해당하여

변호사의 등록을 취소하려면 미리 등록심사위원회의 의결을 거쳐야 한다(법 18조 1항).

(2) 그리고 대한변호사협회는 변호사가 심신장애로 인하여 변호사의 직무를 수행하는 것이 현저히 곤란하거나, 공무원 재직 중의 직무에 관한 위법행위로 인하여 형사소추 또는 징계처분(파면 및 해임은 제외한다)을 받거나 퇴직한 자로서 변호사의 직무를 수행하는 것이 현저히 부적당하다고 인정되는 경우에는 등록심사위원회의 의결을 거쳐 등록을 취소할 수 있다(법 18조 2항).

(3) 법무부장관은 변호사로 등록된 자가 변호사법 4조에 따른 변호사의 자격이 없거나 5조에 따른 결격 사유에 해당한다고 인정하는 경우, 대한변호사협회에 그 변호사의 등록취소를 명하여야 한다(법 19조).

해설

금고 이상의 형의 집행유예를 선고받고 그 유예기간이 지난 후 2년이 지나지 아니한 자는 변호사가 될 수 없다(법 5조). L은 집행유예기간이 지난 후 2년이 경과되지 아니하였으므로 변호사 결격사유에 해당하는 자이다. 대한변호사협회는 등록심사위원회의 의결을 거쳐 등록을 거부해야 한다(법 8조 1항).

2. 법률사무소의 개설과 운영

2-1. 법률사무소 개설

변호사는 법률사무소를 개설할 수 있다(법 21조 1항). 변호사의 법률사무소는 소속 지방변호사회의 지역 안에 두어야 한다(동조 2항).

2-2 변호사시험 합격자의 개설

L 변호사는 변호사시험에 합격한 자이다. L은 법률사무종사기관으로 지정받은 개인법률사무소에서 통산하여 5개월 법률사무에 종사하였다. L은 다른 변호사와 공동으로 사건을 수임할 수 있는가? 변호사시험에 합격한 변호사가 개인 법률사무소에서 연수를 받기 위해서는 그 개인변호사가 어떠한 요건을 갖추어야 하는가?

(1) 변호사시험에 합격한 변호사는 통산하여 6개월 이상 법률사무종사기관에서 법률

사무에 종사하거나 연수(대한변호사협회에 한정한다)를 마치지 아니하면 단독으로 법률사무소를 개설하거나 법무법인, 법무법인(유한), 법무조합의 구성원이 될 수 없다(법 21조의2 1항). 또한 이 요건을 갖추지 못하면 사건을 단독 또는 공동으로 수임할 수 없으며, 법무법인 등의 담당변호사로 지정할 수 없다(법 31조의2 1항). 이 규정들을 위반한자는 형사처벌된다(법 113조 1호, 5호, 21조의2 1항, 31조의2 1항).

(2) 법률사무종사기관으로는 ① 국회, 법원, 헌법재판소, 검찰청, ② 법률구조법에 따른 대한법률구조공단, 정부법무공단법에 따른 정부법무공단, ③ 법무법인, 법무법인(유한), 법무조합, 법률사무소, ④ 국가기관, 지방자치단체와 그 밖의 법인, 기관 또는 단체, ⑤ 국제기구, 국제법인, 국제기관 또는 국제단체 중에서 법무부장관이 법률사무에 종사가 가능하다고 지정한 곳, ⑥ 대한변호사협회가 있다(법 21조의2 1항 각호).

(3) 위 ③ 및 ④의 기관은 통산하여 5년 이상 법원조직법 42조 1항 각 호의 어느 하나에 해당하는 직에 있었던 자 1명 이상이 재직하는 기관 중 법무부장관이 법률사무에 종사가 가능하다고 지정한 곳에 한정한다(동 1항 단서).

Example 위 ③ 및 ④의 법률사무종사기관으로 지정받으려는 법무법인이나 국가기관 등은 다음 요건을 갖추어 법무부장관에게 신청하여야 한다. i) 통산하여 5년 이상 「법원조직법」 42조 1항 각 호의 어느 하나에 해당하는 직에 있었던 사람 1명 이상이 재직할 것. 이 경우 「법원조직법」 42조 1항 각 호에 규정된 직 중에서 둘 이상의 직에 재직한 사람의 재직기간은 합산한다. ii) 변호사법 21조의2 1항에 따라 법률사무에 종사하는 변호사(이하 '법률사무종사 변호사'라 한다)를 제외한 변호사의 수가 법률사무종사 변호사의 수 이상일 것. iii) 소송에 관한 행위, 행정처분의 청구에 관한 대리행위 또는 일반 법률 사무를 주로 취급하는 부서 또는 담당자가 있을 것. iv) 법률사무종사 변호사에 대한 관리를 담당할 변호사가 1명 이상 지정되어 있을 것. v) 사무실 공간 등 시설 여건이 법률사무 종사에 적합할 것(시행령 2조 1항, 2항).

(4) 법무부장관은 법률사무 종사가 가능하다고 인정되는 위 ⑤의 국제기구 등에 대해서도 직권으로 또는 변호사시험에 합격한 변호사나 국제기구 등의 신청에 의하여 법률사무종사기관으로 지정할 수 있다(시행령 3조 1항).

(5) 대한변호사협회는 위 ③의 법률사무종사기관에 대하여 대한변호사협회 회칙으로 정하는 바에 따라 연수를 위탁하여 실시할 수 있다(법 21조의2 2항).

(6) 변호사시험에 합격한 변호사가 단독으로 법률사무소를 최초로 개설하거나 법무법인, 법무법인(유한), 또는 법무조합의 구성원이 되려면 법률사무종사기관에서 근무한 사실을 증명하는 확인서(대한변호사협회의 연수는 제외한다)를 받아 지방변호사회를 거쳐 대한변호사협회에 제출하여야 한다(동조 3항).

해설

1) 변호사시험에 합격한 변호사는 법률사무종사기관에서 통산하여 6개월 이상 법률사무에 종사하거나 연수를 마치지 아니하면 다른 변호사와 공동으로라도 사건을 수임할 수 없다. 따라서 L은 5개월밖에 법률사무에 종사하지 아니하여 사건을 수임할 수 없다.

2) 변호사시험에 합격한 변호사가 개인 법률사무소에서 연수를 받기 위해서는 그 개인변호사가 5년 이상의 법조경력과 법무부장관의 지정이 있어야 한다.

2-3. 이중사무소 개설 금지

> 변호사 L은 대전에 법률사무소를 설치·운영하고 있다. 서울에서도 사건을 수임하는 경우가 많아 서울 서초동에 'OO법률연구소'라는 사무실을 개설하여 소송 및 등기업무를 수행하고 있다. 변호사 L의 연구소 개설은 변호사법상 허용되는 것인가?

(1) 변호사는 어떠한 명목으로도 둘 이상의 법률사무소를 둘 수 없다(동조 3항 본문). 연락사무소, 연락전화 등을 설치하여도 아니 된다(윤리규칙 7조).

Example 〈징계사례〉 ① 친안에 법률사무소를 설치 · 운영하고 있음에도 서울에 '00법무연구소'라는 사무실을 개설하여 소송 및 등기업무를 수행하였다(법무부 1995.9.4. 결정).

② 분사무소를 설치하였음에도 한 달 가량 소속 지방변호사 및 대한변호사협회를 거쳐 법무부장관에게 그 설치신고를 하지 않았고, 위 분사무소 및 그 인근에 '토지수용 전문 변호사'라고 표기된 현수막 등을 설치하여 광고하였다(대한변협 2007. 2. 12. 징계 2006-32호).

(2) 그러나 사무공간의 부족 등 부득이한 사유가 있어 대한변호사협회가 정하는 바에 따라 인접한 장소에 별도의 사무실을 두고 변호사가 주재하는 경우에는 본래의 법률사무소와 함께 하나의 사무소로 본다(법 21조 3항 단서).

Example ① 현재 ABC빌딩 C동 3층 및 5층을 법무법인 사무소로 사용 중, 별개의 출입구가 있는 같은 빌딩 A동 1, 2층을 추가 사용하는 것은 이중사무소 개설에 해당되지 않는다.

② '특별히 변호사법상 이중사무소 금지규정을 잠탈할 의도가 엿보이거나 그 밖에 다른 부정한 목적이 있는 것으로 보이는 경우가 아니라면,' 두 사무소의 거리가 다소 떨어져 있다 하더라도(예 : '120 미터 정도 떨어져 있는 건물') 폭넓게 확장된 주사무소로 인정하고 있다.[1]

(3) 우리나라 변호사가 외국에 법률사무소를 설치하는 것은 해당국의 법률저촉 여부는 별론으로 하고, 현행 변호사법상 명문의 금지규정을 두고 있지 아니한 이상 이중사무소 설치 금지규정에 위반된다고 보기는 어렵다. 이는 변호사법의 효력이 미치는 범위와 관련하여 소위 이중사무소 설치금지 규정은 대한민국 영토 내에서만 그 효력을 갖기 때문이다. 여기서 외국에 설치된 법률사무소란 분사무소 또는 연락사무소 등 해당국에서 불리는 명칭에 상관없이 법률사무를 취급할 수 있는 사무소를 말한다.[2]

해설

변호사는 어떠한 명목으로도 둘 이상의 법률사무소를 둘 수 없다(법 21조 3항). 따라서 L변호사의 연구소 개설도 허용되지 않는다.

3. 사무직원

> 변호사는 형법상 부당이득죄로 징역 1년에 집행유예 2년을 선고받고 집행유예기간이 지난 후 다시 1년이 지난 사람을 법률사무소 사무직원으로 채용할 수 있는가?

3-1. 사무직원의 채용

(1) 변호사는 법률사무소에 사무직원을 둘 수 있다(법 22조 1항). 다음의 결격사유가 있는 자는 사무직원으로 채용하지 못한다(동조 2항).

1) 변호사법 또는 「형법」 129조부터 132조까지, 「특정범죄가중처벌 등에 관한 법률」 2조 또는 3조, 그밖에 대통령령으로 정하는 법률[3]에 따라 유죄판결을 받은 자로서

1) 대한변협 홈페이지 「변호사법 질의회신」 550호, 2010. 11. 11.

2) 법무부 2000. 12. 9.자 질의회신.

3) '그밖에 대통령령으로 정하는 법률'이란 「특정경제범죄 가중처벌 등에 관한 법률」 3조 1항, 「형법」 347조부터, 347조의2, 348조, 348조의2, 349조부터 352조까지, 355조부터 357조까지 및 359조, 「폭력행위 등 처벌에 관한 법률」 4조, 5조 및 6조(같은 법 2조, 3조의 경우는 제외한다), 「마약류 관리에 관한 법률」 58조부터 64조까지의 규정을 말한다(변호사법 시행령 6조).

다음 중 어느 하나에 해당하는 자

① 징역 이상의 형을 선고받고 그 집행이 끝나거나 그 집행을 받지 아니하기로 확정된 후 3년이 지나지 아니한 자

② 징역형의 집행유예를 선고받고 그 유예기간이 지난 후 2년이 지나지 아니한 자

③ 징역형의 선고유예를 선고받고 그 유예기간 중에 있는 자

2) 공무원으로서 징계처분에 의하여 파면되거나 해임된 후 3년이 지나지 아니한 자

3) 금치산자 또는 한정치산자

Example 〈징계사례〉 변호사법 위반으로 징역형을 선고받고 3년을 경과하지 아니한 자를 사무직원으로 활용하다가 소속 지방변호사회에 채용신고를 하였으나 승인을 받지 못하였음에도 불구하고 그를 사무직원으로 계속 근무하게 하여 변호사법 및 변호사사무원규칙을 위반하였다(대한변협 징계 2005-6호).

(2) 변호사・법무법인 등이 사무직원을 채용한 때에는 이를 지체 없이 소속 지방변호사회에 신고하여야 한다(대한변호사협회 회칙 41조 1항). 사무직원을 채용한 후 신고하지 아니하면 징계대상이 된다.

(3) 행정사 자격을 보유한 자, 세무사 자격을 가진 자, 손해사정인, 외국변호사 등을 사무직원으로 채용할 수 있다. 그러나 사무직원은 서류작성 등 변호사 업무를 보조하는 역할을 맡도록 되어 있으므로 사무직원으로 고용된 위 자격자들은 독립된 지위에서 그의 이름으로 업무를 처리할 수 없다.

Example ① 변호사가 손해사정인을 사무직원으로 등록하고 일정급여를 지급하면서 외근업무를 보게 하는 것은 변호사법 35조에 위배된다.[4)]

② 외국에서 변호사 자격을 갖춘 외국변호사를 변호사 사무실의 직원으로 고용하여 업무를 보조하게 할 수 있으나, 이는 어디까지나 사무직원으로 고용하는 것이므로 법률자문에 대한 대외적 서면은 변호사 명의로 제출하여야 한다. 만약 형식은 사무직원으로 고용하는 것처럼 하고 실질적으로는 변호사와 동등한 자격으로 사무실을 운영한다면 이는 변호사법 34조 3항을 우회적으로 위반하는 것이 되어 변호사법 109조 1호, 동법 112조 3호에 의해 처벌받을 수 있다.[5)]

---

4) 대한변협 2004. 6. 17. 법제 제1560호.

5) 대한변협 2005. 8. 2. 법제 1995호.

3-2. 사무직원에 관한 변호사의 의무

변호사는 ① 사건유치를 주된 임무로 하는 사무직원을 채용하여서는 아니 된다. ② 사무직원의 보수를 사건유치에 대한 성과급으로 정하여서는 아니 된다. ③ 변호사는 사무직원을 채용함에 있어서 다른 변호사와 경쟁하거나 신의에 반하는 행위를 하여서는 아니 된다(변호사윤리장전 8조). 종래 사무직원의 자격과 인원을 규제하는 조항이 있었으나, 현재는 제한이 없으므로 법률사무소의 실질적인 수요에 따라 자율적으로 사무직원을 채용할 수 있다.

3-3. 사무직원의 의무

변호사사무원규칙 6조에 의하면, ① 사무직원은 변호사사무원규칙을 준수하고, 품위를 손상하는 행위를 하여서는 아니 된다. ② 사무직원 또는 사무직원이었던 자는 법률에 특별한 규정이 있는 경우를 제외하고는 그 직무상 알게 된 비밀을 누설하여서는 아니 된다. 다만 법률에 특별한 규정이 있는 경우에는 그러하지 아니하다. ③ 사무직원은 그 변호사 또는 법무법인 등이 수임하고 있는 사건에 관하여 수임인 또는 상대방으로부터 이익을 받거나 이를 요구 또는 약속하여서는 아니 된다. ④ 사무직원은 그 정을 알면서 변호사법에 위반되는 행위를 하는 자로부터 사건수임의 알선을 받아서는 아니 된다(변호사사무원규칙 6조).

Example 〈징계사례〉 사건을 수임하고 수행 중 사무직원이 의뢰인으로부터 필요하지 않은 돈을 공탁금 명목으로 수령하고 이를 반환하지 아니함으로써 사무직원에 대한 교육·지휘·감독을 소홀히 하였다(대한변협 징계 2007-7호).

해설

변호사법 22조 2항의 '대통령령으로 정하는 법률'에는 형법 349조 부당이득죄도 포함된다. 따라서 부당이득죄로 징역형의 집행유예를 선고받고 그 유예기간이 지난 후 2년이 지나지 아니한 자를 사무직원으로 채용할 수 없다.

Ⅱ. 법무법인 등의 개설과 운영

1. 공동화 형태

(1) 우리나라 경제가 대규모화되고 국제화됨에 따라 고도로 전문화된 법률서비스와, 신속하고 통합적인 법률서비스에 대한 수요가 증가하고 있다. 이러한 수요의 변화에 맞추어 변호사들은 법률서비스 조직을 형성하여 집합적으로 법률서비스를 제공하고 있는데, 이러한 현상을 법률사무소의 공동화라고 한다.

(2) 공동화의 형태로는 공동사무소(또는 공동(합동)법률사무소 : 이하 '공동사무소'라 한다)와 법무법인, 법무법인(유한), 법무조합이 있다.

2. 공동사무소

> L1변호사와 L2 변호사는 사업자등록을 같이 하였다. 대한변호사협회에 신고하여야 하는가? 사무소 명칭을 개인 명의가 아닌 '반도합동법률사무소'라고 사용한 경우는 어떠한가?

(1) 공동사무소는 변호사법에 규정이 없기 때문에 구성원들의 계약에 따라 그 구성 및 운영 형태가 다양하게 규율되고 있다.

(2) 공동사무소의 다양한 형태 중에서 대한변호사협회 회칙은 공증인가합동법률사무소와 공동법률사무소 두 가지 유형을 제시하고 대한변호사협회에 신고하도록 하고 있다(회칙 39조).

① 공증인가합동법률사무소

1970년 제정된 「간이절차에의한민사분쟁사건처리특례법」에 의하여 도입된 공동사무소 유형이다. 1993년 공증제도의 정비를 위하여 위 특례법의 관련규정은 변호사법에 의하여 흡수되었다가 2005년 변호사 겸업 공증인 제도가 폐지됨에 따라 삭제되었다. 이후 공증인가합동법률사무소는 더 이상 설립되지 않고 점차 해산되고 있다.[6]

---

6) 도재형(68면).

② 공동법률사무소

대한변호사협회 회칙 39조는 사업자등록을 2인 이상이 같이 하는 경우와 2인 이상이 개인명의 이외의 명칭을 사용하는 경우, 대한변호사협회에 '공동법률사무소'로 신고하도록 하고 있다.

해설

사업자등록을 2인 이상이 같이 하는 경우와 2인 이상이 개인명의 이외의 명칭을 사용하는 경우에는, 대한변호사협회에 '공동법률사무소'로 신고해야 한다(대한변협 회칙 39조). 위 사례의 경우가 이에 해당한다.

3. 법무법인

L 변호사는 P 법무법인의 구성원 변호사이다. L 변호사는 P 법무법인의 재산으로 법인의 채무를 다 갚을 수 없을 때 연대책임을 지는가, 아니면 출자금액을 한도로 유한책임을 지는가?

3-1. 의의

법무법인은 구성원 변호사들이 법인의 채무에 대해서 무한, 연대책임을 지는 법률사무소 형태이다. 변호사법에 정한 것 외에는 상법 중 합명회사에 관한 규정을 준용한다(법 58조 1항). 법무법인 제도는 변호사 업무의 전문화·대형화를 도모하기 위하여 1982년 변호사법 개정으로 처음 도입되었다.

3-2. 설립

(1) 변호사는 그 직무를 조직적·전문적으로 수행하기 위하여 법무법인을 설립할 수 있다(법 40조). 법무법인을 설립하려면 구성원이 될 변호사가 정관을 작성하여 주사무소 소재지의 지방변호사회와 대한변호사협회를 거쳐 법무부장관의 인가를 받아야 한다. 정관을 변경할 때에도 또한 같다(법 41조).

(2) 법무법인은 그 주사무소의 소재지에서 설립등기를 함으로써 성립한다(법 43조 3항).

3-3. 구성원

(1) 법무법인은 3명 이상의 변호사로 구성된다. 이들을 '구성원 변호사'라고 부른다. 구성원 변호사 중 1명 이상은 통산하여 5년 이상 「법원조직법」 42조 1항 각 호의 어느 하나에 해당하는 직에 있었던 자[7]이어야 한다(법 45조 1항). 법무법인은 구성원 아닌 소속 변호사를 둘 수 있다(47조).

(2) 법무법인의 구성원 변호사들은 무한책임을 진다.

3-4. 사무소

(1) 법무법인은 분사무소를 둘 수 있다(법 48조 1항). 법무법인이 사무소를 개업 또는 이전하거나 분사무소를 둔 경우에는 지체 없이 주사무소 소재지의 지방변호사회 및 대한변호사협회를 거쳐 법무부 장관에게 이를 신고하여야 한다(동조 2항). 분사무소 설치신고를 한 달 가량 지체하여 징계를 받은 사례가 있다.[8] 법무법인의 구성원과 구성원 아닌 소속 변호사는 법무법인 외에 따로 법률사무소를 둘 수 없다(동조 3항).

(2) 분사무소에는 1명 이상의 구성원이 주재하여야 한다(시행령 12조 1항). 분사무소는 시 · 군 · 구(자치구를 말한다) 관할 구역마다 1개를 둘 수 있다(시행령 12조 3항). 시 · 군 · 구(자치구를 말한다)만 달리한다면 분사무소의 설립 수에 대한 제한은 없다.[9]

(3) 법무법인(유한), 법무조합에 관해서도 위 법무법인의 사무소 규정을 준용하고 있다(법 58조의16, 58조의30, 48조).

3-5. 업무

(1) 법무법인은 변호사법과 다른 법률에 따른 변호사 및 공증인의 직무에 속하는 업무를 수행한다(법 49조 1항).

(2) 그러나 법무법인이나 구성원 변호사 등은 다음 업무를 수행할 수 없다.

---

7) 판사 · 검사 · 변호사로 근무하거나, 변호사로서 국가기관, 지방자치단체, 국 · 공영기업체, 정부투자기관 기타 법인에서 법률에 관한 사무에 종사하거나, 공인된 대학의 법률학 조교수 이상의 직에 근무하던 자를 말한다.

8) 대한변협 2007. 2. 12. 결정, 징계 2006-32호

9) 법무부 2000. 10. 17. 질의회신.

① 법무법인은 그 법인이 인가공증인으로서 공증한 사건에 관하여는 변호사 업무를 수행할 수 없다. 다만 대통령령으로 정하는 경우에는 그러하지 아니하다(법 51조).[10)]

② 법무법인의 구성원 및 구성원 아닌 소속 변호사는 자기나 제3자의 계산으로 변호사의 업무를 수행할 수 없다(법 52조 1항).

③ 법무법인의 구성원이었거나 구성원 아닌 소속 변호사이었던 자는 법무법인의 소속 기간 중 그 법인이 상의를 받아 수임을 승낙한 사건에 관하여는 변호사의 업무를 수행할 수 없다(법 52조 2항).

Example 변호사법 52조 2항의 '수임을 승낙한 사건'의 수임제한 시기는 수임 승낙 당시의 심급에 계속 중일 때까지로 제한되고 당해 심급에서 사건이 종결된 이후에는 수임제한을 받지 않는다.[11)]

3-6. 업무집행방법

(1) 법무법인이 법인 명의로 업무를 수행할 경우에는 그 업무를 담당할 변호사(담당변호사)를 지정하여야 한다. 다만 구성원 아닌 소속 변호사에 대하여는 구성원과 공동으로 지정하여야 한다(법 50조 1항). 만약 법무법인이 담당변호사를 지정하지 않은 경우에는 구성원 모두를 담당변호사로 지정한 것으로 본다(법 50조 3항).

(2) 담당변호사가 지정된 업무를 수행할 때에는 각자가 그 법무법인을 대표한다(법 50조 6항).

해설

법무법인은 구성원 변호사들이 법인의 채무에 대해서 무한, 연대책임을 지는 법률사무소 형태이다.

---

10) 시행령 제13조(법무법인의 업무범위) 법 제51조 단서에 따라 법무법인이 수행할 수 있는 변호사의 업무는 다음 각 호의 어느 하나에 해당하는 사건에 대한 소송에 관한 행위를 제외한 것으로 한다.
1. 법률행위나 그 밖의 사권에 관한 사실에 대한 공정증서를 작성한 사건
2. 어음, 수표 또는 이에 부착된 보충지에 강제집행할 것을 적은 증서를 작성한 사건
3. 법인의 등기절차에 첨부되는 의사록을 인증한 사건
4. 「상법」 제292조 및 그 준용규정에 따라 정관을 인증한 사건

11) 대한변협홈페이지 「변호사법 질의회신」 513호, 2010. 4. 7.

4. 법무법인(유한)

L 변호사는 Q 법무법인(유한)의 구성원 아닌 소속 변호사이다. 법무법인(유한)의 구성원이 아닌 소속 담당변호사는 피고용자에 불과하므로 본인의 과실로 사건 처리를 잘못하여 발생된 채무라 하더라도 법인이 대외적인 채무를 부담할 뿐, 개인적으로는 그 채무를 부담하지 않는다는 주장이 있다. 이 주장은 옳은 것인가?

4-1. 의의

(1) 법무법인(유한)은 구성원 변호사들이 법인의 채무에 대하여 출자금액을 한도로 유한책임을 지는 법률사무소 형태이다(법 58조의10). 변호사법에 정한 것 외에는 상법 중 유한회사에 관한 규정(상법 545조는 제외한다)을 준용한다.

(2) 종래 법무법인과 관련하여서는 의사결정시스템의 경직성과 구성원 변호사들의 무한연대책임 때문에 대형화·전문화에 한계가 있다는 비판이 제기되었다. 법무법인(유한)제도는 이러한 법무법인제도의 단점을 보완하고, 변호사들의 국제 경쟁력을 강화하고 전문적인 법률서비스를 제공하기 위하여 2007년 변호사법 개정을 통하여 새로이 도입되었다.[12)]

4-2. 설립

법무법인(유한)의 설립절차는 법무법인의 그것과 유사하다(법 58조의2 내지 58조의5, 58조의13 내지 58조의16).

4-3. 구성원

(1) 법무법인(유한)은 7명 이상의 구성원 변호사를 두어야 하며, 그 중 2명 이상이 통산하여 10년 이상 「법원조직법」 42조 1항 각 호의 어느 하나에 해당하는 직에 있었던 자이어야 한다(법 58조의6 1항).

(2) 또한 3명 이상의 이사를 두어야 하며, 1명 이상의 감사를 둘 수 있다(동조 4항, 5항).

12) 대한변호사협회 「한국 변호사 백서 2010」(26-27면), 박휴상(101면).

4-4. 자본총액

법무법인(유한)의 자본총액은 5억 원 이상이어야 한다(법 58조의7 1항). 출자 1좌의 금액은 1만 원으로 한다(동조 2항). 각 구성원의 출자좌수는 3천좌 이상이어야 한다(동조 3항).

4-5. 책임

(1) 구성원의 책임

법무법인(유한)의 구성원의 책임은 변호사법에 규정된 것 외에는 그 출자 금액을 한도로 한다(법 58조의10).

(2) 수임사건과 관련된 손해배상책임

담당변호사(담당변호사가 지정되지 아니한 경우에는 그 법무법인(유한)의 구성원 모두를 말한다)가 수임사건에 관하여 고의나 과실로 그 수임사건의 위임인에게 손해를 발생시킨 경우에는 법무법인(유한)과 연대하여 그 손해를 배상할 책임이 있다(법 58조의11 1항). 담당변호사가 위와 같이 손해배상책임을 지는 경우 그 담당변호사를 직접 지휘·감독한 구성원도 그 손해를 배상할 책임이 있다. 다만 지휘·감독을 할 때에 주의를 게을리하지 않았음을 증명한 경우에는 그러하지 않다(동조 2항).

해설

법무법인(유한)의 담당변호사가 수임사건에 관하여 고의나 과실로 그 수임사건의 위임인에게 손해를 발생시킨 경우에는 법무법인(유한)과 연대하여 그 손해를 배상할 책임이 있다(법 58조의11 1항). 담당변호사가 구성원 변호사인 경우는 물론, 구성원 아닌 소속 변호사인 경우도 마찬가지이다.

5. 법무조합

L 변호사는 X 법무조합의 구성원 변호사인데, A가 의뢰한 소유권이전등기청구사건의 담당변호사이다. L 변호사가 고의나 과실로 위 사건의 위임인 A에게 손해를 발생시킨 경우 L 변호사는 그 손해를 배상할 책임이 있는가? 이때 그 L 변호사를 직접 지휘·감독한 구성원 변호사 P가 있었다면 그 변호사도 책임을 지는가? 다른 구성원은 어떠한가?

5-1. 의의

(1) 법무조합은 구성원 변호사가 법무조합의 채무에 대하여 그 채무발생 당시의 손실분담 비율에 따라 책임을 지는 법률사무소 형태이다(법 58조의24). 법무조합에 관해서는 변호사법에 정한 것 외에는 민법 중 조합에 관한 규정(민법 713조는 제외한다)을 준용한다.

(2) 법무조합 역시 법무법인(유한)과 같은 취지에서 2007년에 새로이 도입된 것이다.

5-2. 설립

법무조합의 설립절차는 법무법인의 그것과 유사하다(법 58조의18 내지 21).

5-3. 구성원과 업무집행

(1) 법무조합의 구성원의 수와 자격은 법무법인(유한)과 같다(법 58조의22 1항).

(2) 법무조합의 업무집행은 구성원 과반수의 결의에 의한다. 다만 둘 이상의 업무집행 구성원을 두는 경우에는 그 과반수의 결의에 의한다(법 58조의23 1항).

(3) 법무조합은 규약으로 정하는 바에 따라 업무집행 구성원 전원으로 구성된 운영위원회를 둘 수 있다(동조 2항).

5-4. 책임

(1) 구성원의 책임

구성원은 법무조합의 채무에 대하여 그 채무발생 당시의 손실 분담비율에 따라 책임을 진다(법 58조의24).

(2) 수임사건과 관련된 손해배상책임

담당변호사가 수임사건에 관하여 고의나 과실로 그 수임사건의 위임인에게 손해를 발생시킨 경우 담당변호사는 그 손해를 배상할 책임이 있다. 담당변호사가 이와 같이 손해배상책임을 지는 경우 그 담당변호사를 직접 지휘·감독한 구성원도 그 손해를 배상할 책임이 있다. 다만, 지휘·감독을 할 때에 주의를 게을리하지 않았음을 증명한 경우에는 그러하지 않는다. 이러한 책임을 지지 않는 구성원은 법무과오로 인한 손해배상책임에 대하여는 조합재산의 범위 내에서 그 책임을 진다(법 58조의25 1항, 2항, 3항).

5-5. 소송당사자능력

법무조합은 소송의 당사자가 될 수 있다(법 58조의26).

해설

법무조합에 있어서 담당변호사가 수임사건에 관하여 고의나 과실로 그 수임사건의 위임인에게 손해를 발생시킨 경우 담당변호사는 그 손해를 배상할 책임이 있다. 담당변호사가 이와 같이 손해배상책임을 지는 경우 그 담당변호사를 직접 지휘·감독한 구성원도 그 손해를 배상할 책임이 있다. 따라서 L과 P 변호사는 A의 손해를 배상할 책임을 부담한다. 다만, P 변호사는 지휘·감독을 할 때에 주의를 게을리하지 않았음을 증명한 경우에는 책임을 부담하지 않는다. 위와 같은 책임을 지지 아니하는 다른 구성원은 조합재산의 범위 내에서 그 책임을 진다(법 58조의25 1항, 2항, 3항).

Ⅲ. 외국법자문사 개설과 운영

1. 외국법자문사법의 제정

(1) 「외국법자문사법」은 2009. 3. 25. 법률9524호로 제정되어 2009. 9. 26.부터 시행되었다. 우리나라는 자유무역협정(FTA) 등에 의하여, 법률서비스 유형 중 교역이 가능한 외국법자문업을 제도적으로 대외 개방할 의무가 있다. 이에 따라 「외국법자문사법」은 자유무역협정 등 당사국의 공인된 법률 전문가가 우리나라에서 별도의 자격시험에 합격하지 않더라도 일정한 조건 아래 외국법 사무에 종사할 수 있도록 제도적으로 허용하는 외국법자문사 제도를 창설하고, 외국 로펌이 일정한 요건 아래 외국법자문법률사무소를 개설하여 외국법사무에 관한 영업을 할 수 있도록 허용했다.[13]

(2) 그러나 국내 법률시장은 그 효력이 발생한 자유무역협정 등 통상협상의 체결 상

13) 법제처 국가법령정보센터 「외국법자문사법 제정이유」, 국회 법제사법위원회 「외국법자문사법안 심사보고서」 참조.

대국을 원자격국으로 하는 외국 로펌 및 외국변호사에게만 개방된다(동법 2조 8호, 16조 1항 1호).

2. 외국법자문사 자격승인 및 등록

L 변호사는 우리나라와 자유무역협정을 체결한 A국에 유학 가서 그곳의 변호사 자격을 취득한 후 A의 로펌에서 1년 2개월 동안 근무하다가 귀국하여 현재 2년 3개월 동안 우리나라 P 법무법인에서 A국법의 조사 · 연구 등에 관한 사무를 수행하고 있다. L 변호사는 외국법자문사의 자격승인을 받으려고 한다. 그것이 가능한가? 이 경우 우리나라 변호사 업무도 수행할 수 있는가?

2-1. 의의

'외국법자문사'란 외국변호사의 자격을 취득한 후 법무부장관으로부터 자격승인을 받고 대한변호사협회에 등록한 사람을 말한다(동법 2조 3호). 그러므로 외국법자문사가 되려는 외국변호사는 법무부장관에게 '자격승인'을 신청하여야 한다(동법 3조 1항). 또한 외국법자문사로서 업무수행을 개시하려는 사람은 위 자격승인을 받은 후 대한변호사협회에 외국법자문사로 등록하여야 한다(동법 10조 1항).

2-2. 자격승인

(1) 원자격국이 자유무역협정 등의 당사국이어야 한다(동법 6조 1항 1호).

'원자격국(原資格國)'이란 외국변호사가 그 자격을 취득한 후 법률사무수행에 필요한 절차를 마친 국가로서 대한민국에서 그 국가의 법령 등에 관한 자문 업무 등을 수행할 수 있도록 법무부장관이 지정한 국가를 말한다. 다만, 어느 국가 내에 지역적으로 한정된 자격이 부여되는 여러 개의 도(道) · 주(州) · 성(省) · 자치구 등이 있는 경우에는 그 국가의 법령 등에 따라 그 자격이 통용되는 지역의 전부를 원자격국으로 본다(동법 2조 5호).

(2) 외국변호사의 자격을 취득한 후 '원자격국'에서 3년 이상 법률 사무를 수행한 자이어야 한다(동법 6조 1항 3호, 4조 1항). 자격승인 신청인이 대한민국에서 원자격국법에 관한 조사 · 연구 · 보고 등의 사무를 수행한 경우에는 최대 2년까지 위 직무 경력에 산입할 수 있다(동법 4조 3항).

(3) 외국변호사의 자격을 갖춘 변호사가 '자격승인'을 신청하는 경우에는 변호사업을 휴업하거나 폐업하여야 한다(동법 6조 1항 6호, 3조 2항).

2-3. 등록

외국법자문사가 업무를 수행하기 위해서는 자격승인(동법 6조)을 받은 후 대한변호사협회에 외국법자문사로 등록하여야 한다(동법 10조). 그 등록의 유효기간은 위 명부에 등록된 날로부터 5년이고(동조 2항), 그 유효기간이 끝나는 날의 6개월 전부터 1개월 전까지 갱신신청을 할 수 있다(동조 3항).

해설

1) 외국법자문사의 자격승인을 신청하려면 외국변호사의 자격을 취득한 후 '원자격국'에서 3년 이상 법률 사무를 수행한 자이어야 한다(외국법자문사법 6조 1항 3호, 4조 1항). 자격승인 신청인이 대한민국에서 원자격국법에 관한 조사 · 연구 · 보고 등의 사무를 수행한 경우에는 최대 2년까지 위 직무 경력에 산입할 수 있다(동법 4조 3항).

   L 변호사는 A국에서 1년 2개월, 우리나라에서 2년(2년 3개월이나 2년까지만 인정됨), 도합 3년 2개월 동안 A국법사무를 수행하였으므로 외국법자문사의 자격승인을 받을 수 있다.

2) 또한 외국변호사의 자격을 갖춘 변호사가 '자격승인'을 신청하는 경우에는 변호사업을 휴업하거나 폐업하여야 한다(동법 6조 1항 6호, 3조 2항). 따라서 L 변호사도 외국법자문사의 자격승인을 신청하려면 변호사업을 휴업하거나 폐업하여야 한다.

3. 외국법자문법률사무소의 개설 및 운영

> L 외국법자문사는 외국법자문법률사무소를 운영하려고 한다. 이 경우 법무부장관의 설립인가만 받으면 충분하며, 대한변호사협회에의 등록은 필요하지 않는 것이 아닌가?
>
> 또한 외국법자문사는 기존의 외국 로펌과 연관된 분사무소 형태의 외국법자문법률사무소만 설립할 수 있는가? 아니면 개인 사무소도 운영할 수 있는가?

3-1. 의의

외국법자문법률사무소를 운영하기 위해서는 법무부장관의 설립인가와 '대한변호사협회'에의 등록이 필요하다. 그러나 기존의 외국 로펌과 연관된 분사무소 형태의 외국법자문법률사무소 설립만 허용되고, 외국법자문사가 개인사무소를 운영할 수는 없다(동법 16조 1항 2호).

3-2. 설립인가

(1) 원자격국에서 법률사무의 수행을 주된 목적으로 설립된 사무소나 법인(이하 '본점사무소'라 한다)에 소속된 외국법자문사는 법무부장관의 설립인가를 받아 외국법자문법률사무소를 설립할 수 있다(동법 15조 1항). 위 외국법자문사는 2개 이상의 외국법자문법률사무소를 설립할 수 없다(동조 3항).

(2) 설립인가 요건(동법 16조 1항)은 다음과 같다.

① '본점사무소'가 자유무역협정 등의 당사국에서 그 나라의 법률에 따라 적법하게 설립되어 5년 이상 정상적으로 운영되었어야 한다(동법 16조 1항 1호).

② '본점사무소'가 대한민국에서 외국법사무를 수행하기 위한 대표사무소로 그 외국법자문법률사무소를 설립하기로 의결 또는 결정하였어야 한다(동항 2호).

③ 외국법자문법률사무소의 대표자가 될 외국법자문사가 외국변호사의 자격을 취득한 후 원자격국에서 3년 이상의 기간을 포함하여 총 7년 이상 법률사무를 수행한 경력이 있어야 한다(동항 3호).

④ '본점사무소'가 외국법자문법률사무소의 업무와 관련한 민사・상사상 책임에 대하여 그 이행을 보증하여야 한다(동항 4호).

3-3. 등록

설립인가를 받은 외국법자문법률사무소의 대표자는 법무부장관의 고시가 있었던 날로부터 3개월 이내에 대한변호사협회에 외국법자문법률사무소의 등록을 신청하여야 한다(동법 18조 1항).

3-4. 사무직원 및 장부의 작성

(1) 외국법자문법률사무소는 사무소에 사무직원을 둘 수 있다(동법 20조 1항). 그 사무직원에 관하여는 변호사법의 사무직원에 관한 규정(변호사법 22조 2항, 4항, 5항)을 준용한다(외국법자문사법 20조 2항).

(2) 외국법자문법률사무소는 수임에 관한 장부를 작성하고 이를 보관하여야 한다(동법 22조). 수임장부 기재 등에 관하여는 변호사법의 장부의 작성 · 보관에 관한 규정(변호사법 28조, 3항)을 준용한다(외국법자문사법 22조).

3-5. 수임사건과 관련된 손해배상책임

(1) 외국법자문법률사무소의 구성원은 외국법사무의 수행 및 외국법자문법률사무소의 운영 등과 관련된 손해배상책임을 보장하기 위하여 설립이나 고시가 있었던 날부터 1개월 이내에 보험 또는 공제기금에 가입하여야 한다(동법 21조 제1항, 시행령 8조 1항).

(2) 외국법자문법률사무소의 대표자는 제1항에 따른 손해배상책임에 관한 사항을 대통령령으로 정하는 바에 따라 수임 계약서와 광고물에 밝혀야 한다(동법 21조 2항).

3-6. 외국법자문법률사무소의 운영

(1) 외국법자문법률사무소는 국내에 분사무소를 둘 수 없다(동법 23조 1항).

(2) 외국법자문법률사무소의 업무집행 방법과 구성원 등의 업무제한에 관하여는 법무법인의 업무집행방법(변호사법 50조 1항, 3항-6항, 7항)과 그 구성원 등의 업무제한(변호사법 52조)의 규정을 준용한다(외국법자문사법 23조 1항).

(3) 외국법자문법률사무소(구성원이 2명 이상인 경우에 한한다)에 관하여 외국법자문사법이 정한 것 외에는 민법 중 조합에 관한 규정을 준용한다(동조 3항).

해설

외국법자문법률사무소를 운영하기 위해서는 법무부장관의 설립인가와 '대한변호사협회'에의 등록이 필요하다. 그러나 기존의 외국 로펌과 연관된 분사무소 형태의 외국법자문법률사무소 설립만 허용되고, 외국법자문사가 개인사무소를 운영할 수는 없다(동법 16조 1항 2호).

4. 외국자문사의 권리와 의무

L 외국법자문사는 법무부장관의 설립인가를 받아 Q 외국법자문법률사무소를 설립하였다. Q 외국법자문법률사무소는 X 법무법인과 업무제휴를 통하여 원자격국 관련 국내 소송사건을 공동으로 수임할 수 있는가? 특정 사건에 관하여 업무제휴를 하고 이익을 분배할 수 있는가? 사전에 대한변호사협회에 공동사건처리 등을 위한 등록을 하지 아니하고는 변호사 등과 동업, 사건의 공동수임 그 밖의 어떠한 방식으로든 사건을 공동으로 처리하고 그로 인한 보수나 수익을 분배할 수 없다고 하는데, 어떠한가?

4-1. 업무범위

(1) 외국법자문사는 ① 원자격국의 법령에 관한 자문, ② 원자격국이 당사국인 조약 및 일반적으로 승인된 국제관습법에 관한 자문, ③ 국제중재사건의 대리 업무만을 처리할 수 있다(동법 제24조). 위 ③항의 중재사건에서 위 ①항 및 ②항에 따른 법령이나 조약 등이 적용되지 아니하기로 확정된 경우에는 그때부터 그 사건을 대리할 수 없다(동조 3호 단서).

(2) 소송대리나 법정변론 등 국내법 사무를 수행하는 것은 금지된다.

4-2. 업무수행의 방식

(1) 외국법자문사는 ① 외국법자문법률사무소의 구성원이나 ② 외국법자문법률사무소의 구성원이 아닌 소속 외국법자문사 또는 ③ 법률사무소, 법무법인, 법무법인(유한), 법무조합 소속 외국법자문사로서 업무를 수행할 수 있다(동법 25조 1항). 따라서 외국법자문사가 개인 사무소를 개설·운영하는 것은 허용되지 않는다.

(2) 외국법자문사는 동시에 2개 이상의 외국법자문법률사무소, 법률사무소, 법무법인, 법무법인(유한), 또는 법무조합에 소속 또는 고용되거나 그 직책을 겸임할 수 없다(동법 25조 2항).

(3) 외국법자문사나 외국법자문법률사무소는 국내변호사 등과 업무제휴·동업, 공동수임, 보수분배 등을 할 수 없다(동법 34조). 즉, ① 변호사·법무사·변리사·공인회계사·세무사 및 관세사를 고용할 수 없다(동법 34조 1항). ② 변호사·법무사·변리사·공인회계사·세무사 및 관세사와 동업, 업무제휴, 포괄적 협력관계의 설정, 사건의 공동수

임, 그 밖의 어떠한 방식으로든 사건을 공동으로 처리하고 그로 인한 보수나 수익을 분배할 수 없다(동조 2항). ③ 변호사 · 법무법인 · 법무법인(유한) · 법무조합 · 법무사 · 법무사합동법인 · 변리사 · 특허법인 · 공인회계사 · 회계법인 · 세무사 · 세무법인 · 관세사 및 관세사법인과 조합계약, 법인설립, 지분참여, 경영권 위임을 할 수 없으며, 그 밖의 어떠한 방식으로든 법률사무소 · 법무법인 · 법무법인(유한) · 법무조합 · 법무사사무소 · 법무사합동법인 · 변리사사무소 · 특허법인 · 공인회계사사무소 · 회계법인 · 세무사사무소 · 세무법인 · 관세사사무소 및 관세사법인을 공동으로 설립 · 운영하거나 동업할 수 없다(동조 3항).

(4) 그러나 법무부장관이 고시하는 자유무역협정 등의 당사국에 본점사무소가 설립 · 운영되고 있는 외국법자문법률사무소는 사전에 대한변호사협회에 공동 사건 처리 등을 위한 등록(동법 34조의3)을 한 경우 법률사무소, 법무법인, 법무법인(유한) 또는 법무조합과 국내법사무와 외국법사무가 혼재된 법률사건을 사안별 개별 계약에 따라 공동으로 처리하고 그로부터 얻게 되는 수익을 분배할 수 있다(동법 34조의2 1항). 이는 법률서비스의 자유화 및 선진화를 도모하기 위하여 2011년 개정(법률 제10542호, 2011. 4. 5. 개정)으로 신설된 것이다.

4-3. 자격의 표시

(1) 외국법자문사는 직무를 수행하면서 본인을 표시할 때는 대한민국에서 통용되는 원자격국의 명칭에 이어 '법자문사'를 덧붙인 직명을 사용하여야 한다. 이 경우 직명과 함께 괄호 안에 원자격국 언어로 된 원자격국의 명칭을 포함한 해당 외국변호사의 명칭을 부기할 수 있고, 이어 국어로 된 대한민국에서 통용되는 원자격국의 명칭에 '변호사'를 덧붙인 명칭을 병기할 수 있다. 원자격국이 도 · 주 · 성 · 자치구 등 한 국가 내의 일부 지역인 경우 그 국가의 명칭을 위 원자격국의 명칭으로 사용할 수 있다(동법 27조 1항). 예컨대, '미국법자문사(U.S. ATTORNEY-at-law, 미국변호사)'라고 표시할 수 있다.

(2) 외국법자문법률사무소는 본점사무소의 명칭 다음에 '외국법자문법률사무소'를 덧붙인 명칭을 사용하여야 한다(동법 27조 2항 전단). 예컨대, '에이비앤씨 외국법자문법률사무소'라고 표시하여야 한다. 이 경우 외국법자문법률사무소가 위치한 지역명을 병기할 수 있다(동항 후단).

(3) 외국법자문사는 의뢰인과 외국법사무 등에 관한 계약을 체결하기 전에 의뢰인에

게 원자격국과 업무 범위를 알려야 하며, 그 밖에 직무 범위에 오해를 일으킬 명칭을 사용해서는 안 된다(동법 27조).

4-4. 윤리기준 등

(1) 윤리기준 준수

1) 외국법자문사는 그 품위를 손상하는 행위를 하여서는 아니 되며(동법 28조 1항), 그 직무를 수행하면서 진실을 은폐하거나 거짓의 진술을 하여서는 아니 된다(동조 2항).

2) 외국법자문사는 직무와 관련하여 알게 된 비밀을 누설하여서는 아니 되며(동법 30조), 광고에 관한 규정을 준수하여야 한다(동법 31조).

3) 그리고 대한변호사협회가 정하는 윤리장전을 준수하여야 한다(동법 28조 3항).

(2) 체류의무

외국법자문사는 최초의 업무개시일부터 1년에 180일 이상 대한민국에 체류하여야 할 체류의무가 있다(동법 29조 1항).

(3) 징계

외국법자문사의 징계는 대한변호사협회와 법무부의 외국법자문사징계위원회가 담당한다(동법 38조). 법무부징계위원회는 대한변호사협회 징계위원회의 징계결정에 대한 이의신청 사건을 심의한다(동법 41조).

해설

외국법자문사나 외국법자문법률사무소는 국내변호사 등과 업무제휴·동업, 공동수임, 보수분배 등을 할 수 없다(동법 34조). 따라서 Q 외국법자문법률사무소는 X 법무법인과 업무제휴를 통하여 원자격국 관련 국내 소송사건을 공동으로 수임할 수 없다. 또한 특정 사건에 관하여 업무제휴를 하고 이익을 분배할 수도 없다.

그러나 법무부장관이 고시하는 자유무역협정 등의 당사국에 본점사무소가 설립·운영되고 있는 외국법자문법률사무소는 사전에 대한변호사협회에 공동 사건 처리 등을 위한 등록(동법 34조의3)을 한 경우 법률사무소, 법무법인, 법무법인(유한) 또는 법무조합과 국내법사무와 외국법사무가 혼재된 법률사건을 사안별 개별 계약에 따라 공동으로 처리하고 그로부터 얻게 되는 수익을 분배할 수 있다(동법 34조의2 1항).

Ⅵ. 사례 연습

1 변호사의 자격을 취득한 후 행정안전부의 사무관으로 근무하던 甲은 직권을 남용하였다는 혐의를 받아 수사기관의 조사를 받게 되자 사표를 제출하고 퇴직하여 변호사 등록을 하려고 한다.

甲에 대한 다음 설명 중 옳지 않은 것은?[14)]

① 甲이 직권남용죄로 기소되어 징역형의 집행유예를 선고받을 경우, 甲은 그 유예기간이 지난 후에도 2년 동안 변호사의 자격이 상실된다.

② 甲이 직권남용죄로 기소되어 징역형을 선고받은 경우에도 그 형의 선고의 효력이 상실되는 특별사면 및 복권이 된 후 대한변호사협회에 등록신청을 한 경우라면, 대한변호사협회는 등록을 거부할 수 없다.

③ 甲이 직권남용죄로 기소되어 징역형의 선고유예를 받을 경우, 甲은 그 유예기간 동안 변호사의 자격이 상실된다.

④ 甲이 직권남용죄로 기소되어 벌금형을 선고받는 경우라면, 변호사의 결격사유 문제는 발생하지 아니하나 대한변호사협회로부터 등록이 거부될 수 있다.

2 변호사 甲은 세무사를 겸업하고 있다. 서울 서초동 법원 근처 변호사 사무실에서 세무업무도 함께 처리하였으나, 사무실이 비좁아, 강남역 근처에 세무사무소를 별도로 개설하였다. 이는 변호사법상 허용되는가?

3 변호사의 사무직원 감독에 관한 설명 중 옳지 않은 것은?[15)]

① 변호사법 위반으로 징역형의 선고유예를 받고 그 유예기간이 지난 후 2년이 지나지 아니한 자를 사무직원으로 채용할 수 없다.

② 변호사가 사무직원을 채용한 때에는 지체 없이 소속 지방변호사회에 신고하여야 한다.

③ 사무직원의 보수를 사건 유치에 대한 성과급으로 정하여서는 아니 된다.

④ 구청 공무원으로 재직하던 중 징계처분에 의하여 파면된 후 3년이 지나지 아니한

14) 법조윤리시험(2010년) 문제이다.

15) 법조윤리시험(2010년) 문제이다.

자를 사무직원으로 채용할 수 없다.

4 다음 중 변호사의 법률사무소 사무직원으로 채용될 자격이 있는 사람은?[16)]

① 형법상 사문서위조죄로 징역 1년에 집행유예 3년을 선고받고 집행유예 기간 중에 있는 사람

② 형법상 뇌물수수죄로 징역 2년을 선고받고 그 형의 집행을 종료한 후 2년이 지난 사람

③ 형법상 공갈죄로 징역 1년에 집행유예 2년을 선고받고 집행유예기간이 지난 후 다시 1년이 지난 사람

④ 공무원으로서 징계 해임된 후 2년이 지난 사람

5 다음 중 옳은 것을 모두 고른 것은?[17)]

가. 변호사시험에 합격한 변호사는 법률사무종사기관에서 통산하여 6개월 이상 법률사무에 종사하거나 연수를 마치지 아니하면 다른 변호사와 공동으로라도 사건을 수임할 수 없다.
나. 법무법인은 3명 이상의 변호사로 구성되며, 그 중 1명 이상은 통산하여 7년 이상의 법조경력을 가진 자여야 한다.
다. 변호사시험에 합격한 변호사가 개인 법률사무소에서 연수를 받기 위해서는 그 개인변호사가 5년 이상의 법조경력이 있어야 한다.
라. 법무법인은 취업한 퇴직공직자의 명단을 대한변호사협회에 제출하여야 한다.
마. 법무법인이 취업한 공직퇴임변호사의 업무활동내역을 제출하지 않더라도 처벌규정은 없다.

① 가, 라
② 나, 다, 라
③ 가, 다, 마
④ 가, 나, 라, 마

6 변호사 甲은 변호사 아닌 A를 사무직원으로 등록하게 한 후 A를 통하여 수임하는 사건의 수임료 중 20%를 성과급으로 지급하기로 하는 계약을 체결하였다. A는 甲에게 약

16) 법조윤리시험(2011년) 문제이다.
17) 법조윤리시험(2011년) 문제이다.

정한 성과급을 청구할 수 있는가? 사무직원의 보수를 사건 유치에 대한 성과급으로 정하여도 되는가?[18)]

7 변호사 甲은 미국 뉴욕주 변호사 자격을 갖춘 A를 변호사 사무실의 직원으로 고용한 후, 관련 고문회사의 미국법 자문에 관해서는 그 신빙성을 높이기 위하여 자문내용을 기재한 서면을 '미국 변호사 A'라는 명의를 사용하여 작성하였다. 이것은 변호사법상 허용되는가?

8 甲은 법무법인에 근무하는 구성원 아닌 소속 변호사이다. 형사사건으로 재판받고 있는 피고인 A가 찾아와 법무법인에 낼 수임료가 없다고 하면서 그 수임액의 절반만 낼테니 자신의 변호인으로 사건을 수임해 달라고 부탁한다. 甲은 법무법인 아닌 개인 이름으로 사건을 수임할 수 있는가?[19)]

① 수임할 수 있다. 甲은 변호사이기 때문이다.
② 수임할 수 있다. 甲이 법무법인 소속이기는 하지만, 자기의 계산으로 사건을 수임할 수 있기 때문이다.
③ 수임할 수 없다. 甲은 법무법인 소속이기 때문에 자기의 계산으로 변호사의 업무를 수행할 수 없기 때문이다.
④ 법무법인과 공동으로 수임할 수 있다.

9 법무법인, 법무법인(유한), 법무조합의 책임에 관한 설명 중 옳지 않은 것은?

① 법무법인의 모든 구성원은 법인의 재산으로 법인의 채무를 다 갚을 수 없을 때 연대책임을 진다.
② 법무법인(유한)의 구성원의 책임은 변호사법에 규정한 것을 제외하고는 그 출자금액을 한도로 한다.
③ 법무조합의 구성원은 법무조합의 채무에 대하여 그 채무 발생 당시의 손실분담 비율에 따라 책임을 진다. 다만, 수임사건과 관련된 손해배상채무는 그러하지 아니하다.
④ 법무법인(유한)의 구성원이 아닌 소속 담당변호사는 피고용자에 불과하므로 본인

---

18) 법조윤리시험(2010년) 사례를 변형한 것이다.
19) 법무부 법조윤리모의시험문제이다.

의 과실로 사건 처리를 잘못하여 발생된 채무라 하더라도 법인이 대외적인 채무를 부담할 뿐 개인적으로는 그 채무를 지지 아니한다.

10 법무조합 L은 의뢰인 A로부터 손해배상청구 사건을 수임하였다. 위 법무조합의 변호사 甲, 乙이 위 사건의 담당변호사로 지정되었으며, 변호사 丙은 위 사건의 지휘·감독자로 지정되었다. 그런데 담당변호사들이 위 소송수행 과정에서 중요한 증거를 제출하지 않는 등 손해액에 대한 입증을 게을리한 잘못으로 손해배상청구는 기각되었고, 그 결과 의뢰인 A는 큰 손해를 입게 되었다. 다음 설명 중 옳지 않은 것은?[20]

① 의뢰인 A의 손해배상청구 사건에 관여하지 아니한 법무조합 L의 구성원 변호사는 조합재산의 범위 내에서 책임을 진다.

② 담당변호사 甲, 乙은 과실로 인하여 의뢰인 A에게 가한 손해에 대하여 배상할 책임이 있다.

③ 담당변호사 甲, 乙이 손해배상책임을 지는 경우 그 담당변호사를 직접 지휘·감독한 변호사 丙은 지휘·감독에 대한 과실이 없었음을 증명한 경우에는 책임이 없다.

④ 의뢰인 A의 손해배상청구 사건에 관여한 변호사 甲, 乙, 丙에게 변제자력이 없는 경우에는 다른 구성원 변호사들이 균분하여 변제할 책임이 있다.

11 원자격국이 우리나라와 자유무역협정 등을 체결하였는지의 여부와 관계없이 외국변호사는 우리나라의 외국법자문사로 등록할 수 있는가?

12 외국법자문사와 외국법자문법률사무소에 관한 설명 중 옳지 않은 것은?[21]

① 외국변호사가 외국법자문사의 자격승인을 받기 위해서는 외국변호사의 자격을 취득한 후 원자격국에서 3년 이상 법률사무를 수행한 경력이 있어야 한다.

② 외국변호사의 자격을 갖춘 변호사가 외국법자문사가 되려면 변호사업을 휴업하거나 폐업하여야 한다.

③ 외국변호사가 외국법자문사로서 업무수행을 개시하려면 자격승인을 받은 후 법무부에 외국법자문사 등록신청을 하여야 한다.

④ 외국법자문법률사무소는 사전에 공동사건처리 등을 위한 등록을 하지 아니하고는

20) 법조윤리시험(2011년) 문제이다.

21) 법조윤리시험(2011년) 문제이다.

변호사 등과 동업, 사건의 공동수임 그 밖의 어떠한 방식으로든 사건을 공동으로 처리하고 그로 인한 보수나 수익을 분배할 수 없다.

13 외국법자문사에 대한 설명 중 옳지 않은 것은?[22)]

① 외국법자문사는 원자격국의 법령에 관한 자문, 원자격국이 당사국인 조약에 관한 자문 등의 업무를 할 수 있다.

② 외국법자문사는 변호사와 업무제휴를 통하여 원자격국 관련 국내 소송사건을 공동으로 수임할 수 있다.

③ 외국법자문사는 대한변호사협회가 정하는 윤리장전을 준수하여야 한다.

④ 외국법자문사는 최초의 업무개시일부터 1년에 180일 이상 대한민국에 체류하여야 한다.

14 외국법자문사에 관한 설명 중 옳은 것은?[23)]

① 원자격국이 우리나라와 자유무역협정 등을 체결하였느냐와 관계없이 외국변호사는 우리나라의 외국법자문사로 등록할 수 있다.

② 외국법자문사는 일정기간 반드시 우리나라에 거주해야 하는 것은 아니고, 자유롭게 외국에서 활동하여도 무방하다.

③ 변호사는 외국법자문사법에 따라 등록한 외국법자문사와 동업할 수 없으나, 특정 사건에 관하여 업무제휴를 하고 이익을 분배할 수 있다.

④ 외국법자문사는 대한변호사협회가 정하는 윤리장전을 준수하여야 한다.

해설

1 1) 금고 이상의 형을 선고받고 그 집행이 끝나거나 그 집행을 받지 아니하기로 확정된 후 5년이 지나지 아니한 자, 금고 이상의 집행유예를 선고받고 그 유예기간이 지난 후 2년이 지나지 아니한 자, 금고 이상의 형의 선고유예를 받고 그 유예기간 중에 있는 자, 탄핵이나 징계처분에 의하여 파면되거나 변호사법에 따라 제명된 후 5년이 지나지 아니하거나 징계처분에 의하여 해임된 후 3년이 지나지 아니한 자 등은 변호사 자격이 상실된다(법 5조). 따라서 ①의 경우에는 집행유예기간이 지난 후 2년이 지나지 않았으면 변호사자격

22) 법조윤리시험(2010년) 문제이다.

23) 법무부 법조윤리모의시험 문제이다.

이 상실된다. ③의 경우 선고유예기간 동안 변호사자격이 상실된다.

2) 등록을 신청한 자가 공무원 재직 중의 직무에 관한 위법행위로 인하여 형사소추 또는 징계처분(파면 및 해임은 제외한다)을 받거나 사직한 자로서 변호사의 직무를 수행하는 것이 현저히 부적당하다고 인정되는 자에 대해서는 등록을 거부할 수 있다(법 8조 1항 4호). 따라서 甲은 재직 중의 직무에 관한 위법행위로 인하여 퇴직한 자이므로 벌금형을 선고받거나 특별사면이나 복권이 되었더라도 변호사 직무를 수행하는 것이 현저히 부적당하다고 인정된다면 등록심사위원회의 의결을 거쳐 등록을 거부할 수 있다. 따라서 ④는 옳은 의견이나, ②는 옳은 의견이 아니다. 정답은 ②번이다.

2 변호사가 세무사 등을 겸업하는 경우, 별도 사무소를 개설할 수 있는지 여부에 관한 문제이다. 대한변호사협회는 "변호사가 세무사의 업무를 영위하기 위하여 세무사의 자격으로 법률사무소와는 별도의 독립된 세무사사무소를 두는 것은 법률사무소의 개설에 해당하므로 이중법률사무소개설금지조항에 저촉될 뿐만 아니라 세무사법 13조 2항에도 해당되어 불가하다"고 한다.[24)]

3 이 문제는 사무직원의 결격사유에 관한 문제이다. 변호사법 22조 2항에 의하면, 변호사법 위반 등으로 ① 징역 이상의 형을 선고받고 그 집행이 끝나거나 그 집행을 받지 아니하기로 확정된 후 3년이 지나지 아니한 자, ② 징역형의 집행유예를 선고받고 그 유예기간이 지난 후 2년이 지나지 아니한 자, ③ 징역형의 선고유예를 선고받고 그 유예기간 중에 있는 자, 공무원으로서 징계처분에 의하여 파면되거나 해임된 후 3년이 지나지 아니한 자, 금치산자 또는 한정치산자 등을 사무직원으로 채용할 수 없다.

변호사가 사무직원을 채용한 때에는 이를 지체 없이 소속 지방변호사회에 신고하여야 한다(대한변협 회칙 41조 1항). 사무직원을 채용한 후 신고하지 아니하면 징계대상이 된다.

따라서 옳지 않은 것은 ①로서 이것이 정답이다.

4 형법상 사문서위조죄로 징역 1년에 집행유예 3년을 선고받고 집행유예 기간 중에 있는 사람은 사무직원으로 채용할 수 있다. 형법 231조의 사문서위조죄는 사무직원의 결격사유를 규정한 변호사법 22조 2항의 범죄에 포함되지 아니하므로 집행유예 기간 중이더라도 채용할 수 있다. 위 결격사유에 포함된 범죄로 유죄판결을 받은 자에게만 사무직원 채용의 제한이 따른다. 따라서 정답은 ①번이다.

5 1) 변호사시험에 합격한 변호사는 법률사무종사기관에서 통산하여 6개월 이상 법률사무에 종사하거나 연수를 마치지 아니하면 다른 변호사와 공동으로라도 사건을 수임할 수 없다. 변호사시험에 합격한 변호사가 개인 법률사무소에서 연수를 받기 위해서는 그 개인변호사가 5년 이상의 법조경력이 있어야 한다. 또한 법무법인이 취업한 공직퇴임변호사의 업

24) 대한변협 2004. 11. 18. 법제 2377호.

무활동내역을 제출하지 않더라도 과태료만 부과될 뿐, 처벌규정은 없다. 따라서 가, 다, 마 항목이 옳은 것으로 ③번이 정답이다.

2) 반면, 법무법인은 3명 이상의 변호사로 구성되며, 그 중 1명 이상이 통산하여 7년이 아니라 5년 이상의 법조경력을 가진 자여야 한다. 또한 법무법인은 취업한 퇴직공직자의 명단을 대한변호사협회가 아니라 소속 지방변호사회에 제출하여야 한다. 따라서 나, 라 항목은 옳지 못한 것이다.

6 변호사 아닌 자는 변호사가 아니면 할 수 없는 업무를 통하여 얻은 보수 기타 이익을 분배받아서는 안 되므로(법 34조 5항), A는 변호사 L에게 약정한 성과급을 청구할 수 없다. 변호사 L의 행위는 형사처벌의 대상(법 109조 2호)이 됨은 물론, 위 계약의 사법상 효력 역시 무효라고 보아야 한다.

7 외국에서 변호사 자격을 갖춘 외국변호사를 변호사 사무실의 직원으로 고용하여 업무를 보조하게 할 수 있으나, 이는 어디까지나 사무직원으로 고용하는 것이므로 법률자문에 대한 대외적 서면은 변호사 명의로 제출해야 한다. 변호사 甲의 행위는 허용되지 않는다.

8 甲은 법무법인 아닌 개인 이름으로 사건을 수임할 수 없다. 甲은 법무법인 소속이기 때문에 자기의 계산으로 변호사의 업무를 수행할 수 없기 때문이다. ③번이 정답이다.

9 법무법인은 구성원 변호사들이 법인의 채무에 대해서 무한, 연대책임을 부담한다. 법무법인(유한)은 구성원 변호사들이 법인의 채무에 대하여 출자금액을 한도로 유한책임을 부담한다. 법무조합은 구성원 변호사가 법무조합의 채무에 대하여 그 채무발생 당시의 손실분담 비율에 따라 책임을 진다(법 58조의24).

법무법인(유한)의 담당변호사가 수임사건에 관하여 고의나 과실로 그 수임사건의 위임인에게 손해를 발생시킨 경우에는 법무법인(유한)과 연대하여 그 손해를 배상할 책임이 있다(법 58조의11 1항). 담당변호사가 구성원 아닌 소속 변호사인 경우도 마찬가지이다. 따라서 ④번이 정답이다.

10 법무조합의 구성원은 법무조합의 채무에 대하여 그 채무발생 당시의 손실 분담비율에 따라 책임을 진다(법 58조의24). 그러나 담당변호사가 수임사건에 관하여 고의나 과실로 그 수임사건의 위임인에게 손해를 발생시킨 경우 담당변호사는 그 손해를 배상할 책임이 있다. 담당변호사가 이와 같이 손해배상책임을 지는 경우 그 담당변호사를 직접 지휘·감독한 구성원도 그 손해를 배상할 책임이 있다. 다만, 지휘·감독을 할 때에 주의를 게을리하지 않았음을 증명한 경우에는 그러하지 않다. 이러한 책임을 지지 않는 구성원은 법무과오로 인한 손해배상책임에 대하여는 조합재산의 범위 내에서 그 책임을 진다(법 58조의25 1항, 2항, 3항). 옳지 않은 것은 ④번으로 이것이 정답이다.

11 국내 법률시장은 그 효력이 발생한 자유무역협정 등 통상협상의 체결 상대국을 원자격국으

로 하는 외국 로펌 및 외국변호사에게만 개방된다(외국법자문사법 2조 8호, 16조 1항 1호).

12 외국변호사가 외국법자문사로서 업무수행을 개시하려면 자격승인을 받은 후, 법무부가 아니라 대한변호사협회에 외국법자문사 등록신청을 하여야 한다. 따라서 ③번이 옳지 않은 것이므로 이것이 정답이다.

13 외국법자문사는 변호사와 업무제휴를 통하여 원자격국 관련 국내 소송사건을 공동으로 수임할 수 없다. 따라서 ②번이 옳지 않은 것이므로 이것이 정답이다.

14 외국법자문사도 대한변호사협회가 정하는 윤리장전을 준수하여야 한다. 따라서 ④번이 옳은 것으로 정답이다.

제4장 변호사 · 의뢰인의 관계

Ⅰ. 변호사 · 의뢰인 관계의 성격

1. 위임계약관계

(1) 변호사와 의뢰인 간의 관계는 계약관계이다. 변호사는 계약에 기하여 의무나 책임을 진다.

(2) 변호사와 의뢰인 간의 계약은 위임계약이다. 따라서 변호사와 의뢰인 사이의 법률관계는 의뢰인이 변호사에게 그의 직무의 내용이 되는 법률사무의 처리를 위탁하는 것을 내용으로 한다(민법 680조).

2. 위임계약의 특징

> 변호사 L은 무죄를 주장하는 사기피고인 A의 형사사건을 수임하였다. A의 어려운 경제 사정을 고려하여 착수금을 받지 않고 무료로 변론하기로 하였다.
> (1) 변호사는 법률서비스를 제공하는 사업자이므로 이처럼 무료로 변론을 하는 경우에는 선관주의의무가 발생하지 않는 것인가?
> (2) 변호사 L은 그 소송에서 반드시 무죄판결을 얻어내야 할 의무를 부담하는가? 만일 B로부터 그의 거래처인 C회사와의 물품납품계약서 작성을 의뢰받았다면 어떠한가?

(1) 위임계약은 당사자 사이의 인적 신뢰관계에 기초하여 이루어진다. 특히 변호사와 의뢰인 사이의 법률사무처리의 위임계약은 변호사의 인격, 법적 지식, 기술 및 능력 등에 대한 특별한 신뢰에 기초하여 성립한다는 성격이 훨씬 강하다. 따라서 변호사는 의뢰인으로부터 보수를 받지 않는 경우에도 선량한 관리자의 주의로써 법률사무를 처리하여야 한다(민법 681조).

(2) 선관주의란 거래상 일반적으로 평균인에게 요구되는 정도의 주의를 말한다. 여기서 변호사에게 요구되는 주의정도를 판단하는 기준인 평균인이란 일반 사회인이 아니라 법률전문가로서의 평균적인 변호사이다. 따라서 변호사는 고도의 법률지식과 경험을 갖는 전문가로서 그에게는 일반 사회평균인에게 요구되는 주의의무보다 더 중한 '고도의 주의의무'가 요청된다.[1]

(3) 법률사무처리계약에 있어서 변호사는 의뢰인으로부터 독립하여 의무를 이행하고 의뢰인의 지휘・명령을 받지 않는다. 따라서 당사자 사이에 지휘・명령을 받는 복종관계가 성립하는 고용계약과 다르다. 다만 사내변호사와 같이 의뢰인과의 관계에 고용관계가 존재하는 경우에는 고용 내지 고용과의 혼합계약이라 할 수 있을 것이다.

(4) 법률사무처리계약은 '일의 처리'에 목적을 두는 위임이지, '일의 완성'을 목적으로 하는 도급(민법 664조)이 아니다. 따라서 변호사는 자신의 전문적 법률지식 내지는 전문적 능력을 가지고 법률전문가에게 요구되는 주의를 기울여 법률사무를 처리하는 것으로 족하고, 반드시 소송에서 승소한다든지, 무죄판결을 얻어낸다든지, 계약을 성립시킨다든지 하는 결과를 발생시킬 의무를 지는 것은 아니다.

그러나 변호사로서 일정한 결과(계약서를 완성하는 것)를 약속하는 것이 가능한, 계약서 등 서류작성업무는 단순한 위임계약이라기 보다는, 명확한 결과를 약속하는 도급계약의 성격을 가지고 있다. 따라서 이 경우는 단순한 일의 완성뿐만 아니라, 법적 조언과 복합된 의미에서 위임과 도급의 혼합계약이라고 할 수 있다.[2]

해설

1) 변호사는 의뢰인으로부터 보수를 받지 않는 경우에도 선량한 관리자의 주의로써 법률사무를 처리하여야 한다(민법 681조).

2) 법률사무처리계약은 '일의 처리'에 목적을 두는 위임이다. 따라서 변호사는 자신의 전문적 법률지식 내지는 전문적 능력을 가지고 법률전문가에게 요구되는 주의를 기울여 법률사무를 처리하는 것으로 족하고, 반드시 소송에서 승소한다든지, 무죄판결을 얻어낸다든지 하는 결과를 발생시킬 의무를 지는 것은 아니다. 그러나 계약서작성업무는, 단순한 위임계약이라기 보다는, 명확한 결과를 약속하는 도급계약의 성격도 가지고 있다.

---

1) 남효순, "변호사와 의뢰인 사이의 법률관계", 서울대(313면).
2) 박휴상(116, 117면).

3. 위임계약의 불합리와 문제점

> 구속피고인인 A의 위임을 받은 4촌형 B가 A를 대리하여 변호사 L과 변호인선임계약을 체결하였다. 위 변호인 선임계약은 유효한가?

그러나 변호사와 의뢰인의 관계를 위임계약이라고 하는 경우 다음과 같은 문제점이 있다.

(1) 변호사는 계약의 성립 전에도 의무를 지는 경우가 있다. 예컨대, 변호사는 상담만 하고, 수임계약의 단계에 이르지 아니한 경우에도 상담자에게 비밀유지의무를 진다(이러한 잠재적 의뢰인에 관하여는 후술한다).

(2) 계약이 종결한 후에도 의뢰인에게 비밀정보의 보호 등 일정한 의무를 진다.

(3) 계약의 계속 중에도 민법의 위임계약에 관한 규정을 그대로 변호사와 의뢰인의 관계에 적용하는 데에는 적지 않은 문제가 발생한다.[3] 민법상 위임계약은 사적 자치의 원칙이 관철되는 데 반해, 변호사와 의뢰인의 관계에는 공공성의 관점에서 다양한 제약이 있기 때문이다.

① 위임계약의 규정은 680조부터 692조까지 불과 13개조이다. 이것만으로 변호사와 의뢰인의 관계를 규율하기에는 매우 불충분하다. 실제로 변호사와 의뢰인 사이의 법률관계는 단순히 민법만이 아니라, 변호사윤리의 특별한 규율을 받는다.

② 민법의 계약 규정은, 원칙으로 양 당사자가 대등한 관계에 있는 것을 전제로 하고 있다. 그러나 변호사와 의뢰인의 관계는 결코 대등한 관계가 아니다. 이는 의뢰인의 경우 법적으로 해결하기 어려운 사항이 있어 무언가 변호사의 조력을 필요로 하기 때문이다.

③ 변호사와 의뢰인 사이는 위임계약을 체결할 수 있는 위임인의 자격이 법정되어 있다. 민사사건의 경우에는 사건의 당사자가 직접 위임인이 될 수 있고, 대리인을 통해 위임계약을 체결할 수도 있다. 그러나 형사사건의 경우에는 피의자 또는 피고인의 법정대리인·배우자·직계친족·형제자매만이 위임계약을 체결할 수 있다(형사소송법 30조 2항). 그 외의 자는 변호사와 위임계약을 체결할 수 없고, 체결하더라도 그 계약은 무효이다.[4]

---

3) 栢木 등(56-57면), 小島 등(67-68면).

④ 수임자의 보고의무에 관하여, 민법은 위임인의 청구가 있는 경우와 위임이 종료한 경우에 부담하는 의무로 규정하고 있다(683조). 그러나 변호사는 의뢰인의 청구가 있는 경우는 물론, 청구가 없는 경우에도 필요에 따라 사건진행상황을 보고해야 할 의무가 있다.

⑤ 수임자의 보수는 무보수를 원칙으로 하고 있다(민법 686조). 그러나 변호사의 경우에는 당사자 사이에 명문의 합의가 없어도 보수지급약정이 있는 것으로 해석한다.[5)]

⑥ 수임인은 위임인에게 인도할 금전 또는 위임인의 이익을 위하여 사용할 금전을 자기를 위하여 소비한 때에는 소비한 날 이후의 이자를 지급하여야 하며 그 외에 손해가 있으면 배상하여야 한다(민법 685조). 그러나 변호사가 이러한 행위를 하면 징계사유가 되는 것은 물론, 애당초 다른 구좌로 분별관리해야 할 의무가 있다(윤리규칙 24조 참조). 이자를 지급하여 해결할 문제가 아니다.

⑦ 위임계약의 종료사유에 관하여, 민법은 당사자의 어느 쪽도, 언제든지 종료(해지)시킬 수 있다고 한다(689조 1항). 그러나 변호사 위임계약은 그 성질상 일정한 제약이 있다고 설명된다. 변호사위임계약이 직업적 전문직에 대한 신뢰를 기초로 하고 있는데다가, 위임사무 자체도 단순하지 않고, 즉시 대체 변호사를 찾기도 어렵기 때문이다. 변호사의 상당한 이유 없는 해제는 그 자체가 채무불이행으로 되는 경우가 많다.[6)]

⑧ 변호사의 의무에 대해서 계약 당사자 이외의 단체(대한변협)가 관심을 가지고 그 준수를 요구하고 강제한다. 또한 변호사의 의무위반이 있는 경우 민법상의 불법행위 책임의 추궁에 그치는 것이 아니라, 해당 변호사에 대한 징계의 문제가 함께 거론된다.[7)]

해설

형사소송에 있어서 변호인을 선임할 수 있는 자는 피고인 및 피의자와 형사소송법 30조 2항에 규정된 자에 한정되는 것이고, 피고인 및 피의자로부터 그 선임권을 위임받은 자가 피고인이나 피의자를 대리하여 변호인을 선임할 수 없다.[8)] 따라서 위 선임계약은 무효이다.

---

4) 대법원 1994. 10. 28. 판결, 94모25.
5) 대법원 1995. 12. 5. 판결, 94다50229.
6) 加藤(160면).
7) 박휴상(122-123면).
8) 대법원 1994. 10. 28. 판결, 94모25.

4. 변호사의 전문가 책임

변호사와 의뢰인의 관계가 계약관계인 점은 부인할 수 없지만, 그 보다 더 중요한 측면은 신인관계라고 한다. 계약관계와 신인관계는 어떠한 차이점이 있는가?

(1) 변호사와 의뢰인의 관계가 위임의 계약관계라고 하더라도 위와 같이 민법상의 위임규정만으로는 해결할 수 없는 많은 특수한 측면이 있다.

(2) 이와 관련하여 미국에서는 변호사와 의뢰인의 관계를 굳이 계약관계로 볼 필요는 없다고 한다. 계약관계가 아니라면 그 관계는 도대체 무엇인가? 그들은 신인관계(fiduciary relation)라고 한다. 그것은 변호사 윤리를 중핵으로 하는 전문가 책임을 다른 말로 바꾼 법률용어이다. 계약은 있어도 되고, 없어도 된다.

(3) 우리나라에서도 변호사와 의뢰인의 관계가 계약관계인 점은 부인할 수 없지만, 보다 더 중요한 것은 변호사가 부담하는 전문가책임이고, 그것은 원칙적으로 계약에 의해서 좌우될 수 없다고 보아야 한다. 미국에서는 이러한 전문가책임을 신인의무(fiduciary duty)라고 부르고, 변호사의 지위에 필연적으로 수반되는 의무로 보고 있는 것이다.[9)]

(4) 변호사와 의뢰인의 관계는 이러한 특수성 때문에 여러 제약이 따른다. 예컨대 변호사의 의무를 제한하는 계약은 경우에 따라서는 무효가 선언될 수 있다. 이와 같이 신인의무를 부담하는 변호사는 계약 당사자 간의 대등성을 전제로 한 통상의 민법상 계약관계에 비해서 강화된 의무를 부담한다고 할 수 있다.[10)]

해설

1) 신인관계는 신분관계와 계약관계와 비교하면 그 특질이 명확히 부각된다. 아래 표에서 보는 바와 같이 신인관계는 신분관계와 계약관계의 중간적 성격을 가지는 것이다. 신인의무를 부담하는 수인자로는 신탁의 수탁자를 비롯하여, 파산관재인, 유언집행자, 회사의 이사, 변호사, 연금관리자 등을 들 수 있다.

2) 계약관계와 신인관계의 최대의 차이점은, 신인관계에서는 당사자의 관계를 대등하게 보지 않고, 수익자에게 자기책임을 강요하지 않으며, 수인자(변호사 · 의뢰인관계에서 변호사)에게 수

9) 小島 등(68면), 栢木 등(58면), 박휴상(124면).
10) 한인섭 등(104면), 박휴상(124면).

익자(의뢰인)의 이익을 도모할 의무가 지워진다는 점이다. 이에 대하여 계약관계에서는 자기책임과 자기이익의 추구가 핵심으로 되고, 독립적이고 자립한 당사자가 상정되어 있다.11)

	신분관계	계약관계	신인관계
① 관계에 들어가는 요인	운명	임의	임의
② 관계의 내용	규정 있음	자유	자유
③ 당사자 간의 역관계(力關係)	강자 · 약자(전면적)	대등	강자 · 약자(부분적)
④ 상대방에의 배려	일정한 배려	없음	최대한 배려

Ⅱ. 변호사 · 의뢰인 관계의 성립

1. 성립 시기

1-1. 수임계약서 작성

L 변호사는 A의 손해배상청구사건을 수임하면서, 수임계약서와 소송위임장을 작성하였다. 소송위임장은 수임계약서와 어떻게 다른가? 변호사와 의뢰인 사이의 권리의무는 수임계약에 의하여 발생하는가? 아니면 소송위임에 의하여 발생하는가?

(1) 통상 변호사와 의뢰인 사이에는 수임계약서가 작성되는데, 이때 위임계약이 성립된 것으로 볼 수 있다. 변호사윤리장전도 "변호사는 사건 또는 사무를 수임할 때에는 보수에 관한 명백한 약정을 하고 가급적 이를 서면으로 체결하여야 한다"(윤리규칙 31조)고 규정하고 있다. 따라서 변호사와 의뢰인의 관계의 성립 여부의 1차적 판단은 관련 수임계약서의 존재유무이다. 의뢰인이 변호사와 전화를 하거나 또는 변호사를 방문하여 문의를 하는 것만으로는 위임계약이 성립되지 않는다고 보는 것이 일반적이다.

(2) 수임계약서와 같이 위임계약의 존재를 입증할 만한 서면이 없는 경우에는 무엇을 기준으로 삼아야 할 것인가? 변호사가 법률사무를 행하게 된 경위, 의뢰인이 변호사에게 제공한 정보의 양과 질, 법률사무의 구체적 내용 등 제반 사정을 종합적으로 검토하여 위임계약의 성립 여부를 판단해야 할 것이다. 만약 변호사가 일정한 금품을 받고 법률상담 등 사무를 행하였다면 위임계약관계의 성립을 인정할 수 있을 것이다. 변호사와 의뢰인

11) 樋口範雄, 「フィデュシャリー [信認]の時代」, 有斐閣, 1999, 45-46면(박휴상 124면에서 재인용).

사이의 계약관계는 원칙적으로 유상계약이기 때문이다.[12)]

해설

거래의 실제를 보면 수임계약서와 함께 소송행위를 수행할 수 있도록 (소송)위임장을 작성하는 것이 일반적이다. 소송위임장은 민사소송법 89조 1항에 따른 소송대리인의 권한을 증명하는 서면이다. 여기에서의 소송위임(수권행위)은 소송대리권의 발생이라는 소송법상의 효과를 목적으로 하는 단독 소송행위로서 그 기초관계인 의뢰인과 변호사 사이의 사법상의 위임계약과는 성격을 달리하는 것이다. 의뢰인과 변호사 사이의 권리의무는 수권행위가 아닌 위임계약에 의하여 발생한다.[13)]

1-2. 잠재적 의뢰인

변호사 L은 X회사로부터 대형할인점 개발계획에 관한 법적 절차에 대한 상담을 받았다. 그 과정에서 회사가 어느 지역에서 개발을 추진할 계획인가를 알게 되었지만, 보수 등 선임조건에 관한 합의가 이루어지지 않아 회사와의 사이에 위임계약이 성립되지 않았다. 그런데 변호사 L은 자기자금으로 개발계획에 포함된 부동산 중 일부를 구입하고 그 후 실제로 개발계획이 진행된 단계에서 X회사에 부동산을 매각하여 이익을 얻었다. 이 경우 변호사 L은 이 이익을 X회사에 반환해야 하는가?[14)]

(1) 잠재적 의뢰인이란 수임계약의 단계에 이르지 아니한 경우를 말한다.

(2) 이 경우에도 변호사는 법률전문가로서 상담을 했기 때문에 그 과정에서 알게 된 정보에 대해서 통상적인 변호사·의뢰인 관계에 기인하는 책임이 생긴다고 볼 수 있다. 따라서 그 정보에 대한 비밀을 유지해야 하며, 그 연장에서 그 비밀정보를 자신을 위해서 이용해서는 안 된다. 변호사는 수임의 여부와 관계없이 전문분야에 대하여 상담을 한 경우 부분적으로라도 변호사·의뢰인 관계가 성립된다고 보아야 할 것이며, 따라서 상담의 내용에 대해서 책임이 있을 뿐만 아니라, 상담과정에서 얻은 비밀의 유지의무를 진다고 하겠다.

(3) 이때 비밀의 유지에는 비밀의 이용금지도 포함한다고 해석한다. 따라서 상담과정

---

12) 도재형(77면).

13) 대법원 1997. 12. 12. 판결 95다20775 참조.

14) 小島 등(62면, 박휴상 126면에서 재인용).

에서 알게 된 정보를 자신의 이익을 위해서 이용한 경우 변호사는 그 이용에 의해서 얻은 이익을 의뢰인 등에게 반환할 의무를 부담한다고 본다.[15] 다만 대한변협질의회신에 따르면 변호사는 잠재적 의뢰인에 대하여 이익충돌의무를 부담하지 않는다고 한다.[16](이에 관하여는 이익충돌의무에서 상세히 설명한다.)

해설

변호사 L은 비밀을 누설하지 않았지만 상담과정에서 알게 된 정보를 자신의 이익을 위해서 이용하였으므로 그 부동산 거래에 의해서 얻은 이익을 X회사에게 반환할 의무를 부담한다고 본다.[17]

2. 수임의무와 수임거절

3-1. 변호사의 수임의무

(1) 변호사 · 의뢰인의 관계가 신뢰관계를 기초로 하는 것이기 때문에, 변호사가 수임 여부를 결정하는 것은 원칙적으로 자유이다.

(2) 그러나 변호사는 공익적 역할을 담당하고 있고, 이를 위하여 변호사들에게 업무상 독점권을 보장하고 있는 만큼, 변호사의 부당한 수임거절은 국민의 사법접근권을 부인하는 결과를 낳을 수 있다. 이러한 점에서 변호사는 수임하지 말아야 할 정당한 이유가 없는 한 함부로 수임을 거부해서는 안 될 도덕적 의무를 지닌다고 할 수 있다. 아울러 변호사는 변호사의 본연의 사명에 합당하지 않는 사건을 수임해서는 안 될 의무를 부담한다.[18]

3-2. 수임을 거절해서는 안 되는 경우

변호사 L은 의뢰인 A의 업무상과실치사사건의 변호를 수락하고 사건 수임약정서를 작성하는 것만 남겨둔 상태였으나 후에 의뢰인 A가 사기적인 수법으로 다단계판매를 하여 많은 피해자가 생겼다는 뉴스가 대대적으로 보도되자 A의 업무상과실치사사건이 이와 무관함에도

15) 한인섭 등(114면), 박휴상(127면).
16) 대한변협 홈페이지「변호사법 질의회신」495호, 2009. 12. 14. 등
17) 小島 등(63면).
18) 한인섭 등(115면), 박휴상(128면).

불구하고 A에 대한 비판적인 사회여론의 불똥이 자신에게도 튈 것을 우려하여 위 업무상치사 사건에서의 A의 변호를 단념하고 일방적으로 사건 수임 거절의사를 A에게 통보하였다. L 변호사의 행위는 변호사 윤리에 저촉되는 것인가?[19]

변호사윤리장전은 변호사가 사건의 수임을 거절해서는 안 되는 경우를 규정하고 있다(윤리규칙 19조).

(1) 사회적 비난 사건

변호사는 "의뢰인이나 사건의 내용이 사회일반으로부터 비난을 받는다는 이유만으로 수임을 거절"하여서는 안 된다(윤리규칙 19조 1항). 피고가 유죄라고 확신하는 것도 수임을 거절하는 정당한 이유가 되지 못한다.

(2) 무자력자 사건

변호사는 "빈곤한 자, 무의탁자라는 이유만으로 수임을 거절"하여서는 아니 된다(윤리규칙 19조 2항). 그러나 변호사에게 일반적으로 무자력자를 위한 강제적 수임의무를 부과하는 것은 무리라고 본다. 따라서 이 규정은, "변호사는 의뢰인에 대하여 사안에 따라 법률구조제도, 기타 자력이 없는 자의 권리보호를 위한 제도를 설명하여 재판을 받을 권리가 보장되도록 노력해야 한다"는 의미로 해석해야 할 것이다(일본 변호사직무기본규정 33조).[20]

(3) 국선변호사건 등

변호사는 "법원 기타 공공기관 또는 대한변호사협회나 소속 지방변호사회로부터 국선변호인, 국선대리인, 당직변호사 등의 지정을 받거나 기타 임무의 위촉을 받은 때에는 신속하고 성실하게 처리하고 다른 일반 사건과 차별하여서는 아니 된다"(윤리규칙 19조 3항). 이 경우에도 정당한 사유가 있는 때에는 거절할 수 있다(동조 3항 단서).

Example ① 선임된 사건이 이미 수임하고 있는 사건과 이해관계가 상반된다면 이는 거절해야 할 정당한 사유가 있다고 할 수 있다. ② 그러나 형사피고인에 대한 유죄확신, 민사사건에서의 승소가능성에 대한 변호사의 신념, 해당사건의 주제에 대한 반감, 사건관련자의 사회적 신분·지위 등은 정당한 사유가 아니다.

19) 법무부 법조윤리모의시험 문제를 변형한 것이다.
20) 이상수(135면).

해설

형사피고인에 대한 유죄확신, 해당사건에 대한 사회적 비난 등은 수임거절의 정당한 사유가 아니다. 따라서 L 변호사는 위 사건의 수임을 거절해서는 안 될 것이다.

3-3. 수임을 거절해야 하는 경우

> L 변호사는 고금리로 유명한 X 금융 회사의 고문변호사이다. 그 회사는 가혹하게 높은 대출이자를 채무자로부터 받는 과정에서 폭력을 행사한 것이 언론에 보도되어 사회문제화 되는 등 악덕 고리대금업회사로 알려진 회사이다. L 변호사는 의뢰받은 채권회수사건를 진행함에 있어서 「대부업의 등록 및 금융이용자보호에 관한 법률」이 정하는 범위 내에서 이자를 계산하여 청구하고, 소송 중에도 채무자의 지불능력을 충분히 고려한 온건한 화해를 적극적으로 추진하고 있다.
>
> L 변호사는 그 소송활동에는 문제가 없더라도 사회문제를 일으킨 회사의 고문이 되어 그 사건을 처리하는 것 자체를 회피해야 하는 것이 아닌가?[21)]

변호사는 자신의 판단으로 사건의 수임 여부를 결정할 수 있다. 그러나 일정한 사안에 대해서 변호사는 사건을 수임해서는 아니 된다.

(1) 위법한 사건

변호사는 의뢰인의 위법행위에 협조하는 내용의 수임계약을 체결할 수 없다. 변호사 윤리장전은 "변호사는 의뢰인의 범죄행위와 기타 위법행위에 협조해서는 아니 된다"라고 규정하고 있다(윤리규칙 14조 전단). 수임 중에 의뢰인의 위법행위가 발견되면 즉시 그 협조를 중단해야 한다(동조 후단). 그래도 위법행위가 계속되면 변호사는 사임해야 할 것이다.

(2) 부당한 사건

변호사는 의뢰인의 정당한 이익을 실현하도록 노력함과 동시에 의뢰의 목적이 부당한 사건을 수임해서는 안 된다. 윤리장전도 "변호사는 … 목적이나 수단에 있어서 부당한 사건, 단순히 보복이나 상대방을 괴롭히는 방법으로 하는 사건은 이를 수임하여서는 아니 된다"고 규정하고 있다(윤리규칙 17조 1항).

Example 상대방의 주소가 판명되어 있음에도 불구하고 주소불명으로 가장하여 공시송달을 제기한 경우, 여러 관할 법원이 있는 사건에서 피고를 곤란하게 할 목적으로 의뢰인에게

---

21) 高中(42면).

도 이익이 되지 않는 먼 곳의 법원에서 소송을 제기한 경우 등이 위법·부당한 수임에 해당한다.[22)]

(3) 패소가 확실한 사건

1) 일반적으로 변호사는 의뢰인이 기대하는 결과를 얻을 가능성이 없는 사건을 수임해서는 안 된다. 다만 현행법의 위헌성을 문제 삼는다든지 판례의 변경을 주장하는 등 현행법의 정당성에 대해서 이의를 제기하는 것을 포함하는 경우는 사건의 수임이 허용된다고 볼 것이다.

2) 패소가 확실한 사건에 대해서는 의뢰인이 조속히 결정을 내릴 수 있도록 필요한 설명을 해주어야 한다(윤리규칙 16조 2항 참조). 이때 변호사가 그 사건의 처리에서 낙관적인 전망을 암시하여 사건을 수임하는 것은 당연히 금지된다. 변호사윤리장전에 의하면, 변호사는 "① 범죄혐의가 희박한 사건의 고소 또는 고발을 종용해서는 아니 되고(윤리규칙 14조 2항), ② 의뢰인이 기대하는 결과를 얻을 가망이 없는 사건을 가망이 있는 것처럼 가장하거나 장담하여서는 아니 된다(윤리규칙 16조 4항)." 변호사가 상대방과 특수한 관계에 있을 때에는 이를 미리 의뢰인에게 알려야 한다(윤리규칙 16조 5항).

(4) 적절한 대리가 어려운 사건

1) 전문성이 없어 감당하기 어려운 사건은 수임하지 말아야 한다. 다만 전문성이 떨어지거나 사전 지식이 부족한 경우라 하더라도, 다른 변호사의 조력을 받는다든지 스스로 연구와 노력을 한다는 것을 전제로 사건을 수임할 수는 있다.

2) 의뢰인에 대한 변호사의 개인적인 감정으로 그를 위한 성실한 대리를 할 수 없을 것이라고 판단한 경우에도 사건을 수임하지 말아야 한다.

Example 남녀평등을 주장하는 변호사가 남녀불평등을 주장하는 사건을 수임할 경우가 이에 해당한다.[23)]

3) 자신의 정신적 또는 육체적 건강상태에 의해서 적절한 사건처리를 할 수 없는 경우에도 수임할 수 없다.

(5) 이익충돌 사건

변호사는 변호사법과 변호사윤리장전 등에 의해서 이익충돌이 되는 사건을 수임해서

---

22) 이상수(129면).

23) 이상수(133면).

는 안 된다(이에 관하여는 후술한다).

해설

L 변호사에 있어서 사회적 비난을 받는 회사의 고문변호사인 것 자체 혹은 그 사건의뢰를 받는 것 자체를 부당하다고 할 수는 없다(예컨대, 공해기업의 고문변호사로 되거나 사건수임을 해서는 안 된다고 말할 수 없다). 그러나 이 사례에서는 전제로 하고 있지 않지만, 위법행위를 행하고 있는 경우 또는 행하려고 하는 경우 L 변호사는 이것을 지적하고, 시정을 지도하는 행동을 해야 한다. 이러한 지도를 듣지 않을 경우 의무는 아니지만 사임할 수밖에 없다.[24)]

3. 수임의 절차

4-1. 수임계약서의 작성과 설명의무

L 변호사는 자금압박으로 월말 소요자금을 전혀 조달할 수 없는 Q 주식회사의 대표이사인 X로부터 상담을 받았다. L 변호사는 X로부터 Q회사의 개황만을 청취한 후 간단하게, "나는 도산사건을 상당수 맡은 적이 있다. Q회사의 경우 파산신청 외에 다른 방법이 없다. 위임장과 내가 말한 서류를 조속히 제출해 달라, 그 후의 일은 내게 맡기라"고 말했을 뿐, 왜 파산신청의 방법밖에 없는 것인가(회생절차개시신청 등의 방법은 취할 수 없는가), 파산절차는 어떻게 진행되는가 등에 관하여 일체 설명하지 않았다.

L 변호사의 설명에 문제가 없는가?[25)]

(1) 수임계약서 작성

변호사윤리장전은 "변호사는 사건 또는 사무를 수임할 때에는 보수에 관한 명백한 약정을 하고 가급적 이를 서면으로 체결하여야 한다"고 규정한다(윤리규칙 31조). '가급적'이라는 표현을 사용하고 있으나, 이를 좁게 해석함으로써 정당한 이유 없이 수임계약서를 작성하지 않는 일이 없도록 하는 것이 바람직하다.[26)] 수임계약서를 작성하게 되면 권리·의무관계가 분명해지기 때문이다.

(2) 설명의무

1) 변호사는 사건의 상담 또는 감정을 함에 있어서는 공정한 입장에서 가능한 한

24) 高中(304면).
25) 高中(69면).
26) 이상수(137면).

조속히 의뢰인이 결정을 내릴 수 있도록 필요한 설명을 하여야 한다(윤리규칙 16조 2항). 변호사는 사건을 수임할 때에도 의뢰인으로부터 얻은 정보에 기하여 사건의 전망, 처리방법, 보수와 비용에 대하여 적절한 설명을 해야 한다(일 직무기본규정 29조 참조). 이러한 의뢰인에 대한 설명의무는 수임할 때뿐만 아니라 그 후 업무를 수행하는 과정에서도 계속하여 유지되어야 한다.

2) 의뢰인은 때로는 승패의 전망을 요구하지만 사건의 전망은 승패의 전망을 말하는 것이 아니다. 그러나 사건이 어떠한 절차로 어떻게 진행되는가, 어떠한 이유에서 당해 법적 수단을 선택한 것인가에 대해서는 설명이 필요하다. 재판에는 시간과 비용이 걸린다는 인식이 일반적이기 때문에 시간에 관한 설명도 중요하다. 다만 변호사의 설명의무는 의뢰인으로부터 얻은 정보의 한도에서 행하면 충분하다. 사건의 상대방이 어떠한 생각과 증거를 가지고 있는가 등을 사전에 조사, 검토해야 하는 것은 아니다.[27]

해설

L 변호사의 설명은 불충분하다. 「채무자 회생 및 파산에 관한 법률」에 규정된 회생절차, 파산절차 등에 대해서 상세히 설명해야 한다. 도산사건을 처리할 경우에는 「채무자 회생 및 파산에 관한 법률」에 관한 깊은 이해가 필요하다.

4-2. 위임장 등의 제출과 변호사회 경유

A는 2011. 1. 10. 벌금 200만 원의 약식명령을 고지받았다. A는 2011. 1. 16. 이 사건의 정식재판청구를 L 변호사에게 의뢰하였다. L 변호사는 기일이 급박하여 변호인선임신고서를 제출하지 아니한 채 그날 변호인 L명의로 정식재판청구서만 제출하였다. 변호인선임신고서는 2011. 1. 20. 법원에 제출하였다. L 변호인 명의로 제출한 위 정식재판청구서는 적법 · 유효한 정식재판청구로서 효력이 있는가?

(1) 변호사가 수사절차나 재판에서 대리인 또는 변호인으로서 직무를 수행하기 위해서는 수사기관이나 법원에 소송위임장이나 변호인선임신고서를 제출하여야 한다. 이를 제출하지 아니하고는 전화, 문서, 방문 기타 어떠한 방법으로도 변론활동을 하여서는 아니 된다(윤리규칙 20조 1항).

---

27) 高中(70면).

(2) 변호사가 법률사건이나 법률사무에 관한 변호인선임서 또는 위임장 등을 공공기관에 제출할 때에는 사전에 소속 지방변호사회를 경유하여야 한다. 사전에 경유할 수 없는 급박한 사정이 있는 경우에는 변호인선임서나 위임장 등을 제출한 후 지체 없이 공공기관에 소속 지방변호사회의 경유확인서를 제출하여야 한다(법 29조, 윤리규칙 20조 2항).

해설

1) 형사소송에서 변호인 선임의 효력은 위임계약의 체결만으로는 발생하지 않고 변호인선임신고서가 수사기관이나 법원에 제출된 때 비로소 발생한다(형사소송법 32조 1항). 따라서 그 변호인선임신고서가 법원에 제출되기 전에 변호인으로서 행한 소송행위는 무효이다. 이 경우 변호인선임신고서는 특별한 사정이 없는 한 원본을 의미하며, 사본은 이에 해당하지 않는다.[28]

2) 시례의 경우, 변호인 명의로 제출한 위 정식재판청구서는 적법·유효한 정식재판청구로서의 효력이 없다. 형사소송법 453조 1항에 의하면, 약식명령의 고지를 받은 날로부터 7일 이내에 정식재판청구를 할 수 있다. 이 기간 경과 후에 변호인선임서를 제출하였기 때문에 그 전에 이루어진 변호인 명의의 정식재판청구는 효력이 없다.

4-3. 간접수임

> 변호사 L은 B의 친딸인 A로부터 B의 C에 대한 소유권이전등기청구사건을 의뢰받았다. L 변호사는 A로부터 자세한 설명을 듣고, 각종 증거자료의 제시를 받은 후, 이 사건을 수임하기로 하였다. 그러나 B는 와병중이어서 L의 사무실을 방문할 수 없었다. L 변호사는 A로부터 B명의의 위임장을 교부받고, 소유권이전등기청구소송을 제기하였다. L 변호사의 수임 방법은 적절하다고 보는가? A가 B의 딸이 아니라 부동산중개인이었다면 어떠한가?

(1) 변호사는 수임할 때 의뢰인의 의사를 직접 확인해야 한다. 누가 의뢰인인가는 중요한 문제이기 때문이다. 의뢰인의 의사확인을 확인하지 않고 사건을 처리하면 징계사유가 될 수 있다.

(2) '소송위임을 받은 변호사가 의뢰인으로부터 직접 사정청취를 하지 않았고, 의뢰인에 대하여 소송의 진행상황 등을 보고하지 않은 결과 의뢰인이 패소하였다면' 변호사는 채무불이행책임을 부담할 수 있다.

---

28) 대법원 2005. 1. 20. 결정, 2003모429.

Example 일본 동경지방법원의 판결에 의하면 "의뢰인(사건본인)이 사건에 관한 사실관계를 숙지하지 않고 있고, 오히려 그 대리인으로서 소송위임계약을 체결한 자 등 의뢰인 이외의 자가 사실관계에 정통하고, 의뢰인(사건본인)의 이익을 대변할 수 있는 입장에 있는 등 특별한 사정이 있는 경우를 제외하고는" 의뢰인의 의사를 직접 확인하고 사건을 처리해야 한다고 한다.29)

사례

변호사는 의뢰인의 의사를 직접 확인해야 한다. 따라서 L 변호사가 의뢰인의 의사를 확인하지 않은 채 부동산중개인으로부터 사건을 수임하였다면 그 수임의 방법은 적절하다고 할 수 없다. 그러나 의뢰인의 딸인 경우에는 사정이 다르다. 딸이 의뢰인(사건본인)의 이익을 대변할 수 있는 특별한 입장에 있다면 딸의 의사를 확인하고 소송을 수임할 수 있다고 본다.

4. 수임사무의 범위

5-1. 수임사건에서 변호사의 직무범위

L 변호사는 A로부터 소유권이전등기청구사건을 위임받아 소송을 제기하였으나, 당해 부동산에 대한 가처분신청을 하여 줄 것을 명시적으로 요청받지 않았다. 이 경우 L은 A를 위하여 가처분에 관한 소송행위를 할 의무가 있는가? 민사소송법 90조 1항은 "소송대리인은 위임받은 사건에 관하여 반소, 참가, 강제집행, 가압류, 가처분에 관한 소송행위와 변제의 영수를 할 수 있다"고 규정하고 있는데, 이 규정의 취지는 무엇인가?

(1) 구체적인 위임사무의 범위는 변호사와 의뢰인 사이의 위임계약의 내용에 의하여 정하여지고, 변호사에게 이와 같은 위임의 범위를 넘어서서 의뢰인의 재산 등 권리의 옹호에 필요한 모든 조치를 취하여야 할 일반적인 의무가 있다고 할 수는 없다.30)

(2) 위임사무의 내용을 정할 때 소송위임장은 그 기준이 되지 않는다. 소송위임장이란 민사소송법 89조 1항에 따른 소송대리인의 권한을 증명하는 전형적인 서면이다. 여기에서의 소송위임(수권행위)은 소송대리권 발생이라는 소송법상의 효과를 목적으로 하는 단독소송행위로서 그 기초관계인 의뢰인과 변호사 사이의 사법상의 위임계약과는 성격을 달

29) 일본 동경지방법원 판결 소화 54. 5. 30. 참조.
30) 대법원 2002. 11. 22. 판결, 2002다9479 등.

리한다. 의뢰인과 변호사 사이의 권리의무는 수권행위가 아닌 위임계약에 의하여 발생하는 것이므로 변호사가 처리의무를 부담하는 사무의 범위 역시 변호사와 의뢰인 사이의 위임계약의 내용에 의하여 정해진다.[31]

해설

판례는 "민사소송법 제82조 제1항(현 제90조 제1항)이 "소송대리인은 위임받은 사건에 관하여 반소, 참가, 강제집행, 가압류, 가처분에 관한 소송행위와 변제의 영수를 할 수 있다"고 규정하고, 제3항(현 제91조)이 "변호사의 소송대리권은 제한하지 못한다"고 규정하고 있으나, 위 각 규정은 소송절차의 원활 · 확실을 도모하기 위하여 소송법상 소송대리권을 정형적 · 포괄적으로 법정한 것에 불과하고 변호사와 의뢰인 사이의 사법상의 위임계약의 내용까지 법정한 것은 아니므로, 본안소송을 수임한 변호사가 그 소송을 수행함에 있어 강제집행이나 보전처분에 관한 소송행위를 할 수 있는 소송대리권을 가진다고 하여 의뢰인에 대한 관계에서 당연히 그 권한에 상응한 위임계약상의 의무를 부담한다고 할 수 없고, 변호사가 처리의무를 부담하는 사무의 범위는 변호사와 의뢰인 사이의 위임계약의 내용에 의하여 정해진다고 할 것이다"라고 한다.[32] 따라서 L 변호사는 구체적인 위임이 있는 범위가 아니라면 가처분조치를 취하여야 할 의무가 없다.

5-2. 권리보전조치 관련 의무

> A가 C에게 돈을 빌려주고 수표를 받았는데, C는 그 수표를 사취당하였다고 주장하면서 지급은행에 일정한 담보금을 내고 그 수표를 지급하지 못하도록 사고신고를 하였다. 이 경우 A로부터 위 대여금의 반환을 구하는 소송을 위임받은 L 변호사는 위 사고신고담보금과 관련하여서 A에 대하여 어떠한 의무를 부담하는가?

(1) 본안소송을 수임한 변호사가 구체적인 위임이 있는 범위가 아니라면 강제집행이나 보전처분에 관한 소송행위 등을 행하여야 할 의무가 없다. 하지만 "권리보전조치의 위임을 별도로 받은 바 없다고 하더라도 그 회수를 위해서 필요한 수단을 구체적으로 강구할 것인지를 결정하도록 하기 위한 법률적인 조언을 할 설명의무"가 있는가에 대해서는 판례의 태도가 나뉘어져 있다.

---

31) 대법원 1997. 12. 12. 판결, 95다20775.

32) 대법원 1997. 12. 12. 판결, 95다20775.

(2) **대법원 1997. 12. 12. 판결, 95다20775(설명의무 부정)**

변호사가 소유권이전등기 소송의 제기를 위임받게 되면, "원고로부터 가처분신청을 하여 줄 것을 명시적으로 요청받지 않았다고 하더라도 가처분의 필요성에 관하여 원고들에게 충분히 설명하여야 할 의무가 있는가"에 관하여, 대법원은 "이 사건 이전등기소송의 수임당시 피고가 원고에게 이 사건 토지에 대한 소유권이전등기청구권을 보전할 필요성 및 처분금지가처분절차에 관하여 충분히 설명하였어야 할 구체적 사정이 존재하였다고 단정하기 어렵다"고 판시하였다.

(3) **대법원 2002. 11. 22. 판결, 2002다9479(설명의무 인정)**

대법원은 피사취수표와 관련된 본안소송을 위임받은 변호사가 사고신고담보금에 대한 권리 보전조치의 위임을 별도로 받은 바 없다면, 적극적으로 사고신고담보금에 대한 권리 보전조치로서 지급은행에 소송계속 중임을 증명하는 서면을 제출하여야 할 의무는 없다고 판시하면서, 다른 한편으로 "의뢰인과 변호사 사이의 신뢰관계 및 사고수표와 관련된 소송을 위임한 의뢰인의 기대와 인식 수준에 비추어 볼 때, 피사취수표와 관련된 본안소송을 위임받은 변호사는, 비록 사고신고담보금에 대한 권리 보전조치의 위임을 별도로 받은 바 없다고 하더라도, 위임받은 소송업무를 수행함에 있어서 사고신고담보금이 예치된 사실을 알게 되었다면, 이 경우에는 수표 소지인이 당해 수표에 관한 소송이 계속 중임을 증명하는 서면을 지급은행에 제출하고 수익의 의사표시를 하면 나중에 확정판결 등을 통하여 정당한 소지인임을 증명함으로써 사고신고담보금에 대한 직접청구권이 생기므로, 법률전문가의 입장에서 승소 판결금을 회수하는 데 있어 매우 실효성이 있는 이와 같은 방안을 위임인에게 설명하고 필요한 정보를 제공하여 위임인이 그 회수를 위하여 필요한 수단을 구체적으로 강구할 것인지를 결정하도록 하기 위한 법률적인 조언을 하여야 할 보호의무가 있다"고 판시하였다.

(4) **최근 판례**

패소판결이 있었던 경우에 관하여, 대법원은 "구체적인 위임사무의 범위는 변호사와 의뢰인 사이의 위임계약의 내용에 의하여 정하여지는 것이지만(대법원 2002. 11. 22. 판결, 2002다9479 참조), 위임사무의 종료단계에서 패소판결이 있었던 경우에는 의뢰인으로부터 상소에 관하여 특별한 수권이 없는 때에도 그 판결을 점검하여 의뢰인에게 불이익한 계산상의 잘못이 있다면 의뢰인에게 그 판결의 내용과 상소하는 때의 승소가능성 등에 대하여 구체적으로 설명하고 조언하여야 할 의무가 있다고 할 것이다"고 판시하고 있다.[33]

해설

이 사례는 대법원 2002. 11. 22. 판결, 2002다9479 사건에 관한 것이다. 앞서 본 바와 같이 이 사례에서 대법원은 "구체적인 위임사무의 범위는 변호사와 의뢰인 사이의 위임계약의 내용에 의해서 정"해진다고 하고 있다. 즉 구체적인 위임이 있는 범위가 아니라면 변호사의 책임을 인정할 수 없다는 것이다. 그러나 "권리보전조치의 위임을 별도로 받은 바 없다고 하더라도 … 그 회수를 위해서 필요한 수단을 구체적으로 강구할 것인지를 결정하도록 하기 위한 법률적인 조언을 할 보호의무가 있다"고 판시하고 있다.

5. 변호사와 의뢰인의 권한분배

변호사 L은 건물명도청구사건의 원고 측 변호사이다. L은 피고 측의 '3개월 이내에 건물을 명도 받는 대신에 피고에게 명도이전료를 지급하기로 하는 내용'의 소송상의 화해에 응하였다. L은 이 화해가 의뢰인의 이익을 위한 최선의 방법이라고 판단했다. 그러나 의뢰인인 원고는 다음날 이 사실을 듣고 불만을 표명하였다.[34] L 변호사의 행동을 적절하다고 판단할 수 있는가?

6-1. 의뢰인의 결정권

변호사가 판단하는 의뢰인의 이익과 의뢰인이 생각하는 자신의 이익이 다를 수 있는데, 이 경우 변호사는 누구의 판단을 존중해야 하는가? 이 점에 관하여 견해가 나뉜다.

(1) 자기결정보장설

의뢰인의 자기결정권을 중시해야 한다는 입장이다(다수설). 변호사는 소송수행에서 의뢰인의 지시에 따라야 하며, 의뢰인의 의사에 합치된 절차만을 행할 수 있다. 따라서 변호사는 법률전문가로서의 입장에서 독자적인 판단을 해야 하지만, 충분한 설득에도 역시 의견의 대립이 있는 때에는 의뢰인의 의사를 존중해야 한다.[35]

(2) 재량권중시설

변호사업무의 재량권을 중시하는 입장이다. 변호사는 화해를 포함한 소송수행 전체를

33) 대법원 2004. 5. 14. 판결, 2004다7354.

34) 小島 등(69면).

35) 小島武司, 「辯護士-その新たな可能性(新裝補訂版)」, 學陽書房, 平成6, 80面(加藤 157면에서 재인용).

의뢰인으로부터 의뢰받은 것이지, 개개의 조치에 대해서 의뢰인의 지시를 받아야 하는 입장에 있는 것이 아니라고 한다. 의뢰인의 생각과 변호사의 생각이 다른 경우에 변호사로서는 의뢰인을 납득시킨 후 적절한 조치를 취하는 것이 바람직하지만, 그렇게 하지 않았더라도 손해배상과 징계가 문제되는 것은 충분한 설득의 시간이 있었음에도 불구하고 아무것도 하지 않거나, 화해의 내용이 현저히 의뢰인의 이익에 반하는 예외적인 경우에 한한다.[36]

(3) 결론

의뢰인의 독자적 지위를 가급적 인정할 필요성이 있고, 변호사에게 설명의무(윤리규칙 16조 2항)가 있는 점 등을 고려할 때, 변호사·의뢰인 사이의 위임계약은 단순한 포괄적 위임이라고 볼 수 없고, 중요한 결정에 대해서는 의뢰인에게 유보되는 특수한 위임계약이라고 보아야 할 것이다. 따라서 소송의 목적이나 그에 상응하는 정도의 중요성을 가진 사항에 대해서는 언제나 의뢰인의 결정사항으로 간주하는 것이 옳다고 본다.[37]

6-2. 권한 분배

(1) 변호사는 위와 같이 소송의 목적 등 중요한 사항에 대해서는 의뢰인의 결정에 따라야 하지만, 그 밖의 사항에 대해서는 일일이 의뢰인의 지시를 기다리지 않고, 전문가로서의 독립된 판단을 해야 한다. 이는 의사의 경우와 대비된다.[38] 의뢰인의 목적(흉부의 통증치료)은 의뢰인이 결정하지만, 목적을 달성하기 위한 수단(검사나 치료방법)은 전문가가 선택한다.

(2) 미국에서도 대리의 목적과 수단을 구분한다. 의뢰인의 목적을 달성하기 위한 수단과 관련된 사항은 변호사가 의뢰인의 지시 없이 독립하여 판단하는 것이 인정된다. 변호사의 의뢰인으로부터의 독립성이 강조되는 것은 바로 이 때문이다.

그러나 변호사는 대리의 목적에 대해서는 의뢰인의 결정에 따라야 한다. 의뢰인의 결정권에 따라야 할 사항으로, 다음과 같은 예를 들고 있다.

① 민사사건에서는 상대방의 화해제의(화해조건을 포함하여)를 받아들일 것인가?

② 형사사건에서는, 유죄를 인정할 것인가? 배심재판을 포기할 것인가? 피고인 스

---

36) 伊藤眞, "辯護士と當事者", 「講座民事訴訟」, 홍문당, 소59, 127면(加藤 158면에서 재인용).

37) 한인섭 등(111면), 박휴상(143면).

38) W. Bradley Wendel, Professional Responsibility, 2004, 32면(栢木 67면에서 재인용).

스로 묵비권을 포기하고 증언할 것인가?

③ 민사·형사사건에서 상소할 것인가?

④ 위와 동일시할 수 있는 중요한 결정(구체적인 예로는, 항변의 포기나 부동산의 매각 등) 인가?[39)]

6-3. 설명의무

(1) 의뢰인에게 결정권이 있는 목적에 관한 사항에 대해서도, 실제 교섭을 할 때 그 결정을 전하는 것은 변호사이다. 이와 반대로 변호사가 상황을 설명하고, 이에 기하여 의뢰인이 결정을 하기도 한다. 이와 같이 목적에 관한 사항에 있어서도 변호사의 역할이 중대하다. 그러므로 설명 있는 동의(informed consent)가 요구되는 의사의 경우와 같이, 변호사에게도 의뢰인이 결정해야 할 사항을 적절하게 판단할 수 있도록 정보를 제공하고 설명할 의무가 있다.

(2) 수단에 관한 사항에 있어서도 그것이 변호사가 결정할 수 있는 범위라고 해서, 하등 의뢰인에게 설명을 하지 않아도 된다는 것이 아니다. 변호사는 의뢰인의 목적에 도달하기 위한 수단에 대해서 의뢰인과 합리적으로 협의해야 하고, 사안의 현황에 대해서 의뢰인에게 합리적 수준에서 지속적으로 통보해야 하며, 정보에 대한 의뢰인의 합리적 요구에 대해서 신속히 응답해야 하고, 변호사가 도움을 줄 수 없는 부분에 대해서도 의뢰인에게 알려야 한다(표준규칙 1.4).

(3) 따라서 어느 경우에도, 변호사에게는 의뢰인에게 적절한 정보를 제공하고 설명할 의무가 있다. 의뢰인으로부터의 독립성은 이러한 설명의무에 의해서 비로소 의의를 가지게 된다.[40)]

6-4. 화해의 권한

변호사가 화해권한을 가지고 있지만, 의뢰인의 의사를 확인하지 않은 채 화해한 경우 손해배상책임을 부담하는가?

---

39) 栢木 등(67-68면).

40) 栢木 등(68-69면), 박휴상(145면).

(1) **재량권중시설**

변호사가 화해를 포함한 소송수행 전체를 의뢰인으로부터 위임받은 경우, 개개의 조치에 대해서 의뢰인의 지시를 받아야 하는 것은 아니라고 한다. 따라서 법률전문가로서 화해에 응하는 것이 적정·타당하다고 판단하면 그렇게 하는 것이 변호사의 임무이므로 의뢰인의 의사확인을 하지 않았더라도, 손해배상이나 징계가 문제되지 않는다.[41] 다만 재량권중시설도 현저하게 재량권을 일탈한 화해에 대해서 손해배상책임을 부정하는 취지를 갖지는 않는다.

(2) **자기결정보장설**

변호사의 독립적 판단을 존중해야 하지만, 화해와 같은 소송의 귀추를 결정하는 사항에 대해서는 원칙적으로 당사자의 의사를 확인해야 한다고 한다. 다만 자기결정보장설도, 의뢰인의 의사를 확인하지 않은 것이 항상 손해배상책임을 발생시킨다고 보지는 않는다. 의사확인 없이 한 화해의 경우에도, 그 내용이 상당하고 시의적절하다면, 의뢰인의 추정적 승낙 또는 재산적 손해가 발생하지 않는 것으로 간주되어 배상책임이 부정된다.

(3) **결론**

의뢰인의 자기결정권보장이라는 관점에서 볼 때, 화해를 하는 데에는 의뢰인의 의사를 확인하는 것이 필요하다고 본다. 이 경우 의뢰인에 대한 설명과, 그의 동의(informed consent)를 얻는 것이 변호사의 역할로서 매우 중요하다고 할 것이다. 따라서 의뢰인의 의사를 확인하지 않고 화해한 경우 변호사는 직무윤리에 적합하게 행동했다고 볼 수 없다.[42] 징계사유가 되거나 손해배상책임을 부담할 수 있다.[43]

해설

화해에 관한 수권이 있더라도 의뢰인의 의사를 확인하고 화해해야 한다. 의뢰인의 의사를 확인하지 않고 화해한 경우 의뢰인에게 손해배상책임을 부담한다. 경우에 따라서는 징계사유도 된다. 다만 화해의 내용이 상당하여 의뢰인에게 재산상 손해가 발생하지 않을 때에는 배상책임이 부정될 것이다.

---

41) 伊藤眞, "訴訟における 人間", 「岩波講座基本法學 1」(암파서점, 1983), 217면(小島 등, 71면에서 재인용).

42) 의뢰인과 사전 협의 없이 상대방과 화해한 사안에 대해서 당해 변호사를 징계결정한 사례가 있다(법무부 2006. 12. 13. 결정).

43) 加藤(317면), 박휴상(147면).

Ⅲ. 변호사·의뢰인 관계의 종료

1. 종료사유

변호사와 의뢰인 관계는 수임의 사무가 종결되면 해소된다. 그러나 경우에 따라서는 그 전에 변호사와 의뢰인의 관계가 해소될 수 있다.

(1) 변호사의 해임·사임

소송위임계약의 해지에 의하여 해소될 수 있다(민법 689조 1항). 이에는 ① 의뢰인의 의사에 의하여 변호사를 해임하는 경우와, ② 변호사의 의사에 의하여 사임하는 경우가 있다.

(2) 변호사의 사망·파산·금치산선고

변호사의 사망·파산 또는 금치산선고(법무법인의 합병·인가취소·파산 또는 해산의 경우도 이에 준할 것이다)에 의해서도 종료된다(민법 690조).

(3) 의뢰인의 사망·파산

의뢰인이 사망 또는 파산한 경우, 위임은 종료한다(민법 690조). 그러나 변호사가 민사소송을 수임한 경우에는 의뢰인이 사망하여도 변호사는 소송대리권을 계속 갖는다(민사소송법 95조). 나중에 의뢰인의 상속인이 위임을 해지하지 않는 한 위임은 그대로 존속하게 된다.

2. 의뢰인에 의한 변호사의 해임

(1) 의뢰인은 일방적인 통보로 변호사를 해임할 수 있다(민법 689조 1항)(계약해지자유의 원칙). 객관적 사유를 제시하지 않더라도 언제든지 가능하다. 의뢰인의 변호사 해임권은 의뢰인의 본질적인 권리이므로 해임하지 않기로 하는 계약은 무효이다. 부당해고의 문제도 발생하지 않는다. 다만 사내변호사의 경우에는 그렇지 않다.

(2) 의뢰인의 일방적인 통보로 위임관계가 종료되더라도 종전 의뢰인에 대한 변호사의 의무는 그대로 남는다. 따라서 위임관계 종료 후에도 변호사의 비밀유지의무나 이익충

돌회피의무가 유지된다.[44]

(3) 민법상 의뢰인에게 해지의 자유가 인정되므로 해임으로 인하여 상대방에 발생한 손해를 배상할 의무가 없다. 그러나 만일 부득이한 사유 없이 상대방에게 불리한 시기에 해임한 경우에는 손해배상의무가 있다(민법 689조 2항).[45]

3. 변호사의 사임

L 변호사는 민사사건의 피고 소송대리인으로 선임되었는데, 몇 달이 지났는데도 의뢰인으로부터 약정한 착수금을 받지 못하고 있다. L 변호사는 사임할 수 있는가? 사임서를 제출하고 무단으로 공판기일에 출석하지 않는 것은 어떠한가?

3-1. 사임의 자유

(1) 변호사도 원칙적으로 사임의 자유가 있지만(민법 689조 1항), 변호사선임계약의 성질상 일정한 제약이 따른다. 선임계약은 직업적 전문직에 대한 신뢰를 기초로 하고 있는 데다가, 위임사무 자체가 단순하지 않고, 사임 즉시 대체 변호사를 찾기도 쉽지 않기 때문이다.

(2) 이로 인하여 변호사의 이유 없는 사임은 의뢰인에게 예기치 못한 큰 손해를 낳아, 징계사유가 될 수 있으며, 그 자체가 채무불이행(적극적 채권침해)으로 되기도 한다.[46]

3-2. 사임의 사유

(1) 변호사는 '사임하여도 의뢰인에게 현저한 불이익이 없는 때'에는 변호사의 자유의지에 따른 사임이 가능하다(표준규칙 1.16(b)(1)).

(2) 그러나 사임에 상당한 이유가 있는 때(동 규칙 1.16(b)(7))에는 의뢰인에게 불이익이 생기는지 여부와 상관없이 변호사의 의지에 따른 사임이 허용된다.

---

44) 이상수(148면).
45) 남효순, "변호사와 의뢰인 사이의 법률관계", 서울대(322면).
46) 加藤(160면).

Example ① 변호사와 의뢰인 사이의 신뢰관계가 더 이상 유지될 수 없는 경우, ② 의뢰인이 약속한 보수를 지급하지 않는 경우, ③ 의뢰인이 소송의 진행에 협조하지 아니한 경우, ④ 의뢰인의 요구와 변호사의 전망이 어긋나 조정불능으로 된 경우, ⑤ 의뢰인이 부당한 의도를 숨기고 변호사를 이용하고 있는 경우, ⑥ 변호사에게 혐오스러운 대리를 강요하는 경우 등이 이에 해당한다.

(3) 변호사가 반드시 사임해야 하는 경우도 있다.

Example ① 이익충돌이 발생한 경우(변호사법 31조, 윤리규칙 17조, 18조), ② 소송대리나 변호를 계속하는 것이 위법행위를 유발하는 경우(윤리규칙 14조 1항), ③ 변호사의 입장에서 성실히 대리할 수 없는 사정이 발생한 경우 등이 이에 해당한다.

3-3. 사임에 따른 의뢰인의 보호의무

(1) 변호사가 사임의 의사표시를 함에 있어서는 사임하는 시기에 대해서 일정한 배려를 해야 한다. 의뢰인에게 불리한 시기에 사임한 경우에는 부득이한 사유가 없는 한 의뢰인에게 생긴 손해를 배상할 의무가 있다(민법 689조 2항).

Example 피고사건의 기일직전에, 대리인인 변호사가 기일변경이나 답변서의 제출 등 아무런 수단을 강구하지 않고 일방적으로 사임하는 경우에는 의뢰인에게 예기치 못한 큰 손실을 낳을 수 있고, 손해배상의 근거가 될 수 있다.

(2) 사임하는 변호사는 의뢰인에게 사임에 따른 부당한 손실이 가해지지 않도록 필요한 조치들 취해야 한다. 즉, ① 의뢰인에게 사전에 통지를 하고, ② 의뢰인이 다른 변호사의 조력을 얻도록 조치하거나, 필요한 법적 조언을 하고, ③ 금전을 정산하고, 보관중인 금전이나 기록을 반환하는 등 적절한 조치를 취한 후에 사임해야 한다.

(3) 수임업무 종료 후 의뢰인에게 반환하여야 할 서류는 원칙적으로 소유권의 귀속에 따라 결정된다.[47)]

Example ① 의뢰인, 당사자 또는 증인 신청된 사람들과의 면담 등을 통해서 작성된 메모, ② 소송수행 중 대리인이 조사한 이론 및 판례의 메모, 사건진행 메모, 소송전략의 메모, 직원들에 대한 지시사항을 기재한 메모 등은 변호사의 소유이므로 반환해 줄 의무가 없다. 그러나 ③ 의뢰인 또는 당사자가 발급받아 증거물로 사용하도록 제공한 등기부등본 등 재발급이 가

47) 대한변협 1997. 12. 20.자 질의회신.

능한 민원서류, ④ 상대방으로부터 제출되어 입수된 준비서면과 서증 등 각 사본 및 감정서, 사실조회 회신 복사본 등 대리인이 작성하지 않았으나 소송수행 과정에서 입수된 서류 등은 의뢰인의 소유이므로 반환해야 한다.

해설

의뢰인이 보수를 지급하지 않는 것 자체는 사임의 정당한 사유가 될 수 있다. 즉 의뢰인이 착수금, 수수료, 비용 등을 지급하지 않는다면 변호사는 사건을 착수하지 않거나 그 처리를 중지할 수 있다. 다만 사임할 때에는 의뢰인에게 미리 그 뜻을 통지해야 한다.[48] 또한 의뢰인이 사임에 의해 불이익을 당하지 않도록 공판기일의 연기신청 등 적절한 조치를 취해야 한다. 만약 변호사가 그러한 조치 없이 무단으로 법정에 불출석하여 의뢰인에게 불측의 손해를 입혔다면 그로 인한 책임을 져야 할 것이다.

Ⅳ. 사례 연습

1 변호사와 의뢰인의 관계에 관한 설명 중 옳지 않은 것은?[49]

① 변호사와 의뢰인의 관계는 원칙적으로 위임관계이므로 수임인인 변호사는 선량한 관리자의 주의로써 위임사무를 처리하여야 한다.

② 변호사는 의뢰인으로부터 독립하여 직무를 수행하며 의뢰인의 지휘·감독을 받는 것은 아니다.

③ 변호사가 무상으로 사건을 수임한 경우에는 의뢰인의 승낙 없이도 복대리인을 선임할 수 있다.

④ 위임계약이 종결된 후에도 변호사는 의뢰인에게 일정한 의무를 부담할 수 있다.

2 다음 설명 중 옳지 않은 것은? (다툼이 있는 경우에는 판례에 의함)[50]

① 소송대리를 위임받은 변호사는 위임사무의 종료단계에서 패소판결이 있었던 경우에는 의뢰인으로부터 상소에 관하여 특별한 수권이 없는 때에도 그 판결을 점검하여 의뢰인에게 불이익한 계산상의 잘못이 있다면 의뢰인에게 그 판결의 내용과 상

48) 이것은 폐지된 일본변호사연합회의 '보수 등 기준 규정' 45조에 규정된 것이다(森際, 116면 참조).
49) 법조윤리시험(2010년) 문제이다.
50) 법조윤리시험(2011년) 문제이다.

소하는 때의 승소가능성 등에 대하여 구체적으로 설명하고 조언하여야 할 의무가 있다.

② 변호사는 의뢰인과 체결한 위임계약의 본지에 따라 선량한 관리자의 주의로써 수임사무를 직접 처리해야 하지만, 의뢰인의 승낙이나 부득이한 사유로 인하여 다른 변호사에게 수임사무의 처리를 맡겨 그 다른 변호사가 수임사무를 처리하는 동안에는 그 다른 변호사가 동일한 내용과 정도의 주의의무를 부담하므로 그 기간 동안 원래의 수임인인 변호사는 위 다른 변호사에게 비용지급의무를 부담하는 외에 의뢰인에게는 책임을 부담하지 않는다.

③ 민사사건의 소송 대리업무를 위임받은 변호사가 그 소송 제기 전에 상대방에게 채무 이행을 최고하고 형사고소를 제기하는 등의 사무를 처리함으로써 사건 위임인과 상대방 사이에 재판 외 화해가 성립되어 결과적으로 소송제기를 할 필요가 없게 된 경우에, 사건 위임인과 변호사 사이에 소제기에 의하지 아니한 사무처리에 관하여 명시적인 보수의 약정을 한 바 없다고 하여도 특단의 사정이 없는 한 사건 위임인은 변호사에게 위 사무처리에 들인 노력에 상당한 보수를 지급할 의무가 있다.

④ 변호사는 소송수행 등 수임사무의 처리로 인하여 받은 금전 기타의 물건 및 그 수취한 과실을 의뢰인에게 인도하여야 하고, 변호사가 의뢰인을 위하여 변호사의 명의로 취득한 권리는 의뢰인에게 이전하여야 한다.

3 변호사 L이 A주식회사의 고문변호사로서 그 회사를 대리하여 소송을 하던 중 동일한 사건은 아니지만 A주식회사의 직원이었던 사들을 대리하여 A주식회사를 상대로 근로관계소송을 제기하는 경우, A주식회사는 위임계약을 해지할 수 있는가?

4 변호사 L은 P 판사로부터, 범행수법이 잔인하여 사회적으로 크게 물의를 일으킨 살인사건의 피고인 A의 국선변호인이 되어 줄 수 없느냐는 요청을 받았다. L 변호사는 이 사건을 수임하면 사회적으로 온갖 비난이 자신에게 쏟아질 것을 염려한 나머지, 이 사건의 수임을 거절했다. L 변호사의 행동은 적절하다고 할 수 있는가?

5 A는 불법점거하고 있는 B 소유 건물 1층에서 스낵을 하고 있다. 건물소유자 B는 A를 상대로 건물명도청구소송을 제기하였다. A는 승소가망이 전혀 없었는데도 변호사 L

을 찾아가, "2, 3년은 장사를 계속하고 싶다. 그동안 소송을 지연시켜달라"고 하면서 소송을 의뢰하였다. L 변호사는 그것이 불가능하다는 것을 A에게 설명하였지만, A는 전혀 납득하지 않았다. L 변호사는 지금까지 A로부터 여러 건의 사건을 소개받았기 때문에 거절하지 못하고 화해를 시키면 될 것으로 생각하며 사건을 수임하였다.[51] L 변호사의 행동에 문제가 있는가?

6 L 변호사는 A로부터 수임한 건물명도청구사건에서 패소하였다. L은 패소판결이 있더라도 A로부터 상소에 관한 특별수권이 없으므로 심급대리 원칙상 상소 시 승소가능성 등에 대해 설명해야 할 의무가 없다고 하면서 A에게 승소가능성 등에 관한 설명을 전혀 하지 않았다. L 변호사의 행동에 문제가 있는가?

7 변호사 L은 B의 의뢰를 받고, 의사 C에 대하여 손해배상금으로 3억 원을 청구하는 손해배상청구소송을 제기하였다. 이 사건의 내용은 B의 4세 된 아들 A가 복막염이 발병되었는데, 근처 의원 C 의사가 자가중독증으로 오진하였기 때문에 조치가 늦어져 A가 사망하였다는 것이다. B는 자력이 없어 착수금을 30만 원으로 하였다.

C는 과실을 전면적으로 다투었다. 당시 개인의원으로서 해야 할 검사 등을 전부 행하였지만, 증상이 갑자기 악화되어 예견할 수 없었다고 주장하였다. 소송 중에 나타난 증거, 감정인인 의사의 증언으로는 B의 청구가 인용될 가능성이 적어 보였다. 판사로부터 화해가 권고되어, C가 위로금으로 1,000만 원을 지급하는 화해안을 제시하였다.

(1) 위임장에 화해에 관한 수권이 있는 경우, L 변호사는 B의 의사를 확인하지 않고 화해하여도 좋은가? 제시된 화해금액이 1억 원인 경우는 어떠한가?
(2) 가령 B의 의사를 확인하지 않고 화해한 경우, B에 대하여 손해배상책임을 부담하는 경우가 있는가?
(3) B의 의사를 확인하였는데, B가 납득하지 않았다. 패소하면 1,000만 원도 확보할 수 없고, 감정비용 등을 B가 부담해야 한다. L 변호사는 어떻게 대응해야 하는가?
(4) 위 사건을 수행하던 중, "서증으로 무엇을 제출하여야 하는가? 증인으로 누구를 신청하여야 하는가? 증인에게 어떠한 신문을 할 것인가?"에 관해서 L 변호사와 B의 의견이 나누어진 경우 L 변호사는 어떻게 해야 하는가?[52]

---

51) 高中(64면).
52) 塚原 등(48면, 박휴상 145면에서 재인용).

8 L 변호사는 의뢰인과 사전 협의 없이 다음과 같은 내용의 화해를 하였다. L 변호사의 행위는 징계사유에 해당하는가?

「L 변호사는 A은행이 B주식회사, 홍○○, C주식회사, 김○○ 등 5인을 상대로 제기한 소유권이전등기청구의 공동 피고 중 피고 B주식회사, 같은 홍○○, 같은 C주식회사, 같은 김○○ 등 4인의 피고 소송대리 위임을 받아 피고 B주식회사에 대해서는 금 1,583,278,300원의 패소판결을, 나머지 피고 홍○○, 같은 C주식회사, 같은 김○○에 대해서는 각 피고 전부승소판결을 받았음에도 불구하고, 원고 A은행의 승계참가자인 D투자회사 한국지점의 항소제기에 따라 위 항소심에서 위 4인의 공동피고들의 소송대리인으로서 계속 변론을 진행 중, 위 김○○과 사전협의나 동의 없이, 또한 합의조정안대로 이행이 되지 않을 경우 위 김○○에게 돌아갈 불이익을 고지하지 아니한 채 위 승계참가인과 "피고 B주식회사 및 피고 C주식회사가 연대하여 승계참가인에게 2003. 10. 31.까지 금 585,000,000원을 지급하고, 위 피고들이 위 금원을 지급하지 아니할 경우 피고 김○○은 별지목록 기재 부동산에 관하여 ○○법원 ○○지원 부안등기소 2000. 4. 25. 접수하여 마쳐진 근저당권 설정등기의 말소등기절차를 이행"하기로 하는 등을 내용으로 하는 화해에 이르렀다.」

9 변호사 甲은 의뢰인 A로부터 곧 수임료를 지급하겠다는 약속을 받고 A의 형사사건의 변론을 맡아 기록을 등사하고 피고인 신문사항과 변론요지서를 미리 준비하였다. 그럼에도 불구하고 의뢰인 A가 수임료를 지급하지 아니하여 여러 차례 그 지급을 요청하였으나 의뢰인 A는 수임료 지급을 미루면서 오히려 변호사가 작성한 변론요지서 등이 부실하다고 비난하고 있다. 변호사 甲과 의뢰인 A의 관계에 대한 실명으로 옳지 않은 것은?

① 의뢰인 A는 변호사 甲에게 해임의 사유를 설명함이 없이 언제든지 변호사를 해임할 수 있다.

② 의뢰인 A가 변호사 甲을 해임한 경우에 변호사 甲은 이미 처리한 수임사무의 비율에 따른 보수의 지급을 청구할 수 있다.

③ 변호사 甲은 의뢰인 A의 보수 미지급을 이유로 위임계약을 해지하고 사임할 수 없다.

④ 변호사 甲이 사임을 하기 위해서 의뢰인 A의 동의를 얻을 필요는 없다.

10 다음 설명 중 옳지 않은 것은?[53)]

① 변호사는 사건 내용이 사회 일반으로부터 비난받는다는 이유만으로 수임을 거절해서는 안 된다.

② 원고 소송복대리인으로서 변론기일에 출석하여 소송행위를 하였던 변호사가 피고 소송복대리인으로도 출석하여 변론한 경우라도, 당사자가 그에 대하여 아무런 이의를 제기하지 않았다면 그 소송행위는 소송법상 완전한 효력이 생긴다.

③ 본안소송을 맡은 변호사는 그에 부수되는 권리보전조치의 위임을 별도로 받은 바 없다면 의뢰인에게 가능한 권리보전조치가 어떤 것이 있는지에 대해서까지 설명할 의무는 없다.

④ 변호사가 법률상담 및 소송수행을 무료로 하기로 하였더라도, 그 상담 및 송무과정에서 과실로 의뢰인에게 손해를 발생시킨 경우, 의뢰인은 그 변호사를 상대로 손해배상을 청구할 수 있다.

해설

1 복대리인의 선임은 본인(의뢰인)으로부터 개별적인 수권이 있어야 하는 특별수권사항이다(민사소송법 90조 2항). 의뢰인의 특별수권이 없으면 복대리인을 선임할 수 없다. 무상으로 사건을 수임한 경우에도 마찬가지이다. 정답은 ③번이다.

2 1) 소송대리를 위임받은 변호사는 위임사무의 종료단계에서 패소판결이 있었던 경우에는 의뢰인으로부터 상소에 관하여 특별한 수권이 없는 때에도 그 판결을 점검하여 의뢰인에게 불이익한 계산상의 잘못이 있다면 의뢰인에게 그 판결의 내용과 상소하는 때의 승소가능성 등에 대하여 구체적으로 설명하고 조언하여야 할 의무가 있다.[54]

2) 변호사는 의뢰인과 체결한 위임계약의 본지에 따라 선량한 관리자의 주의로써 수임사무를 직접 처리해야 한다. 변호사는 의뢰인의 승낙이나 부득이한 사유로 인하여 다른 변호사에게 수임사무의 처리를 맡겨 그 다른 변호사가 수임사무를 처리하는 경우에도 동일한 내용과 정도의 주의의무를 부담한다.

3) 민사사건의 소송 대리업무를 위임받은 변호사가 그 소송 제기 전에 상대방에게 채무 이행을 최고하고 형사고소를 제기하는 등의 사무를 처리함으로써 사건 위임인과 상대방 사이에 재판 외 화해가 성립되어 결과적으로 소송제기를 할 필요가 없게 된 경우에, 사건 위임인과 변호사 사이에 소제기에 의하지 아니한 사무처리에 관하여 명시적인 보수의 약정을 한 바 없다고 하여도 특단의 사정이 없는 한 사건 위임인은 변호사에게 위 사무처리에

53) 법조윤리시험(2010년) 문제이다.

54) 대법원 2004. 5. 14. 판결, 2004다7354.

들인 노력에 상당한 보수를 지급할 의무가 있다.[55)]

4) 변호사는 소송수행 등 수임사무의 처리로 인하여 받은 금전 기타의 물건 및 그 수취한 과실을 의뢰인에게 인도하여야 하고, 변호사가 의뢰인을 위하여 변호사의 명의로 취득한 권리는 의뢰인에게 이전하여야 한다.

5) 따라서 옳지 않은 것은 ②번이다.

3 1) 위와 유사한 사례에 있어서 판례는, "위임은 당사자 쌍방의 특별한 신뢰관계를 기초로 하는 계약이므로, 일반적으로 수임인은 위임의 내용에 따라 선량한 관리자의 주의의무를 다하여야 하고, 특히 소송대리를 위임받은 변호사는 그 수임사무를 수행함에 있어 전문적인 법률지식과 경험에 기초하여 성실하게 의뢰인의 권리를 옹호할 의무가 있는 외에 의뢰인과의 신뢰관계를 근본적으로 깨뜨리는 행위 등을 하지 않아야 할 의무도 있다고 봄이 상당하다고 할 것인바, 위 인정사실에 의하면, 피고가 원고를 대리하고 있던 중 비록 동일한 사건에서는 아니더라도 원고의 직원이던 자들을 대리하여 원고를 상대로 소가 합계가 76억 원에 이르는 근로관계소송을 제기한 행위는 다수의 근로자들을 고용하고 있는 원고에게는 매우 민감한 사안으로서 원고와 피고 사이의 근본적인 신뢰관계를 깨뜨리는 행위라고 할 것이고, 따라서 원고와 피고 사이의 기존 소송위임계약은 위와 같은 피고의 위임계약상의 채무불이행을 이유로 한 원고의 해지 의사표시에 의하여 적법하게 해지되었다고 할 것이므로, 수임인인 피고는 원고에 대하여 위임계약의 해지에 따른 청산의무를 부담한다고 할 것이다"라고 판시했다.[56)]

2) 따라서 위 사례에서도 L 변호사는 A회사와의 신뢰관계를 깨뜨리는 행위를 한 것이므로, A회사는 채무불이행을 이유로 위임계약을 해지할 수 있다.

4 국선변호사건도 정당한 이유 없이 거절할 수 없다. 형사피고인에 대한 유죄확신, 해당사건에 대한 사회적 비난 등은 수임거절의 정당한 사유가 아니다. 따라서 L 변호사는 위 사건의 수임을 거절해서는 안 될 것이다.

5 A가 2, 3년 소송을 지연시켜달라고 의뢰를 하는 것은 부당한 목적을 가진 소송지연이므로, L 변호사는 그 수임을 거절해야 한다. 이를 수임하는 것은 단순한 윤리의 문제를 초월하여 '품위를 손상하는 행위'로서 징계사유에 해당된다고 보아야 한다.[57)]

6 판례는 "구체적인 위임사무의 범위는 변호사와 의뢰인 사이의 위임계약의 내용에 의하여 정하여지는 것이지만(대법원 2002. 11. 22. 판결, 2002다9479 참조), 위임사무의 종료단계에서 패소판결이 있었던 경우에는 의뢰인으로부터 상소에 관하여 특별한 수권이 없는 때에도 그 판결

---

55) 서울중앙지방법원 2006. 11. 14. 판결, 2006가단192332.

56) 대법원 2008. 12. 11. 판결, 2006다32460.

57) 小島(43-46면), 塚原(130-133면) 참조.

을 점검하여 의뢰인에게 불이익한 계산상의 잘못이 있다면 의뢰인에게 그 판결의 내용과 상소하는 때의 승소가능성 등에 대하여 구체적으로 설명하고 조언하여야 할 의무가 있다고 할 것이다"고 판시하고 있다.[58] 따라서 L 변호사는 A에게 승소가능성 등에 관하여 구체적으로 설명하고 조언해야 할 의무가 있다

7 화해에 관한 수권이 있더라도 의뢰인의 의사를 확인하고 화해해야 한다. B의 의사를 확인하지 않고 화해한 경우 의뢰인에게 손해배상책임을 부담한다. 다만 화해의 내용이 상당하여 의뢰인에게 재산상 손해가 발생하지 않을 때에는 배상책임이 부정될 것이다. 또한 의뢰인이 화해를 끝까지 거부한 경우에는 의뢰인의 결정권을 존중해야 한다. 서증이나 증인의 선택 등 소송의 수단에 대해서는 의뢰인의 지시 없이 독립하여 판단하는 것이 인정된다. 다만 이 경우에도 변호사는 이러한 수단들에 대해서 의뢰인에게 설명하고 상의해야 할 것이다

8 L 변호사는 의뢰인과 사전 협의 없이 또한 합의조정안대로 이행이 되지 않을 경우 의뢰인에게 돌아갈 불이익을 고지하지 아니한 채 화해를 하였다. 이는 의뢰인의 자기결정권을 침해한 것으로 징계사유에 해당한다.[59]

9 의뢰인 A는 변호사 甲에게 해임의 사유를 설명함이 없이 언제든지 변호사를 해임할 수 있다. 의뢰인 A가 변호사 甲을 해임한 경우에 변호사 甲은 이미 처리한 수임사무의 비율에 따른 보수의 지급을 청구할 수 있다.

변호사 甲도 의뢰인 A의 보수 미지급을 이유로 위임계약을 해지하고 사임할 수 있다. 변호사 甲이 사임을 하기 위해서 의뢰인 A의 동의를 얻을 필요가 없다.

따라서 위 사안에 관한 설명 중 옳지 않은 것은 ③번이다.

10 본안소송을 맡은 변호사는 그에 부수되는 권리보전조치의 위임을 별도로 받은 바 없더라도 의뢰인에게 가능한 권리보전조치가 어떤 것이 있는지에 대해서 설명할 의무는 있으므로 ③번이 정답이다.

58) 대법원 2004. 5. 14. 판결, 2004다7354.
59) 법무부 2006. 12. 13. 징계 결정.

제5장 변호사의 기본의무

Ⅰ. 성실의무

1. 개요

(1) 성실의무는 변호사의 의뢰인과의 관계에서 가장 기본적인 의무로서, 다른 많은 의무를 포괄하는 일반 규정적 성격이 강하다.

(2) 따라서 변호사법 1조 2항은 "변호사는 그 사명에 따라 '성실히' 직무를 수행하여야 한다"고 규정하고 있다. 변호사윤리장전도 윤리강령 2호에서 '성실 · 공정'하게 직무를 수행한다고 선언함과 아울러, 윤리규칙 16조 1항에서 변호사는 의뢰인에게 항상 친절하고 '성실'하여야 한다고 규정한다.

(3) 변호사가 업무를 성실하게 수행한다는 것은 성심성의껏 열심히(diligently) 일을 처리해야 함은 물론(근면성 : 표준규칙 1.3), 법률전문가로서 요구되는 전문적인 식견을 가지고 업무를 전문가답게(competently) 처리해야 함을 의미한다(적격성 : 표준규칙 1.1). 그리고 전문가답게 업무를 처리하기 위해서는 ① 업무능력이 있어야 하고(법적 지식 및 기술), ② 업무에 충실할 것이 요청된다(철저한 준비).[1]

2. 성실의무의 성질

> L 변호사는 A로부터 손해배상청구사건을 의뢰받아 소송을 수행하였으나 1심에서 패소하였다. A는 L 변호사에게 항소심도 맡아달라고 하면서 변호인선임계약서를 작성해 주었다. 그런데 사무소 여직원이 송달받은 판결문상에 판결문 수령일자를 잘못 기재하여 항소기간을 도과시켜 버렸다. 항소기간을 도과한 원인이 사무직원의 잘못에 의한 때에도 L 변호사는 성실의무위반으로 징계를 받을 수 있는가? 그리고 채무불이행으로 민사상책임을 부담하는가?

1) 이상수(117면), 한인섭 등(129면), 박휴상(159면).

(1) 학설

1) 법적규범이라는 견해

성실의무란 위임계약상 선관주의의무가 변호사의 법률전문직으로서의 공공적 지위에 비추어 가중된 것이라고 한다. '성실의무=선관주의의무 가중설'이라고 할 수 있다. 이 의무 위반은 위임계약위반으로 채무불이행에 해당되므로, 변호사는 이에 대하여 민사상의 책임을 진다.

2) 윤리규범이라는 견해

이 견해는 성실의무의 법적규범성을 부정한다. 성실의무란 "법적 처리에 있어 '사안의 종류나 내용'이 무엇이든지, '사안의 관계자의 신분, 계급, 사회적 지위'가 어떠하든지, 차별하지 않고 성의를 가지고 평등하게 사안에 대처할 것이 요청되는 '평등'이라는 윤리적 당위"라고 한다. 그리하여 이 입장에 따르면 성실의무에 위반하여도 변호사는 민사상 책임을 추궁받지 않는다.

(2) 결론

생각건대 변호사의 법률전문직으로서의 직책의 중대성과 공공성을 감안하면, 성실의무는 위임계약상의 선관주의의무가 가중된 법적 의무라고 해석하는 것이 타당하다. 이 견해가 다수설이다.[2)]

해설

변호사가 항소기간을 도과였다면 이는 성실의무를 위반한 것이다. 항소기간을 도과한 원인이 사무직원의 잘못에 의한 때에도 변호사의 성실의무는 면제되지 않는다.[3)] 따라서 사례의 경우 L 변호사는 성실의무위반으로 징계를 받을 수 있다. 또한 성실의무 위반은 위임계약위반, 즉 채무불이행에 해당되므로, L 변호사는 이에 대하여 민사상의 책임을 진다.

---

2) 박휴상(160면).

3) 대한변협 징계 2002-18호 참조.

3. 성실의무의 내용

3-1. 의뢰인과의 관계

L 변호사는 A로부터 소유권이전등기청구사건을 의뢰받아 소송을 수행하였으나, 패소판결을 받았다. 이 경우 L 변호사는 어떠한 의무를 부담하는가? 의뢰인으로부터 상소에 관하여 특별한 수권이 없는 때에도 그 판결의 내용 등에 대하여 구체적으로 설명해야 할 의무가 있는가?

(1) 성실의무는 의뢰인과의 관계에서는, 위임계약에 기하여 수임사무를 법률전문가로서 고도의 주의의무를 가지고 처리하는 것을 중심적 내용으로 한다(681조).

(2) "변호사가 개별적 · 구체적으로 어떠한 내용의 주의의무를 부담하는가 하는 것은 사건을 수임하게 된 경위, 위임된 사무의 내용 및 난이도, 사건의뢰인이 사건을 위임함에 있어서 사정설명을 한 정도 등 여러 가지 사정에 따라 좌우될 것이나, 그 내용을 유형화하여 보면 의뢰인이 재판을 받을 수 있는 기회와 기대를 보호할 의무, 의뢰인의 손해를 방지할 의무, 적절한 조언과 주장 입증을 할 의무, 보고의무, 의뢰인의 상소기회를 보호할 의무 등이 포함될 것이고, 주의의무의 정도는 소송대리 업무의 공익성, 독립성, 전문성에 비추어 그 위임받은 사무를 수행함에 있어서 당해 사건을 면밀히 검토 숙지하고 전문적인 지식과 경험을 갖춘 사람을 표준으로 한 선량한 관리자의 주의의무가 요구된다."[4)]

Example ① 변호사는 의뢰인으로부터 사건을 수임한 때에는 신속히 착수하고 지체 없이 처리해야 한다. ② 변호사는 의뢰인에 대하여 필요에 따라 사건의 경과 및 사건의 귀추에 영향을 미칠 사항을 보고함과 동시에 의뢰인과 협의하면서 사건처리를 진행해야 한다. ③ 변호사는 사건처리에 있어서 필요한 법령의 조사를 게을리해서는 안 된다. ④ 위임사무의 종료단계에서 패소판결이 있었던 경우에는 의뢰인으로부터 상소에 관하여 특별한 수권이 없는 때에도 그 판결을 점검하여 의뢰인에게 그 판결의 내용과 상소하는 때의 승소가능성 등에 대하여 구체적으로 설명하고 조언하여야 할 의무가 있다.[5)]

(3) 변호사가 성실의무를 게을리한 때에는 의뢰인에 대하여 민사상의 책임을 부담한다. 그렇지만 고도의 전문적 판단이 요구되는 변호사에게는 업무를 수행함에 있어서 일정

---

4) 서울고등법원 2005. 1. 4. 판결, 2004나63424.
5) 대법원 2004. 5. 14. 판결, 2004다7354.

한 범위 내에서 재량권이 인정되어 있기 때문에, 그 재량권을 일탈한 경우에 한하여 책임을 부담하게 된다.

Example ① 부주의로 항소기간 등의 법정기간을 도과하여 권리를 침해한 경우, ② 의뢰인에게 보고나 협의를 게을리한 채 사건처리를 진행한 경우, ③ 법령이나 판례의 존재를 알지 못하거나 해석을 잘못하여 의뢰인에게 손해를 입힌 경우 등에는 민사상책임을 부담한다.

해설

위임사무의 종료단계에서 패소판결이 있었던 경우에는 의뢰인으로부터 상소에 관하여 특별한 수권이 없는 때에도 그 판결을 점검하여 의뢰인에게 불이익한 계산상의 잘못이 있다면 의뢰인에게 그 판결의 내용과 상소하는 때의 승소가능성 등에 대하여 구체적으로 설명하고 조언하여야 할 의무가 있다.[6)]

3-2. 제3자 및 법원과의 관계

L 변호사는 A의 의뢰를 받고 1년분 임차료를 체납한 B를 상대로 건물명도청구소송을 제기하였다. 그러나 B는 부재중인 경우가 많아 소장이 송달되지 않았다. 그로 인하여 소송이 진행되지 않았다. A는 소송이 조기에 결말이 나지 않는 데 대해 불만을 표시하면서, L 변호사에게 "B가 그 건물에 정말로 살고 있는지 알 수 없다. B가 부재중인 것이 확인되면, 여분의 열쇠로 문을 열고 들어가 물건을 꺼낸 후 문을 잠가버리겠다"라고 말하였다.

L 변호사는 A가 당장 그와 같은 위법행위를 하지 않을 것으로 생각하고, 중지하도록 설득하지 않은 채 방치하였다. 그런데 A는 말한 대로 강경조치를 취하였다. L 변호사는 B에 대하여 어떠한 책임을 지는가?[7)]

(1) 성실의무는 상대방을 포함한 제3자 및 법원과의 관계에서도 부담한다. 즉, 공공적 사명을 수행하는 변호사에게는 사회에 대하여 신의에 따라 성실하게 그 직책을 다할 것이 요구된다. 이는 변호사의 공공적 성격(법 1조)에 근거한 것이다. 변호사윤리장전에서 위법행위의 협조를 금지한 14조, 부당한 사건의 수임을 금지한 17조, 사건의 상대방 본인과의 접촉을 금지한 22조, 다른 변호사와의 관계에 관한 13조(개입금지), 법원과의 관계에 관한 15조(위증교사 등 금지), 26조(사법권의 존중), 27조(소송촉진) 등이 같은 취지의 규정이다.

---

6) 대법원 2004. 5. 14. 판결, 2004다7354.

7) 高中(49면, 박휴상 167면에서 재인용).

(2) 제3자에 대한 성실의무도 법적 의무이다. 일본의 동경지방법원 판결[8]에 의하면, "변호사는 사회정의의 실현이라는 사명에 따라, 성실하게 그 직무를 수행하고, 사회질서의 유지에 노력하지 않으면 안 될 의무가 있으므로(일본 변호사법 1조), 자기가 수임한 법률사무와 관련하여 위법한 행위가 행하여질 염려가 있는 것을 안 경우에는, 이것을 저지하도록 최대한 노력을 다해야 하고, 이를 묵과하는 것은 허용되지 않는다고 해석된다. 그리고 이것은 단순한 변호사윤리의 문제에 그치지 아니하고, 법적의무라고 하지 않으면 안 된다"라고 한다.[9]

해설

L 변호사는 전력을 다하여 A를 설득해야 한다. 이를 게을리하면 불법행위로서 손해배상책임을 부담한다. 변호사가 수임한 법률사무와 관련하여 위법행위가 행하여질 염려가 있는 것을 안 때에는, 이를 저지하려고 최대한 노력해야 하며, 이를 묵과하는 것은 허용되지 않는다.[10]

4. 성실의무위반에 대한 제재

> L 변호사는 개인회생신청사건을 의뢰받으면서 착수금 250만 원을 수령하였다. L은 그 사건의 처리를 진행하면서 법원의 담당관으로부터 3-4회 보정명령을 받게 되자, 의뢰인에게 알리지도 않고 임의로 법무사에게 사건을 다시 맡기면서 100만 원을 지급하여 처리하게 하였다. L 변호사의 행위는 징계사유가 되는가?

4-1. 징계

변호사는 성실의무위반을 이유로 징계를 받을 수 있다(법 90조 이하). 실제 이로 인한 징계사례는 상당수에 이른다.

4-2. 민사책임

(1) 의뢰인이 변호사의 직무상의 과오에 의해서 손해를 입은 경우 변호사는 그 손해를 배상해야 할 민사책임을 진다. 이를 '법률과오책임'이라고 한다. 윤리규칙 16조 3항은 "변

8) 日東京地判昭和 62. 10. 15., 判タ 658号 150面.
9) 森際(54면).
10) 日東京地判昭和 62. 10. 15., 判時 658号 149面.

호사는 직무수행상의 고의 또는 과실로 타인에게 손해를 입혔을 때에는 그 손해를 배상할 책임이 있음을 명심하고 업무처리에 있어서 성실·공정한 자세로 의뢰인의 권익을 최대한 옹호하도록 노력하여야 한다"고 규정한다.

(2) 변호사의 과실을 판단하기 위한 기준은 변호사 일반에 적용되는 기준과 특정 분야의 전문변호사에게 요구되는 기준으로 나눌 수 있다. 전자의 경우에는 변호사가 그 지역에서 '평균적인 분별력을 갖춘(ordinarily prudent)' 변호사라면 가질 정도의 주의 및 능력이 요구된다. 후자의 경우에는 '주의·관리'의 정도가 일반 변호사보다 월등히 높아진다. 이 때 변호사는 보통 변호사들이 수행하는 지식이나 기술, 기울이는 주의의 정도를 다했더라도 배상책임을 질 수 있다. 따라서 이러한 경우에 의무를 다했는지를 판단할 때에는 그 분야의 전문 변호사에게 요구되는 높은 수준의 주의 정도 및 능력이 기준으로 적용된다.[11]

(3) 변호사는 의뢰인 이외의 제3자에 대하여 불법행위를 이유로 하는 민사책임(민법 750조)을 지는 경우도 있을 수 있다.

해설

L 변호사는 위 사건의 보정이 어려우면 사임하든지 적절한 변호사를 소개하여 그 사건의 처리를 계속하도록 조치하여야 한다. 그럼에도 불구하고 의뢰인에게 알리지 않고 임의로 법무사에게 사건을 다시 맡긴 것은 변호사로서 성실의무를 위반하고, 품위를 손상시킨 행위로서 징계사유가 된다.

Ⅱ. 비밀유지 의무

1. 개요

(1) 변호사법 26조는 "변호사 또는 변호사이었던 자는 그 직무상 알게 된 비밀을 누설하여서는 아니 된다. 다만 법률에 특별한 규정이 있는 경우에는 그러하지 아니하다"고 규정하고 있다. 변호사윤리장전은 다시 이를 강조하여 "변호사는 업무상 알게 된 의뢰인의

---

11) 한인섭 등(135면).

비밀을 공개하여서는 아니 된다. 다만 공익상의 이유가 있거나 변호사 자신의 권리를 옹호하기 위하여 필요한 경우에는 최소한의 범위에서 이를 공개할 수 있다"고 규정하고 있다(윤리규칙 23조). 이와 같이 변호사의 비밀유지의무는 법령상 의무임과 동시에 변호사윤리장전의 윤리규범이기도 하다.[12)]

(2) 변호사 자신이 비밀을 유지하려고 해도 다른 사람, 예컨대 국가기관으로부터 그 당사자에 관련된 비밀의 공개를 요구받았을 때, 변호사가 그것을 거부할 수 없다면, 결국 비밀을 지킬 수 없게 된다. 따라서 비밀유지의무는 의뢰인의 관계에서는 의무이지만, 국가기관과 제3자 등의 관계에서는 변호사의 권리로서 구성되지 않으면 안 된다. 변호사가 의뢰인의 비밀을 지키는 것은 의무임과 동시에 변호사가 의뢰인으로부터 신뢰를 얻어 업무를 수행하기 위해서 그리고 변호사의 직무의 존립을 보장하기 위해서 인정된 업무상의 권리라고 보아야 할 것이다.[13)]

2. 비밀유지의무의 근거

2-1. 근거

의뢰인이 변호사로부터 적절한 조력을 받기 위해서는 자신에게 유리한 사실뿐만 아니라, 객관적으로 불리한 사실까지도 포함한 충분한 정보를 변호사에게 제공해야 한다. 이를 위해서는 변호사가 의뢰인의 비밀정보를 결코 공개하지 않는다는 신뢰가 전제되지 않으면 안 된다. 즉, 의뢰인이 변호사를 신뢰하고 충분한 정보를 제공할 수 있도록 하기 위해서는 변호사가 직무상 알게 된 정보를 타인에게 누설하시 않는다는 것이 제도적으로 보장되어 있어야 한다. 이 제도적 보장이 바로 비밀유지의무이다. 이와 같은 제도적 보장이 존재하고, 의뢰인이 그것을 인식할 때 비로소 의뢰인은 안심하고 변호사에게 충분한 정보를 제공할 수 있으며, 변호사도 이를 바탕으로 자신의 직책을 완수하는 것이 가능하게 된다. 이러한 의미에서 비밀유지의무는 변호사제도의 근간을 이루는 극히 중요한 의무라고 할 수 있다.[14)]

12) 정인진, "변호사의 비밀유지의무", 「저스티스」 104호, 한국법학원, 2008(136면), 도재형(100면).
13) 森際(25면), 이상수(155면), 정형근(173면).
14) 森際(25면).

2-2. 변호사법 이외의 법률상의 규정과의 관계

L 변호사는 A의 B에 대한 손해배상청구소송에서 증인으로 출석하게 되었다. 신문의 주요 내용은 2년 전 A의 소송사건을 의뢰받아 처리한 적이 있는데 그에 관한 사항이었다. L 변호사는 이 증언을 할 때 직무상 비밀에 속하는 사항에 대해서 증언을 거부할 수 있는가? 비밀을 지킬 의무가 면제된 경우에도 마찬가지인가?

(1) 비밀유지의무의 법제도를 개관하면 변호사법과 변호사윤리장전 외에 형법의 비밀누설죄(형법 317조), 형사소송법의 압수거부권(형사소송법 112조) 및 증언거부권(동법 149조), 민사소송법의 증언거부권(민사소송법 315조) 및 문서제출거부권(동법 344조 1항 3호)이 있다.

Example ① 변호사 또는 변호사이었던 자가 그 업무처리 중 지득한 타인이 비밀을 누설한 때에는 형사처벌된다(형법 317조 1항).

② 형사소송에서 변호사 또는 변호사이었던 자가 그 업무상 위탁을 받아 소지 또는 보관하는 물건으로 타인의 비밀에 관한 것은 압수를 거부할 수 있다. 다만 그 타인의 승낙이 있거나 중대한 공익상 필요가 있는 때에는 예외로 한다(형사소송법 112조).

③ 형사소송에서 변호사 또는 변호사이었던 자가 그 업무상 위탁을 받은 관계로 알게 된 사실로서 타인의 비밀에 관한 것은 증언을 거부할 수 있다. 다만 본인의 승낙이 있거나 중대한 공익상 필요가 있는 때에는 예외로 한다(형사소송법 149조).

④ 민사소송에서 변호사나 변호사이었던 자가 직무상 비밀에 속하는 사항에 대하여 신문을 받을 때 증언을 거부할 수 있다. 그러나 증인이 비밀을 지킬 의무가 면제되는 경우에는 그러하지 아니 하다(민사소송법 315조 1항, 2항).

⑤ 민사소송에서 문서제출의무와 관련하여 변호사나 변호사이었던 자가 직무상 비밀에 속한 사항이 적혀 있고 비밀을 지킬 의무가 면제되지 아니한 문서에 대해서는 문서제출을 거부할 수 있다(민사소송법 344조 1항 3호).

(2) 비밀누설죄에 관한 통설은 증언거부권 및 압수거부권이 권리이지 의무가 아니기 때문에 사법절차의 필요에 의해 증언이 요구되거나 영장에 의한 압수가 행하여진 때에는 증언을 하거나 혹은 증거물을 교부하여도 비밀누설죄에는 해당되지 않는다고 한다.[15] 의사가 의사과오소송 등 환자의 사생활(privacy)에 속한 사항의 해명이 필요한 사건에서 증언을 요구받으면, 환자의 동의 유무와 관계없이 증언을 하는 것이 적절한 경우가 적지 않다. 이에 반하여 변호사가 형사사건의 피의자로부터 알게 된 사실을 증언하는 것은 그것이 어

15) 위법성이 조각된다고 본다 : 이재상(221면) 등 참조.

떠한 사건의 진상규명에 필요한 것이라고 해도, 형사변호제도 그 자체를 위태롭게 하는 행위라고 하지 않을 수 없다. 이 두 경우가 다른 것은 무엇 때문인가?

(3) 형법의 비밀누설죄, 형소법의 압수거부권과 증언거부권, 민사소송법의 문서제출거부권과 증언거부권이 그 적용대상을 변호사에 한하지 않고 개인의 비밀에 쉽게 접근할 수 있는 전문직으로 확장하고 있는 점에서 알 수 있듯이, 이들의 취지는 타인에게 알리고 싶지 않은 사생활의 비밀을 보호하려는 데 있다.

이에 대하여 변호사의 비밀보호의무의 핵심근거는 의뢰인이 자신에게 유리・불리나, 합법・위법 여부를 묻지 않고, 모든 사정을 안심하고 털어놓지 않으면, 의뢰인에 대한 효과적인 변호를 할 수 없다는 점에 있다. 바꾸어 말하면 변호사에 대해서 의뢰인이 아무런 걱정 없이 모든 비밀을 털어 놓아야 비로소 의뢰인의 사법에 대한 접근권이 보장되고 정의가 실현되는 기회가 보장되는 것이다. 따라서 변호사의 비밀유지의무는 단순한 사생활의 보호를 초월하는 의의와 근거를 가진다.[16)]

(4) 그러므로 소송법상 증언거부권을 행사할 수 있음에도 불구하고 이를 행사하지 않고 의뢰인 등의 비밀에 관하여 증언한 행위는 비밀유지의무에 위반한 것으로 취급된다.[17)]

해설

민사소송에서 변호사나 변호사이었던 자가 직무상 비밀에 속하는 사항에 대하여 신문을 받을 때 증언을 거부할 수 있다. 그러나 증인이 비밀을 지킬 의무가 면제되는 경우에는 증언을 거부할 수 없다(민사소송법 315조 1항, 2항).

3. 비밀유지의무의 내용

3-1. 의무의 주체

L 변호사는 A로부터 손해배상청구사건을 수임하여 처리하던 중 A와의 의견차이로 해임을 당하였다. L 변호사는 해임된 후에도 업무처리 중 알게 된 A의 비밀을 공개해서는 안 될 의무가 있는가?

---

16) 塚原 등(109면), 박휴상(176-177면).
17) 도재형(101면), 정인진(150면).

(1) 비밀유지의무의 주체는 당연히 '변호사'이다. 그러나 변호사법 26조 및 형법 317조 1항에 의하면 '변호사이었던 자'도 포함된다. 이 경우에는 징계대상은 아니지만, 여전히 의뢰인의 비밀을 유지하여야 하며, 이를 위반한 경우에는 형사상 처벌을 받을 수 있다(형법 317조 1항 등).

(2) 변호사가 사건처리 중에 해임되거나 사건종결로 인하여 수임관계가 종료된 경우에도 변호사는 종전의 비밀유지의무를 준수하여야 한다.

해설

비밀유지의무는 수임관계가 종료된 후에도 존속한다. 따라서 L 변호사는 해임된 후에도 종전의 비밀유지의무를 준수하여야 한다.

3-2. '의뢰인'의 비밀

> L 변호사는 A에게 소유권이전등기청구사건에 관한 상담을 해주었다. 그러나 A는 사건을 수임하지 않았다. 변호사가 사건의 수임 여부를 결정하기 위하여 상담과정에서 알게 된 정보도 추후 사건을 수임하지 않았더라도 공개하여서는 아니 되는가?

(1) 의뢰인

1) 변호사가 보호해야 할 비밀이 의뢰인의 비밀인 것은 물론이다. 여기서 의뢰인에는 '고문계약, 고용계약 등에 의하여 어떤 기간 계속적으로 의뢰관계에 있는 자 또는 있었던 자'도 포함된다. 따라서 사내변호사가 회사의 위법행위를 외부에 공개하는 경우에는 비밀유지의무 위반 여부가 문제될 수 있다.

2) 변호사의 비밀유지의무는 변호사와 의뢰인 사이의 신뢰를 보호하여 상호 간의 소통을 원활히 하기 위한 것이므로 보호되는 비밀은 의뢰인의 것이어야 한다. 제3자의 비밀은 포함되지 않는다고 본다. 윤리규칙 23조도 특별히 '의뢰인의 비밀'이라고 명시하고 있다.

이에 대하여 대한변호사협회는 "금지되는 비밀의 범위는 그 비밀의 주체가 반드시 당해 변호사의 당사자뿐만 아니라 상대방이나 제3자의 경우까지 포함된다"고 한다.[18]

---

18) 대한변협 홈페이지 「변호사법 질의회신」 493호, 2008. 12. 2.

(2) 잠재적 의뢰인

사건의 수임 전 법률상담 과정에서 알게 된 상담인의 비밀정보도 실제 수임을 한 의뢰인의 비밀정보와 마찬가지로 비밀정보로서 보호된다.

Example 변호사가 상담과정에서 알게 된 '갑'의 비밀을 '갑'의 상대방으로부터 수임한 소송사건에서 공개하는 경우에는 비밀유지의무를 위반한 것이 된다.[19]

해설

변호사가 사건의 수임 여부를 결정하기 위하여 상담과정에서 알게 된 정보도 추후 사건을 수임하지 않았더라도 공개하여서는 아니 된다.

3-3. '직무상 알게 된 비밀'

> 변호사 L은 다음과 같은 의뢰인의 정보를 알게 되었다. 이러한 정보를 공개하는 것이 허용되는지 검토해 보라.
> (1) 의뢰인의 신분과 소재지에 관한 정보인데, 의뢰인이 그것의 공개를 꺼리고 있다.
> (2) 의뢰인 아닌 제3자로부터 의뢰인에 관한 정보를 알게 되었다.
> (3) 의뢰인의 범행에 관련된 물적 증거의 소재지를 알게 되었다.

(1) '비밀'의 의미

비밀의 의미에 관해서는 주관설, 객관설, 절충설로 견해가 나누어지나, 절충설이 타당하다고 본다. 즉, 의뢰인의 과거범죄행위, 반윤리적인 행위, 질병, 신분, 친족관계, 재산관계, 유언장의 존부, 거소, 기타 의뢰인의 불이익한 사항 등 적어도 의뢰인이 제3자(특히 이해관계를 달리하는 자)에게 알리고 싶지 않은 사항(주관적의미의 비밀)은 물론, 사회통념상 일반적으로 알리고 싶지 않다고 여겨지는 사항(객관적의미의 비밀)을 모두 포함한다.[20]

Example 의뢰인의 성명 등 신분이나 소재지에 관한 정보는 통상 비밀은 아니지만 그것의 공개가 의뢰인을 불편하게 만드는 것이라면 변호사는 그 정보를 비밀로서 보호해야 한다.

19) 대한변협 홈페이지 「변호사법 질의회신」 495호, 2009. 12. 14.
20) 日辯連 注釈(87면), 塚原 등(97면).

(2) 비밀의 출처

비밀유지의무는 변호사가 직무상 알게 된 모든 것에 미친다. 변호사가 그것을 누구로부터 어떤 방법으로 알게 되었는지는 상관없다. 의뢰인이나 제3자가 알려준 것뿐만 아니라 변호사가 스스로 알아낸 사실도 포함되며, 변호사가 직무수행 중에 우연히 알게 된 사실도 비밀유지의 대상이 된다.[21]

(3) 수임사건과 관련성

의뢰인으로부터 얻은 것이라면 수임한 사항과 관련이 없는 비밀이나, 아직 분쟁문제와 무관하다고 여겨지는 비밀도 의뢰인의 신뢰보호 측면에서 널리 직무상 알게 된 비밀로 취급해야 할 것이다.[22] 이에 대해서 변호사가 직무상 알게 된 사실이라도 자신의 수임사건과 내적인 관련이 없는 경우는 비밀유지의무가 없다고 보는 견해도 있다.[23]

(4) 공지의 사실

대중매체를 통해 보도된 사항이나 판결로서 공지된 사항 등 일반적으로 알려진 정보는 비밀유지의무가 발생되지 않는다. 더 이상 보호해야 할 가치가 없어졌기 때문이다.

해설

1) 의뢰인의 성명 등 신분이나 소재지에 관한 정보는 통상 비밀은 아니지만 그것의 공개가 의뢰인을 불편하게 만드는 것이라면 변호사는 그 정보를 비밀로서 보호해야 한다.
2) 의뢰인이 아닌 제3자로부터 알게 된 정보도 비밀에 포함된다.
3) 변호사가 의뢰인의 범행에 관련된 물적 증거의 소재지를 알고 있는 경우, 그 소재지에 대한 정보는 비밀정보로서 보호된다.

3-4. 비밀정보의 '누설'

> L 변호사는 서울특별시 행정심판위원회로부터 소유권이전등기청구소송의 의뢰인인 A의 소송관련서류의 제출을 요구받았다. 이를 제출할 의무가 있는가?

21) 박상근, "변호사의 직업윤리와 의무", 서울대(250면).
22) 日辯連 注釈(87-88면).
23) 박상근, 서울대(250면).

(1) 비밀 '누설'

금지하는 것은 직무상 알게 된 비밀을 '누설'하는 것이다. 여기서의 누설은 불특정 다수의 제3자에 대한 것만을 뜻하는 것이 아니라, 특정인 또는 소수의 사람들에 대한 것도 포함된다.[24)]

Example 법원의 사실조회에 대하여 회신하거나,[25)] 행정조사상의 자료제출요구에 응하는 것[26)]도 누설에 해당된다.

(2) 비밀 '이용'

의뢰인의 비밀정보를 누설하는 것에는 '이용'하는 것도 포함되는 것인가? 우리나라에는 의뢰인의 비밀정보를 '이용'하는 것을 금지하는 규정이 없어 견해가 대립된다. 의뢰인의 이익에 반하여 이용하는 것만 금지된다는 입장도 있지만,[27)] 의뢰인의 비밀정보가 의뢰인에게 불리하게 이용되지 않는 경우에도 금지된다고 보아야 한다. 의뢰인과의 신뢰관계를 유지해야 한다는 관점에서 볼 때, 이와 같이 해석하는 것이 타당하다고 할 것이다.[28)]

해설

헌법은 입법 · 행정 등 모든 공권력의 작용에서 적법절차를 보장하고 있고, 변호사법, 민사소송법, 형사소송법 등에서 변호사에게 비밀유지의무 및 권리를 부여하고 있음에 비추어 볼 때, 변호사의 법률 자문 등 관련 서류는 행정조사상의 일반적인 자료 제출 요구의 대상에서 제외된다고 보는 것이 타당하다.[29)] 따라서 변호사 L에게는 소송관련서류를 제출할 의무가 없다.

4. 의뢰인의 동의

L 변호사는 Q 법무법인 구성원 변호사이다. 의뢰인 A의 손해배상청구사건을 처리함에 있어서 같은 법무법인에 속한 다른 변호사 Y와 비밀정보를 공유하며 협의하였다. L 변호사의 행위는 허용되는가?

---

24) 정인진(147면), 도재형(106면).
25) 대한변협 2008. 2. 19. 법제 477호.
26) 대한변협 2005. 5. 25. 법제 1524호.
27) 도재형(107면).
28) 이상수(166면), 박휴상(182면).
29) 대한변협 2005. 5. 25. 법제 1524호.

4-1. 설명 있는 동의

(1) 변호사에게 비밀유지의무를 부과한 것은 의뢰인의 이익을 위한 것이므로 의뢰인은 스스로 그 이익을 포기할 수 있다. 이때 변호사는 비밀정보를 공개할 수 있다.

(2) 의뢰인의 동의 방식에 관하여 미국 표준규칙은 '설명 있는 동의(informed consent)'를 요구하고 있다(1.6(a)). 우리나라의 경우에는 동의에 관한 명문의 규정은 없지만, 변호사직의 전문성에 비추어 충분한 설명이 없는 단순한 동의는 동의로서의 요건을 갖추지 못한 것으로 해석될 수 있다.

(3) 보도기관 등의 취재에 응하여 수임사건에 관해서 의뢰인의 비밀을 공개하는 것은 의뢰인의 동의가 있는 경우에 한한다. 이들의 비밀을 담고 있는 저작물을 공표하는 경우에도 동일하다고 본다.

4-2. 묵시적 동의

(1) 의뢰인의 동의는 묵시적으로도 이루어질 수 있다(표준규칙 1.6(a)참조).

Example 의뢰인과 연락이 닿지 않는 경우, 변호사는 의뢰인의 명예와 신용을 지키기 위해서 필요하고, 의뢰인의 승낙이 추정되는 때에는 승낙이 있는 것과 동일시하여 그에 합당하게 행동해도 될 것이다.[30]

(2) 고용한 사무직원에게 변호사가 의뢰인으로부터 들었던 수임내용을 설명하는 것은 의뢰인의 묵시 내지 추정적 승낙에 의한 것이라고 말할 수 있다. 그러나 비변호사인 사무직원에 대해서 직접적인 감독권을 가진 변호사는 그 사람이 비밀정보를 공개하지 않도록 최대한 노력해야 하고, 이들에 의한 비밀정보 누설에 대해서 책임을 진다(표준규칙 5.3(b)참조).

(3) 공동사무소나 법무법인에 속한 변호사가 사무실 내 다른 변호사 등과 비밀정보를 공유하는 것에 대해서도 묵시적 동의가 있다고 보아야 한다. 이러한 경우 변호사는 다른 변호사 등이 의뢰인의 비밀정보를 공개하지 않도록 주의를 기울여야 한다.

(4) 그러나 동일한 법무법인에 속하지 않은 변호사와 상의하는 것은 비밀유지의무위

---

30) 森際(37면).

반이 될 수도 있기 때문에 이때에는 의뢰인의 동의를 얻는 것이 필요하다.[31]

해설

법무법인에 속한 변호사가 사무실 내 다른 변호사 등과 비밀정보를 공유하는 것에 대해서는 묵시적 동의가 있는 것으로 보아야 한다. 따라서 Y 변호사와의 정보공유는 허용된다.

5. 비밀의 공개가 허용되는 경우

5-1. 개요

(1) 변호사법 26조는 '법률에 특별한 규정이 있는 경우'에 직무상 알게 된 비밀을 누설할 수 있는 것으로 하고 있으며, 윤리규칙 23조는 '공익상의 이유'가 있거나 '변호사 자신의 권리를 옹호하기 위하여' 필요한 경우에는 최소한의 범위에서 이를 공개할 수 있다고 규정하고 있다. 비밀유지의무를 해제해서라도 지켜야 할 더 큰 가치가 존재하기 때문에 이와 같이 예외를 인정한 것이다

(2) 그러므로 의뢰인의 비밀정보에 대한 공개가 허용되는 것은, ① 법률에 특별한 규정이 있는 경우, ② 공익상의 이유가 있는 경우, ③ 변호사 자신의 권리를 옹호하기 위한 경우라고 할 수 있다.[32]

5-2. 법률의 규정에 의한 비밀공개

형사소송법 149조 단서의 규정이 가장 대표적인 경우이다. 즉, 형사소송에서 변호사는 '본인의 승낙이 있거나 중대한 공익상 필요 있는 때'에는 업무상 알게 된 비밀정보에 대한 증언을 거부할 수 없다(형사소송법 149조 단서). 이 경우에는 의뢰인의 비밀을 공개해야 한다.

---

31) 森際(40-41면).

32) 변호사법에 의하면 '법률에 특별한 규정'이 있는 경우에만 의뢰인의 비밀을 누설할 수 있는 것으로 하고 있으므로 이에 따르면 그 하위규범인 윤리장전에서 정하고 있는 '공익상의 이유'나 '변호사 자신의 권리옹호'를 이유로 비밀정보를 공개할 수 있는 것인지에 대해서 의문이 생긴다. 이는 입법상의 미비라고 보아야 할 것이다. 이를 입법상의 미비라고 보고, 윤리장전 상의 근거에 입각한 공개가 허용된다는 전제 하에 논의를 전개한다(이상수 170면 참조).

5-3. 공익상 이유로 인한 비밀공개

강도가 가정집에 침입하여 한 여성을 살해한 후, 금품을 강취하고, 그녀의 아이를 납치한 사건이 발생했다. A가 강도살인과 아동납치 혐의로 체포되었다. 법원은 L 변호사를 국선변호인으로 선임했다. 수차례 접견을 통해서 L 변호사는 납치한 아이들의 생사 여부에 관해 물었으나 A는 애매한 말만 되풀이 하고 답변하지 않았다. 하지만 L 변호사는 결국 그를 설득하는 데 성공하여 아이들의 감금 장소를 알아냈고, 자신의 사무장을 통해 담당 수사관에게 익명의 제보 전화를 하도록 했다. 그 수사관은 감금장소를 찾았지만, 아이들은 이미 살해되어 있었다. 이 사건에서 A는 자신의 L 변호사에게 감금장소를 경찰에 알리는 데 동의한 적이 없다고 주장하면서, 재판과정에서 변호인의 도움을 받을 수 있는 자신의 헌법상의 권리를 침해받았다고 주장했다. 변호사 L이 감금장소를 경찰에 알린 것이 비밀유지의무위반에 해당되는 것인가?[33)]

(1) 공익상의 이유

공익상의 이유가 있으면 비밀을 공개할 수 있다(윤리장전 23조 단서). 변호사윤리장전은 공익에 대해서 정의하고 있지 않지만, 중대한 범죄방지를 위한 정보공개가 이에 해당된다고 본다. 살인이나 중대한 상해를 범하려고 하는 등 인명에 관한 사항은 이를 방지할 의무가 있으므로 비밀의 공개가 허용되는 것이 일반적이다. 그러나 재산범의 경우에는 다툼이 있다. 그 결과의 중대성이나 범행의 규모, 악질의 정도, 피해의 양·질 등을 고려하여 공개가 허용되는 예외적인 경우도 있을 수 있지만, 항상 신중하게 판단해야 할 것이다.[34)] 공익이 무엇인지에 관해서는 미국의 표준규칙이 상세하게 규정하고 있는데, 이것은 우리나라에서도 참고가 될 것이다.

(2) 미국의 경우

미국 표준규칙에서는, 다음 두 경우에 변호사에 의한 의뢰인의 비밀 공개가 허용된다(표준규칙 1.6(b)(1)(2),(3)).

① 첫째, 표준규칙 1.6(b)(1)은 "상당히 확실한 사망이나 중대한 신체적 피해(reasonably certain death or substantial bodily harm)"를 방지하기 위한 비밀공개를 허용하고 있다(의무는 아니다).

1983년 제정 당시의 표준규칙은 예외적인 경우를 매우 좁게 인정하여, 의뢰인이 '임박한 사망이나 중대한 신체적 피해(imminent death or substantial bodily harm)'를 입힐 수 있는

---

33) 이 사례는 미국 McClure 사건을 변형한 것이다.

34) 日辯連 注釈(90면), 박휴상(188면).

범죄를 저지르려는 경우에 이를 막기 위하여 필요한 때만 비밀 공개를 허용했으나, 2001년 ABA는 좀 더 널리 비밀공개를 허용하는 방향으로 표준규칙을 개정하였다. 즉, 사망이나 신체적인 피해가 임박하지(imminent) 않은 경우는 물론, 범죄의 구성요건을 충족하지 않는 경우에도 공개할 수 있도록 허용한 것이다.

② 둘째, 표준규칙 1.6(b)(2)은 의뢰인에 의해서 저질러질 장래의 범죄나 사기로 인한 재산상 손실을 방지하기 위한 비밀공개를 허용하고 있다. 즉 의뢰인이 범죄나 사기행위를 저지르려 하고 그 결과로 다른 사람이 상당한 재산상 혹은 금전적 피해를 입을 것이 확실한 경우에 비밀공개를 허용하고 있다(의무는 아니다). 다만 그러한 범죄나 사기에 '변호사의 법률서비스가 이용'된 경우에 한한다. 나아가 표준규칙 1.6(b)(3)은 이미 저질러진 과거의 재산범죄에 대해서도 일정한 요건 아래 비밀의 공개를 허용하고 있다. 이러한 재산범죄에 관해서는 2001년 엔론(Enron)과 2002년 월드컴(WorldCom)의 회계부정 사건을 계기로 2003년 8월에 개최된 ABA 대의원 총회에서 이를 허용한 것이다.[35]

해설

이 사례는 변호사가 어떤 상황에서 특정 정보나 비밀을 공개하는 것이 사람의 생명을 구하거나 중대한 신체적 피해를 막는 데 필요하다고 믿었는데, 그러한 믿음이 객관적으로 보아 적절하지(reasonable) 못했다면 어떻게 되는가 하는 점에 관한 것이다.

이러한 문제점을 다룬 것이 미국의 McClure 사건[36]인데, 그 사건의 중요한 쟁점은 장래의 범죄가 아닌 과거의 범죄에 대한 비밀 공개였다. 그 사건에서 변호사 자신은 장래의 범죄를 방지하려고 비밀을 공개했지만 실제로 범죄는 이미 과거에 저질러졌고, 피해자들은 범인이 체포되기 전에 이미 살해되어 있었다. 다만, 변호사는 면담을 통해 피해자들이 아직 살아있을 것으로 믿었고 아이들을 구하기 위해서는 비밀공개가 불가피하다고 생각했다.

그 사건에서 재판부의 의견은 2 대 1로 나누어졌으나, 다수 의견은 변호사의 판단이 적절하였다는 것이었다. 결과적으로는 옳지 않은 것으로 판명되었지만 그 변호사가 처한 상황에서 아이들이 아직 살아있다고 믿는 것에 충분한 이유가 있다고 보았다.

그렇다면 변호사의 비밀공개가 정당화되기 위해서는 어떠한 요건이 필요한가? 변호사 자신이 주관적으로 공개허용요건의 충족을 믿었을 뿐만 아니라, 다른 변호사들도 그 상황에 있었다면 그렇게 믿을 수밖에 없었다는 점을 입증해야 할 것이다.[37]

---

35) 김재원(157-158면), 한인섭 등(147면), 박휴상(188면), 栢木 등(183면).
36) McClure v. Thompson, 323 F.3d 1233(9th Cir. 2003).
37) 김재원(152면), 한인섭 등(143면), 박휴상(189면).

이러한 McClure 사건의 판례 취지에 비추어 위 사례의 경우도 변호사의 비밀공개는 정당화될 수 있을 것이다.

5-4. 변호사 자신의 권리를 옹호하기 위한 비밀공개

변호사 L이 A를 대리한 민사소송에서 패소하자, A는 변호사 L에게 수임료 및 소송경비의 잔액 지급을 거절한다. 이에 변호사 L은 A를 상대로 수임료 등의 지급청구소송을 제기하려고 한다. 한편, 변호사 L의 지급요구에 대해 A는 자신의 주장을 충실히 반영하지 않은 변호사 L의 변론 때문에 패소했다고 주장하며 변호사 L을 상대로 법무과오소송을 제기하려고 한다. 반면 변호사 L은 패소의 원인이 A의 사실 은폐와 일관성 없는 진술 때문이라고 주장한다. 이러한 소송에서 변호사 L은 A에 관한 비밀을 공개할 수 있는가?[38]

(1) 변호사는 자신의 권리를 옹호하기 위하여 필요한 경우에는 최소한의 범위에서 의뢰인의 비밀을 공개할 수 있다(윤리규칙 23조 단서). 의뢰인과의 수임관계에서 발생하는 변호사의 청구권을 확보하거나 의뢰인의 청구에 대하여 방어하기 위한 경우나 변호사가 자신이 연루된 사건에서 스스로를 지키기 위한 경우가 이에 해당한다.

Example ① 의뢰를 받은 사건과 관련하여, 변호사 자신이 민사·형사, 징계절차상의 책임을 추궁당할 때, 또는 변호사회의 분쟁조정절차가 계속 중일 때에는 자신의 명예를 지키고, 진상을 명확히 밝히기 위하여 필요한 한도 내에서, 의뢰인의 비밀공개가 허용된다. ② 이와 반대로 의뢰인이 변호사의 보수를 지급하지 아니하여 변호사가 보수지급을 청구하는 소를 제기한 경우, 변호사는 보수청구권의 존재를 입증하기 위하여 당해 수임사건에 대한 진술을 할 수 있다.

(2) 다만 이 경우는 극히 예외에 해당하므로, 의뢰인이 비밀유지의무를 면제해 주지 않는다면, 다른 방법에 의해서는 변호사 자신의 불이익을 피할 수 없고 그 비밀이 의뢰인에게 객관적으로 그다지 중요하지 않는 경우에만 최후수단으로서 비밀의 공개가 허용된다고 할 것이다.[39]

해설

변호사는 자신의 권리를 옹호하기 위하여 필요한 경우에는 최소한의 범위에서 의뢰인의 비밀을 공개할 수 있다(윤리규칙 23조 단서). 따라서 변호사 L은 두 소송 모두 필요한 최소한의 범위

38) 법조윤리시험(2011년) 문제이다.
39) 박상근, 서울대(251면).

에서 A에 관한 비밀을 공개할 수 있다.

6. 의무위반에 대한 제재

6-1. 민사책임

비밀유지의무에 대해서 위임계약상 명시된 약정이 있는 경우 위임계약에 위반하여 비밀을 누설하면, 계약상의 책임을 부담한다. 계약이 존재하지 않더라도 비밀을 누설하면 불법행위로서 손해배상책임을 부담하는 경우도 있다.

6-2. 형사책임

변호사 또는 변호사의 직에 있던 자가 그 업무처리 중 지득한 타인의 비밀을 누설한 때에는 비밀누설죄(형법 317조)로 처벌된다. 다만 우리나라에서는 이를 친고죄로 하고 있다.

6-3. 징계

변호사법의 위반으로서 직무상 지득한 비밀을 누설하면, 징계책임의 대상이 될 수 있다(법 91조 2항).

Ⅲ. 진실의무

1. 개요

(1) 변호사는 그 직무를 수행할 때에 진실을 은폐하거나 거짓 진술을 하여서는 아니 된다(법 24조 2항). 변호사윤리장전도 "변호사는 직무의 성과에 구애되어 진실규명을 소홀히 하여서는 아니 되며(윤리규칙 2조 4항), 위증을 교사하거나 허위의 증거를 제출하게 하거나 이러한 의심을 받을 언동도 하여서는 아니 된다"(윤리규칙 15조)고 규정하고 있다. 아무리 의뢰인의 이익을 위해서라도 변호사가 위증을 교사하거나 허위의 증거를 제출하는 것은 허용되지 않는다.

(2) 의뢰인에 대한 성실의무·비밀유지의무를 완수하려고 할 때, 변호사는 공익적 성격에서 나온 진실의무와의 충돌에 직면하는 경우가 있다. 이러한 경우 변호사는 어떻게 행동해야 할 것인가? 이에 관한 것이 진실의무의 문제이다. 진실의무는 형사소송에서는 물론 민사소송에서도 문제가 된다(여기서는 민사소송상의 진실의무만 다룬다. 형사소송상의 진실의무는 '형사변호의 윤리'에서 다룬다).

2. 민사소송상 진실의무

2-1. 의의

(1) 민사소송에서 진실의무라 함은 아무리 변론주의에 의하여 사실주장의 책임이 당사자에게 있다 하여도 진실에 반하는 것으로 알고 있는 사실을 주장해서는 안 되며, 진실에 맞는 것으로 알고 있는 상대방의 주장을 다투어서도 안 된다는 의무를 말한다.[40]

(2) 진실의무는 민사소송법 1조의 신의칙상 당연한 요청이지만, 민사소송법에 이를 인정하는 직접적인 규정은 없다. 그러나 민사소송법 363조(문서성립의 부인에 대한 제재), 370조(거짓진술에 대한 제재)와 같이 진실의무의 일반적 존재를 전제로 한 규정이 있음에 비추어 통설은 이를 긍정해 오고 있다.[41]

(3) 당사자의 진실의무는 위반행위에 민사소송법상 과태료의 제재(민사소송법 363조, 370조)가 부과되고 있기 때문에 윤리적인 의무가 아니라, 법적 의무라고 보는 것이 통설이다. 변호사의 진실의무도 당사자의 진실의무위반에 가담하여 위증을 교사하거나 허위의 증거를 제출하는 행위에 대해서 위증(형법 152조)의 교사, 문서위조죄(형법225조 이하) 등의 범죄행위로서 벌칙이 과해지고 있기 때문에 이러한 의미에서 법적 의무라고 본다.[42]

2-2. 진실의무의 내용

> 변호사는 손해배상청구사건의 원고인 A의 소송대리인이다. L 변호사는 A에게 불이익한 내용을 포함하는 증거를 소지하고 있는데, 소송에서 당해 증거를 은닉하는 것이 허용되는 것인가?

40) 이시윤(291면).
41) 이시윤(291면).
42) 森際(57면).

(1) 진실의무는 진실을 적극적으로 진술해야 하는 의미의 적극적 의무가 아니라, 진실이 아니라는 것을 알면서도 주장을 하거나 부인을 해서는 안 된다는 의미의 소극적 의무를 말한다. 따라서 진실의무가 있다고 하여 상대방 당사자를 위한 소송자료의 제공의무가 있다고는 할 수 없다(예: 원고가 피고를 위해 반소자료나 항변자료의 제공의무 등).[43] 그러나 진실에 반하는 허위의 자료는 절대 제출해서는 안 된다.

(2) 여기서 변호사가 존중해야 할 진실이란 객관적 진실이 아니라, 주관적 진실, 즉 변호사가 법률전문가로서의 이성과 양심에 따라 진실이라고 믿는 것을 말한다. 따라서 변호사가 소송에서 진실이라고 믿고 주장한 것에 대하여, 판결이 당해 주장을 사실이라고 인정하지 않았더라도, 곧바로 변호사의 진실의무위반이 문제되는 것은 아니다.

(3) 진실의무위반의 경우에 특별한 법률효과를 인정하는 일반적 규정은 없다. 다만 승소한 경우라도 상대방에 대한 소송비용의 부담, 소송사기로 손해배상책임의 문제가 생길 수 있고 또 사실인정에 있어서 변론 전체의 취지(민사소송법 202조)로서 당해 당사자에게 불리한 영향을 줄 수 있으며, 나아가 소송사기죄가 성립된다고 본다.[44]

다만 소송사기를 쉽사리 인정하면 민사재판제도의 위축을 초래하고, 본질적으로 민사분쟁인 사안을 소송사기라는 형사분쟁으로 비화시킬 위험이 있기 때문에 당사자가 그 소송상의 주장이 명백히 허위인 것을 인식하였거나 증거를 조작하려 하였을 때만 소송사기죄가 성립된다고 본다.[45]

Example "소송사기가 성립하기 위하여는 제소당시에 그 주장과 같은 채권이 존재하지 아니하다는 것만으로는 부족하고 그 주장의 채권이 존재하지 아니한 사실을 잘 알고 있으면서도 허위의 주장과 입증으로써 법원을 기망한다는 인식을 하고 있어야만 하고, 단순히 사실을 잘못 인식하거나 법률적인 평가를 그르침으로 인하여 존재하지 않는 채권을 존재한다고 믿고 제소하는 행위는 사기죄를 구성하지 않는다."[46]

해설

당사자주의·변론주의를 취하는 민사소송에서, 당사자는 문서제출의무(민사소송법 344조)를 부담하는 경우를 제외하면 적극적으로 증거를 제출할 의무를 부담하는 것은 아니기 때문에, L

43) 이시윤(291면).
44) 이시윤(291면).
45) 대법원 2007. 4. 13. 판결, 2005도4222. 등.
46) 대법원 2003. 5. 16. 판결, 2003도373.

변호사가 단순히 수중에 있는 증거를 제출하지 않았다는 소극적 부작위만으로, 곧 진실의무에 위반된다고는 말할 수 없다. 오히려 이것을 의뢰인의 승낙 없이 제출하는 것은 성실의무나 비밀유지의무에 위반되는 것이다.[47)]

3. 성실의무, 비밀유지의무와의 관계

변호사가 의뢰인에게 불이익한 증거를 의뢰인의 승낙 없이 법원에 제출하는 것은 허용되는가? L 변호사가 증거를 소지하고 있으면서 그 증거를 은닉할 방침으로 그 증거에 반하는 사실을 입증하여 판결을 구하고자 소송을 제기하는 것은 허용되는가?

(1) 변호사는 민사소송에서 진실의무(이는 제3자나 법원에 대한 성실의무로서의 의미를 가진다)를 부담하는 한편, 의뢰인에 대하여 성실의무 · 비밀유지의무를 부담한다. 그래서 의뢰인에 대한 성실의무 · 비밀유지의무를 완수하려고 할 때, 변호사는 진실의무와의 충돌에 직면하는 경우가 있다. 이러한 경우에 변호사는 어떻게 행동해야 하는지가 문제된다.

(2) 의뢰인이 자신의 인식과 다른 허위의 사실을 주장하려고 하거나, 자신의 인식에 반하여 다투려고 할 때, 변호사가 이것을 알면서 제소나 응소를 하거나, 소송에서 주장하는 것은 허용되는가?

이러한 제소나 주장은 상대방이나 법원에 대한 성실의무에 위반된 부당한 소송행위이고, 당사자의 진실의무위반에 가담하는 행위도 되기 때문에 허용되지 않는다. 이 경우 변호사는 의뢰인을 설득하여 부당한 행위를 제지시켜야 한다.

(3) 의뢰인으로부터 제공받은 자료 등에 기하여 소송을 수행하던 중, 상대방의 새로운 증거의 제출로 인하여, 변호사가 그때까지 진실이라고 믿었던 사항이 변경되어, 의뢰인의 주장과 대립하게 된 경우, 변호사로서는 어떻게 행동해야 할 것인가?

변호사의 입장에서 의뢰인의 주장이 진실에 반한다고 인식했을 경우에는, 의뢰인을 설득하여 그 주장을 철회하도록 해야 할 것이다. 그런데도 의뢰인과의 사이에 인식의 차이가 해소되지 않는 경우, 변호사가 의뢰인의 의사에 반하여 자신이 인식하는 바에 따라 주장을 철회하는 것은 위임의 취지에 반하고, 경우에 따라서는 비밀유지의무에도 위반되기 때문에 허용되지 않는다. 한편, 주장을 철회하지 않고 계속 소송을 수행하는 것은, 경

---

47) 森際(59면).

우에 따라서는 당사자의 진실의무위반에 가담하는 것이 될 수도 있기 때문에 변호사로서는 사임까지도 고려하는 등 신중히 대응할 필요가 있다.

해설

변호사가 의뢰인에게 불리한 증거를 의뢰인의 승낙 없이 제출하는 것은 성실의무나 비밀유지의무에 위반된다. 그러나 변호사가 증거를 소지하고 있으면서 그 증거를 은닉할 방침으로 그 증거에 반하는 사실을 입증하여 판결을 구하고자 소송을 제기하는 것은 부당소송이 될 수 있다. 또한 소송에서 증거의 존재와 소지 여부를 묻는 상대방의 질문에 대하여 존재하지 않는다고 허위의 대답을 하는 것은 상대방이나 법원에 대한 성실의무, 진실의무에 저촉될 우려가 크다고 볼 수 있다.[48)]

4. 신문준비와 진실의무

L 변호사는 의사인 A로부터 의료과오소송의 피고소송대리를 수임하여 처리하고 있다. 이 소송은 진료기록카드를 고쳤는지 유무가 쟁점이었다. 증인신문에 대비하여 미리 간호사 B와 협의를 하였다. 증인예정자인 간호사 B는 L 변호사에게 "이 진료카드는 당초 기재된 것과는 다르다. 의사가 후에 써넣은 것이다"라는 취지의 진술을 하였다. 이에 대하여 L 변호사는 "그렇게 말하면 결정적으로 불리하다, '모른다'고 증언해라"고 조언하였다. 이것은 허용되는 것인가?

(1) 변호사는 증인신문의 준비단계에서, 증인이나 당사자본인과 협의할 때, 증언내용에 어디까지 관여하는 것이 허용되는 것인가?

(2) 당사자는 스스로 유리한 사항을 주장하고, 유리한 증거를 제출하는 것으로 충분하며, 자진해서 불리한 사실을 인정하거나, 불리한 증거를 자발적으로 제출할 의무까지 부담할 필요는 없다. 대리인으로서 당사자의 이익을 옹호하는 변호사의 경우에도, 같은 취지에서, 자진해서 불리한 사실을 인정하거나, 불리한 증거를 제출할 의무를 부담하지 않는다. 또한 변호사는 비밀유지의무가 있으므로 증인신문이나 그 준비 중에, 의뢰인에게 불리한 사실을 법원에 공개하도록 조언할 의무도 부담하지 않는다. 오히려 정당한 이유 없이 공개시키는 것은 위임계약상의 선관주의의무나 변호사법상의 성실의무에 위반될 가능

48) 森際(59면).

성이 크다.

(3) 그러나 이 비밀유지의무는, 의뢰인에게 적극적으로 허위의 주장을 하도록 조언하거나, 변호사 스스로 허위의 주장을 하거나, 사정을 알면서 허위의 증거를 제출하는 것까지 용인하는 것은 아니다. 허위주장이나 허위증거제출은 변호사의 비밀유지의무의 테두리 밖의 문제이다.[49] 따라서 신문의 준비단계(협의)에서 증언예정자가 불리한 증언을 하려는 경우에, 보다 유리한 증언으로 바꾸도록 조언하는 것은 윤리규칙 2조 4항의 진실규명의무 및 동 15조의 위증교사 금지규정에 저촉되는 것이다.[50]

(4) 이 경우 무엇을 '불리한 증언'으로 보고, 무엇을 '보다 유리한 증언'으로 볼 것인가에 대해서는 보다 철저히 검토할 필요가 있다. '불리한 증언'이라도, 객관적인 증거와 대조해보면, 본인의 기억과 다를 가능성이 크다. 이 경우 변호사는 그것을 증언예정자에게 지적하고, 필요에 따라 증거도 제시함으로써 재검토를 촉구하고, 만약 잘못이 있는 것이 명백하다면, 옳은 내용으로 고치도록 조언해야 한다. 반대로 당초 '유리한 내용'의 증언을 하려고 했지만, 객관적인 증거와 대조하여 잘못된 것이라는 의심이 강하게 든 경우에도, 동일한 작업이 이루어져야 한다. 신문준비나 협의는 바로 그와 같은 작업을 하기 위하여 있는 것이다.

(5) 증인에게 질문한 사항만을 대답하면 된다는 점, 감정적으로 되어서는 안 된다는 점 등 증인으로서의 각오를 조언하는 것은 통상 변호사의 집무기술이다.[51] 또한 '진실'은 하나라도, 그 표현방법에는 여러 가지가 있을 수 있다. 어느 표현이 진실을 보다 잘 나타내는가를 판단해서 조언해야 할 것이다.[52]

해설

신문의 준비단계에서 증언예정자가 불리한 증언을 하려는 경우에, 보다 유리한 증언으로 바꾸도록 조언하는 L 변호사의 행위는 윤리규칙 2조 4항의 진실규명의무 및 동 15조의 위증교사 금지규정에 저촉되는 것이다.

49) 栢木 등(159면).
50) 栢木 등(159면), 小島 등(172면).
51) 小島 등(172면).
52) 栢木 등(160면).

Ⅳ. 품위유지의무

1. 개요

> L 변호사는 음주운전을 하여 교통사고를 일으켰다. 검사가 변호사회에 이 사실을 통보하여 징계를 받도록 하겠다고 말하자, L 변호사는 다음과 같이 대답했다. 이 대답은 옳은 것인가?
> "변호사는 품위를 손상하는 행위를 하여서는 아니 되는 의무를 부담하는데, 이 의무는 직무에 관련된 분야에만 적용될 뿐 직무와 관련 없는 분야에는 적용되지 않는다. 그러므로 음주운전을 한 사실로 징계를 받지 않는다."

(1) 변호사는 그 품위를 손상하는 행위를 하여서는 아니 된다(법 24조 1항). 이러한 변호사의 품위유지의무는 변호사법 91조 2항 3호에 비추어 직무의 내외를 막론하고 부담하는 의무이다.

(2) 품위유지의무에 관해서는 변호사윤리장전도 윤리강령에서 "변호사는 … 명예와 품위를 보전한다"고 규정하고 있고(윤리강령 2호), 윤리규칙에서도 "변호사는 직무내외를 불문하고 품위를 해하거나, 공공복리에 반하는 행위를 하여서는 아니 된다"고 규정한다(윤리규칙 2조 3항).

(3) 품위유지의무는 직무의 내외를 불문하므로 직무와 관련 없이 변호사로서의 품위를 손상하는 행위를 한 경우도 징계사유가 된다(법 91조 2항 3호). 이러한 직무 외 행위에 대한 규율의 근거는 변호사라는 직업의 공공성에 있다.

해설

변호사법 91조 2항 3호는 징계사유로 '직무의 내외를 막론하고 변호사로서의 품위를 손상하는 행위를 한 경우'를 들고 있다. 즉 직무와 관련 없이 변호사로서의 품위를 손상하는 행위를 한 경우도 징계사유가 되는 것이다. 따라서 음주운전을 하여 교통사고를 일으키는 것도 당연히 징계사유에 해당한다.[53]

---

53) 대한변협 징계 2000-12호, 2004-51호, 2005-40호 참조.

2. 품위손상행위

2-1. 의의

(1) 변호사는 공공성과 전문성을 지닌 법률전문직이므로 직무수행을 함에 있어서 변호사로서의 명예를 존중하고 그 품위를 유지해야 함은 물론, 자연인으로서의 사적 생활에 있어서도 일반인 보다 고도의 윤리성과 엄격한 자기억제가 요구된다.

(2) 이러한 취지에서 품위손상행위는 변호사로서의 직무수행상 요구되는 명예 및 품위유지와 사적 생활상 요구되는 고도의 윤리성에 반하는 행위라고 할 수 있다.[54)]

2-2. 변호사윤리와의 관계

(1) 변호사윤리장전의 위반이 있다고 해서 곧바로 징계사유가 되는 것은 아니다. 징계사유는 변호사법 91조의 규정 자체에 의해서 판단해야 하고, 윤리규정을 해석하는 방법에 따라 결정해야 하는 것이 아니다.[55)]

(2) 그러나 실제 징계사유에 있어서는 변호사윤리위반의 행위가 변호사법 91조의 '품위를 손상하는 행위'에 해당하는가, 아닌가를 판단할 때 하나의 자료로 활용되는 경우가 많을 것이다.

3. 품위손상행위 유형

다음 사례가 징계사유에 해당하는지 검토하라.

(1) L1 변호사는 항소이유서 등 재판부 제출 서류에 상대방 변호사의 명예를 훼손하는 언사를 사용하였다.

(2) L2 변호사는 변호사접견실에서 수용자를 접견하던 중 수용자에게 담배 1갑을 제공하였다.

(3) L3 변호사는 노래방에서 옆 자리에 동석한 여성을 강제로 추행하였다.

(4) L4 변호사는 ○○광역시장 선거의 입후보예정자로서 선거일 180일 전과 선거일 사이에 자신을 지지, 추천하는 내용이 인쇄된 출판기념회 초청장을 유권자들에게 발송하여 배부하는 방법으로 선거에 영향을 줄 수 있는 사전 선거운동을 하였다.

---

54) 법무부 94. 9. 12. 징계 결정(원결정: 대한변협 94-1호).

55) 日辯連 注釈(6-10면)(小島 등 16-17면에서 재인용), 사법연수원(198면).

3-1. 직무상 품위손상 사례

변호사법이나 변호사윤리장전은 주로 변호사의 직무와 직접 관련되는 의무들을 적시하고 있다. 직무상 품위손상 사례는 대체로 이들 의무를 위반한 경우이다.

(1) 위법행위 및 위법행위 방조

① 변호사가 외국환관리법을 위반하고 간첩사건수사 및 소송기록을 주한외국공관원에게 누설한 행위(대법원 1984. 5. 23. 판결, 83두4)

② 의뢰인의 민사사건을 담당하면서 근저당채권을 직접 양수하여 배당요구를 한 경우(대법원 2008. 2. 28. 판결, 2007두25886)

③ 접견실에서 구치소 수감자에게 전화통화를 연결한 행위(대한변협 징계 2003-29호)

④ 위임사무와 관련 없는 타인의 금융거래내역에 대해서 사실 조회하는 내용에 끼워 넣어 함께 사실조회 신청을 함으로써 동 거래내역에 관한 정보를 부당한 방법으로 취득하고, 그러한 사실이 언론에 보도되어 사회적 물의를 일으킨 경우(법무부 2003. 5. 10. 결정)

(2) 약정금 반환 미이행

① 불성실한 직무수행으로 인한 손실보전 합의 미이행(법무부 2007. 11. 21. 결정)

② 초과수령한 변제금 미반환(대한변협 징계 2007-15호)

③ 수임료 반환 약정 미이행(대한변협 징계 2004-4호, 2004-44호)

④ 공탁금 반환 요구 미이행(법무부 2000. 12. 16. 결정)

(3) 성공보수 선 수령

① 성공보수 선 수령(동 2007-23호)

② 성공보수 반환 약정 미이행(동 2005-39호)

(4) 보관금의 보수전환

① 회수된 구속적부심사 보증금을 의뢰인에게 반환하지 않고 성공보수로 전환한 경우(동 2006-6호)

② 보관금을 변호사보수로 전환한 경우(동 2005-20호)

(5) 상대방 및 다른 변호사 비방

① 항소이유서 등 재판부 제출 서류에 상대방 변호사의 명예를 훼손하는 언사를 사용한 경우(법무부 2006. 7. 21. 결정)

② 대한변호사협회 감찰위원 직무에 대한 비방, 모욕(대한변협 징계 2005-11호)

③ 상대방 비방(동 2005-31호), 상대방 변호사 비방(동 95-4호)

(6) 기타

① 동료변호사의 사건수임 방해 대가로 금품 수수(법무부 1998. 4. 7. 결정)

② 종전 사건 의뢰인의 상대방을 위하여 동 사건과 관련한 사무처리(동 2005-12호)

③ 사무장이 로비자금을 받아 임의로 사용하여 횡령으로 형사처벌을 받는 등 사무장에 대한 관리・감독을 소홀히 한 경우(법무부 2003. 2. 21. 결정)

3-2. 직무 외의 품위 손상사례

(1) 기준

1) 변호사가 직무와 관련 없이 변호사법이 아닌 다른 법률을 위반한 경우에는 변호사로서의 품위를 손상하는 행위로 징계사유에 해당한다. 실제 '직무 외 품위손상사례'의 경우 대부분이 음주운전 뺑소니(2005-40호), 도박 및 외국환관리법위반(대법원 1984. 5. 23, 결정 83두4, 법무부 2004. 7. 19. 결정), 폭력(2004-2호) 등 다른 법률을 위반한 경우이다.

2) 어떠한 법률위반이 변호사법에 의한 징계사유가 되는가는 '변호사로서의 품위유지'라는 취지에 비추어, "① 변호사의 양심적인 직무수행이 당해 법률이 정한 의무의 준수를 전제로 하는가, ② 변호사에 대한 존경과 신뢰가 당해 의무의 준수와 불가분의 관계에 있는가"라는 기준에 따라야 할 것이다.[56)]

(2) 구체적 징계사례

① 수용자 접견 시 담배를 제공한 경우(대한변협 징계 2007-20호)

② 폭력을 행사하여 상해를 가한 경우(동 2000-22호, 2004-2호)

③ 음주운전을 하여 교통사고를 일으킨 경우(동 2000-12호, 2004-51호, 2005-40호)

④ 2년간의 부가가치세, 근로소득세 합계 2천 400만 원을 체납한 경우(법무부 2004. 9. 6. 결정)

---

56) 박상근, 서울대(248면).

⑤ 상습도박과 외환관리법위반 혐의로 벌금형을 선고받은 경우(법무부 2004. 7. 19. 결정)

⑥ 아파트 입주민에게 보내는 공문을 통해 유언비어를 퍼뜨려 입주민을 선동하고 타인의 명예를 실추시켰다는 이유로 고소를 당하여 명예훼손죄로 벌금형을 선고받은 경우(대한변협 징계 2005-31호)

⑦ 지방자치단체장 선거에 출마하여 사전선거운동을 한 경우(동 2002-13호)

⑧ 필로폰을 투약한 경우(법무부 1998. 8. 17. 결정)

⑨ 미성년자 유흥접객원과 성매매를 한 사실로 벌금형이 확정된 경우(대한변협 징계 2005-13호)

⑩ 노래방에서 동석한 여성을 강제로 추행한 경우(동 2006-41호)

⑪ 여직원 채용을 위한 면접을 끝내고 여담을 나누는 자리에서 "애인이 있느냐?, 만나는 남자 친구가 다른 여자와 3박 4일의 여행을 다녀왔다는 사실을 사후에 알았다면 어떻게 하겠는가?" 등 심히 부적절한 표현을 하면서 응시자를 당혹케 한 경우(동 94-1호)

⑫ 혼인 외 다른 여자와 내연관계를 유지한 경우(법무부 1997. 10. 6. 결정)

해설

L1 변호사가 재판부제출서류에 상대방 명예를 훼손한 언사를 사용한 것은 직무상 품위손상행위(윤리규칙 28조 3항)로서 징계사유에 해당한다.[57] L2 변호사는 변호사접견실에서 교도소 등의 안전과 질서를 해할 담배 등 부정물품 반입이 금지되어 있다는 사실을 알고 있었음에도 수용자에게 담배를 제공함으로써 위법행위에 협조하고 변호사로서의 품위를 손상한 것이다.[58] L3, L4 변호사의 행위도 직무와 관련이 없지만 변호사의 품위유지의무에 위반한 것으로 징계사유에 해당한다. 동석한 여성을 강제추행한 경우나 사전 선거운동을 한 경우도 모두 변호사로서의 품위를 손상한 행위이다.

V. 사례 연습

1 변호사 L1은 P법무법인의 대표변호사로서 법무법인의 업무를 총괄하고 있다. L1

57) 법무부 2006. 7. 21. 결정 참조.
58) 대한변협 2007-20호.

은 의뢰인으로부터 채무불이행을 원인으로 하는 손해배상청구소송을 의뢰받았다. L1은 손해배상채권의 소멸시효가 2010. 9. 30. 완성되는 것으로 판단하고 소장을 준비하던 중, 다른 시급한 사건 처리 관계로 2010. 9. 28. 변호사 L2에게 소장을 작성하여 2010. 9. 30.까지 접수하라고 지시하였다. L2는 2010. 9. 29. 소장을 담당 직원 A에게 넘기면서 "오늘 안으로 소장을 접수하라"고 지시하였다. 그러나 담당 직원 A는 그 다음날인 2010. 9. 30. 소장을 관할법원에 접수하였다. 그런데 재판과정에서 손해배상채권은 이미 2010. 9 29. 소멸시효가 완성된 것으로 밝혀져서 결국 청구가 기각되었다. 이와 관련한 설명 중 옳지 않은 것은?[59)]

① L1은 소멸시효완성일을 잘못 판단하여 직무 지시를 내림으로써 패소판결을 받았으므로 성실의무 위반에 따른 징계를 받을 수 있다.

② L2가 대표변호사인 L1의 직무 지시에 따라 행동하였다는 것은 변호사의 성실의무 위반에 대한 면책의 근거가 되지 않는다.

③ 담당 직원 A는 L2의 지시를 어겼지만 변호사윤리장전 위반에 따른 징계를 받지는 않는다.

④ L1 또는 L2가 징계를 받는 경우에 의뢰인의 피해가 중대하다면 P 법무법인도 징계로서 법무부장관으로부터 업무정지명령을 받을 수 있다.

2 L 변호사는 수임한 손해배상청구소송에 대해서 서울고등법원에서 패소판결을 받고 2010. 1. 30. 상고장을 제출하였다. 2010. 2. 20. 대법원으로부터 상고기록접수통지서를 송달 받았다. 그리하여 L 변호사는 2010. 3. 15. 대법원에 상고이유서를 제출하였다. L 변호사는 상고이유서를 제출기간 내에 제출한 것인가? 아니면 제출기간을 준수하지 못하여 징계사유에 해당하는가?

3 L 변호사는 수임한 손해배상청구소송에 대해서 1심에서 패소판결을 받고 2010. 1. 31. 항고장을 제출하였다. L 변호사는 다른 사건으로 바빠서 항소이유서를 제출하지 못하고 2010. 3. 1. 준비서면에 항소이유를 기재하여 제출하였다. L 변호사는 이로 인하여 징계를 받을 수 있는가?

4 L 변호사는 2010. 9. 10. 형사항소심에서 A에 대한 국선변호인선정결정등본, 소송

59) 법조윤리시험(2010)문제이다.

기록접수통지서를 송달받았다. 항소이유서는 2010. 9. 18. 제출하였다. L 변호사의 행위는 징계사유에 해당하지 않는가?

5 L 변호사는 불량품 납품회사를 상대로 한 손해배상청구소송을 수임하고 수임료를 수령한 후, 상대방 소유재산에 대한 가압류 신청을 하기로 하였음에도 불구하고 이를 이행하지 아니하였다. L 변호사의 행위는 징계사유에 해당하지 않는가?

6 L 변호사는 피고인으로부터 사건을 수임하여 제1차 공판기일에서 피고인으로 하여금 공소사실 전부를 자백하게 한 상태(공소사실 모두 시인해야 3년 이하의 징역형을 보장받을 수 있고, 부족한 부분은 변론요지서로 보충하겠다고 피고인에게 말함)에서 변론요지서도 제출하지 않은 채, 1,400억 원대 피해가 야기된 피해자들 중 수명을 상대로 약 4,000만 원 상당의 합의를 한 후, 그 결과만을 참고자료 형태로 법원에 제출하였고, 피고인이 처를 통해 변론요지서 사본을 요청하자 마치 이미 제출하였던 변론요지서인 것처럼 뒤늦게 만든 변론요지서 사본을 피고인의 처에게 교부하였다. L 변호사의 행위는 징계사유에 해당하지 않는가?

7 변호사 L은 의뢰인으로부터 이혼 및 재산분할을 청구해 달라는 의뢰를 받고 소송을 제기하였으나 1, 2심 모두 패소하였다. 이에 의뢰인은 변호사 L을 상고심의 소송대리인으로 선임하지는 않았으나 변호사 L에게 상고장을 제출하여 줄 것을 부탁하였고 변호사 L은 이를 승낙하였다. 변호사 L은 자신의 사무실 사무장에게 상고장 제출을 지시하였으나, 사무장이 상고장을 제출하지 않은 채 퇴사하는 바람에 상고기간이 도과되었다. 이에 의뢰인이 찾아와 폭언을 하면서 돈을 돌려달라고 요구하였고, 변호사 L은 그동안 지급받은 변호사 보수 1,000만 원을 합의금으로 지급하기로 하였다. 그러나 변호사 L은 그 중 400만 원만 지급하고 나머지 600만 원을 지급하지 않았다. 의뢰인이 위 변호사를 징계해 줄 것을 진정하였는데, 다음 중 징계가능 여부에 대한 설명으로 옳은 것은?[60]

① 의뢰인과의 사이에 상고장을 제출하기로 약속하였음에도 이를 위반하였기 때문에 변호사의 성실의무나 품위유지의무 위반으로 징계할 수 있다.

② 1, 2심의 소송대리를 위임받았을 뿐 상고심의 소송대리를 위임받지 않았으므로 징

60) 법조윤리시험(2011)문제이다.

계대상이 아니다.

③ 의뢰인과의 사이에 이미 이 사건 상고장 제출의무를 이행하지 않은 데에 따른 손해배상금을 지급하기로 약정하여 일부 이행하였고, 나머지 합의금은 민사소송을 제기하여 집행할 수 있으므로 징계대상이 아니다.

④ 변호사 자신의 직무수행상의 잘못이 아닌 직원의 잘못으로 인하여 상고장을 제출하지 않았기 때문에 징계할 수 없다.

8 변호사 L은 지금부터 5년 전, A가 B를 구타하여 중상해죄로 구속 기소된 사건의 변호인으로서 보석을 청구하여 허가결정을 받았고 본안에서도 집행유예 판결을 받아낸 적이 있다. 당시 변호사 L은 A를 접견하는 과정에서 A로부터 "사실은 제가 사귀는 C라는 여자의 부탁을 받고 B를 살해하려고 시도한 범행인데, 중상해죄로 기소된 것만 해도 다행입니다. 기소된 범죄 사실은 모두 인정할 테니 변호사님은 속히 석방만 되도록 해 주십시오"라는 말을 들었고, 이에 따라 A로 하여금 기소된 대로 중상해죄를 자백하게 하고 양형에 관한 정상자료만을 충실히 제출하는 변론을 하였다. 그런데 A는 그 사건이 종결된 후 B를 살해하여 최근에 살인죄로 다시 기소되었고, 법원이 변호사 L을 증인으로 채택하여 소환, 선서하게 한 다음 '예전에 A가 C와 사귀고 있었는지'를 신문하자, L은 5년 전에 A로부터 들었던 대로, "당시 A가 C와 사귀고 있었고 C의 부탁에 따라 B를 살해하려고 했었다"는 사실 등을 증언하였다.

변호사 L의 증언이 변호사의 비밀유지의무를 위반한 것인지 여부 및 그 이유에 관한 설명 중 옳은 것은?[61]

① 비밀유지의무를 위반한 것이다. 변호사는 어떠한 경우에도 의뢰인의 비밀을 지켜야 할 의무를 부담하기 때문이다.

② 비밀유지의무를 위반한 것이 아니다. 형사소송에서 실체적 진실을 규명한다고 하는 중대한 공익상 필요가 있는 경우이기 때문이다.

③ 비밀유지의무를 위반한 것이 아니다. L은 소송에서 재판장의 명령에 따라 사실 그대로 말하겠다고 선서하였고, 선서한 대로 기억나는 사실을 증언한 경우이기 때문이다.

④ 비밀유지의무를 위반한 것이다. L이 증언한 내용은 변호사가 업무상 알게 된 비밀사항이므로 L은 이를 공개하여서는 아니 되고 또한 공개를 거부할 수 있는데도 굳

61) 법조윤리시험(2010) 문제이다.

이 이를 공개하였기 때문이다.

9 변호사 L은 A가 B를 상대로 제기한 소유권이전등기청구사건을 A로부터 수임하여 승소판결을 받았고 그 판결은 확정되었다. 그 후 B가 A를 상대로 위 사건과 관련된 청산금청구의 소를 제기하였다. 그 소송의 재판부는 L에게 ㈀ A로부터 소유권이전등기소송을 수임하게 된 경위, ㈁ 위 소송 수임 당시 소송위임인인 원고 A가 B와 동행한 사실이 있는지 여부, ㈂ B는 현재의 청산금 소송에서 “2009. 10. 15.경 B는 A에게 지고 있던 1억 6,000만 원의 채무에 대하여 공장용지 및 그 지상 건물을 양도담보로 제공하되 소유권이전등기원인은 형식적으로 대물변제로 하기로 합의했다”라고 주장하는데, 이러한 B의 주장이 사실인지 여부에 관한 사실조회를 하였다. 재판부가 재차 회신을 독촉하고 있다.

변호사 L이 취할 수 있는 행동에 관한 설명 중 옳은 것은? 62)

① 소유권이전등기청구 사건은 종료되었으므로 회신한다.

② 소송촉진에 도움이 되므로 회신한다.

③ 변호사의 비밀유지의무를 근거로 회신할 수 없다고 답변한다.

④ 청산금청구소송은 타인의 소송사건으로 적극적으로 협조할 의무가 있는 것은 아니므로 회신할 수 없다고 답변한다.

10 변호사 L은 의뢰인 A를 위하여 부동산소유권이전등기소송을 수임하여 진행하고 있다. A는 당장은 수임료가 없으니 승소하게 되면, 매각한 후 매매대금의 10%를 수임료로 주겠다고 제안하여 L은 그러한 조건하에 사건을 수임했다. 소송이 진행되는 과정에서 L은 A가 공문서를 위조하여 국유재산을 부당하게 자신의 것으로 등기하려 한다는 강한 의혹을 갖게 되었다. L은 이 사건의 취급을 계속하는 경우 징계를 받을 수도 있고, 자칫 형사처벌을 받을 수도 있겠다고 생각했다. 그래서 L은 관련 서류일체를 가지고 대한변호사협회에 가서 이 사건의 취급을 계속하면 징계가 될 수 있는지에 대해서 질의하기에 이르렀다.

대한변호사협회는 서류를 검토한 후 위조의 혐의가 명백하지 않으므로 사건의 취급을 계속해도 좋다는 답신을 하였다. 나중에 이 사실을 알게 된 A는 L의 행동에 대해서 항의하고 대한변호사협회에 징계청원을 했다. A에 관한 정보를 대한변호사협회에 공개한 L의 행동은 정당화될 수 있는가? 63)

62) 대한변협 2008. 2. 19. 법제 477호, 법조윤리시험(2010년) 문제이다.

63) 법무부 법조윤리모의시험문제이다.

① 있다. 변호사가 자신의 권리를 옹호하기 위해서 공개했기 때문에 정당화될 수 있다.
② 있다. 범죄의 가능성이 있는 정보를 제3자에게 공개했기 때문에 정당화될 수 있다.
③ 없다. 의뢰인의 비밀을 의뢰인의 동의 없이 공개했기 때문에 정당화될 수 없다.
④ 없다. 실명을 밝힘이 없이 질의할 수 있었다고 보이므로 정당화될 수 없다.

11 X건설회사는 외국계 은행 외자유치를 위해서 법률자문을 구하던 중 법무법인 Q의 변호사 L에게 위 프로젝트 관련 문서의 작성을 의뢰하였다. 이에 변호사 L은 외국계 은행에 제출할 프로젝트와 관련된 설명서, 신청양식, 현금흐름표 등 영업비밀이 포함된 영문서류들을 작성하기로 하였으나 의뢰받은 다른 사건들 때문에 시간에 쫓기게 되었다. 다음 설명 중 옳지 않은 것은?64)

① 변호사 L은 위 의뢰를 통해서 알게 된 X건설회사의 정보를 기자에게 공개하여서는 아니 된다.
② 외국계 은행 외자유치에 성공한다면 X건설회사의 주가가 오를 것이라 생각하여 변호사 L이 자신의 매형에게 X건설회사 주식을 대량 매수하도록 하였다면 이는 비밀유지의무를 위반한 것이다.
③ 변호사 L이 시간에 쫓겨 의뢰인의 동의를 받지 않고 위 프로젝트와 관련된 영문서류 번역을 번역전문업체 B에게 의뢰하더라도 비밀유지의무에 반하지 않는다.
④ 변호사 L이 시간에 쫓겨 같은 법무법인에서 일하는 변호사 L2에게 위 번역을 임의로 맡겼고 변호사 L2가 실질적으로 위 프로젝트의 문서를 모두 작성하였다면 이는 비밀유지의무에 반하지 않는다.

12 변호사 L은 식육가공업을 하는 A회사의 사내 변호사이다. L은 종업원으로부터 가공원료가 되는 동물의 대부분이, 실은 전염병에 감염되어 사망된 것이고, 그것을 먹으면 인체에 중대한 영향을 미칠 염려가 높다는 사실을 들었다. L 변호사는 어떠한 조치를 취해야 하는가?

---

64) 법조윤리시험(2011년) 문제이다.

13 변호사의 비밀유지의무에 관한 설명 중 옳지 않은 것은?[65)]

① 변호사 또는 변호사이었던 자는 그 직무상 알게 된 비밀을 누설하여서는 아니 된다.

② 변호사 또는 변호사이었던 자는 그 업무상 위탁을 받아 소지 또는 보관하는 물건으로 타인의 비밀에 관한 것은 압수를 거부할 수 있다. 다만, 그 타인의 승낙이 있거나 중대한 공익상 필요가 있는 때에는 예외로 한다.

③ 변호사 또는 변호사이었던 자는 형사사건에서 업무상 위탁을 받아 알게 된 사실로서 타인의 비밀에 관한 것에 대하여 중대한 공익상 필요가 있는 때에는 증언을 할 수 있다.

④ 변호사 또는 변호사이었던 자는 자신의 권리를 옹호하기 위한 이유라 하더라도 업무상 알게 된 의뢰인의 비밀을 공개할 수 없다.

14 변호사의 비밀유지의무에 대한 다음 설명 중 옳지 않은 것은?[66)]

① 변호사는 원칙적으로 의뢰인의 비밀을 유지해야 할 의무가 있으나, 수임관계에서 발생한 변호사의 청구권을 확보하거나 의뢰인의 청구에 대하여 방어하기 위하여 의뢰인의 비밀을 공개할 수 있다.

② 변호사윤리장전상 의뢰인의 과거의 범죄행위, 비윤리적 행위 등은 공익상의 필요가 있는 경우에도 공개할 수 없다.

③ 의뢰인이 아닌 제3자로부터 알게 된 정보도 비밀에 포함된다.

④ 사건의 수임 여부를 결정하기 위하여 상담하는 과정에서 알게 된 정보는 추후 사건을 수임하지 않았더라도 공개하여서는 아니 된다.

15 다음 중 비밀유지의무에 대한 설명으로 잘못된 것은?[67)]

① 변호사가 사건을 수임하지 않았더라도 수임 여부를 결정하기 위하여 얻은 정보는 공개하여서는 아니 된다.

② 변호사가 제3자에게서 얻은 의뢰인에 관한 정보는 비밀에 포함되지 않는다.

③ 변호사는 공익상의 이유가 있는 경우 최소한의 범위에서 의뢰인의 비밀을 공개할

---

65) 법조윤리시험(2010) 문제이다.

66) 법조윤리시험(2011) 문제이다.

67) 법무부 법조윤리모의시험 문제이다.

수 있다.

④ 변호사는 의뢰인과의 수임관계에서 발생한 변호사의 청구권을 확보하거나 반대로 의뢰인의 청구에 대하여 방어하기 위해서 의뢰인의 비밀을 공개할 수 있다.

16 변호사윤리에 관한 설명 중 옳지 않은 것은?[68)]

① 변호사의 비밀유지의무에는 의뢰인의 이익에 반하여 의뢰인의 비밀정보를 제3자의 이익을 위하여 이용하지 않는 것도 포함된다.

② 변호사는 섭외사건이나 국제적 사무를 처리함에 있어서는 관계 외국의 변호사윤리도 존중하여야 한다.

③ 변호사가 민사소송에서 증언을 하게 되었을 때에 직무상 비밀에 속하는 사항에 대하여는 증언을 거부할 수 있고, 이는 비밀을 지킬 의무가 면제된 경우에도 마찬가지이다.

④ 변호사는 범죄혐의가 희박한 사건의 고소 또는 고발을 종용하여서는 아니 된다.

17 변호사 L은 폭행관련 손해배상사건에서 피고인 A를 대리하고 있다. A는 문제가 된 사건에서 이용된 각목을 사전에 준비한 것이 아니라고 주장하고 있으며, L은 A가 증인으로 세우기를 원하는 B와 면담하는 과정에서 A가 B를 매수하여 B로 하여금 위증하게 한 사실을 확인하였다. 그 후 L이 아무런 조치를 취하지 아니하여 B가 위증을 하였다. 이 경우 L은 징계를 받을 수 있는가?

① 있다. 변호사는 자신의 의뢰인이 법정에서 증인을 매수하는 것을 묵인해서는 안 되기 때문이다.

② 있다. 변호사가 B의 위증사실을 인지하고도 고발하지 않았기 때문이다.

③ 없다. 변호사가 직접 매수를 지시한 것이 아니기 때문이다.

④ 없다. 위증사실에 대해서 침묵하는 것만으로는 위증에 가담했다고 보기 어렵기 때문이다.

18 A는 B 명의의 차용증을 가지고 있기는 하나 그 채권의 존재에 관하여 B와 다툼이 있는 상황에 있다. A는 B명의의 차용증을 위조하여 당초에 없었던 월 2푼의 약정이자에

---

68) 법조윤리시험(2010) 문제이다.

관한 내용 등을 부가하였고, 이를 바탕으로 자신의 처에 대한 채권자인 C에게 차용원금 및 위조된 차용증에 기한 약정이자 2,500만 원을 양도했다. 그리고 이러한 사정을 모르는 C로 하여금 B를 상대로 양수금 청구소송을 제기하도록 하였다. A의 행위를 소송사기죄로 볼 수 있는가?[69)]

19 L 변호사는 의뢰인이 허위의 주장을 하도록 적극적으로 조언하고, 스스로도 허위의 증거를 제출하였다. L 변호사의 행위는 허용되는가?

20 L 변호사는 증인신문의 준비단계에서 A가 불리한 증언을 하려고 하자 유리한 증언으로 바꾸도록 조언하였다. L 변호사의 행위는 허용되는가?

21 L 변호사는 불리한 증언을 하려는 증언예정자 A의 진술내용을 객관적인 증거와 대조해 본 결과, A의 기억이 잘못된 것임을 알고서 A에게 증언내용을 바꾸도록 조언하였다. L 변호사의 행위는 허용되는가?

22 L 변호사는 증인 B에게 "질문한 사항에만 대답하되, 감정적이어서는 안 된다"고 조언하였다. L 변호사의 행위는 허용되는가?

23 L 변호사로서 의뢰인으로부터 관련 민사사건과 형사사건을 수임한 후 경매진행 중인 의뢰인 소유 부동산의 경매절차정지 공탁보증금을 의뢰인에게 빌려준 것을 계기로 하여 그 이후 당사자 간에 다툼의 소지가 많은 위 부동산의 3순위 근저당권을 양수하고 배당요구까지 하게 됨으로써 이해관계가 상반되는 4순위 근저당권자인 김○○으로부터 배당이의 소송을 당하여 패소하였고, 또한 의뢰인에 대한 채권을 회수하기 위하여 실제 채권액을 훨씬 초과하는 약속어음을 교부받고 이를 공증 받아 채권을 압류하였다. 이러한 L 변호사의 행위는 징계사유에 해당하는가?

24 변호사 L은 2010. 7. 6. A가 운영하는 식당에서 A와 음식 대금 결제 문제로 말다툼하다가 양손으로 A의 가슴을 밀어 약 2주간의 치료를 요하는 요추부 좌상 등을 가하고,

---

69) 대법원 2007. 9. 6. 판결, 2006도3591.

2010. 7. 20. 동호회원들과 식사 중 B로부터 회원이 아닌 사람은 나가달라는 말을 듣고 화가 나 B에게 소주병을 집어던져 약 4주간의 치료를 요하는 안면부 골절상 등을 가하였다. L은 위 두 범행으로 인하여 벌금 300만 원의 약식명령을 받아 그 명령이 확정되었다. 변호사 L의 행위가 변호사법이 정하는 징계사유에 해당하는지에 관한 설명 중 옳은 것은?[70)]

① 상해행위가 L의 변호사로서의 직무와 관련되는지 여부에 따라 징계사유 해당 여부를 결정함이 타당하다.

② 상해죄는 누구나 범할 수 있는 범죄이므로 L의 행위는 징계사유에 해당하지 않는다.

③ 금고 이상의 형이 확정된 경우가 아니므로 L의 행위는 징계사유에 해당하지 않는다.

④ A, B가 의뢰인인지 여부와 관계없이 L의 행위는 징계사유에 해당한다.

25 다음 설명 중 옳은 것은 어느 것인가?[71)]

① 변호사는 품위를 손상하는 행위를 하여서는 아니 되는 의무를 부담하는데, 이 의무는 직무에 관련된 분야에만 적용될 뿐 직무와 관련 없는 분야에는 적용되지 않는다.

② 변호사가 의뢰인으로부터 받은 부가가치세액을 임의 소비하여 부가가치세를 체납한 것은 변호사의 품위를 손상시키는 행위에 해당하지 아니한다.

③ 변호사가 자신의 직원들과의 회식 자리에서 여직원에게 성적인 용어를 사용하여 농담을 한 결과 이 여직원이 당혹감을 느꼈다고 하더라도 이러한 변호사의 행위가 성희롱 기타 범죄의 정도에 이르지 아니하는 한 아무런 문제가 되지 아니한다.

④ 변호사가 자신의 처와 성적 취향이 맞지 아니하다는 이유로 구박하고 부유한 처가가 경제적으로 어려운 자신을 도와주지 않는다는 이유로 말다툼하다가 처를 폭행하여 벌금형의 처벌을 받은 경우에는 이것이 비록 부부 간 문제로서 가정사이기는 하지만 변호사의 품위유지의무를 위반한 것이다.

26 L 변호사는 재일교포간첩의 국가보안법 위반사건을 수임한 후, 일본에 거주하는

---

70) 법무부 법조윤리모의시험 문제이다.

71) 법조윤리시험(2010년) 문제이다.

위 간첩의 처가 위 사건의 보수로 3회에 걸쳐 보내온 일화 합계 1백만 엔을 영수하여 그 중 70만 엔을 서울시내 암달러상을 통해 교환하는 등 외국환관리법을 위반하고, 4회에 걸쳐 법원직원들에게 합계 65,000원을 증뢰하여 위 간첩에 대한 판결문, 공판조서 등의 사본을 받아 위 간첩의 구원회원에게 교부함으로써 조총련의 반한선전에 이용되게 했으며, 위 간첩의 형사사건 기록을 열람하면서 그 증거물 압수조서를 임의로 필사하여 일본대사관 직원에게 상세히 알려줌으로써 일본 내 한국공관이 수사활동을 한다고 일본 정계 및 재야법조계로부터 비난을 받게 하는 등의 행위를 하였다. L 변호사의 행위는 변호사로서의 품위손상행위에 해당하는가?[72)]

27 L 변호사는 자신의 직원이 수임사건의 승소금에 관하여 의뢰인으로부터 허위로 채권양도를 받는 것의 적법 여부에 관한 질문을 받고도 이를 제지하지 아니하고 오히려 "별 문제 없을 것 같다"고 말하여 줌으로써 허위의 채권양도가 이루어지게 하고, 이어서 항소심 소송절차에서도 그것이 진정한 채권양도인 양 변론을 하였다. L 변호사의 행위는 징계사유에 해당하는가?[73)]

28 L 변호사는 사무장이 의뢰인으로부터 수임료와는 별도로 로비자금 3,000만 원을 수령하였으나 이를 즉시 반환하라는 L의 지시에도 불구하고 이를 지연하다가 2,500만 원만 반환하고 나머지 금원은 임의로 사용하였다가 횡령죄로 형사처벌을 받았다.[74)] L 변호사는 징계를 받을 수 있는가?

해설

1 L1 변호사는 소멸시효완성일을 잘못 판단하여 직무 지시를 내림으로써 패소판결을 받았으므로 성실의무 위반에 따른 징계를 받을 수 있다. L2 변호사도 성실의무위반으로 징계대상이 된다. L2가 대표변호사인 L1의 직무 지시에 따라 행동하였다는 것은 성실의무 위반에 대한 면책의 근거가 되지 않는다. 담당직원 A는 변호사가 아니므로 L2의 지시를 어겼지만 변호사윤리장전 위반에 따른 징계를 받지 않는다. 법무법인에 대한 업무정지명령제도는 없다. 따라서 ④번이 옳지 않은 것으로 정답이다.

---

72) 대법원 1984. 5. 23. 결정, 83두4.
73) 대한변협 징계 2003-11호
74) 대한변협 징계 2005-31호.

2 상고인이 상고장에 상고이유를 기재하지 아니한 때에는 소송기록 접수통지를 받은 날부터 20일 이내에 상고법원에 상고이유서를 제출하여야 한다(민사소송법 427조). 상고인이 제출기간 내에 상고이유서를 제출하지 않은 때에는 직권조사사항이 있는 경우가 아니면 상고법원은 변론 없이 상고를 기각하여야 한다(동법 429조). 이 사례의 경우, L 변호사는 상고이유서 제출기간 내에 상고이유서를 제출하지 아니 하였으므로 성실의무위반으로 징계대상이 된다.[75]

3 민사항소심에서 심판의 범위를 정하게 될 불복의 범위와 이유 기재는 임의적이다. 따라서 불복의 범위 · 정도는 항소심의 변론 종결 시까지 서면 또는 말로 제1심판결의 변경을 구하는 한도를 명확히 하면 된다.[76] 따라서 L 변호사가 항소이유서를 제출하지 않았더라도 성실의무에 위반된 것이 아니며, 징계사유가 되지 않는다.

4 형사항소의 경우 항소인 또는 변호인은 항소법원의 소송기록의 접수통지를 받은 날로부터 20일 이내에 항소이유서를 항소법원에 제출하여야 한다(형사소송법 361조의3 1항). 항소인이나 변호인이 항소이유서제출기간 내에 항소이유서를 제출하지 아니한 때에는 결정으로 항소를 기각하여야 한다(동법 361조의4). 따라서 항소이유서를 제출하지 아니한 L 변호사는 성실의무를 위반한 것이며, 징계대상이 된다.[77]

5 의뢰인의 승소판결의 온전한 실현에 매우 실효성이 있는 방안으로서 필요한 가압류를 밟지 않았다면 성실의무를 다하였다고 볼 수 없다. 따라서 L 변호사의 행위는 성실의무 위반으로 징계사유에 해당한다.[78]

6 L 변호사는 변론요지서도 제출하지 않은 채, 1,400억 원대 피해가 야기된 피해자들 중 수명을 상대로 약 4,000만 원 상당의 합의를 한 후, 그 결과만을 참고자료 형태로 법원에 제출하는 등 변론에 있어서 적극적인 노력을 보이지 아니하였으며, 뒤늦게 만든 변론요지서 사본을 이미 제출하였던 변론요지서인 것처럼 피고인의 처에게 교부하여 의뢰인을 기망하였다. 이러한 L 변호사의 행위는 성실의무에 위반한 것으로서 징계사유에 해당한다.[79]

7 의뢰인과의 사이에 상고장을 제출하기로 약속하였음에도 이를 위반하였기 때문에 변호사의 성실의무나 품위유지의무 위반으로 징계할 수 있다. 상고기간을 도과한 원인이 사무직원의 잘못에 의한 때에도 변호사의 성실의무는 면제되지 않는다.[80]손해배상금을 지급하기로 약정하였더라도 징계사유가 되는 데 지장이 없다. 따라서 ①번이 정답이다.

---

75) 대한변협 징계 94-6호, 95-2호, 99-13호 참조.

76) 대법원 1994. 11. 25. 판결, 94다47400.

77) 대한변협 징계 93-3호 참조.

78) 대한변협 징계 2002-6호 참조.

79) 대한변협 징계 2006-36호 참조.

80) 대한변협 징계 2002-18호 참조.

8 변호사가 소송법상 증언거부권을 행사할 수 있음에도 불구하고 변호사가 이를 행사하지 않고 의뢰인 등의 비밀에 관해 증언한 행위는 변호사의 비밀유지의무를 위반한 것으로 취급된다.[81] 변호사 L은 비밀유지의무를 위반한 것이다. L이 증언한 내용은 변호사가 업무상 알게 된 비밀사항이므로 L은 이를 공개하여서는 아니 되고 또한 공개를 거부할 수 있는데도 굳이 이를 공개하였기 때문이다. ④번이 정답이다.

9 사실조회를 요청받은 사항은 변호사가 의뢰인으로부터 특정사건을 수임하게 된 경위, 그 소송 수임 당시 동행한 사람 등에 관한 것으로서 이는 변호사의 직무상 비밀에 속하는 사항이므로 재판부의 사실조회가 있어도 회신할 의무가 없다고 본다.[82] 따라서 L 변호사는 비밀유지의무를 근거로 회신할 수 없다고 답변하여야 한다. 정답은 ③번이다.

10 실명을 밝히지 않고 질의할 수 있었다고 보이므로 정당화될 수 없다. L 변호사의 행위는 비밀유지의무에 위배된다. ④번이 정답이다.

11 기자의 취재에 응하여 의뢰인의 비밀을 공개하는 것은 의뢰인의 동의가 있는 경우에 한한다. 법무법인에 속한 변호사가 사무실 내 다른 변호사 등과 비밀정보를 공유하는 것은 묵시적 동의가 있다고 보아야 한다. 그러나 동일한 법무법인에 속하지 않은 변호사에게 사건내용을 알리고 상의하는 것은 비밀유지의무위반이 될 수도 있기 때문에 이때에는 의뢰인의 동의를 얻을 필요가 있다. 변호사 L이 시간에 쫓겨 의뢰인의 동의를 받지 않고 위 프로젝트와 관련된 영문서류 번역을 번역전문업체 B에게 의뢰하였다면 비밀유지의무에 위반된다. 따라서 정답은 ③번이다.

12 생명, 신체에 중대한 영향이 있고, 그것이 변호사의 노력에 의해 예방될 수 있는 가능성이 있다면, 구체적 사정에 따라 비밀공개가 허용될 수 있다고 본다.

13 변호사 또는 변호사이었던 자는 자신의 권리를 옹호하기 위하여 필요한 경우에는 최소한의 범위에서 업무상 알게 된 의뢰인의 비밀을 공개할 수 있나(윤리규칙23조). 따라서 ④번이 옳지 않은 것으로 정답이다.

14 공익상의 필요가 있는 경우에는 비밀을 공개할 수 있으므로 ②번이 정답이다.

15 변호사가 제3자에게서 얻은 의뢰인에 관한 정보는 비밀에 포함되므로 ②번이 정답이다.

16 민사소송에서 변호사나 변호사이었던 자가 직무상 비밀에 속하는 사항에 대하여 신문을 받을 때 증언을 거부할 수 있다. 그러나 증인이 비밀을 지킬 의무가 면제되는 경우에는 그러하지 아니 하다(민사소송법 315조 1항, 2항). 따라서 옳지 않은 것은 ③번으로 이것이 정답이다.

---

81) 정인진(150면), 도재형(101면).

82) 대한변협 2008. 2. 19. 법제 477호.

17 변호사 L은 증인 B가 위증할 것이라는 정을 알면서 적극적으로 증인신청을 하고, 실제로 위증하도록 하였기 때문에 변호사법(24조 2항)이나 변호사윤리장전(14조 1항, 15조)을 위반한 것이다. 피고인 A의 행위도 위증교사죄에 해당한다.[83] 정답은 ①번이다.

18 자기에게 유리한 판결을 얻기 위하여 소송상의 주장이 사실과 다름이 객관적으로 명백하거나 증거가 조작되어 있다는 정을 인식하지 못하는 제3자를 이용하여 그로 하여금 소송의 당사자가 되게 하고 법원을 기망하여 소송 상대방의 재물 또는 재산상의 이익을 취득하려 하였다면 간접정범의 형태에 의한 소송사기죄가 성립하게 된다.

위 사례의 경우 적어도 위 약정이자 2,500만 원 중 법정지연손해금 상당의 돈을 제외한 나머지 돈에 관한 A의 행위는 C를 도구로 이용한 간접정범 형태의 소송사기죄를 구성한다.[84]

19 의뢰인에게 적극적으로 허위의 주장을 하도록 조언하거나, 변호사 스스로 사정을 알면서 허위의 주장이나, 허위의 증거를 제출하는 것은 소극적 진실의무에 반한 것으로서 허용되지 않는다.

20 신문의 준비단계에서 증언예정자가 불리한 증언을 하려는 경우에, 보다 유리한 증언으로 바꾸도록 조언하는 것은 윤리규칙 2조 4항의 진실규명의무 및 동 15조의 위증교사 금지규정에 저촉되는 것이다.

21 불리한 증언이라도, 객관적인 증거와 대조해보면, 본인의 기억과 다를 가능성이 크다. 이 경우 변호사는 그것을 증언예정자에게 지적하고. 필요에 따라 관련 증거를 제시함으로써 스스로 재검토하도록 하고, 만일 잘못이 명백하다면, 옳은 내용으로 고치도록 조언해야 한다. 신문준비는 바로 이와 같은 작업을 하기 위하여 있는 것이다. 증언예정자의 발언을 그대로 받아들여 다른 증거와의 부합 여부 등을 검토하지 않고 만연히 증언하도록 시키는 것은 변호사로서 무능하다는 비난을 면할 수 없고, 의뢰인에 대한 성실의무의 측면에서도 문제가 있다.

22 증인에게 질문한 사항만을 대답하면 된다는 점, 감정적으로 되어서는 안 된다는 점 등 증인으로서의 각오를 조언하는 것은 통상 변호사의 집무기술이다.

23 L 변호사의 일련의 행위는 의뢰인의 분쟁에 지나치게 개입했다고 볼 수 있다. L은 의뢰인의 이익을 위한 변호사업무 활동에서 벗어나 상대방과의 관계에서 직접 분쟁의 이해당사자로 발전하였을 뿐만 아니라 상대방으로부터 배당이의 소송을 제기당하는 결과까지 초래했다. 이는 정상적인 변호사업무 활동을 벗어난 것으로서 변호사로서의 품위를 손상하는 행위에 해당한다고 할 것이다.[85]

---

83) 대법원 2004. 1. 27. 판결, 2003도5114.
84) 대법원 2007. 9. 6. 판결, 2006도3591.
85) 대법원 2008. 2. 28. 판결, 2007두25886.

24 변호사 L의 상해행위는 직무와 관련되는지 여부와 관련 없이 징계사유에 해당한다. 그리고 금고 이상의 형이 확정된 경우가 아니더라도 징계사유에 해당한다. 따라서 ④번이 정답이다.

25 직무와 관련 없이 변호사로서의 품위를 손상하는 행위를 한 경우도 징계사유가 된다. 부가가치세를 체납한 것은 당연히 품위손상행위에 해당한다.[86] 성적인 용어를 사용하여 농담한 행위가 성희롱 기타 범죄의 정도에 이르지 아니하더라도 품위손상행위에 해당한다. 그리고 비록 부부 간 문제로서 가정사이기는 하지만 처에게 폭력을 행사한 행위도 변호사의 품위유지의무를 위반한 것이다. 따라서 ④번이 정답이다.

26 판례는 "변호사가 외국환관리법을 위반하고 간첩사건수사 및 소송기록을 주한외국공관원에게 누설한 행위는 변호사의 품위손상행위에 해당한다"고 판시한다.[87]

27 L 변호사의 행위는 변호사로서 품위를 손상했고, 또 그 직무를 함에 있어 진실을 은폐하고 허위의 진술을 한 경우라고 볼 수 있다.[88]

28 L 변호사는 사무장에 대한 관리·감독을 소홀히 함으로써 변호사로서의 품위를 손상한 행위를 한 것이다. 따라서 L 변호사는 이로 인하여 징계를 받을 수 있다.[89]

86) 법무부 2004. 9. 6. 결정 참조.
87) 대법원 1984. 5. 23. 결정, 83두4.
88) 대한변협 징계 2003-11호.
89) 대한변협 징계 2005-31호.

제6장 이익충돌회피의무

Ⅰ. 규제의 배경

1. 이익충돌의 의의

A의 고소에 의하여 B가 사기죄로 형사재판을 받고 있고, 동시에 A가 B를 상대로 민사상 손해배상청구소송을 제기한 경우에 변호사 L이 B를 위해서 형사변론을 하고, 동시에 민사소송에서는 A를 대리할 수 있는가?

(1) 동일한 변호사가 이익충돌하는 당사자들을 동시에 대리한다면 각각의 당사자 누구에게도 성실할 수 없을 것이다. 이 점은, 위 사례를 검토해 보면 명백해진다. 만약 변호사 L이 B를 위해서 형사변론을 하고, 동시에 민사소송에서는 A를 대리한다면, 변호사 L은 형사소송에서 B가 사기를 저지른 사실이 없다고 주장할 것이고, 민사소송에서는 A를 위해서 B가 사기행위를 하였다는 점을 강조할 것이다. 결국 변호사 L은 A와 B의 이익이 충돌되는 상황에서 두 당사자의 입장을 동시에 성실하게 옹호할 수 없게 되는 것이다. 즉 변호사는 어느 한쪽의 이익을 희생시키지 않고는 다른 쪽 의뢰인의 이익을 옹호할 수 없는 딜레마에 빠지게 되는 것이다. 이것이 이른바 이익충돌의 문제이다. 이것을 해결할 수 있는 방법은 이익충돌이 있는 경우 사건을 수임하지 않도록 하는 것이다.

(2) 따라서 이익충돌에 관하여 변호사법은 31조에서 '수임제한'이란 규정을 두고 있고, 윤리규칙은 그 범위를 확장하여, 17조에서 '수임금지', 18조에서 '수임제한'의 규정을 두어 이익충돌행위를 원칙적으로 금하고 있다.

2. 규제의 이유

(1) 이익충돌에 관한 변호사법 31조의 취지는, ① 의뢰인의 신뢰를 보호하고, ② 변호

사의 직무집행의 공정성을 확보하며, ③ 변호사의 품위를 유지하는 데 있다.[1)]

(2) 판례[2)]도, "변호사법 31조 1항 1호에서 당사자의 일방으로부터 상의를 받아 그 수임을 승낙한 사건의 상대방이 위임하는 사건의 경우에 변호사의 직무행위를 금지하는 이유는, 변호사가 그와 같은 사건에 관하여 직무를 행하는 것은 먼저 그 변호사를 신뢰하여 상의를 하고 사건을 위임한 당사자 일방의 신뢰를 배반하게 되고, 변호사의 품위를 실추시키게 되기" 때문이라고 한다.

3. 규제의 내용

우리나라 변호사법상 이익충돌의 법리는, 크게 의뢰인 간의 이익충돌, 공무원 등과 관련된 사건의 이익충돌, 의뢰인과 변호인 간의 이익충돌의 문제로 나눌 수 있다.

(1) 의뢰인 간의 이익충돌로는, ① 수임을 승낙한 사건의 상대방이 위임한 사건(법 31조 1항 1호, 윤리규칙 17조 2항), ② 수임하고 있는 사건의 상대방이 위임하는 다른 사건(법 31조 1항 2호, 윤리규칙 17조 3항), ③ 종전 의뢰인의 이익과 충돌되는 사건(윤리규칙 18조 2항), ④ 복수 당사자의 대리(윤리규칙 18조 4항), ⑤ 공동사무소 및 법무법인에서의 이익충돌사건(법 31조 2항, 윤리규칙 18조 3항)이 문제된다(이 중에서 공동사무소와 법무법인에서의 이익충돌의 문제는 별도의 장에서 다룬다).

(2) 공무원 등과 관련된 사건의 이익충돌로는 ① 공무원, 조정위원, 중재인으로서 직무상 취급한 사건(법 31조 1항 3호, 윤리규칙 17조 1항), ② 공직퇴임변호사의 사건(법 31조 3항)으로 나누어 볼 수 있다.

(3) 의뢰인과 변호인 간의 이익충돌로는, ① 계쟁권리의 양수금지(변호사법 32조, 윤리규칙 11조), ② 기타의 이익충돌(윤리규칙 18조 1항)이 문제된다.

---

1) 小島 등(82면).
2) 대법원 2003. 11. 28. 판결, 2003다41791.

Ⅱ. 의뢰인 간의 이익충돌

1. 수임을 승낙한 사건의 상대방이 위임한 사건

다음 두 사례에서 변호사 L은 A의 사건을 수임할 수 있는가? 두 사례 모두 변호사법 31조 1항 1호를 적용할 수 있는가?

(1) 변호사 L은 A가 B를 상대로 고소하여 사기죄로 형사재판을 받고 있는 B의 변호인으로 선임되었다. 피해자 A는 형사합의를 위해서 변호사 L을 수차례 만났는데, 당시 합의는 이루어지지 않았으나 변호사 L의 성실한 태도에 호감을 갖게 되었다. 그 후 A는 B를 상대로 민사상 손해배상청구소송을 제기하기 위하여 변호사를 물색하던 중, 사건내용을 잘 파악하고 있는 변호사 L이 적임자라고 생각하고 동인에게 소송을 의뢰하였다. 변호사 L은 위 민사소송에서 A를 대리할 수 있는가?

(2) 변호사 L은 A가 B를 사기죄로 고소하여 기소된 사건에서 B의 변호인이 되었다. 당사자 간 합의가 이루어져 B는 집행유예 형을 선고받고 재판이 종결되었다. 그 후 위 사기사건에서 이루어진 A와 B 사이의 합의약정 불이행을 이유로 A가 다시 B를 상대로 형사고소한 경우 L 변호사는 A의 고소대리사건을 수임할 수 있는가?

1-1. 의의

(1) 변호사법 31조 1항 1호는 "당사자 한쪽으로부터 상의를 받아 그 수임을 승낙한 사건의 상대방이 위임한 사건"은 위임인의 동의 여부와 상관없이 사건을 수임할 수 없다고 규정하고 있다. 윤리규칙 17조 2항도 "변호사는 동일 사건에 관하여 당사자 쌍방을 대리할 수 없다. 다만, 법률상 금지되지 아니한 경우에는 그러하지 아니하다"고 규정하고 있다.

(2) 민법 124조에 의하면 동일한 사건의 당사자쌍방의 대리는 원칙적으로 금지되나, 본인이 미리 허락한 경우에는 예외로 인정된다(민법 124조). 그러나 변호사에 의한 의뢰인의 쌍방대리는 양당사자의 동의가 있더라도 허용되지 않는다(법 31조 1항 1호). 쌍방대리는 의뢰인에게 성실의무를 다해야 하는 변호사의 본래적 역할과 양립할 수 없기 때문이다.[3]

---

3) 이상수(189면).

1-2. 사건의 '동일성' 여부

(1) 변호사법 31조 1항 1호의 "당사자 한쪽으로부터 상의를 받아 그 수임을 승낙한 사건의 상대방이 위임한 사건"은 사건의 위임인의 동의 여부와 상관없이 사건을 수임할 수 없다. 이에 대하여 동 2호의 "수임하고 있는 사건의 상대방이 위임하는 다른 사건"은 사건의 위임인이 동의한 때는 사건을 수임할 수 있다. 위 2호에서 '다른 사건'이라는 용어를 사용하고 있는 점에 비추어 볼 때, 1호 사건과 2호 사건의 차이는 사건의 동일성 여부이다.

(2) 사건의 동일성 여부는 '기초가 된 분쟁의 실체가 동일한지'의 여부에 의하여 결정된다. 판례에 의하면 "변호사법 31조 1항 1호가 적용되기 위해서는 그 변호사가 관여한 사건이 일방 당사자와 그 상대방 사이에 있어서 동일하여야 하는데, 여기서 사건이 동일한지의 여부는 그 기초가 된 분쟁의 실체가 동일한지의 여부에 의하여 결정되어야 하는 것이므로 상반되는 이익의 범위에 따라서 개별적으로 판단되어야 하는 것이고, 소송물이 동일한지 여부나 민사사건과 형사사건 사이와 같이 그 절차가 같은 성질의 것인지 여부는 관계가 없다고 할 것이다"고 한다.[4]

(3) 판례 중에는 "동일한 변호사가 민사사건에서 형사사건의 피해자에 해당하는 상대방 당사자를 위한 소송대리인으로서 소송행위를 하는 등 직무를 수행하였다가 나중에 실질적으로 동일한 쟁점을 포함하고 있는 형사사건에서 피고인을 위한 변호인으로 선임되어 변호활동을 하는 등 직무를 수행하는 것 역시 금지된다고 봄이 상당하다"고 판시한 것이 있다.[5] 이는 '실질적으로 동일한 쟁점을 포함하면' 민사·형사를 묻지 않고 동일 사건으로 취급한 사례이다. '분쟁의 실체가 동일'한 경우의 대표적 사례라고 할 수 있다.

1-3. '수임을 승낙한 사건'의 범주

(1) 수임이 금지되는 사건은 '당사자 한쪽으로부터 상의를 받아 그 수임을 승낙한 사건(선행사건)'의 상대방이 위임하는 사건('후행사건')이다(법 31조 1항 1호). 따라서 변호사는 선행사건에서 '수임을 승낙한 사건'일 것이 요구된다.

(2) 여기서 수임을 승낙한 '사건'이란 원칙적으로 소송사건을 의미하나, 자문사건 중에서도 대립하는 당사자가 구체적으로 특정되고 구체적인 법률관계에 대하여 일방 당사자

4) 대법원 2003. 11. 28. 판결, 2003다41791.
5) 대법원 2003. 5. 30. 판결, 2003다15556, 동 2009. 2. 26. 판결, 2008도9812.

에 대해 조력하겠다고 하는 의사가 표시된 경우는 포함한다.

Example ① 고문변호사가 회사의 의뢰에 따라 자문한 내용에 구체적으로 당사자와 쟁점이 확정되어 있는 경우라면, 그 자문내용에 해당하는 사건 또는 그와 본질적으로 관련된 사건에서 상대방을 수임하는 것은 변호사법 31조 1항 1호에 위반된다. ② 그러나 당사자와 쟁점이 확정되지 않은 일반적인 법률자문을 해 준 것에 불과한 경우라면 위 회사를 상대방으로 하는 사건을 수임하더라도 변호사법에 저촉되지 않는다.[6]

(3) '수임을 승낙한 경우'란 구체적 사건에 있어서 일방 당사자인 의뢰인 측을 위해서 업무를 수행하겠다는 의사표시를 구체적으로 한 경우를 말한다. 다만 약정서나 위임장이 작성되지 아니하고, 수임료의 지급도 없는 경우에는 특별한 사정이 없는 한 수임의 승낙이 없는 것으로 볼 수 있다.

Example ① 상담한 사건은 '수임을 승낙'한 것으로 볼 수 없어 상대방 대리가 가능하다고 할 것이다.[7] ② 법률사무소의 사무직원이 수임을 승낙한 경우에도 그 사무처리의 외관에 따라서 변호사의 승낙이 있는 것으로 취급되는 경우가 있다.[8] ③ 원고의 복대리인을 사임하고 피고대리를 하는 경우에도 이익충돌의 대리이므로 허용되지 않는다.

1-4. 수임제한의 범위

(1) 변호사법 31조 1항 1호가 현재 수임하고 있는 사건(현재의 '선행사건')의 상대방이 수임을 의뢰한 경우에만 적용되느냐(1설), 아니면 수임사무가 종료된 경우(과거의 '선행사건')에도 적용되느냐(2설)에 관하여 견해 대립이 있다.

(2) 판례(대법원 2003. 5. 30. 판결 2003다15556) 및 대한변호사협회의 질의회신[9]에 의하면, "변호사법 31조 1항 1호에서 금지하고 있는 수임제한의 범위는 현재 수임하고 있는 사건에 대하여 상대방이 수임을 의뢰하는 경우뿐만 아니라, 이미 수임사무가 종료된 경우에도 그와 본질적으로 동일한 쟁점을 포함하는 사건을 상대방이 수임의뢰하는 경우를 포함하는 것"으로 해석하고 있다(2설).

(3) 생각건대, 동일사건에 관하여 당사자 쌍방의 대리를 허용하면, 그것이 현재의 사

6) 대한변협 홈페이지 「변호사법 질의회신」 506호, 2010. 2. 4.
7) 대한변협 홈페이지 「변호사법 질의회신」 495호, 2009. 12. 14. 등.
8) 대한변협 2008. 2. 19. 법제 475호.
9) 대한변협 홈페이지 「변호사법 질의회신」 498호, 2009. 12. 14., 508호, 2010. 2. 4. 등 다수.

건이든 과거의 사건이든, 수임을 승낙한 '선행사건'의 당사자의 신뢰를 배반하고, 변호사의 신용을 실추시키게 된다는 점에서 전혀 차이가 없으므로 과거와 현재를 묻지 않고 적용된다고 보는 것이 타당하다고 본다. 이렇게 해석하면 변호사윤리장전 18조 2항은 변호사법 31조 1항 1호와 저촉되지 않는 범위 내에서만 적용된다(이에 관하여는 후술한다).[10)]

해설

1) 사례 (1)은 '실질적으로 동일한 쟁점을 포함한' 경우이다. 이는 사기행위로 인하여 발생한 형사소송과 민사소송이기 때문에 분쟁의 실체가 완전히 일치한다. 따라서 L 변호사가 A의 사건을 수임하는 것은 변호사법 31조 1항 1호에 위반된다.

2) 사례 (2)의 경우는 수임을 승낙한 사건이 이미 종료된 경우에 상대방을 대리할 수 있는가의 문제이다. 변호사법 31조 1항 1호는 현재 수임하고 있는 사건(현재의 '선행사건')의 상대방이 수임을 의뢰한 경우뿐만 아니라, 수임사무가 종료된 경우(과거의 '선행사건')에도 적용된다고 본다. 따라서 종전에 수임하였던 형사사건의 합의내용을 이행하지 않는다는 이유로 종전에 수임한 피고인을 상대로 고소인이 다시 제기하는 고소사건에서 고소인을 대리하는 것은 변호사법 31조 1항 1호의 수임제한에 저촉된다.

2. 수임하고 있는 사건의 상대방이 위임하는 다른 사건

2-1. 의 의

> 변호사 L은 A와 B 사이의 교통사고로 인한 손해배상소송에서 A의 대리를 맡고 있다. B는 변호사 L이 성실하고 전문성이 있다고 판단하여 자신이 피고인으로 되어 있는 횡령죄의 형사사건에서 L을 자신의 변호인으로 선임하고자 한다. 변호사 L의 수임이 허용되는가?[11)]

(1) 변호사는 사건의 동일성이 없더라도, "수임하고 있는 사건의 상대방이 위임하는 다른 사건"에 대해서도 그 직무를 수행할 수 없다(법 31조 1항 2호). 다만 이 경우에는 변호사법 31조 1항 1호의 경우와는 달리, 사건의 위임인이 동의를 한 때에는 사건을 수임할 수 있다(법 31조 1항 단서).

(2) 여기서 '수임하고 있는 사건'이란 현재 수임하고 있는 사건을 말하고, 종료한 사건

10) 도재형(115면), 박휴상(251, 252면).
11) 법조윤리시험(2011) 사례이다.

은 포함되지 않는다(1호의 '수임을 승낙한 사건'과는 표현에서도 구별된다). '다른 사건'이란 현재 의뢰인과 무관한 상대방의 다른 사건을 말한다. 이는 현재 의뢰를 받고 있는 사건과는 동일성이 없는 사건이다.

해설

위 두 사건은 동일한 사건은 아니지만 변호사법 31조 1항 2호의 "수임하고 있는 사건의 상대방이 위임하는 다른 사건"에 해당한다. 이러한 경우 동법 31조 1항 단서에 의해 수임하고 있는 사건의 위임인이 동의한 때에는 그 사건의 상대방이 위임하는 사건을 수임할 수 있다. 사례의 경우 원칙적으로 허용되지 않지만, A가 동의한 경우에는 허용된다. 다만 동의는 서면에 의하는 것이 적절하다고 본다.

2-2. 위임인의 동의

> 90명의 선정자들이 선정한 선정당사자 A가 변호사 L을 원고 소송대리인으로 선임하여 피고 B를 상대로 손해배상청구소송을 진행하고 있다. 변호사 L이 피고 B로부터 다른 사건을 수임하려면 누구의 동의를 얻어야 하는가?

(1) '수임하고 있는 사건의 상대방이 위임하는 다른 사건'의 경우에는, 변호사법 31조 1항 1호의 경우와는 달리, 사건의 위임인이 동의를 한 때에 한하여 사건을 수임할 수 있도록 하고 있다(법 31조 1항 단서).

(2) 위임인의 동의를 얻기 위해서는, 동의 여부를 결정하는 데 필요한 정보를 충분히 제공해야 하고, 동의가 가지는 법률적인 의미가 무엇인지에 대한 설명도 함께 제공해야 한다. 특히 수임에 동의했을 때 가지는 모든 불이익의 가능성을 설명해야 할 것이다. 이러한 설명을 동반하지 않은 채 얻어낸 동의는 기망에 의한 행위로서 추후에 그 효력이 부인될 수 있다.12)

해설

선정당사자 소송의 경우 선정당사자의 동의만으로는 수임할 수 없고, 개별 이해충돌이 발생할 수 있는 90명 전원의 동의를 얻어야 한다.13)

---

12) 한인섭 등(167면), 박휴상(257면).

2-3. 현재 의뢰인을 상대로 한 다른 사건을 수임하는 경우

L 변호사는 A를 대리하여 B보험회사를 상대로 교통사고로 인한 손해배상청구사건을 수임하여 진행 중에 있다. 이러한 상황에서 L 변호사가 C를 대리하여 A를 상대로 한 건물명도청구사건을 수임하는 것이 변호사법에 위반되는가?[14)]

(1) 변호사법 31조 1항 2호와 관련하여 변호사가 수임사건의 의뢰인을 상대로 한 다른 사건을 수임하는 것이 가능한 것인지가 문제된다.

(2) 변호사법 31조 1항 2호나 변호사윤리규칙 17조 3항은 현재 의뢰인(A)로부터 수임한 사건(①사건)의 상대방(B)이 의뢰하는 다른 사건을 수임하는 것만을 제한하고 있을 뿐, 이와 관계없는 다른 사건(②사건)에서 제3자(C)가 현재의 의뢰인(A)을 상대로 제기하는 사건을 수임하는 경우는 금지하지 않고 있다. 명문의 제한규정이 없는 상태에서 현재의 의뢰인을 상대로 한 다른 사건을 수임할 수 없다고 제한할 아무 근거가 없다. 따라서 현재 의뢰인을 상대로 한 다른 사건을 수임하는 경우에는 의뢰인의 동의가 필요 없이 수임이 가능하다고 할 것이다.[15)]

해설

A를 상대로 한 건물명도청구사건과 종전 사건과는 사건의 동일성 내지 본질적 관련성이 없을 뿐만 아니라 의뢰인을 상대방으로 하는 다른 사건이므로 수임이 가능하다.[16)] 의뢰인의 동의도 필요 없다.

---

13) 대한변협 2008. 2. 19. 법제 471호.: 선정당사자(민사소송법 53조 1항)의 지위는 선정행위의 법률적 성질이 선정자가 자기의 권리에 관하여 관리처분권을 부여하는 사법상의 행위가 아니고 단순히 소송수행권만을 부여하는 소송행위라고 보는 것이 타당하므로 특정소송에 있어서의 소송수행권을 받았다면 그 권한은 당해 소송에 한정된다고 보아야 한다. 따라서 이와 같은 법리에 기초하여 보면, 변호사법상의 동의라는 것은 당해 특정소송에서의 선정당사자의 권한범위를 넘어서는 일이 된다고 할 것이므로, 변호사는 선정당사자가 아닌 개별 이해상충이 발생할 수 있는 108명 전원의 동의를 얻어야 한다.

14) 대한변협 2008. 1. 14. 법제 50호.

15) 대한변협 2007. 4. 9. 법제 1270호, 동 2007. 6. 4. 법제 1678호 등 다수.

16) 대한변협 2008. 1. 14. 법제 50호.

3. 종전 의뢰인과의 이익충돌

3-1. 의 의

다음 두 사례의 차이점은 무엇인가? 변호사 L은 각 사건을 수임할 수 있는가?
(1) 변호사 L의 사무실에 A가 찾아와서 B로부터 폭행을 당하여 상해를 입었다고 하면서 B에 대한 손해배상청구사건을 의뢰했다. 변호사 L은 상담을 하고 서류를 검토한 결과 1년 전에 위 사건으로 기소된 B의 국선변호를 해준 사실을 알게 되었다.
(2) 변호사 L의 사무실에 C가 찾아와서 교통사고로 인한 손해배상청구소송을 의뢰했다. 변호사 L은 상담을 하고 서류를 검토한 결과 상대방이 1년 전에 폭력행위등처벌에관한법률위반의 형사사건에서 자신이 국선변호를 해주었던 B라는 사실을 알게 되었다.

(1) 종전의 의뢰인을 상대방으로 하는 사건과 관련하여, 변호사윤리장전은 "변호사는 위임사무가 종료된 후에도 종전 사건과 동일하거나 본질적으로 관련된 사건에서 대립되는 당사자로부터 사건을 수임할 수 없다. 다만 종전 의뢰인이 양해한 경우에는 그러하지 아니하다(윤리규칙 18조 2항)"고 규정하고 있다.

(2) 이 위 윤리규칙 18조 2항의 반대해석으로 종전 사건과 동일하거나 본질적으로 관련되지 않은 사건을 수임하는 경우에는 의뢰인의 양해가 없더라도 수임이 가능하다.

(3) 종전 사건과 동일하거나 본질적으로 관련된 사건에 관해서는 수임할 수 없는 것은 분명하나, 변호사법 31조 1항 1호가 적용되는가, 윤리규칙 18조 2항이 적용되는가를 둘러싸고 견해가 나뉘고 있다. 이는 변호사법 31조 1항 1호를 어떻게 해석하느냐에 따라 윤리규칙 18조 2항의 해석도 달라지기 때문이다.

1) 변호사법 31조 1항 1호가 현재 수임하고 있는 사건의 경우에만 적용된다는 견해(1설)에 따르면, 종전 사건과의 이익충돌은 윤리규칙 18조 2항이 적용된다.

2) 변호사법 31조 1항 1호가 현재 수임하고 있는 사건뿐만 아니라, 이미 수임사무가 종료된 후 그와 본질적으로 동일한 쟁점을 포함하는 사건을 상대방이 수임의뢰하는 경우에도 적용된다는 견해(2설)에 의하면, 종전 사건과의 이익충돌은 다음 두 가지 경우로 나누어 처리된다. 2설이 판례 및 대한변호사협회의 견해로서 타당하다는 점은 앞에서 설명한 바 있다.

① 변호사법 31조 1항 1호가 적용되는 경우, 즉 종전 사건과 본질적으로 동일한 사건을 종전 사건의 상대방이 의뢰한 경우이다. 이 경우에는 변호사법 31조 1항 1호에 의

하여 수임할 수 없다. 종전 의뢰인의 동의가 있어도 수임할 수 없다.

② 종전 사건과 동일하거나 본질적으로 관련된 사건에서 대립되는 당사자로부터 사건을 수임하는 경우 중 위 ①을 제외한 경우이다. 이 경우에도 윤리규칙 18조 2항에 따라 수임할 수 없으나, 종전 의뢰인이 양해한 경우에는 수임할 수 있다.

해설

위 두 사건은 모두 종전 의뢰인을 상대방으로 하는 사건의 수임 여부가 문제된 경우이다. 차이점은, 사례 (1)은 종전 사건과 동일하다는 점이고, 사례 (2)는 그러한 동일성이 없다는 점이다. 사례 (1)의 경우 변호사는 새로운 사건을 수임할 수 없다. 2설에 의하면, 이 사건은 변호사법 31조 1항 1호에 해당하는 것이므로 상대방의 동의가 있어도 수임할 수 없다. 사례 (2)의 경우는 새로운 사건이 종전의 사건과 '동일하거나 본질적으로 관련된 사건'이라고 볼 수 없어 수임할 수 있다.

3-2. 종전 사건과 동일하거나 본질적으로 관련된 사건이 아닌 경우

> 변호사 L은 A건설회사가 건축주 B 및 건축주의 연대보증인 C를 공동피고로 하여 제기한 공사대금청구 사건에서 피고들의 대리인이 되어 소송을 수행하여 그 처리를 종결하였다. 그 며칠 후 L의 고등학교 동창생으로서 L을 잘 알고 지내는 D는 위 공사와는 무관하게 B에게 1억 원을 대여한 사실이 있어 B를 상대로 소를 제기하고 싶다며 L에게 사건을 맡아 달라고 부탁하였다. L은 직전에 위 공사대금청구 사건에서 B를 대리한 적이 있다고 하면서 거절하였으나, D는 거듭 부탁하고 있다. 변호사 L은 D로부터 대여금청구 소송사건을 수임할 수 있는가?[17]

(1) 종전 의뢰인의 동의를 구할 필요가 없이 그 상대방을 대리하는 것이 가능하다. 어느 견해에 의하더라도 동일하다.

(2) '본질적으로 관련된 사건'의 수임을 금지한 것은, 선행소송에서 주장하는 사실관계와 후행소송에서 주장하는 사실관계가 서로 양립할 수 없는 관계에 있어 선행소송에서 일방을 대리한 소송대리인이 후행소송에서 선행소송의 주장과 모순되는 주장을 대리하는 것을 금지하고자 하는 데 그 취지가 있다.[18] 따라서 선행소송의 사실관계와 후행소송의

17) 법조윤리시험(2010년) 문제이다.
18) 대한변협 홈페이지「변호사법 질의회신」512호, 2010. 3. 5. 참조.

사실관계가 서로 양립할 수 있어 주장이 서로 모순되지 않는 경우에는 본질적으로 관련된 사건이 아니므로 수임이 허용된다고 볼 것이다.

해설

사례의 경우, 종전사건과 이번 사건은 당사자가 다르고, 사건내용도 전혀 달라 본질적인 관련이 있다고 볼 수 없으므로 L 변호사는 B의 동의를 받지 않더라도 사건을 수임할 수 있다.

3-3. 종전 사건과 동일하거나 본질적으로 관련된 사건인 경우

L 변호사는 다음 사례에서 후행사건을 수임할 수 있는가? 이 사례들의 차이점은 무엇인가?

(1) L 변호사는 교통사고로 구속된 A를 국선변호하였다. 이 사건이 종료된 후 피해자 B가 A를 상대로 제기한 손해배상청구소송에서 변호사 L은 B를 대리하려고 한다. 변호사 L은 B의 소송대리인이 될 수 있는가?

(2) 채권자 A가 주채무자 B, 연대채무자 C를 상대로 대여금청구소송을 제기한 사건에서 L 변호사가 연대채무자 C를 대리하였는데, B, C의 패소로 확정되었다. 이 소송에서는 채무성립 여부와 부담비율 등에 다툼이 있어 B, C가 각기 다른 변호사를 선임하였다. 그 후 연대채무자인 C가 채권자 A에게 채무변제를 한 다음, 주채무자 B를 상대로 구상금청구소송을 제기하였다. 이 사건에서 변호사 L은 종전 의뢰인인 C가 아니라 B를 대리하려고 한다. B의 소송대리인이 될 수 있는가?[19)]

(1) 종전 사건과 본질적으로 동일한 사건을 종전 사건의 상대방이 의뢰한 경우에는, 변호사법 31조 1항 1호가 적용되어 수임할 수 없다. 종전 의뢰인의 동의가 있었다고 하더라도 수임할 수 없다.

(2) 종전 사건과 동일하거나 본질적으로 관련된 사건에서 대립되는 당사자로부터 사건을 수임하는 경우 중 위 (1)을 제외한 경우이다. 이 경우에는 윤리규칙 18조 2항에 의하여 수임할 수 없다. 다만 종전 의뢰인이 양해하면 수임할 수 있다.

(3) 위 (1)과 (2)의 경우의 차이점에 관해서, 대한변호사협회는 다음과 같이 해석하고 있다.[20)]

① 변호사법 31조 1항 1호의 수임제한 사유는 본질적으로 동일한 사건의 '상대방'이

---

19) 박휴상(264, 265면).

20) 대한변협 홈페이지 「변호사법 질의회신」 515호, 2010. 4. 9. 등.

위임하는 사건을 수임하는 경우를 금하는 것이다.

② 윤리규칙 18조 2항은 '종전 사건과 본질적으로 동일하거나 관련된 사건'에서 '대립되는 당사자'로부터 사건을 수임하는 경우를 금하고 있으며, 이때의 '대립되는 당사자'는 '상대방'보다 넓은 개념으로서 이해관계가 대립되는 경우를 모두 포함한다.

해설

1) 사례 (1)은 종전 사건과 본질적으로 동일한 사건을 종전 사건의 상대방이 의뢰한 경우이다. 변호사법 31조 1항 1호가 적용되므로, 종전의뢰인의 양해 여부를 불문하고 수임할 수 없다. 선행소송의 종결 여부와 관계없이 위 규정에 위반되는 것이다.

2) 사례 (2)은 종전사건의 의뢰인과 이해가 대립되는 당사자인 경우이다. 윤리규칙 18조 2항이 적용된다. 즉, 종전 사건에서 B는 의뢰인 C의 상대방은 아니지만 부담비율 등에서 이해 대립되는 관계에 있었다. 따라서 변호사 L이 종전 사건의 의뢰인 C의 상대방이 아니므로 후행소송(구상금청구소송)에서 B를 대리하여도 변호사법 31조 1항 1호에 위반되는 것은 아니다. 그러나 B는 종전 사건의 의뢰인 C와 이해 대립되는 당사자이므로, 만일 변호사 L이 후행소송에서 B의 사건을 수임한다면, 선행소송에서 C로부터 지득한 비밀을 후행소송에 이용할 수 있게 된다. 그러면 변호사 L은 C의 신뢰를 배신하는 것이 될 뿐만 아니라 C에게 실질적인 손해를 주게 될 우려가 있다. 그러므로 변호사 L로 하여금 B의 사건을 수임할 수 없도록 하는 것이 적절하다고 할 수 있다. 이것을 규율하는 것이 바로 윤리규칙 18조 2항이다. 다만 이 경우는 변호사법 31조 1항 1호의 경우와 달리 종전 의뢰인 C의 양해가 있으면 수임할 수 있다.

4. 복수당사자의 대리

4-1. 복수당사자 간의 이해조정

변호사 L은 상가건물을 매도하려는 A와 매수를 희망하는 B 쌍방으로부터, 계약조건을 결정하고, 계약서의 작성, 대금수수 및 소유권이전등기절차 등의 처리를 의뢰받았다.

(1) 이와 같이 양 당사자 쌍방으로부터 의뢰를 받은 것은 변호사법에 위반되는 것인가?

(2) 매매계약을 체결한 후 B가 대금을 지급하지 않기 때문에 A가 변호사 L에게 대금의 지급을 구하는 소송의 대리인이 되어 줄 것을 요청하였다. L 변호사가 이 사건을 수임하는 것은 변호사법상 허용되는 것인가?

(3) L 변호사가 등기신청의 대리행위만 쌍방으로부터 의뢰를 받은 것은 변호사법상 허용되는가?[21]

(1) 변호사는 재판 외에서 복수당사자 간의 분쟁을 조정해 주도록 의뢰받는 경우가 있다. 예컨대, 계약조건의 조정, 공동사업의 청산에 따른 금전자산의 분배조정, 대외적 채무의 공동부담에 따른 내부적 부담비율의 결정 등이 이에 해당된다. 이러한 경우 당사자 간에 이해다툼이 예상되는데, 이를 이유로 변호사는 조정역할을 단념해야 되는가?

(2) 복수당사자 전원의 변호사에 대한 신뢰가 강하고, 이해조정의 가능성이 높을 경우 변호사는 조정역할을 인수해도 좋다. 이 경우 조정자로서 활동하는 것 자체가 직접 쌍방대리나 이익충돌에 해당되는 것은 아니다.

해설

1) 변호사가 조정역할을 인수해도 쌍방대리에 해당된다고 할 수 없다. 그러나 조정이 실패로 돌아갈 염려도 있기 때문에 다음 사항에 유의할 필요가 있다.
① 당해 변호사는 이해의 조정자로서, 복수당사자 전원의 대리인임을 명확히 해야 한다. ② 조정자로서의 직무를 행할 때에는, 각 당사자에 대해서 공정·공평한 입장을 유지해야 한다. ③ 조정의 도중에 원만한 해결의 전망이 없게 될 때에는 당사자 전원에게 그 뜻을 알리고 직무를 종료해야 한다. 그 이후 분쟁에 대해서는 어느 당사자의 대리도 하여서는 안 된다.[22)]

2) 계약당사자 일방이 채무불이행 등 위약을 하는 상황이 생길 수 있다. 이 경우 상대방 당사자로부터, 이른바 계약체결행위의 후속 서비스로서 그 위약의 문제를 해결해 주도록 요구받을 수 있다. 계약조항과 관련된 분쟁이 현재화될 때, 그 빠른 해결을 도모하는 것은 객관적으로는 쌍방 의뢰인에게 이익을 주는 것이라고 말할 수 있다. 그러나 계약체결 시에는 중립적 의견조정자로서 활동한 변호사가, 일방의 당사자를 대리하여 분쟁의 해결을 도모하는 것은 최초의 중립적 의견조정의 공평성을 의심받게 하는 요인이 될 수도 있다. 따라서 변호사법 31조 1항 1호, 변호사윤리규칙 17조 2항에 의해서, 상대방의 동의가 있어도 이와 같은 위임은 받을 수 없다고 해야 한다.[23)]

3) 등기신청행위는 이미 효력을 발생한 권리변동에 관한 법정의 공시를 신청하는 행위이며, 등기의무자에게는 의무의 이행에 불과하다. 등기신청이 대리인에 의해서 이루어지는 경우에도 대리인에 의해서 새로운 이해관계가 창조되는 것은 아니다.[24)] 따라서 등기신청행위에 관하여 등기신청당사자 일방으로부터 대리권을 부여받은 변호사가, 다른 당사자로부터도 대리권을

21) 小島 등(92면, 박휴상 268면에서 재인용).
22) 日辯連 注釈(111면), 小島 등(95면), 森際(18면).
23) 小島 등(96면, 박휴상 269면에서 재인용), 日最大判昭和 30. 12. 16., 民集 9卷 14號 2013面.
24) 日東京高判昭和 50. 9. 8. 참조.

부여받아, 쌍방대리를 하는 경우에도, 민법 124조 위반으로, 무효가 되는 것은 아니다. 이러한 등기신청행위는 변호사법 31조 1항 1호에 위반되지 않는다.[25)]

4-2. 복수당사자로부터의 사건 수임

> L 변호사는 특수강도죄로 수사 중인 A, B, C 3명으로부터 수임의뢰를 받았다. 수사단계에서는 3명 모두가 함께 피해자에게 폭행을 가한 후 강도행위를 한 사실을 인정하고 있어 수임하였으나, 기소된 후부터 A는 "B가 주범이며, 자기는 밖에서 망을 보았을 뿐"이라고 주장하고, B도 "C가 주범이고 자기는 밖에서 망을 보았을 뿐"이라고 주장하고, C 역시 "A가 주범이며 자기는 피해자에게 폭행을 가한 사실이 없다"고 각기 다른 주장을 하였다.
>
> L 변호사로서는 어떻게 하여야 하는가? 친구의 아들인 C로부터 꼭 변호인으로 남아 주기 바란다는 간청을 받은 경우 A와 B의 변호인으로서는 사임하고, C만의 변호인으로 남아도 좋은가?[26)]

(1) 복수당사자로부터 수임하는 경우가 적지 않은데, 이에 관하여 윤리규칙 18조 4항은 "변호사는 동일 사건에서 이익이 서로 충돌되는 2인 이상의 당사자를 동시에 대리하거나 변론할 수 없다"고 규정하고 있다.

Example 복수당사자로부터 사건을 수임하는 사례로는, ① 복수의뢰인을 대리하여 동일물건을 목적으로 하는 압류를 신청하는 경우나 동일한 채무자에 대해서 복수채권자를 대리하여 금전적 청구를 하는 경우, ② 채권자로부터의 금전청구에 대하여, 주채무자와 연대보증인 쌍방을 대리한 경우, ③ 토지소유자의 건물철거 및 토지인도청구에 대해서, 건물소유자와 건물임차인 양쪽을 대리하는 경우, ④ 공동피고인의 경우 등이 있다.

(2) 따라서 변호사는 복수의 당사자를 대리할 수 있으나, 그들 간에 이익충돌이 없어야 한다. 만일 이익충돌이 있다면 관련 당사자들의 동의 여부와 관계없이 그들을 동시에 대리하거나 변론할 수 없다. 여기서 이익충돌은 사건의 내용 그 자체뿐만 아니라, 수임사건의 처리방침(화해에 응하는가 여부 등)에 관한 것도 포함한다.[27)]

Example 재판을 받고 있는 두 공범 간에 서로 상대방이 주범이라고 주장하는 경우에는, 공범 간에 이익의 충돌이 있어 동시에 두 공범을 대리할 수 없다. 이들을 동시에 수임하게 되면, 변호사는 한 당사자의 희생 아래 다른 당사자의 이익을 추구할 수밖에 없기 때문이다.

---

25) 小島 등(97면).
26) 高中(115면).
27) 小島 등(88면).

(3) 복수당사자로부터 수임하는 경우에는 의뢰인 간에 이익충돌의 위험이 있다는 점을 고려하여 신중히 대응해야 한다. 이익충돌이 현실화될 경우 수임변호사는 그 사실을 고지한 후 사임 기타 사안에 따른 적절한 조치를 취해야 한다(일본 직무기본규정 42조 참조). 즉 수임변호사는 그 사실을 의뢰인들에게 고지한 후에 먼저, 의뢰인 전원의 관계에서 그 이익의 충돌이 해소되도록 노력해야 한다. 그러한 노력에도 불구하고 그 해결이 불가능하다고 판단할 경우에 사임해야 될 것이다. 그러나 가령 사임이 부득이 한 경우에도, 모든 의뢰인의 대리를 사임할 것인가, 그렇지 않으면 다른 쪽 의뢰인의 동의를 얻어 한 쪽 의뢰인의 대리를 계속할 것인가 등, 사안에 따른 적절한 조치를 취할 것이 요구된다. 다만 의뢰인 전원의 동의를 얻을 수 없는 한, 일부 의뢰인에 대해서는 사임하고, 일부 의뢰인의 대리를 계속 하는 것은 변호사법 31조 1항, 윤리규칙 18조 2항, 4항에 위배되는 것으로 허용되지 않는다.[28]

해설

이 사례는 공동피고인에 관한 것이다. L 변호사는 A, B, C와 잘 타협하여 각기 주장의 대립되는 사항을 해소하도록 노력해야겠지만, 아무리 해도 3명 상호 간의 대립이 해소되지 않는 때에는 원칙적으로 전원에 대해서 사임해야 할 것이다. 한편, A와 B에 대해서만 사임하고, C의 변호인으로 남는 것은 가능하지만, 그 경우 A와 B에게 그 사정을 충분히 설명하고, C의 변호인으로 남는 것에 대해서 승낙을 얻어야 한다(윤리규칙 18조 2항 참조).[29]

5. 잠재적 의뢰인의 문제

변호사 L은 A에게 남편 B와의 이혼에 관한 유료상담(상담료 10만 원)을 해주었다. 이후 A의 남편 B로부터 이혼 소송사건을 수임하여, A와의 상담에서 알게 된 A의 약점을 들어 이를 공격하는 내용으로 변론을 하였다. 변호사 L의 행위는 변호사법에 위반되는가?

5-1. 견해 대립

(1) 상담을 받은 잠재적 의뢰인에 대해서도 이익충돌회피의무를 부담하는지에 관하여 명문의 규정이 없어, 이를 긍정하는 견해도 있으나,[30] 대한변호사협회는 이를 부정한다.

28) 小島 등(89면), 박휴상(272면).
29) 高中(324면).

즉, 대한변호사협회는 변호사법 31조 1항 1호(수임제한)의 '수임을 승낙한 경우'에 관하여, "구체적 사건에 있어서 일방 당사자인 의뢰인 측을 위해서 업무를 수행하겠다는 의사표시를 구체적으로 한 경우를 말한다. 다만 약정서나 위임장이 작성되지 아니하고, 수임료의 지급도 없는 경우에는 특별한 사정이 없는 한 수임의 승낙이 없는 것으로 볼 수 있다"고 해석한다.[31] 따라서 이 기준에 따르면 상담사건의 경우에는 수임을 승낙한 것으로 볼 수 없기 때문에, 그 상대방으로부터 수임이 가능하다.

5-2. 결론

(1) 잠재적 의뢰인에게까지 이익충돌상황을 확대한다면, 변호사의 활동반경은 그만큼 줄어들게 될것이다. 따라서 변호사가 적은 지역이나 고도로 전문화된 분야에서 변호사가 상담에 응하게 되면, 이익충돌로 인하여 변호사 스스로도 사건을 수임하지 못하게 되고, 그 변호사를 선임하려는 다른 의뢰인도 상담의 기회를 잃어 불측의 손해를 입을 수 있다. 그러므로 변호사 수임제한 규정은 대한변호사협회의 의견과 같이 엄격하게 해석하는 것이 타당하다고 본다.[32]

(2) 이와 같이 변호사는 수임을 승낙한 것으로 볼 수 없는 상담사건에서는 상대방으로부터 수임이 가능하다. 그러나 이 경우에도 상담과정에서 알게 된 비밀을 유지할 의무가 있으므로, 그 비밀을 타인에게 누설해서는 안 된다.

Example ① '구체적 사건에 있어서 일방 당사자인 의뢰인 측을 위해서 업무를 수행하겠다는 의사표시를 구체적으로 한 경우'가 아니면, 상대방으로부터 수임이 가능하다. ② '구체적인 의사표시를 한 경우에도 약정서나 위임장이 작성되지 아니하고, 수임료의 지급도 없는 경우'에는 특별한 사정이 없는 한 수임의 승낙이 없는 것으로 보아 수임이 가능하다.

해설

변호사 L이 A의 수임을 '승낙'하였다고 볼 수 없다. 이는 변호사 L과 A 간에 위임계약이 성립하였을 정도로 신뢰관계가 형성되었다고 볼 수 없을 뿐만 아니라 수임계약서도 작성하지 아니하였고 상담료로 10만 원을 지불함으로써 사건위임의 거절의사를 명백히 하였으므로 변호사 L의 입장에서도 위 사건의 수임을 승낙하였다고 볼 수 없기 때문이다. 따라서 변호사 L이 A의

30) 한인섭 등(182면).
31) 대한변협 홈페이지 「변호사법 질의회신」 495호, 2009. 12. 14.
32) 박휴상(277면).

상대방으로부터 이혼소송사건을 수임하는 것은 변호사법이나 변호사윤리장전 상의 수임제한에 해당되지 않아 수임이 가능하다고 볼 것이다. 그러나 상담과정에서 알게 된 비밀도 유지할 의무가 있으므로, 변호사 L이 상담과정에서 알게 된 A의 비밀을 A의 상대방으로부터 수임한 소송사건에서 누설하는 경우에는 비밀유지의무를 위반한 것이 된다.[33]

Ⅲ. 공무원 등으로 관여한 사건의 이익충돌

1. 공무원 · 조정위원 · 중재인으로 직무상 취급한 사건

1-1. 개요

법무법인 P 소속 변호사인 L은 2008년 ○○시의 비상임 선거관리위원으로 활동하고 있었는데, 그 선거관리위원회는 입후보자인 A를 공직선거법 위반혐의로 고발한 바가 있었다. 후에 A가 이 사건을 법무법인 P에 의뢰하고자 한다면 법무법인 P는 이 사건을 수임할 수 있는가?[34]

(1) 변호사법 31조 1항 3호는, 변호사가 "공무원 · 조정위원 또는 중재인으로서 직무상 취급하거나 취급하게 된 사건"에 대해서는 직무를 행할 수 없다고 규정함과 아울러, 이를 위반하는 경우 형사처벌의 대상으로 하고 있다(법 113조 2호). 또한 변호사윤리규칙도 17조 1항에서 변호사 자신이 "공무원 또는 중재인이나 공정증서작성 사무에 관여한 사건, 친척이 담당 공무원으로서 처리한 사건"은 수임하여서는 아니 된다고 규정한다.

(2) 이 규정의 취지는, 공적 임무를 수행하면서 얻은 정보 혹은 공적 임무를 수행하면서 형성된 관계를 그 후 사적 이익의 대상으로 삼는 것을 금지하여, 변호사직무의 공정성을 담보하고 사건관계자를 비롯한 일반 국민의 신뢰를 확보하려는 데 있다.[35]

해설

변호사법 31조 1항 3호의 '공무원'에는 판사, 검사뿐만 아니라, 국가공무원법, 지방공무원법

33) 대한변협 홈페이지「변호사법 질의회신」 495호, 2009. 12. 14.

34) 법무부 법조윤리모의시험 문제이다.

35) 대한변협 2007. 4. 23. 법제 1391호.

상의 경력직, 특수경력직의 공무원도 포함된다. 또한 선거관리위원회, 행정심판위원회, 교육위원회, 토지수용위원회 등 각 위원회의 위원도 상임, 비상임을 불문하고 이에 포함되며, 그 밖에 법령에 의하여 공무에 종사하는 자도 포함된다. 따라서 A의 사건은 L이 공무원으로서 취급한 사건이므로 법무법인 P는 이 사건을 수임할 수 없다.

1-2. 직무상 취급한 '사건의 범위'

> 甲이 A를 통하여 종중 乙로부터 토지를 매수하면서 계약서를 ⅰ) 매수인을 B, D로 한 것과 ⅱ) 매수인을 B로 한 것 등 2개를 작성하였고, A가 ⅰ)계약서를 근거로 乙종중을 상대로 소송을 제기하여 D명의로 등기하였다가 명의신탁을 주장하여 A의 명의로 등기하였다. A가 乙종중을 상대로 제기한 민사소송에 관하여 소송사기로 기소되었고, 위 형사사건에서 계약금의 조성경위에 관하여 B가 증언하였고, 甲이 매매계약을 포기하게 된 경위에 관하여 甲의 직원 C가 증언을 하였는데, 위 증언한 내용이 위증으로 기소되었으며, L 변호사가 판사로서 위 위증사건을 처리하였다. 그 후 C가 A와 乙종중을 상대로 매수인의 지위를 승계하였다는 이유로 소유권이전등기 청구소송을 제기한 상황에서, 위증사건을 재판한 L 변호사가 위 사건을 수임할 수 있는가?

(1) '공무원 등으로서 직무상 취급한 사건'의 범위에 관하여 대한변호사협회는 "변호사법 31조 1항 3호를 해석함에 있어서도 1호에 관한 대법원판례와 같이[36] '그 기초가 된 분쟁의 실체가 동일한지의 여부' 또는 '실질적으로 동일한 쟁점을 포함하고 있는지 여부'가 판단의 기준이 된다"고 한다.[37]

(2) 종래 대한변호사협회는 사건범위를 넓게 해석하여 "변호사법 31조 소정의 수임제한 규정은 변호사업무의 공공성과 공정성을 구현하기 위한 것으로서, 수임하고 있는 사건과 공직당시의 직무가 추상적으로라도 연관되어 있으면 사건수임이 금지된다"고 하였다. 그러나 최근 그 견해를 바꾸어 위와 같이 해석하고 있다.

(3) 종래 견해는 수임제한의 범위를 지나치게 확장한 해석이다. 변호사법 31조 1항 1호와 3호가 같은 조문에 규정되어 있고, 변호사 업무의 공공성과 공정성을 구현하고 변호사에 대한 신뢰를 구축한다는 점에서 그 근본적인 입법취지가 같으므로 1호의 '사건의 범위'에 관한 해석은 3호에도 적용하는 것이 타당하다고 본다.

---

36) 대법원 2003. 11. 28. 판결, 2003다41791, 동 2003. 5. 30. 판결, 2003다15556 참조.
37) 대한변협 2008. 4. 8. 법제 1342호.

해설

위 위증사건은 乙종중으로부터 매매계약의 경위에 관한 내용이 문제로 되었고, 위증사건을 판단함에 있어서는 위증사실의 내용뿐 아니라 매매계약의 전반에 관한 사실심리와 판단이 필요하므로 위 매매계약과 기초적 사실이 동일하다고 할 수 있다. 한편 L 변호사가 수임하고자 하는 사건은 C가 乙종중과 A를 상대로 매수인의 지위를 승계하였다는 내용인 바, 최소한 위 사건에서 乙종중에 대한 청구는 위 매매계약을 청구원인으로 하고 있을 것이다. 그렇다면 위증사건과 L변호사가 수임하려는 사건은 기초적 사실이 동일하다고 보이므로, L 변호사는 위 민사사건을 수임할 수 없다고 할 수 있다.[38)]

1-3. 판사

L 변호사는 A회사의 공장에서 乙을 폭행한 甲의 형사사건을 판사 재직 시 담당하였다. 그 후 폭행을 당한 乙이 A회사와 甲을 상대로 손해배상청구소송을 제기하였는데, 1심에서 乙이 甲에게 승소하여 판결이 확정되었으나 A회사에 대해서는 패소하여 항소했다. L 변호사는 위 항소심에서 A회사를 대리할 수 있는가?[39)]

(1) 변호사로서 수임하고자 하는 사건이 판사 재직 시 취급한 사건과 그 기초가 된 분쟁의 실체가 동일한 경우에는 수임할 수 없다. 심급이 다르더라도 상관이 없다.

(2) 변호사가 법원의 판사로 재직하다가 퇴직한 경우, ① 당직 판사로 영장업무를 수행한 사건, ② 구속적부심 단계에서 취급한 사건, ③ 소속되었던 재판부로 사건배당은 되었으나 기일은 지정되지 않았던 사건, ④ 기일이 이미 지정되었으나 실제로 공판은 진행되지 않는 사건 등은 모두 수임할 수 없다고 본다.[40)]

(3) 형사사건에서 공범사건은 단순한 관련 사건과는 달리 그 실체가 동일한 사건으로 보아야 한다.[41)]

Example 2인의 공범 중 한 명에 대한 구속영장을 발부한 영장담당 판사가 변호사 등록 후 다른 공범에 대한 형사사건을 수임하는 경우와 3인의 공범의 예금계좌에 대한 압수수색 영장을 발부한 판사가 변호사 등록 후 그 중 한 명에 대한 형사사건을 수임하는 경우 수임이 제한된

---

38) 대한변협 2008. 4. 8. 법제 1342호.
39) 대한변협 2006. 5. 25. 법제 1625호.
40) 대한변협 2006. 4. 4. 법제 1167호.
41) 대한변협 2007. 4. 23. 법제 1391호.

다고 보아야 할 것이다.[42]

(4) 재판연구관이 대법원장의 명령을 받아 계속 중인 사건기록 전반을 검토하여 당해 사건의 쟁점을 정리하고, 이에 대한 양당사자의 주장과 증거방법을 검토하고, 이에 대한 법률적 견해를 정리하는 업무를 취급한 경우에는 공무원으로서 당해 사건을 취급 또는 처리한 것에 해당한다 할 것이다.[43]

(5) '회사정리사건'(「채무자 회생 및 파산에 관한 법률」상의 '회사회생사건'을 말함)에 관하여는, 사건일체에 관하여 변호사로서의 업무를 수행할 수 없다는 견해도 있으나, 판사로서 재직 시 구체적인 계약 등 법률행위의 허가, 허가의 변경 등에 관여하였을 경우 그 계약과 관련된 소송대리만을 제한하는 것이라는 견해가 타당하다.[44]

해설

위 두 사건은 분쟁의 실체가 동일한 사건이므로 L 변호사는 위 항소심에서 A회사를 대리할 수 없다.[45]

1-4. 검 사

> 변호사 L은 검사 재직 시 수사지휘를 하였던 피의자 X에 대한 폭력행위등처벌에관한법률위반의 기소중지 사건에 관하여, X의 변호인 A로부터 부탁을 받고 X가 검찰에 자수를 할 때 그와 동행하여 신변을 담당검사에게 인계하며 선처를 요청하는 등 변호사로서의 활동을 하였다.[46] 이러한 L의 행위는 변호사법상 허용되는가?[47]

(1) 검사로 재직하였던 자는 검사 재직 시 처리한 사건과 그 기초가 되는 분쟁의 실체가 동일한 사건을 수임할 수 없다.

(2) 검사 재직 시 처리한 사건에는 직접 수사한 사건은 물론, 수사지휘한 사건도 포함된다. 또한 검사 재직 시 사건을 취급하던 중 변호사개업으로 다른 검사에게 재배당되어

---

42) 대한변협 2007. 4. 23. 법제 1391호.
43) 대한변협 2004. 5. 7. 법제 1336호.
44) 서울행정법원 2008. 2. 5. 판결, 2007구합27455.
45) 대한변협 2006. 5. 25. 법제 1625호.
46) 대한변협 2005. 3. 21. 징계 2004-50호.
47) 대한변협 2005. 3. 21. 징계 2004-50호 참조.

처리된 사건도 검사 재직 시 처리한 사건에 해당한다.

해설

수사지휘한 사건도 검사 재직 시 처리한 사건에 해당한다. 퇴직 후 그 사건의 변호인으로 선임되거나 담당검사에게 피의자의 선처를 요청하는 등 변호활동을 할 수 없다.

1-5. 공증인

L 법무법인은 A회사로부터 채권양도에 관한 공정증서의 작성을 의뢰받아 A회사가 B에게 채권을 양도하였음을 공증하였다. 甲은 그 후에 L 법무법인의 구성원 변호사가 되었다. 그런데 B가 위와 같이 양수한 채권에 기하여 채무자인 C를 상대로 소를 제기하려고 하면서 甲을 찾아와 L 법무법인의 이름으로 또는 변호사 甲 개인의 이름으로 사건을 수임해 달라고 부탁하였다.

변호사 甲은 어떠한 행동을 취하여야 하는가?[48]

(1) 공증인은 공무원 신분을 갖지 않고 있지만, 그 취급한 사건이 국권의 하나인 사법권능에 속하는 사건, 즉 채무명의나 집행력 있는 정본의 형성에 관한 것이므로, 그 취급사건에 관한 한 변호사법 31조 1항 3호의 공무원에 해당된다.[49]

(2) 윤리규칙도 변호사는 자신이 공정증서작성 사무에 관여한 사건을 수임하여서는 아니 된다고 규정하고 있다(윤리규칙 17조 1항). 법무법인의 경우에는 변호사법 51조에서 명문으로 금지하고 있다.

(3) 합동법률사무소나 법무법인명의로 공증된 사건에 관하여는 그 공정증서에 서명날인한 변호사는 물론 그에 서명날인하지 아니한 변호사라 할지라도 변호사법 31조 1항 3호가 적용된다.[50]

해설

법무법인 L 명의로 공증한 사건이므로 L 법무법인이 그 사건을 수임할 수 없다. 법무법인에서 변호사업무를 수행하는 것은 그 법무법인 뿐이므로 구성원 변호사인 甲이 개인 이름으로 사

48) 법조윤리시험(2010) 문제이다.

49) 대법원 1975. 5. 13. 판결, 72다1183(전원합의체 판결).

50) 대법원 1975. 5. 13. 판결, 72다1183(전원합의체 판결).

건을 수임할 수 없음은 물론이다. 따라서 변호사 甲은 B에게 "법무법인은 그 법인이 공증한 사건에 관하여는 변호사 업무를 수행할 수 없다"고 설명하고 수임을 거절해야 한다.

1-6. 기타 공무원, 조정위원, 중재인

> L 변호사는 ○○시지방토지수용위원회가 '재개발조합 시행의 재개발사업에 편입되는 A 소유의 토지 등의 수용재결신청에서 수용재결한 사건'을 위원장직무대행으로 수행하였음에도 불구하고, 위 A가 위 조합을 상대로 제기한 수용재결처분무효확인소 등 청구사건에서 조합을 대리하여 소취하 시까지 변론활동을 하였다. L 변호사의 행위는 변호사법상 허용되는가?[51]

(1) 변호사가 공무원, 조정위원 또는 중재인으로 직무상 취급하거나 취급하게 된 사건은 이를 수임할 수 없다(법 31조 1항 3호). 법무법인의 구성원 변호사나 소속 변호사가 공무원, 조정위원 또는 중재인으로 직무상 취급하거나 취급하게 된 사건은 그 법무법인이 수임할 수 없다(법 57조). 그러나 법무법인의 직원이 공무원 등으로 취급한 사건은 당해 법무법인이 수임할 수 있다.[52] 그 밖에 윤리장전은 '친척이 담당공무원으로서 처리한 사건'도 수임할 수 없도록 하고 있다(윤리규칙 17조 1항).

(2) 변호사법 31조 1항 3호는 공무원 신분을 가진 사람이 직무상 취급한 사건만을 말하는 것이 아니라 공무원 신분을 갖지 아니한 사람이라 하더라도 그 사람이 취급한 사건이 국가의 권능에 속하는 사건이면 이에 해당된다고 보아야 한다.[53] 따라서 선거관리위원회, 행정심판위원회, 토지수용위원회 등 각 위원회의 위원도 상임, 비상임을 불문하고 이에 해당된다.

해설

이 사건은 L 변호사가 토지수용위원으로 재직 시 취급한 사건이므로 수임할 수 없다.

---

51) 법무부 2007. 4. 10. 징계결정.
52) 대한변협 2008. 1. 14. 법제 52호.
53) 대법원 1975. 5. 13. 판결, 72다1183.

2. 공직퇴임변호사의 수임제한

2-1. 취지

법조계의 고질적 병폐로 지적되어 온 전관예우에 대한 의혹을 불식시켜 국민의 사법 및 공직에 대한 신뢰성을 높이기 위하여 2011. 5. 17. 이른바 공직퇴임변호사의 사건수임을 제한하는 내용의 변호사법 개정(법률 제10627호, 2011. 5. 17. 일부개정)이 이루어졌다. 이에 따르면 공직퇴임변호사는 마지막 1년간의 근무지가 관할하는 사건을 1년 동안 수임하지 못한다. 다만 공직퇴임변호사가 이를 위반하더라도 형사처벌할 수 없으며, 징계를 하는 데 그친다.

2-2. 수임제한의 범위

L 변호사는 1개월 전까지 서울중앙지방법원 판사로 재직하다가 퇴직하였는데, P 법무법인 구성원 변호사로 들어갔다. 사건수임계약서, 소송서류 및 변호사의견서 등에는 L 변호사가 담당변호사로 표시되지 않았으나 실질적으로는 사건의 수임이나 수행에 관여하여 수임료를 받았다. L 변호사의 행위는 변호사법상 허용되는가?

(1) 법관, 검사, 군법무관(병역의무 이행만을 목적으로 한 군복무를 제외한다), 그 밖의 공무원직에 재직한 변호사(이하 '공직퇴임변호사'라 한다)는 퇴직 전 1년부터 퇴직한 때까지 근무한 법원, 검찰청, 군사법원, 금융위원회, 공정거래위원회, 경찰관서 등 국가기관이 처리하는 사건을 퇴직한 날부터 1년 동안 수임할 수 없다(법 31조 3항).

(2) 공직퇴임변호사가 퇴임 후 법무법인 등으로 들어간 경우 수임제한사건의 담당변호사는 물론이고, 공동수임이나 간접적으로 수임하는 경우도 일체 금지된다. 즉 ① 공직퇴임변호사가 법무법인, 법무법인(유한), 법무조합(이하 '법무법인 등'이라 한다)의 담당변호사로 지정되는 경우, ② 공직퇴임변호사가 다른 변호사, 법무법인 등으로부터 명의를 빌려 사건을 실질적으로 처리하는 등 사실상 수임하는 경우, ③ 법무법인 등의 경우 사건수임계약서, 소송서류 및 변호사의견서 등에는 공직퇴임변호사가 담당변호사로 표시되지 않았으나 실질적으로는 사건의 수임이나 수행에 관여하여 수임료를 받은 경우도 위 수임제한대상에 포함된다(동조 4항).

(3) 그러나 국선변호 등 공익목적의 수임과 사건당사자가 민법 767조에 따른 친족인 경우의 수임은 제한대상에서 제외된다(동조 3항 단서). 여기서 '공익목적 수임'이란 ① 국선변호 또는 국선대리, ② 대한변호사협회 또는 지방변호사회가 지정하는 무상 공익활동, ③ 공익법인 또는 비영리법인에 대하여 무료로 제공하는 법률서비스, ④ 이에 준하는 것으로 법무부장관이 지정하는 활동을 말한다(시행령 7조의3).

해설

공직퇴임변호사가 퇴임 후 법무법인 등으로 들어간 경우에도 수임제한사건의 담당변호사는 물론이고, 공동수임이나 간접적으로 수임하는 경우도 일체 금지된다. 따라서 L 변호사가 사건수임계약서, 소송서류 및 변호사의견서 등에는 P 법무법인의 담당변호사로 표시되지 않았으나 실질적으로는 사건의 수임이나 수행에 관여하여 수임료를 받은 경우도 수임제한대상에 포함된다(동조 4항).

2-3. 수임제한 국가기관의 범위

L 변호사는 대전고등검찰청에서 근무한 후 퇴직한 변호사이다. 퇴직 후 1년간 대전고등법원 사건을 수임할 수 있는가? 대전지방검찰청의 사건은 어떠한가?

(1) 퇴직 전 1년부터 퇴직한 때까지 근무한 국가기관은 공직퇴임변호사가 국가공무원법에 따른 국가공무원으로 근무한 모든 국가기관을 말한다(시행령 7조의2 1항).

(2) "대법원, 고등법원, 지방법원 및 지방법원 지원과 그에 대응하여 설치된 대검찰청, 고등검찰청, 지방검찰청, 지방검찰청 지청은 각각 동일한 국가기관으로 본다"(법 31조 3항). 따라서 지방법원에서 퇴직한 판사는 지방검찰청의 사건도 수임이 제한되며, 반대로 고등검찰청에서 퇴직한 검사는 고등법원의 사건까지 수임이 제한된다.

(3) 「법원조직법」 제3조에 따른 대법원, 고등법원, 특허법원, 지방법원, 가정법원, 행정법원, 지방법원 지원, 가정법원 지원, 가정지원, 시·군법원 및 「법원조직법」 27조 4항에 따라 관할구역의 지방법원 소재지에서 사무를 처리하는 고등법원의 부는 각 별도의 기관으로 본다. 다만, 「법원조직법」 3조 2항 단서에 따라 지방법원 및 가정법원의 지원 2개를 합하여 1개의 지원으로 하는 경우에 그 지방법원 및 가정법원의 지원은 이를 동일한 국가기관으로 본다(시행령 7조의2 2항 1호).

(4) 「검찰청법」 3조에 따른 대검찰청, 고등검찰청, 지방검찰청, 지방검찰청 지청 및 「검찰청법」 19조 2항에 따라 관할구역의 지방검찰청 소재지에서 사무를 처리하는 고등검찰청의 지부는 각 별도의 기관으로 본다(동항 2호).

(5) 「군사법원법」 5조 각 호에 따른 고등군사법원 및 보통군사법원, 「군사법원법」 36조 항에 따른 고등검찰부 및 보통검찰부, 「경찰법」 2조에 따른 경찰청과 지방경찰청 및 경찰서, 「정부조직법」 및 그 밖의 다른 법률에 따른 각 중앙행정기관, 위 중앙행정기관에 그 소속의 행정기관이 있는 경우에는 각각의 행정기관은 각 별도의 기관으로 본다(동항 3-7호).

(6) 파견·휴직 등으로 인하여 실제로 근무하지 아니한 소속 기관 등은 수임제한 대상 국가기관에서 제외하고 있다. 즉 파견, 직무대리, 교육훈련, 휴직, 출산휴가 또는 징계 등으로 인하여 실제로 근무하지 아니한 국가기관은 수임제한 대상 국가기관으로 보지 아니한다(시행령 7조의2 3항). 겸임발령 등으로 인하여 둘 이상의 기관에 소속된 경우에 실제로 근무하지 아니한 국가기관 역시 수임제한 대상 국가기관으로 보지 아니한다(동조 4항). 그리고 퇴직 전 1년부터 퇴직한 때까지 일시적 직무대리, 겸임발령 등으로 인하여 소속된 국가기관에서의 근무기간이 1개월 이하인 국가기관도 수임제한 대상 국가기관으로 보지 아니한다(동조 5항).

해설

L 변호사는 대전고등법원 사건은 수임할 수 없으나, 대전지방검찰청 사건은 수임할 수 있다.

Ⅳ. 의뢰인과 변호사 간의 이익충돌

1. 계쟁권리 양수금지

토지공유자의 한 사람이 공유물이 보존을 위한 소송을 하면서 소송비용은 변호사가 부담하고 그 소송에서 승소확정이 되면 그 소송비용과 보수로서 위 토지 중 약 4할을 지급키로 하는 보수약정을 한 경우 위 양수행위의 효력은 유효한가? 위 양수행위는 변호사법에 위반하는 것인가?

1-1. 취지

(1) 변호사법 32조는 "변호사는 계쟁권리를 양수하여서는 아니 된다"고 규정하고 있다. 변호사윤리장전에서도 변호사의 '소송의 목적의 양수'를 금지하고 있다(윤리규칙 11조). 이는 "변호사가 당사자로부터 계쟁권리를 양수함으로 인하여 당사자와 변호사 사이의 신임관계에 균열을 초래하며, 또는 당사자와 이해상반하는 결과를 가져오는 등 변호사의 일반적 품위를 손상시킬 염려"가 있기 때문이다.

(2) 이 규정을 위반하여 계쟁권리를 양수한 자는 형사처벌의 대상이 된다(법 112조 5호). 그러나 이 규정은 계쟁권리의 양수행위를 단속하기 위하여 금지규정을 둔 것에 불과하므로, 그 양수행위의 사법적 효력에는 아무런 영향이 없다.[54)]

1-2. '계쟁권리'

(1) 계쟁권리라 함은 바로 '계쟁 중에 있는 그 권리'이며, 계쟁목적물을 말하지 않는다. 계쟁권리인 이상 양수가 유상이든 무상이든, 계약 유형이 어떠하든 관계없다.

Example 판례는 "공유물에 관한 소유권이전등기말소청구소송에서 말소등기청구의 대상이 되는 부동산의 일부 지분을 변호사보수로 지급하기로 하는 것은 계쟁권리의 양수에 해당하지 않는다"고 한다.[55)]

(2) 위와 같이 계쟁권리라 함은 바로 계쟁 중에 있는 그 권리이고 계쟁목적물은 포함되지 않으므로, 강학상 '소송물'과 동일한 개념이라 할 것이다.[56)]

해설

변호사법 32조의 변호사의 계쟁권리양수를 금한 규정은 변호사의 그와 같은 행위를 단속하기 위하여 금지규정을 둔 것에 불과하여 그 양수행위의 효력에는 영향이 없으며, 여기서 '계쟁권리'라 함은 바로 계쟁 중에 있는 그 권리이며 계쟁목적물이었던 부동산 자체를 계쟁권리라 할 수 없다.[57)] 따라서 위 양수행위는 변호사법을 위반한 행위가 아니다.

---

54) 대법원 1985. 4. 9. 판결, 83다카1775.
55) 대법원 1985. 4. 9. 판결, 83다카1775.
56) 법무부 2007. 8. 27. 징계 결정.
57) 대법원 1985. 4. 9. 판결, 83다카1775.

2. 친족관계 있는 다른 변호사가 수임하고 있는 사건

L 변호사는 배우자인 P 변호사가 수임하고 있는 사건의 대립되는 당사자로부터 사건을 수임하였다. 이 사건의 수임이 가능한가?

변호사는 자신과 친족관계에 있는 다른 변호사가 수임하고 있는 사건의 대립되는 당사자로부터 사건을 수임할 수 없다. 다만 의뢰인이 양해한 경우에는 그러하지 아니하다(윤리규칙 18조 1항). 이는 다소 과도한 규제로 보인다. 이때의 친족은 배우자나 부자관계, 형제관계와 같은 가까운 친족에 한정하는 것이 타당하다고 본다.[58)]

해설

L 변호사는 의뢰인의 양해가 있으면 위 사건을 수임할 수 있다.

3. 의뢰인과 변호사 간 경제적 이익충돌의 문제

L 변호사는 A의 B회사에 대한 소송을 수임하였다. 의뢰인 A의 B회사에 대한 승소가 L 변호사가 보유하고 있는 B회사의 주가하락에 상당한 영향을 미칠 정도로 큰 파급이 예상되는 사건이다. L 변호사는 이 사건을 수임해도 되는가?

의뢰사건을 수임하여 처리하면 변호사 자신이 가지고 있는 고유한 경제적 이익을 해하는 결과가 초래될 경우, 수임이 제한되는가? 이에 대하여 일본 직무기본규정은 '의뢰인의 이익과 자기(변호사)의 경제적 이익'이 상반되는 사건은 의뢰인의 동의 없이는 수임할 수 없다고 규정하고 있다(동 규정 28조 4호). 그러나 우리나라의 경우는 이러한 유형의 이익충돌을 규제하는 조문이 없기 때문에 수임을 제한할 수는 없다고 본다.

해설

위 사례의 경우 수임을 제한할 수는 없다고 본다. 다만 이러한 사건을 수임하는 경우, 변호사는 자기의 경제적 이익을 우선시하여, 의뢰인의 이익확보에 소홀히 하는 결과가 초래되지 않도록

---

58) 이상수(195면), 박휴상(297면).

노력해야 할 것이다. 경우에 따라서 성실의무 위반, 설명의무 위반, 상대방과의 특수관계고지의무 위반 등이 문제될 수 있기 때문이다(윤리규칙 16조 1항, 2항, 5항).[59]

Ⅴ. 의무위반행위에 대한 제재

1. 위반행위의 효력

1-1 민사소송

> 형사사건에서 피고인 A의 변호인으로 선임된 법무법인의 담당 변호사 甲이 그 법무법인이 해산된 후 변호사 개인의 지위에서 위 형사사건의 피해자에 해당하는 B를 위하여 실질적으로 동일한 쟁점을 포함하고 있는 민사소송을 대리하여 항소심에서 소송을 수행하고 있다. 변호사 甲이 B의 대리인으로서 한 소송행위의 효력에 관한 설명 중 옳은 것은? (다툼이 있는 경우에는 판례에 의함)
>
> ① 미리 A의 동의를 얻지 아니하였더라도 수임제한 규정을 위반한 경우에 해당하지 아니하므로 완전한 효력이 있다.
>
> ② 미리 A의 동의를 얻은 경우에는 수임제한 규정을 위반한 경우에 해당하지 아니하므로 완전한 효력이 있다.
>
> ③ 미리 A의 동의를 얻은 경우에도 수임제한 규정을 위반한 경우에 해당하므로 B는 항소심 법원에 이의를 제기하여 위 소송행위를 무효로 할 수 있다.
>
> ④ 미리 A의 동의를 얻은 경우에도 수임제한 규정을 위반한 경우에 해당하므로 B의 이의제기 여부와 관계없이 언제나 효력이 발생하지 않는다.

(1) 변호사법 31조에 위반하면 변호사법상 징계사유가 되는 것은 물론이나,[60] 문제는 이에 위반한 소송행위의 효력이다. 이에 관해서는 ① 사회질서에 반하는 것으로 절대무효라는 절대무효설, ② 소송법상의 효력에 영향을 미치지 않는다는 유효설, ③ 무권대리행위이지만 추인에 의해서 무효가 치유될 수 있다는 추인설, ④ 사실심 변론종결 시까지 상대방의 이의에 의하여 무효로 할 수 있다는 이의설로 학설이 나뉜다.

(2) 판례는 이의설을 따르고 있다. 즉 "상대방 당사자가 그와 같은 사실을 알았거나 알 수 있었음에도 불구하고 사실심 변론종결 시까지 아무런 이의를 제기하지 아니했다면

59) 한인섭 등(191면).
60) 대법원 1967. 1. 25. 판결, 66두12.

그 소송행위는 소송법상 완전한 효력이 생긴다"고 한다.[61] 결국 이익충돌로 인한 소송대리권의 흠결은 소송 중에 적극적으로 이의를 제기하지 않는 한 소송 자체의 효력을 부인하는 근거로 되지는 못한다는 것이다. 따라서 이익충돌을 이유로 재심을 청구할 수 없다.

(3) 절대무효설은 의뢰인에게 뜻밖의 손해를 입힐 우려가 있고, 추인설은 당초 의뢰한 당사자가 배신감을 갖고 문제를 제기하는 상황인데, 뒤에 선임한 본인의 추인에 의하여 유효하게 되는 기이한 결과를 낳아 타당하다고 볼 수 없다.

변호사법 31조는 이익충돌의 문제에 있어, 뒤에 선임한 당사자보다는 먼저 선임한 당사자의 보호를 우선시하고 있다 할 것이므로 이의설이 타당하다고 본다.[62] 따라서 위반행위가 있으면 상대방은 사실심의 변론종결 시까지 이의를 제기하여 위반한 대리행위를 무효로 배제할 수 있다. 그러나 그와 같은 사실을 알았거나 알 수 있었음에도 불구하고 사실심 변론종결 시까지 이의를 제기하지 아니하였다면 소송법상 완전한 효력이 발생한다.

(4) 이의가 이유 있어 변호사의 소송대리가 변호사법에 위반된 경우 그 변호사는 당해 소송에 더 이상 관여할 수 없다. 그리고 기왕에 한 소송대리는 절대적으로 무효이고, 달리 추인의 여지가 있는 것도 아니므로 그러한 소송행위가 없었던 것과 동일한 효과가 발생한다.

(5) 또한 상대방 변호사가 이익충돌사실을 알았으면서도 이의를 제기하지 않은 경우 이의제기하지 아니한 변호사의 부작위는 소송대리인으로서의 성실의무와의 관계에서 변호사윤리상 문제가 있다.

해설

변호사 甲의 행위는 미리 A의 동의를 얻은 경우에도 변호사법 31조 1항 1호를 위반한 경우에 해당하므로 B는 항소심 법원에 이의를 제기하여 위 소송행위를 무효로 할 수 있다.

1-2. 형사소송

(1) "동일한 변호사가 민사사건에서 형사사건의 피해자에 해당하는 상대방 당사자를 위한 소송대리인으로서 소송행위를 하는 등 직무를 수행하다가 나중에 실질적으로 동일

61) 대법원 2003. 5. 30. 판결, 2003다15556.

62) 이시윤(169면).

한 쟁점을 포함하고 있는 형사사건에서 피고인을 위한 변호인으로 선임되어 변호활동 등을 하는 것은 변호사법 31조 1항 1호에 위반되어 금지된다."[63]

(2) 위 규정에 위반된 형사소송법상 소송행위의 효력에 관하여, 판례는, "피고인들의 제1심 변호인에게 변호사법 31조 1항 1호의 수임제한 규정을 위반한 위법이 있다 하여도, 피고인들 스스로 위 변호사를 변호인으로 선임한 이 사건에 있어서 다른 특별한 사정이 없는 한 위와 같은 위법으로 인하여 변호인의 조력을 받을 피고인들의 권리가 침해되었다거나 그 소송절차가 무효로 된다고 볼 수는 없다"고 판시한다.[64]

2. 징계

이이충돌에도 불구하고 사건을 수임한 경우 이는 징계사유가 된다. 이의를 제기하지 아니하여 소송행위를 부정할 수 없는 경우에도 마찬가지이다.

3. 불법행위책임

만약 변호사가 이익충돌회피의무에 위반된 사건을 수임하여 소송을 진행한 결과, 의뢰인에게 손해가 발생했다면, 의뢰인은 변호사를 상대로 법무과오에 따른 불법행위로 손해배상책임을 부담시킬 수 있다.

4. 형사처벌

> 변호사가 조정위원 또는 중재인으로 직무상 취급한 사건을 수임하는 경우 변호사법 위반으로 형사처벌의 대상이 되는가? 당사자 한쪽으로부터 상의를 받아 그 수임을 승낙한 사건의 상대방이 위임하는 사건을 수임한 경우는 어떠한가?

(1) 변호사법 31조 1항 3호(57조, 58조의16 또는 58조에 따라 준용되는 경우를 포함한다)에 위반하여 공무원 · 조정위원 또는 중재인으로서 직무상 취급하거나 취급하게 된 사건을 수임한 변호사는 형사처벌의 대상이 된다(법 113조 2호, 31조 1항 3호). 그러나 동조 1항 1

63) 대법원 2009. 2. 26. 판결, 2008도9812.

64) 대법원 2009. 2. 26. 판결, 2008도9812.

호·2호의 수임제한에 위반하거나, 동조 3항의 공직퇴임변호사의 수임제한을 위반한 변호사는 형사처벌의 대상이 아니다.

(2) 변호사법 32조(57조, 58조의16 또는 58조에 따라 준용되는 경우를 포함한다)를 위반하여 계쟁권리를 양수한 자 역시 형사처벌된다(법 112조 5호). 또한 타인의 권리를 양수하거나 양수를 가장하여 소송·조정 또는 화해, 그 밖의 방법으로 그 권리를 실행함을 업으로 한 자도 형사처벌된다(법 112조 1호). 여기의 '권리의 실행'이라 함은 실제로 타인의 권리를 양수하거나 양수를 가장하여 그 권리자로서 자기의 권리를 실행한 경우를 말하는 것이고, 채권자로부터 그 수령권한만을 위임받아 채무자들에게 채무의 변제를 요구한 행위는 이에 해당하지 않는다.[65)]

해설

공무원·조정위원 또는 중재인으로 직무상 취급하거나 취급하게 된 사건을 수임한 변호사는 형사처벌된다(법 113조 2호, 31조 1항 3호). 변호사법 31조 1항 1호·2호의 수임제한에 위반한 변호사는 형사처벌의 대상이 아니다.

Ⅵ. 사례 연습

1 변호사 甲은 토지매매에 관하여 A로부터 사기피해를 입었다고 주장하는 B를 대리하여 A를 상대로 하는 손해배상청구소송을 수행하고 있다. 그러던 중 A가 변호사 甲을 찾아와 위 사기 관련 형사사건 및 위 사기와는 전혀 관련이 없는 C에 대한 대여금청구소송을 의뢰하고자 한다. 변호사 甲은 A가 자신에게 의뢰하고자 한 사건들을 수임할 수 있는가?[66)]

① A가 변호사 甲에게 의뢰하고자 한 사건은 모두 수임하고 있는 사건의 상대방이 위임하는 다른 사건이므로 변호사 甲은 B의 동의가 있으면 두 사건 모두 수임할 수 있다.

② 변호사 甲은 B의 동의가 있더라도 A의 위 형사사건을 수임할 수 없다.

---

65) 대법원 1988. 12. 6. 판결, 88도56.

66) 법조윤리시험(2011년) 문제이다.

③ 변호사 甲은 A의 위 형사사건에 관하여는 B의 동의가 있어야 수임할 수 있으나 A의 C에 대한 대여금청구소송은 B와 무관하여 B의 동의가 없어도 사건을 수임할 수 있다.

④ 변호사 甲은 B의 동의가 있더라도 A의 위 대여금청구소송을 수임할 수 없다.

2 의뢰인이었던 A의 소개로 찾아온 B에게 변호사사무실 직원이 L 변호사에게 보고하지 않고 C를 피고소인 및 피고로 한 고소장 및 소장(청구이의)을 작성하여 주었다. 이에 대하여 B는 고맙다면서 직원들 식사비로 쓰리며 200,000원을 그 직원에게 건네주었다. 그 후 A와 함께 C가 찾아와 위 직원이 고소장을 작성해 준 사건의 피고소인으로서 위 사건을 의뢰하는 경우, L 변호사는 그 사건을 수임할 수 있는가?[67)]

3 L 변호사가 고소인으로부터 피고소인을 상대로 하는 고소대리를 수임하고 당국에 횡령의 고소를 하였는데 사건이 원만히 해결되어 고소는 취하되었으나, 그 전에 피고소인으로부터 "만일 고소인 측에서 돈 30만 원을 받아 낼 수 있다면 그 중 2할인 6만 원을 주겠다"는 취지의 화해수임을 받고 그와 같이 화해시키고 피고소인으로부터 6만 원의 사례를 받았다. L 변호사의 행위는 변호사법상 허용되는가?

4 A가 B를 피고로 하여 P 부동산에 관한 소유권이전등기청구를 하고 있는데, C가 그 부동산 중 일부는 자신의 소유라고 주장하면서 독립당사자 참가를 하는 경우, B의 소송대리인인 L 변호사가 C의 소송대리인이 될 수 있는가? B는 그 수임을 적극 동의하고 있고, C의 주장을 인정하고 있어 B와 C는 이해상반이 되지는 않는다고 한다.[68)]

5 L 변호사가 상속재산 분할심판 청구사건의 피신청인 4인 중 2인으로부터 수임을 받아 소송을 수행하던 중 수임한 피신청인 1인으로부터 기여분을 반심판으로 청구하게 되어 L 변호사에게 소송을 위임한 피신청인 중 1인을 상대방으로 하여야 하는 경우, L 변호사는 반심판청구를 수임할 수 있는가?

6 L 변호사는 손해배상청구사건의 원고인 A의 복대리인으로 선임되었는데, 원고의

67) 대한변협 2008. 2. 19. 법제 475호, 박휴상(248면).
68) 대한변협 홈페이지「변호사법 질의회신」, 463호, 2009. 7. 8. 박휴상(248면).

복대리인을 사임하고 피고 대리를 할 수 있는가?

7 A회사를 대리하여 B회사를 상대로 한 약정금 등 청구사건을 수임하여 진행 중인 상황에서 C회사를 대리하여 A회사를 상대로 한 주권인도 등 청구사건을 수임하는 것이 변호사법에 위반되는가?[69)]

8 L 변호사는 현재 A상호저축은행으로부터 3건의 사건을 위임받아 수행하고 있는데, 최근 금융감독위원회로부터 영업정지결정을 받았고, 관리인으로 선임된 예금보험공사 직원이 A상호저축은행을 경영하고 있다. 이러한 상황에서 A상호저축은행을 상대방으로 한 다른 두 사건을 수임할 수 있는가? (다만, A상호저축은행을 상대방으로 한 위 두 사건은 기존에 계류 중인 세 사건과는 당사자가 다르고 사건 내용도 전혀 다른 것임)[70)]

9 뇌물수수 형사사건에서 L 법무법인 소속 담당변호사 A, B가 수뢰자 측의 변호인으로 선임되었다가 중도에 사임하였다. 1심에서는 수뢰자와 증뢰자 모두 유죄판결을 선고받고 항소하였는데, 위 사건의 항소심에서 L 법무법인 소속 담당변호사 C, D가 증뢰자 측을 변호하는 것이 가능한가? 항소심에서 증뢰자는 일부 증뢰사실을 인정하고 있는 반면, 수뢰자는 수뢰사실을 전부 부인하고 있다.[71)]

10 A소유의 토지에 B가 정당한 권원 없이 사술로 원인무효의 소유권보존등기를 경료하고 선의의 제3자 C에게 소유권이전등기를 경료하자 'A가 B, C를 상대로 제기하는 원인무효에 기한 소유권 보존등기와 소유권이전등기말소청구소송'('선행소송'이라고 함)을 수임한 L 변호사가 'C가 B를 상대로 잘못된 부동산을 매매한 사실에 대하여 제기하는 손해배상청구사건'('후행소송'이라고 함)을 수임할 수 있는가?[72)]

11 변호사 L은 A에 대해서, B를 상대로 하는 채무불이행으로 인한 손해배상청구사건에 관하여 무료로 상담을 해주었다. 그러나 A는 다른 변호사를 소송대리인으로 선임하여 소송을 제기하였다. 그 후 B가 사무실로 찾아와 이 사건의 피고대리인을 맡아 달라고 의

---

69) 대한변협 2008. 1. 14. 법제 50호.

70) 대한변협 2007. 4. 9. 법제 1270호.

71) 대한변협홈페이지 「변호사법 질의회신」 549호, 2010. 11. 11. 박휴상(261면).

72) 대한변협 홈페이지 「변호사법 질의회신」 512호, 2010. 3. 5. 박휴상(262면).

뢰하였다. L 변호사는 B를 대리할 수 있는가?

12 변호사 L은 군판사로 재직하던 중 군형법 제92조의5 위반죄가 문제된 사건을 담당하면서 군형법 제92조의5에서 동성 간의 합의에 의한 성행위를 형사처벌하는 것이 우리 헌법상 평등원칙 및 기본권의 과잉침해금지 등에 위반된다고 하는 피고인의 신청에 따라 군형법 제92조의5에 대한 위헌 여부의 심판을 제청하였고, 이후 변호사 개업을 하였다. 그 후 피고인의 가족이 찾아와 피고인을 위하여 헌법재판소에 보충의견서를 제출하여 줄 것을 요청하였다. L은 자신의 신념에 부합하는 사건이므로 무상으로 위 사건을 수임하려고 한다. 변호사 L은 위 사건을 수임할 수 있는가?[73)]

13 변호사 L은 춘천지방법원의 판사로서 교통사고처리특례법위반으로 구속된 A의 형사사건을 맡은 바 있다. 그러나 당시 인사이동이 있어, L자신은 지원으로 발령이 났기 때문에 공판기일을 정하기만 했을 뿐 공판에 참여하지는 않았다. 그로부터 1년 1개월 후 L은 판사직을 사직하고 변호사개업을 했다. 그런데 하루는 A가 찾아와서 위 교통사고의 피해자인 B가 A를 상대로 제기한 손해배상사건의 항소심의 소송대리인이 되어 줄 것을 의뢰했다. 이 경우 변호사 L은 위 민사사건을 수임할 수 있는가?

14 변호사 L은 판사로 재직 중 A주식회사의 회사정리절차(현행 회생절차) 중 B하청업체와 체결한 하도급계약 체결에 관한 직무를 취급하였다. 변호사 개업 후 동 계약에 기한 공사비청구소송의 3심에서 A회사의 소송대리인으로서 직무를 행하였다.

(1) L 변호사의 행위는 수임제한에 관한 변호사법에 위반되는 것인가?

(2) 판사로서 회사정리업무에 관여하였다면 그 회사 회사정리절차 진행 중에 있었던 사건 일체에 관하여 변호사로서의 업무를 수행할 수 없는가, 아니면 판사로서 재직할 당시 구체적인 계약 등 법률행위의 허가, 허가의 변경 등에 관여하였을 경우 위 계약과 관련된 소송대리만을 수임할 수 없는 것인가?[74)]

15 L 법무법인은 P 법무법인의 폐업으로 인하여 그 공정증서를 인수·인계받아 보존관리하게 되었다. 이 경우 L 법무법인은 P 법무법인의 작성한 유언공정증서에 의하여 수

---

73) 법조윤리시험(2010년) 문제이다.
74) 서울행정법원 2008. 2. 5. 판결, 2007구합27455, 박휴상(282면).

증받은 자에 대한 유류분 반환청구사건에서 수증자를 소송대리할 수 없는 것인가?[75)]

16 P 법무법인 소속 변호사가 아닌 직원이 공공기관운영에관한법률 제5조 제3항 제2호에 따른 준 정부기관에서 자율적인 분쟁해결을 위해 위 기관이 임의적으로 설치한 '건설분쟁조정위원회'의 조정위원으로 위촉되어 활동하면서 준 정부기관과 특정 제3자 간에 발생한 분쟁에 대한 조정을 한 바 있는데, 그 제3자가 위 조정에 불복하여 소송을 제기하였다. 이와 같은 상황에서 P 법무법인이 위 준정부기관이 제기당한 소송사건을 수임하는 것은 변호사법에 위반되는 것인가?[76)]

17 변호사 甲은 L법률사무소에서 변호사업무를 3년 정도 수행하다가 공정거래위원회 사무관으로 공채되어 2008. 6. 20.부터 2010. 6. 19.까지 약관심사과에서 근무하였다. 그 후 2010. 7. 1. 다시 예금보험공사에 경력직으로 입사하여 감사실에서 일하다가 2011. 6. 25. 퇴직하였다. 그 후 변호사 甲은 L법률사무소의 변호사로 복귀하여 일하고 있다. L법률사무소는 변호사 甲 외에도 乙 등 20여명의 변호사들의 각자 계산으로 운영되고 있으나, 변호사 업무 수행 시 통일된 형태를 갖추고 비용을 분담하여 직원과 사무공간을 공유하고 있다. 한편 X전자회사는 2010. 12.말경 Y납품업체와의 2010. 10. 25.자 납품계약 관련 불공정거래행위 여부가 문제되어 최근까지 공정거래위원회 하도급심사과로부터 심사를 받고 있는데, 이 건과 관련하여 법적인 대응방안에 대한 법률검토 의견서를 받고자 공정거래법 분야에 전문성이 있는 변호사를 찾던 중, 변호사 甲을 소개받았다. 2011. 8. 20. 현재 변호사 甲 또는 乙이 X전자회사로부터 위 사건을 수임하여 처리할 수 있는지에 대한 설명 중 옳은 것은?[77)]

① 변호사 甲은 예금보험공사에서 일하다 퇴직하였으므로 이 사건을 수임할 수 없다.

② 변호사 甲은 이 사건을 수임하여 처리할 수 있다.

③ 변호사 甲이 평소 친분이 있는 다른 법무법인 소속의 변호사 丙에게 사건을 수임하게 한 후 실질적으로 업무처리에 도움을 주는 것은 위법이다.

④ 변호사 甲이 L법률사무소의 다른 변호사 乙로 하여금 사건을 수임하게 한 후 실질

---

75) 변호사회 홈페이지 「변호사법 질의회신」 563호, 2011. 2. 9.

76) 대한변협 2008. 1. 14. 법제 52호, 박휴상(287면).

77) 법조윤리시험(2011년) 문제이다.

적으로 업무처리에 도움을 주는 것은 위법이다.

18 변호사법상 공직퇴임변호사의 수임제한에 관한 설명으로 옳지 않은 것은?78)

① 병역의무 이행만을 목적으로 군복무를 한 군법무관은 변호사법상 수임제한을 받는 공직퇴임변호사에 해당하지 않는다.

② 공직퇴임변호사는 퇴직 전 1년부터 퇴직한 때까지 근무한 법원, 검찰청, 군사법원, 금융위원회, 공정거래위원회, 경찰관서 등 국가기관이 처리하는 사건을 퇴직한 날부터 1년 동안 수임할 수 없다.

③ 공직퇴임변호사가 변호사법상 수임제한을 받는 사건을 다른 변호사, 법무법인 등의 명의를 빌려 실질적으로 처리하는 등 사실상 수임을 하더라도 변호사법이 이를 명시적으로 금지하고 있지 않으므로 현재로서는 규제할 방법이 없다.

④ 공직퇴임변호사의 수임제한은 국선변호 등 공익목적의 수임과 사건당사자가 민법 제767조에 따른 친족인 경우에는 해당되지 않는다.

19 다음 사실관계에 대한 설명 중 옳은 것을 모두 고른 것은?79)

〈사실관계〉

변호사 甲은 의뢰인 A에게 내려진 부당한 가처분에 대하여 가처분이의소송을 수임하여 승소하였으나, 수임료를 받지 못하였다. 그 후 A는 위 가처분이 부당가처분이라는 이유로 손해배상청구소송을 제기하기로 하고 이를 변호사 甲에게 위임하였다. 변호사 甲은 A의 소송대리인으로서 부당가처분으로 인한 손해배상청구소송을 제기하여 소송계속중 위 가처분이의사건의 수임료 명목으로 위 손해배상청구사건의 손해배상청구권을 양수하였다.

가. 변호사 甲이 양수한 위 손해배상청구권은 위 가처분이의소송의 계쟁권리이다.
나. 변호사 甲이 위 손해배상청구권을 양수한 것은 변호사법 및 변호사윤리장전에 위반된다.
다. 변호사는 원칙적으로 소송의 목적을 양수하여서는 아니 되나 수임료에 충당하기 위해서는 예외적으로 허용된다.
라. 변호사 甲의 행위는 변호사의 품위유지의무에 반하는 행위이다.

① 가, 나

---

78) 법조윤리시험(2011년) 문제이다.
79) 법조윤리시험(2011년) 문제이다.

② 나, 다
③ 가, 라
④ 나, 라

20 A는 아파트 신축공사조합의 조합장으로서 조합원 88명에 대하여 가진 금 69,000,000원의 분양잔대금 채권에 대하여 이를 양수하고, 그 권리를 실행하여 그 실행된 채권액의 30%를 받기로 한 후, 그 중 일부 채권을 소송의 방법으로 실행하였다. A는 형사처벌의 대상이 되는가?

21 L 변호사는 교통사고를 일으켜 교통사고처리특례법위반으로 형사재판을 받고 있는 A의 변호인으로 선임되었다. 소송진행 중에 변호사 L은 형사합의를 위하여 피해자 B를 수차례 만났다. 당시 합의는 이루어지지 않았으나, B는 L 변호사의 성실한 태도에 호감을 갖게 되었다. 그 후 B는 A를 상대로 민사상 손해배상청구소송을 제기하기 위하여 변호사를 물색하던 중 사건내용을 잘 파악하고 있는 L 변호사가 적임자라고 생각하고 동인에게 소송을 의뢰하였다. 이에 따라 L 변호사는 B의 소송대리인으로서 소송을 제기하였고, A의 소송대리인으로는 C가 선임되었다. 그 소송과정에서 A 측에서 L의 소송대리자격에 대해서 아무런 문제제기도 하지 않은 채 1심, 2심 판결이 선고되었다. 1심, 2심에서 B가 승소하여, A가 상고하였다. 상고심에서 새로이 A의 대리인이 된 D 변호사는 상고이유로서 변호사 L의 소송행위는 변호사법 31조 1항 1호에 위반된 행위이므로 무효라고 주장하였다.

(1) A의 대리인 D 변호사의 주장은 받아들여질 수 있는가?
(2) 만약 A가 1심의 심리 도중에 L 변호사의 소송행위가 법 31조에 위반된 것이라고 주장한 경우, 그 후의 절차는 어떻게 진행되는가? 또한 그때까지 L 변호사의 소송행위의 효력은 어떻게 되는가?
(3) 1심과 2심에서는, A의 소송대리인으로서 C 변호사가 소송을 수행하였다. C 변호사는 L 변호사가 A로부터 의뢰를 받아 수임한 사건이 있다는 사실을 당연히 알았던 것으로 보인다. C 변호사의 소송활동에 대해서 어떻게 생각하는가?[80)]

22 변호사의 이익충돌회피의무에 관한 설명 중 옳은 것은?[81)]

80) 塚原 등(80면).
81) 법조윤리시험(2011년) 문제이다.

① 위임사무가 종료된 후에는 종전 사건과 동일하거나 본질적으로 관련된 사건이 아닌 한 대립되는 당사자로부터 사건을 수임할 수 있다.
② 분쟁의 실체가 동일한 경우라도 민사사건과 형사사건과 같이 그 절차를 달리하는 경우에는 의뢰인의 양해 없이 대립되는 당사자로부터 사건을 수임할 수 있다.
③ 변호사는 배우자인 변호사가 수임하고 있는 사건의 대립되는 당사자로부터는 의뢰인의 양해가 있더라도 사건을 수임할 수 없다.
④ 공무원으로서 취급한 사건이라도 의뢰인과 상대방 모두가 양해하면 수임할 수 있다.

23 변호사의 수임제한 사유에 대한 설명 중 옳지 않은 것은?[82)]

① 법무법인은 공정증서 작성 사무에 관여한 사건은 수임하여 처리할 수 없다.
② 변호사는 단순히 보복이나 상대방을 괴롭히는 방법으로 하는 사건을 수임해서는 안 된다.
③ 변호사는 사촌동생이 담당공무원으로서 처리하는 사건을 수임하여 처리할 수 없다.
④ 변호사는 쌍방 당사자의 동의를 받으면 과거 중재인으로서 취급하였던 사건을 수임하여 처리할 수 있다.

24 변호사의 이익충돌 회피의무에 관한 설명 중 옳은 것은?[83)]

① 동일 사건에서 변호사에 의한 의뢰인의 쌍방대리는 원칙적으로 허용되지 않으나, 변호사가 미리 양 당사자에게 그 사실을 고지하고 모두 동의를 얻은 경우에는 허용된다.
② 변호사는 위임사무가 종료된 후에는 종전 사건과 동일하거나 본질적으로 관련된 사건에서 원칙적으로 대립되는 당사자로부터 사건을 수임할 수 있다.
③ 이익충돌 회피의무를 위반한 변호사의 소송대리행위는 상대방 당사자가 이 사실을 알았거나 알 수 있었음에도 불구하고 사실심 변론종결 시까지 아무런 이의를 제기하지 않으면 유효하다.
④ 변호사는 의뢰인이 양해하더라도 자신과 친족관계가 있는 다른 변호사가 수임하고

82) 법조윤리시험(2011년) 문제이다.
83) 법조윤리시험(2010년) 문제이다.

있는 사건에서 대립되는 당사자로부터 사건을 수임할 수 없다.

해설

1 변호사 甲의 행위는 수임 중인 사기관련 민사소송과 관련된 형사사건을 수임하려는 것이므로 변호사법 31조 1항 1호를 위반한 것이다. 변호사 甲은 B의 동의가 있더라도 A의 위 형사사건을 수임할 수 없다. ②번이 정답이다.

2 사무직원이 고소장을 작성해준 사례이다. 고소장 작성 과정에서 사무직원이 B로부터 지득한 정보가 수임하려는 사건의 상대방인 피고소인에게 노출되는 경우 고소인 B에게 불리하게 작용할 수 있다고 보이는 점, B가 고소장 작성의 대가로 변호사사무실 직원에게 20만 원을 준 점 등에 비추어 보면, 비록 사무실 직원의 고소장 작성행위를 L 변호사가 인지하지 못하였다고 하더라도, 위 직원의 행위는 법적 책임의 측면에서 사용자인 변호사의 행위로 보아야 할 것이다. 따라서 이 사례는 변호사법 31조 1항 1호의 수임제한규정에 저촉된다고 볼 수 있다.[84)]

3 L 변호사는 한편으로 고소인을 위해서 고소대리를 수임하고, 다른 한편으로 피고소인을 위해서 화해의 대리를 수행하고, 쌍방으로부터 보수를 받았다. 이러한 행위는 쌍방대리로 허용되지 않는다. 수임한 내용이 화해이고, 한 쪽이 쌍방 대리하는 것을 승낙하였더라도 마찬가지이다.[85)]

4 이 사례는 독립당사자참가에 관한 것이다. 독립당사자 참가는 기존 당사자(A와 B)의 양쪽 또는 한쪽을 상대방으로 하여 당사자로서 소송에 참가할 수 있으므로, B에 대한 청구가 없는 경우(A만을 상대방으로 하여 참가하는 경우)에는 소송대리를 할 수 있지만, B에 대한 청구가 있는 경우에는 B가 C의 청구를 다투지 않는다고 하더라도 소송구조상 쌍방을 대리하는 셈이 되므로 소송대리를 할 수 없다.[86)]

5 종전에 피신청인 2인으로부터 수임한 사건과 반심판청구는 쌍방대리에 해당하므로 수임할 수 없다.[87)]

6 원고의 복대리인을 사임하고 피고 대리를 하는 경우도 쌍방대리이므로 허용되지 않는다.[88)]

7 A회사를 상대로 한 주권인도 등 청구사건과 종전 사건과는 사건의 동일성 내지 본질적 관련

---

84) 대한변협 2008. 2. 19. 법제 475호.
85) 대법원 1968. 8. 1. 결정, 68두8.
86) 대한변협 홈페이지 「변호사법 질의회신」 463호, 2009. 7. 8.
87) 대한변협 2005. 9. 27. 법제 2342호.
88) 대한변협 '질의회신집'(2부) 110면.

성이 없을 뿐만 아니라 의뢰인을 상대방으로 하는 다른 사건이므로 수임이 가능하다.[89] 의뢰인의 동의도 필요 없다.

8 변호사법 등에 규정된 "이해관계 충돌로 인한 수임제한"에 관한 규정은 변론권을 제한하고 변호사의 활동을 제약하는 것이기 때문에 형사법규에 준하여 그 해석을 엄격하게 하여야 할 것이다. 그런데, 변호사법 제31조 제2호나 변호사윤리규칙 제17조 제3항은 현재 의뢰인 A로부터 수임한 사건(①사건)의 상대방(B)이 의뢰하는 다른 사건을 수임하는 것만을 제한하고 있을 뿐 이와 관계가 없는 다른 사건(②사건)에서 제3자(C)가 현재의 의뢰인 A를 상대로 제기하는 사건을 수임하는 경우는 금지하지 않고 있다. 따라서 명문의 제한규정이 없는 상태에서 현재의 의뢰인을 상대로 한 다른 사건을 수임할 수 없다고 할 아무 근거가 없다고 할 것이다. 따라서 L 변호사가 A상호저축은행을 상대로 한 다른 사건을 수임하는 것은 변호사법이나 변호사윤리 규칙에 의해 금지된 행위가 아니므로 사건을 수임할 수 있다.

9 이 사례의 경우에는, 우선 다음과 같은 기본적인 전제를 정리할 필요가 있다.

① 먼저 해당 법무법인의 종전 위임사무는 종료되었다고 할 것이다. 사건 수임의 범위는 특별한 사정이 없는 한 당해 심급에 한하는 점과 1심 사건을 도중에 사임한 점이 그 근거이다.

② 또한 증뢰자와 수뢰자는 변호사법 31조 1항 1호의 '상대방'에 해당하지 않는다고 보아야 할 것이다.

③ 수뢰자와 증뢰자는 비록 대향적 공범관계에 있다고 하더라도 동일한 당사자는 아니므로 수뢰자의 사건과 증뢰자의 사건은 각 별개의 사건으로 취급하는 것이 마땅하다.

④ 다만 증뢰자와 수뢰자가 대향적 공범관계에 있는 이상, 증뢰자의 사건과 수뢰자의 사건은 원칙적으로 합일적 결론을 필요로 하는 사건인 점에서 본질적으로 관련된 사건이라고 할 수 있다.

⑤ 법무법인은 법인 명의로 업무를 수행하여야 하므로(법 50조), 같은 법인에 소속된 이상 1심의 담당변호사와 2심의 담당변호사가 상이하더라도 당해 법무법인이 사건을 수임하였다고 보는 점에서는 결과에 아무런 차이가 없다.

위와 같은 전제사실을 기반으로 판단해 본다면, 위 사례는 '상대방'으로부터의 사건수임을 금지하는 변호사법 31조 1항 1호 위반의 문제는 발생하지 않는 사안이라 할 수 있다.

그렇게 볼 경우 남는 문제는 증뢰자가 일부 증뢰사실을 인정하고 있는 반면, 수뢰자가 수뢰사실을 전부 부인하고 있으므로, 증뢰자가 인정하고 있는 부분에 대해서 증뢰자와 수뢰자를 '대립되는 당사자'(윤리규칙 18조 2항)로 볼 것인가, 아니면 '이익이 서로 충돌되는

---

89) 대한변협 2008. 1. 14. 법제 50호.

2인 이상의 당사자'(윤리규칙 18조 4항)로 볼 것인가이다. 2항의 경우에는 종전 의뢰인의 양해로 수임이 가능한 예외사유가 존재하는 반면, 4항의 경우에는 그러한 예외사유가 존재하지 않는다는 점에서 차이가 있다.

그러나 사례의 경우에는 종전 사건의 위임사무가 종료되었다고 보아야 할 것이므로 윤리규칙 18조 4항의 '동시성'의 요건의 결여를 이유로 윤리규칙 18조 4항 위반 여부는 문제되지 않는 사안이라고 할 수 있다.

윤리규칙 18조 2항의 '대립하는 당사자'의 개념을 변호사법상 '상대방'과 동일한 범주로 볼 수도 있겠지만, 변호사법과 변호사윤리장전의 존재형식의 차이, 법문상의 명백한 차이 등을 고려해 볼 때, 전자의 개념을 후자의 개념보다 다소 폭넓은 개념으로 이해하는 것이 상당하다고 본다.

이와 같이 이해할 경우 증뢰자와 수뢰자가 서로 증, 수뢰 여부에 관하여 입장의 차이를 보이는 경우에 양자는 '대립되는 당사자'의 지위에 있다고 볼 수 있다. 따라서 이 사례는 윤리규칙 18조 2항 위반 여부가 문제되는 사안으로서 종전 의뢰인이 양해한 경우에는 예외적으로 수임할 수 있으나, 양해가 없는 경우에는 수임할 수 없다고 보아야 한다.[90]

10 이 사례의 경우는, 선행소송의 종결 여부에 따라 결론이 달라질 수 있다. 두 가지 상황을 모두 검토해 보면 그 결과는 다음과 같다.

① 선행소송이 종결되지 않은 경우

A가 B, C를 상대로 제기한 말소등기청구소송이 아직 종결되지 않은 경우라면, C는 선행소송의 상대방이므로 C로부터 B에 대한 잘못된 부동산 매매로 인한 손해배상청구소송을 수임하는 것은 변호사법 31조 1항 2호에 따라 수임하고 있는 사건의 상대방이 위임하는 다른 사건을 수임하는 경우에 해당하여 수임할 수 없다. 다만 위 법조의 단서에 따라 수임하고 있는 사건의 위임인이 동의한 경우에는 수임이 가능하다고 할 것이다.

② 선행소송이 종결된 경우

선행소송이 종결된 경우라면 선행소송과 후행소송은 그 쟁점이 동일한 사실관계로부터 비롯된 것이기는 하나, 양자가 양립불가능한 것이 아니라 오히려 앞의 쟁점이 성립함으로써 뒤의 쟁점이 가능하게 되는 순차적 관계에 있다고 할 것이므로, 동일한 사건이거나 본질적으로 관련된 것이라고 할 수는 없을 것이다.

선행소송과 후행소송의 쟁점이 매우 밀접한 관련을 갖고 있는 것은 사실이지만 변호사윤리장전의 수임제한의 요건이 되는 '본질적으로 관련된 사건'이란 선행소송에서 주장하는 사실관계와 후행소송에서 주장하는 사실관계가 서로 양립할 수 없는 관계에 있어 선행소송에서 일방을 대리한 소송대리인이 후행소송에서 선행소송의 주장과 모순되는 주장을 대리하는 것을 금하고자 하는 데 그 취지가 있다고 할 것이지, 사례와 같이 선행소

90) 대한변협홈페이지 「변호사법 질의회신」 549호, 2010. 11. 11.

송과 후행소송의 쟁점이 순차적 선후관계에 있는 경우까지 제한하는 것은 아니라고 할 것이다.

후행소송은 오히려 선행소송의 원고 A의 주장이 인정되는 것을 전제로 해서만 가능한 청구가 될 것이므로 선행소송의 대리인이 후행소송의 원고 C를 수임하더라도 변호사법 31조 1항이나 윤리규칙 17조 또는 18조에 저촉되지 않으므로 이를 수임하는 데 아무런 지장이 없다고 할 것이다.[91)]

11 A는 L 변호사의 상담에 대해서 아무런 대가를 지급하지 않은 채 일방적으로 다른 변호사를 선임하였고, 약정서, 위임장, 수임료 지급 등 어느 하나 진행된 것이 없으므로 이를 변호사법 31조 1항 1호의 '수임을 승낙한 경우'라고 볼 수 없다. 따라서 L 변호사는 B로부터 사건을 수임하는 것이 가능하다고 본다. 다만 변호사가 알게 된 비밀을 누설하는 것을 금지하고 있으므로 유의할 필요가 있다.

12 공무원 재직 중 취급한 사건에 해당하므로 변호사법 31조 1항 3호에 의하여 수임이 불가하다.

13 공판기일을 정하기만 했더라도 판사는 관련 서류를 접했을 가능성이 있다. 따라서 위 사건은 '직무상 취급한 사건'이라고 볼 수 있다.

14 이 사례는, 회사정리사건에 관한 것으로 이에 대해서는 두 가지 견해가 있으며, 그 중 ②설이 타당함은 앞서 살펴본 바와 같다. 판사로서 A주식회사의 회사정리절차 중 B하청업체와 체결한 하도급계약 체결에 관한 직무를 취급하였음에도, 변호사 개업 후 동 계약에 기한 공사비 청구소송의 3심에서 A회사의 소송대리인으로서 직무를 행한 것은 ①설은 물론 ②설에 의하더라도 변호사법에 위반된 것이다.[92)]

15 유언공정증서와 그 유언에 따른 수증자에 대한 유류분 반환청구사건은 공증한 사건에 관한 업무라고 할 것이다. 그러므로 유언공정증서를 작성한 법무법인의 폐업으로 인하여 법무부로부터 그 유언공정증서를 인계·인수받아 보존·관리하는 법무법인은 비록 변호사법 51조의 적용요건인 '인가공증인으로서의 공증한 사건'에는 해당되지 않으나, 단순히 서류의 인계·인수가 아닌 그 공정증서를 발급한 기관을 승계한 것으로 볼 수 있다. 따라서 그 유언공정증서에 의하여 수증받은 수증자에 대한 유류분 반환청구사건에서 수증자를 수임하여 소송대리를 할 수 없다 할 것이다.[93)]

16 법무법인의 구성원 변호사나 소속 변호사가 아닌 직원이 공무원, 조정위원 또는 중재인으로 직무상 취급하거나 취급하게 된 사건에 대하여는 이를 규율하는 규정이 없다. 따라서 법무법

91) 대한변협 홈페이지 「변호사법 질의회신」 512호, 2010. 3. 5.
92) 법무부 2007. 4. 10. 징계 결정.
93) 변호사회 홈페이지 「변호사법 질의회신」 563호, 2011. 2. 9.

인의 직원이 공무원 등으로 취급한 사건을 당해 법무법인이 수임할 수 없다고 해석할 수는 없다. 따라서 P 법무법인은 위 사건을 수임할 수 있다.

17 변호사 甲은 공정거래위원회를 퇴직한 날로부터 1년이 지났으므로 변호사법 31조 3항의 공직퇴임변호사에 해당하지 않는다. 따라서 변호사 甲은 이 사건을 수임하여 처리할 수 있다. 정답은 ②번이다.

18 공직퇴임변호사가 퇴임 후 법무법인 등으로 들어간 경우 수임제한사건의 담당변호사는 물론이고, 공동수임이나 간접적으로 수임하는 경우도 일체 금지된다. 즉 ① 공직퇴임변호사가 법무법인, 법무법인(유한), 법무조합(이하 '법무법인 등'이라 한다)의 담당변호사로 지정되는 경우, ② 공직퇴임변호사가 다른 변호사, 법무법인 등으로부터 명의를 빌려 사건을 실질적으로 처리하는 등 사실상 수임하는 경우, ③ 법무법인 등의 경우 사건수임계약서, 소송서류 및 변호사의견서 등에는 공직퇴임변호사가 담당변호사로 표시되지 않았으나 실질적으로는 사건의 수임이나 수행에 관여하여 수임료를 받은 경우도 위 수임제한대상에 포함된다(동조 4항). 따라서 ③번이 옳지 않은 것으로 정답이다.

19 양수한 권리는 가처분이의의 결과물인 손해배상청구권리라는 점에서 가처분이의소송의 직접적인 계쟁권리의 양수가 아니다. 양수받은 손해배상청구권은 부당한 가처분으로 인한 손해배상청구사건 자체의 계쟁권리라고 할 것이므로, 변호사가 수임료 명목으로 이를 양수받은 것은 변호사법 및 변호사윤리장전에 금지하는 계쟁권리의 양수에 해당된다고 할 것이다. 계쟁권리 양수금지는 수임료에 충당하기 위하여 양수받은 것도 금지된다. 계쟁권리를 양수하는 행위는 품위유지의무에 위반한 것이다. 따라서 옳은 것은 '나, 라'로서 정답은 ④번이다.

20 A의 행위는 계속적, 반복적으로 분양채무자인 조합원들을 상대로 소송을 할 것이 예정되어 있다고 볼 수 있다. 따라서 A는 변호사법 112조 1호에 규정한 타인의 권리를 양수하거나 양수를 가장하여 소송·조정 또는 화해, 그 밖의 방법으로 그 권리를 실행함을 업으로 한 자에 해당된다.[94]

21 1) A는 2심 변론종결 시까지 이의를 제기하지 않았으므로 A의 소송대리인 D의 주장은 받아들여질 수 없다.

2) 이의가 이유 있어 L 변호사의 소송대리가 변호사법에 위반된 경우 L 변호사는 당해 소송에 더 이상 관여할 수 없다. 그리고 기왕에 한 소송대리는 절대적으로 무효이고, 달리 추인의 여지가 있는 것도 아니므로 그러한 소송행위가 없었던 것과 동일한 효과가 발생한다.

3) 또한 C 변호사가 상대방 L 변호사의 이익충돌사실을 알았으면서도 이의를 제기하지 않은 경우 이의제기하지 아니한 C 변호사의 부작위는 소송대리인으로서의 성실의무와의 관계

94) 대법원 1993. 1. 26. 판결, 91도2981.

에서 변호사윤리상 문제가 있다.

22 1) 위임사무가 종료된 후에는 종전 사건과 동일하거나 본질적으로 관련된 사건이 아닌 한 대립되는 당사자로부터 사건을 수임할 수 있다. 따라서 ①번이 옳은 것으로 정답이다.

2) 변호사법 31조 1항 1호의 사건의 동일성 여부는 분쟁의 실체가 동일한지의 여부에 의하여 결정되는 것이며, 민사사건과 형사사건 사이와 같이 그 절차가 같은 성질의 것인지 여부는 관계가 없다.

3) 변호사는 배우자인 변호사가 수임하고 있는 사건의 대립되는 당사자로부터는 의뢰인의 양해가 있으면 사건을 수임할 수 있다(윤리규칙 18조 1항).

4) 공무원으로서 취급한 사건이면 의뢰인과 상대방 모두가 양해하더라도 수임할 수 없다(법 31조 1항 3호).

23 과거 중재인으로서 취급하였던 사건은 쌍방 당사자의 동의를 받았더라도 수임할 수 없다(법 31조 1항 3호). 따라서 ④번이 옳지 않은 것으로 정답이다.

24 1) 동일 사건에서 변호사에 의한 의뢰인의 쌍방대리는 양 당사자의 동의를 얻더라도 허용되지 않는다.

2) 변호사는 위임사무가 종료된 후에도 종전 사건과 동일하거나 본질적으로 관련된 사건에서 원칙적으로 대립되는 당사자로부터 사건을 수임할 수 없다.

3) 이익충돌 회피의무를 위반한 변호사의 소송대리행위는 상대방 당사자가 이 사실을 알았거나 알 수 있었음에도 불구하고 사실심 변론종결 시까지 아무런 이의를 제기하지 않으면 유효하다. 따라서 ③번이 옳은 것으로 정답이다.

4) 변호사는 의뢰인이 양해한 경우에는 자신과 친족관계가 있는 다른 변호사가 수임하고 있는 사건에서 대립되는 당사자로부터 사건을 수임할 수 있다(윤리규칙 18조 1항).

제7장 변호사의 직무에 관한 의무

Ⅰ. 일반적 의무

1. 회칙준수 의무

> L 변호사의 다음 행위는 징계사유에 해당하는가?
> (1) 월회비 12개월분을 납부하지 아니하였다.
> (2) 진정서가 접수되어 대한변호사협회로부터의 경위서 제출의 요구를 받고도 제출하지 아니하여 3차례에 걸친 독촉이 있었음에도 제출하지 아니하였다.
> (3) 정직기간 중 재단법인 불교방송이 운영하는 라디오 불교방송의 프로그램에 출연하여 법률상담 등을 하였다.
> (4) 수임사건 중 일부를 소속 지방변호사회가 아닌 타 지방변호사회를 경유하였다.
> (5) 휴업기간 중 사건을 수임하여 소속 지방변호사회를 경유하지 아니한 채 위임장을 법원에 제출하였다

(1) 변호사는 소속 지방변호사회와 대한변호사협회의 회칙을 지켜야 한다(법 25조). 이는 대한변호사협회와 각 지방변호사회의 소속 회원인 변호사의 당연한 의무이다.

(2) 대한변호사협회 회칙 및 변호사윤리장전은 이를 더욱 구체화하고 있다. 즉, 변호사는 법령과 대한변호사협회 및 소속 지방변호사회의 회칙, 규칙, 규정 및 결의사항 등을 준수하고, 그 활동에 적극 동참하여야 한다(동 회칙 9조 1항, 윤리규칙 4조 1항). 또한 회칙, 규칙 또는 총회의 의결에 의하여 부과된 분담금, 특별회비 및 등록료 등을 납부하여야 한다(동 회칙 9조 2항). 변호사회가 지정한 업무를 성실하게 처리하고, 변호사회의 운영에 적극 협력하여야 한다(동 회칙 9조 3항).

더 나아가 변호사는 변호사와 변호사단체의 명예와 신용을 해치는 행위를 하여서는 아니 된다(윤리규칙 4조 2항). 변호사는 변호사단체의 임원이 민주적이고 공정한 방법에 의하여 선출되도록 힘써야 한다(윤리규칙 4조 3항). 또한 임원은 변호사단체의 직무 이외에

그 직위를 이용하여서는 아니 된다(윤리규칙 4조 4항).

해설

월 회비 체납(대한변협 징계 96-17호), 대한변호사협회로부터 경위서 제출요구를 받고도 제출하지 아니한 행위(대한변협 징계 98-27호, 98-28호, 99-14호), 정직기간 중 법률상담활동 수행(대한변협 징계 2005-38호), 수임사건 미경유(대한변협 징계 93-7호), 휴업기간 중 사건수임(대한변협 징계 2003-18호) 등은 변호사법 또는 회칙준수의무를 위반한 것으로 징계사유에 해당한다.

2. 공익활동 등 지정업무 처리의무

L 변호사는 서울중앙지방법원으로부터 2011. 4. 20. 국선변호인선정결정등본, 소송기록접수통지서 및 원심판결등본의 송달을 받은 후 2011. 5. 12.에 항소이유서를 제출하였다. L 변호사의 행위는 징계사유에 해당하는가?

(1) 변호사는 연간 일정 시간 이상 공익활동에 종사하여야 한다(법 27조 1항, 윤리규칙 5조 2항). 변호사는 법령에 따라 공공기관, 대한변호사협회 또는 소속 지방변호사회가 지정한 업무를 처리하여야 한다(법 27조 2항, 윤리규칙 5조 1항).

(2) 변호사의 공익활동을 의무화한 것은 2000. 1. 28. 개정된 변호사법이다. 이는 변호사가 기본적 인권의 옹호와 사회정의의 실현이라는 공공적 사명을 지닌 법률전문직임을 표명하였다는 점에서 의미가 있다. 공익활동의무의 내용에 대해서는 후술하는 '변호사의 사회활동'의 장에서 자세히 다룬다.

해설

변호인은 항소법원의 소송기록의 접수통지를 받은 날로부터 20일 이내에 항소이유서를 항소법원에 제출하여야 한다. 그 기간 내에 항소이유서를 제출하지 않으면 결정으로 항소를 기각해야 한다. 따라서 L 변호사의 행위는 공무소의 지정업무를 처리하지 않음으로써 변호사법 27조 2항을 위반한 것이다. 변호사의 징계사유에 해당한다.[1]

---

1) 대한변협 징계 93-3호 참조.

3. 연수의무

> 변호사는 1년에 몇 시간 이상 연수교육을 받아야 하는가? 법조윤리과목은 몇 시간 교육을 받아야 하는가?

(1) 변호사는 특별한 사유가 없는 한 대한변호사협회나 지방변호사회 또는 그 지정기관 또는 단체가 실시하는 연수교육에 참가하여야 한다(법 85조 1항, 2항). 이는 변호사의 전문성과 윤리의식을 높이기 위하여 변호사로 하여금 연수교육을 의무적으로 받을 것을 요구한 것이다. 이를 위반하면 과태료를 부과한다(법 117조 2항).

이와 관련하여 대한변호사협회는 변호사가 법학 관련 학술대회 등에 참여한 경우에는 연수교육을 받은 것으로 인정할 수 있다(동조 3항).

(2) 연수교육은 변호사 전원을 대상으로 한 일반연수와 희망하는 변호사를 대상으로 실시하는 특별연수로 구분되고, 일반연수는 매년 1회 이상 정기적으로 실시된다(변호사연수규칙 3조, 4조).

해설

변호사는 1년에 법조윤리과목 1시간을 포함하여 8시간 이상 연수교육을 받아야 한다(시행령 17조의2).

Ⅱ. 수임장부, 변호인선임서 등에 관한 의무

1. 수임장부의 작성 · 보관

> L 변호사는 사설묘지 설치사업에 관련한 가처분신청사건 등에 관하여 수임료 및 비용명목으로 ○○○만 원을 교부받고 사건을 수임하였음에도 수임에 관한 장부를 작성하지도 아니하고 이를 비치하지도 않았다. L 변호사의 행위는 징계사유에 해당되는가?

(1) 변호사는 수임에 관한 장부를 작성하고 보관하여야 한다(법 28조 1항). 이를 위반하

면 과태료를 부과한다(117조 1항 2호).

(2) 장부에 적어야 할 사항은 "수임일, 수임액, 위임인 · 당사자 · 상대방의 성명과 주소, 수임한 법률사건 또는 법률사무의 내용, 수임사건의 관할기관 · 사건번호 및 사건명, 처리 결과"이다(시행령 7조 2항). 장부의 작성 방법, 작성 범위, 그 밖에 필요한 사항은 대한변호사협회가 정한다(시행령 7조 3항). 이에 따라 제정된 것이 「변호사수임장부에 관한 규정」이다.

(3) 변호사는 법률사건 또는 법률사무에 관한 수임계약을 체결한 때부터 1개월 이내에 수임에 관한 장부를 작성하고, 그 작성일부터 3년간 법률사무소에 보관하여야 한다(시행령 7조 1항).

해설

변호사는 수임에 관한 장부를 작성하고 보관하여야 한다(법 28조 1항). 수임장부를 작성하지 아니하면 징계사유에 해당한다.[2)]

2. 수임사건의 건수 및 수임액의 보고

> 변호사는 매년 수임사건의 건수와 수임액을 언제까지 어디에 보고하여야 하는가? 이와 같이 보고하는 이유는 무엇인가?

변호사는 매년 1월 말까지 전년도에 처리한 수임사건의 건수와 수임액을 소속 지방변호사회에 보고하여야 한다(법 28조의 2). 이 규정은 「과세자료의 제출 및 관리에 관한 법률」에 따라 지방변호사회가 변호사의 과세자료를 관할 세무서에 제출할 때, 과세자료의 투명성을 제고하기 위하여 2007. 3. 29. 신설한 것이다. 이를 위반한 경우에는 과태료를 부과한다(117조 1항 1호).

2) 법무부 2004. 7. 19, 결정.

해설

변호사는 매년 1월 말까지 전년도에 처리한 수임사건의 건수와 수임액을 소속 지방변호사회에 보고하여야 한다(법 28조의 2). 이는 과세자료의 투명성을 제고하기 위한 것이다.

3. 변호인선임서 등의 지방변호사회 경유

변호사 L은 대전지방변호사회 소속 변호사이다. 수임한 사건 중 민사사건 3건은 대전지방변호사회를 경유하지 아니한 채 이를 법원재판부에 제출하였다. 형사사건 5건은 청주지방법원 사건이어서 변호인선임서를 법원에 제출할 때 청주지방변호사회를 경유했다. 변호사 L의 행위는 변호사법에 위배되지 않는가?

(1) 변호사가 법률사건이나 법률사무에 관한 변호인선임서 또는 위임장 등을 공공기관에 제출할 때에는 사전에 소속 지방변호사회를 경유하여야 한다. 다만 사전에 경유할 수 없는 급박한 사정이 있는 경우에는 변호인선임서나 위임장 등을 제출한 후 지체 없이 공공기관에 소속 지방변호사회의 경유확인서를 제출하여야 한다(법 29조, 대한변호사협회회칙 9조 6항, 윤리규칙 20조 2항). 이는 법조비리의 척결과 변호사의 세금포탈을 방지하기 위한 것이다. 이를 위반한 경우에는 과태료를 부과한다(117조 1항 1호).

(2) 이때 경유해야 할 지방변호사회는 공공기관 소재지의 지방변호사회가 아니라 변호사가 소속한 지방변호사회이다.

(3) 의뢰인의 위임에 따라 법원에 제출하는 서류의 작성, 제출을 대행하기 위하여 위임장을 제출하는 경우에도 소속 지방변호사회의 경유절차를 밟아야 한다.[3)]

해설

변호사는 변호인선임서 또는 위임장 등을 공공기관에 제출할 때에는 사전에 소속 지방변호사회를 경유하여야 한다. 이때 변호인선임서의 경유기관은 소속 지방변호사회이다. 따라서 L 변호사가 경유해야 할 지방변호사회는 대전지방변호사회이다. 소속 지방변호사회를 경유하지 않았거나 청주지방변호사회를 경유한 것은 변호사법에 위배된 것이다. 징계사유에 해당한다.[4)]

3) 대한변협 2008. 9. 2. 법제 2212호.
4) 대한변협 징계 2003-18호.

4. 변호인선임서 등의 미제출 변호 금지

L 변호사는 단독으로 개업하여 활동하다가 P 법무법인의 구성원으로 가입하였다. 이 경우 기존에 제출한 개인 변호사 명의의 소송위임장은 그대로 유효한 것인가?

(1) 변호사는 법원이나 수사기관에 변호인선임서나 위임장 등을 제출하지 아니하고는 ① 재판에 계속 중인 사건, ② 수사 중인 형사사건(내사 중인 사건을 포함한다)에 대하여 변호하거나 대리할 수 없다(법 29조의2, 대한변호사협회 회칙 9조 5항). 그리고 정당한 이유 없이 이를 위반한 경우에는 과태료를 부과한다(117조 1항 3호).

(2) 변호사윤리장전에도, "변호사는 사건을 수임하였을 때는 소송위임장이나 변호인선임신고서 등을 해당 기관에 제출하여야 한다. 이를 제출하지 아니하고는 전화, 문서, 방문 기타 어떠한 방법으로도 변론활동을 하여서는 아니 된다"고 규정하고 있다(윤리규칙 20조 1항). 이른바 '전화변론' 등을 금지한 것이다.

해설

변호사와 법무법인은 각각 별도의 주체이므로 L 변호사가 단독으로 개업하여 활동하다가 P 법무법인의 구성원으로 가입한 경우 단독 변호사로서는 사임신고서를 제출하고, 법무법인의 수임절차를 새로이 밟아야 한다. 즉 P 법무법인의 위임장을 담당변호사 지정서와 함께 제출해야 한다.[5]

Ⅲ. 사건의 유치행위금지

1. 연고 관계 등의 선전금지

L 변호사는 A변호사가 이미 수임하여 진행하고 있는 형사사건 피고인 B의 요청에 따라 수임을 전제로 그를 접견함에 있어서 A변호사의 사전 양해를 받지 아니하였고(결국 수임은 하지 않음), 위 접견자리에서 L 변호사와 담당 판사가 학연관계가 있으니 석방시켜 달라는

5) 대한변협 2006. 1. 27. 법제 182호.

피고인의 요청에 대하여 "자신에게 위임하면 100% 석방시켜 주겠다"는 취지의 이야기를 하여 A변호사로 하여금 피고인 B로부터 그와 같은 취지의 추궁을 받도록 하였다. L 변호사의 행위는 징계사유에 해당하는가?

(1) 변호사나 그 사무직원은 법률사건이나 법률사무의 수임을 위하여 재판이나 수사업무에 조사하는 공무원과의 연고 등 사적인 관계를 드러내며 영향력을 미칠 수 있는 것으로 선전하여서는 아니 된다(법 30조). 이를 허용하면 재판이나 수사의 불신을 초래하는 등 사법제도 자체에 대한 신뢰를 훼손할 수 있기 때문이다.

(2) 변호사윤리장전에도 "변호사는 업무에 관하여 담당 공무원과의 연고를 선전하거나 이용하여서는 아니 된다"고 규정하고 있다(윤리장전 16조 6항).

해설

L 변호사는 선임되지 않은 피고인에 대하여 "사기피해액 일부라도 공탁을 하여야 보석이 가능할 것 같다"라고 말하는 등 사전양해의무, 연고관계선전금지의무, 수임하지 않은 사건에 대한 개입금지의무를 위반하였다. 징계사유에 해당한다.[6]

2. 독직행위의 금지

(1) 변호사는 수임하고 있는 사건에 관하여 상대방으로부터 이익을 받거나 이를 요구 또는 약속하여서는 아니 된다(법 33조). 이러한 행위는 의뢰인의 신뢰를 깨뜨리는 배임행위이기 때문이다. 이를 위반하면 형사처벌된다(법 109조 2항).

(2) 변호사윤리장전도, ① 변호사는 수임사건의 상대방에 변호사가 선임되어 있는 경우에는 특별한 사정이 없으면 상대방 본인과 직접 접촉하여서는 아니 되며(윤리장전 22조 1항), ② 상대방 또는 상대방이었던 자로부터 금품, 향응 등을 받아서는 아니 된다(동조 2항)고 규정하고 있다.

6) 법무부 2007. 4. 10. 결정.

3. 변호사 아닌 자와의 동업금지 등

3-1. 변호사 아닌 자의 유상유치행위 금지

신용정보업자(X법인)가 L 변호사와 업무제휴계약을 체결한 다음, 고객인 채무자에게 L 변호사의 이용을 권고하고, L 변호사는 신용정보업자에게 정보이용료를 지급하였다. 또한 L 변호사의 직원이 신용정보업자(X법인)의 사무실에 상주하거나 정기적으로 방문하여 상담업무 등을 하였다. 이러한 L 변호사의 행위는 변호사법에 위반되는가?

(1) 누구든지 법률사건이나 법률사무의 수임에 관하여 ① 사전에 금품·향응 또는 그 밖의 이익을 받거나 받기로 약속하고 당사자 또는 그 밖의 관계인을 특정한 변호사나 그 사무직원에게 소개·알선 또는 유인하는 행위나, ② 당사자 또는 그 밖의 관계인을 특정한 변호사나 그 사무직원에게 소개·알선 또는 유인한 후 그 대가로 금품·향응 또는 그 밖의 이익을 받거나 요구하는 행위를 하여서는 아니 된다(법 34조 1항). 이는 법조 주변의 부조리를 척결하여 법조계의 투명성과 도덕성을 확보하기 위한 것이다.[7] 이에 위반한 행위를 하면 형사 처벌된다(법 109조 2호, 34조).

(2) 위 ①의 위반행위가 성립하기 위해서는 반드시 사전에 소개료 등에 관한 약정이 있어야 한다. 그러나 ②의 위반행위는 금품 등을 받을 고의를 가지고 법률사건 등을 변호사 또는 그 사무직원에게 소개하는 등의 행위를 한 후 그 대가로 금품 등을 받거나 요구하면 되는 것이고, 사전에 소개료 등에 관한 약정이 있어야 하는 것은 아니다.[8]

Example 사무직원에게 소개하는 경우에는, 이후 수수되는 금품 등이 그 소개의 대가로 인정되는 이상, 소개된 사무직원이 반드시 금품 등이 수수될 때까지 사무직원으로서의 지위를 유지하고 있어야 하는 것은 아니다.[9]

(3) 이 위반행위의 적용대상자는 '누구든지'이다. 따라서 다른 변호사나, 자신의 사무직원도 유상의 소개행위를 할 수 없다.

Example ① 변호사에 의한 유상의 소개행위도 금지된다. ② 변호사에게 고용되어 있는 사무직원도 유상의 소개행위가 금지된다.[10] ③ 의뢰인으로부터 변호사선임과 위임계약을 체결할

7) 대법원 2007. 9. 6. 판결, 2005도2492.
8) 대법원 2009. 5. 14. 판결, 2008도4377.
9) 대법원 2009. 5. 14. 판결, 2008도4377.

권한을 수여받았다고 하더라도 변호사를 선임하면서 위임계약을 체결한 대가로 보수를 받아서는 안 된다.[11] ④ 노무사가 어느 기업과 자문계약을 체결한 후, 노무 관련 업무 외 다른 법률업무에 대해서는 변호사로부터 상담·지원을 받으면서 그 수입 중 일부를 변호사에게 지급하였다면 변호사법 34조 1항에 위반된다.[12]

(4) 판례는 '알선'에 관하여 "법률사건의 당사자와 그 사건에 관하여 대리 등의 법률사무를 취급하는 상대방 사이에서 양자 간에 법률사건이나 법률사무에 관한 위임계약 등의 체결을 중개하거나 그 편의를 도모하는 행위를 말하고, 따라서 현실적으로 위임계약 등이 성립하지 않아도 무방하며, 그 대가로서의 보수를 알선을 의뢰하는 자뿐만 아니라 그 상대방 또는 쌍방으로부터 받거나 받을 것을 약속한 경우도 포함하고, 비변호사가 법률사건의 대리를 다른 비변호사에게 알선하는 경우는 물론, 변호사에게 알선하는 경우도 이에 해당한다"고 한다. 그리고 "이러한 보수의 지급에 관한 약속은 그 방법에 아무런 제한이 없고 반드시 명시적임을 요하는 것도 아니다"라고 한다.[13]

해설

사전에 신용정보회사가 L 변호사로부터 정보사용료를 지급받기로 약속하고 채무자에게 L 변호사의 이용을 권고하는 것은 "법률사건 또는 법률사무의 수임에 관하여 사전에 금품을 받을 것을 약속하고 당사자를 특정변호사에게 소개하는 행위"로서 변호사법 34조 1항 전단에 해당되어 금지된다. 변호사법 21조 3항은 "변호사는 어떠한 명목으로도 2 이상의 법률사무소를 둘 수 없다"고 규정하고 있는바, L 변호사의 사무직원이 신용정보회사 사무실 등지로 출장하여 상담에 임하는 것은 위 조항에 위반된다.[14]

3-2. 변호사의 대가제공 금지

> L 변호사는 자신의 사무직원으로부터 법률사건을 알선받고 그 대가로 선임비의 20%를 제공하였다. 이 경우에도 변호사법 109조 2호, 34조 위반죄가 성립하는가?

---

10) 헌법재판소 2005. 11. 24. 결정, 2004헌바83 전원재판부.
11) 대한변협 홈페이지 「변호사법 질의회신」 432호, 2009. 2. 25.
12) 대한변협 홈페이지 「변호사법 질의회신」 532호, 2010. 7. 8.
13) 대법원 2002. 3. 15. 판결, 2001도910, 동 2002. 6. 15. 판결, 98도3697 전원합의체판결.
14) 대한변협 2005. 11. 16. 법제 2638호.

(1) "변호사나 그 사무직원은 법률사건이나 법률사무의 수임에 관하여 소개·알선 또는 유인의 대가로 금품·향응 또는 그 밖의 이익을 제공하거나 제공하기로 약속하여서는 아니 된다"(법 34조 2항). 이에 위반하면 형사 처벌된다(법 109조 2호, 34조).

(2) 변호사윤리장전도 "변호사는 어떠한 경우를 막론하고 사건의 소개 또는 주선에 관하여 소개비 기타 이와 유사한 금품이나 이익을 공여하여서는 아니 된다"고 규정한다(윤리규칙 10조 2항).

(3) 변호사윤리장전은 이에 그치지 아니하고, 주선업자로부터 사건을 소개받는 경우에는 좀 더 엄격한 기준을 제시하고 있다. 즉 "변호사는 사건의 주선을 업으로 하는 자로부터 사건을 소개받거나 이러한 자를 이용하거나 이러한 자에게 자기의 명의를 이용하게 하는 일체의 행위를 하여서는 아니 된다"(윤리규칙 10조 1항). 주선업자는 그 자체가 불법이기 때문에 소개비의 수수 여부와 상관없이 이를 금한 것이다.

해설

변호사법 109조 2호, 34조 위반죄는 변호사가 자신의 사무직원으로부터 법률사건 또는 법률사무의 수임에 관하여 알선 등을 받고 그 대가로 금품 등을 제공하거나 이를 약속한 경우에도 성립한다.[15)]

3-3. 변호사의 명의대여금지

A는 명목상으로는 L 변호사의 사무원으로 되어 있으나, 그 법률사무소의 운영실태에 있어서는 국가배상사건만을 전담하되 A의 계산 하에 또는 L 변호사의 지휘감독을 받음이 없이 독자적으로 사건을 처리하고, L 변호사에게는 배상결정액의 10%를 명의대여료로 지급하였다. 이러한 행위는 변호사법상 허용되는가?

(1) 변호사나 그 사무직원은 법 109조 1호, 111조 또는 112조 1호에 규정된 자로부터 법률사건이나 법률사무의 수임을 알선 받거나 이러한 자에게 자기의 명의를 이용하게 하여서는 아니 된다(법 34조 3항). 이에 위반하면 형사 처벌된다(법 109조 2호, 34조).

(2) 이는 사건브로커(법 109조 1호, 111조 또는 112조 1호에 규정된 자)로부터 사건의 수임

---

15) 대법원 2007. 9. 6. 판결, 2005도2492.

을 알선받는 경우나, 사건브로커가 변호사의 이름으로 사건을 전담하여 처리하되, 변호사에게는 명의대여 대가로 일정한 보수를 지급하는 경우를 말한다. 만약 형식은 사무직원으로 고용하는 것처럼 하고 실질적으로는 변호사와 동등한 자격으로 사무실을 운영한다면 이는 변호사법 34조 3항을 우회적으로 위반하는 것이 된다.16)

해설

위 사례는 변호사법 34조 3항의 '명의'를 이용하게 한 것에 해당되어 허용되지 않는다.17)

3-4. 비변호사의 변호사 고용 금지

> L 변호사는 변호사 아닌 자 2명이 동업으로 개설한 '○○○ 법률사무소'라는 명칭의 사무소에 고용되어 월 500만 원의 보수를 받으면서, 위 비변호사로 하여금 그들이 의뢰인으로부터 받은 보수 중에서 L 변호사의 보수 및 사무실운영비 외의 돈을 알선료 등으로 가져오게 하였다. L 변호사의 행위는 변호사법상 허용되는가?

(1) 변호사 아닌 자가 변호사를 고용하여 법률사무소를 개설·운영하여서는 아니 된다(법 34조 4항). 이에 위반하면 형사 처벌된다(법 109조 2호, 34조). 이는 속칭 사무장이 변호사를 고용하는 행위를 금지하기 위한 것이다.

Example 변호사 아닌 자에게 고용된 변호사를 변호사법 34조 4항 위반죄의 공범으로 처벌할 수는 없다.18)

(2) 그러므로 변호사를 고용할 수 있는 사람은 변호사뿐이다. 비변호사는 법무법인의 파트너가 될 수 없다. 법무법인이 세무사나 회계사 등 다른 전문직의 사람들을 고용할 수 있는 데 반하여, 세무사나 회계사 또는 전문경영인이 변호사를 고용하여 법률서비스를 제공하는 것은 금지된다.

(3) 다만, 예컨대 회계법인에 속해 있는 변호사가 사내변호사와 마찬가지로 겸직 허가를 얻어 회계법인 사무소를 근무지로 하여 그 변호사 명의로 법률자문에 응하거나 법률사무를 취급하는 것은 가능하다. 반면 회계법인 명의로 법률사무를 취급할 수는 없다.19)

---

16) 대한변협 2005. 8. 2. 법제 1995호 참조.

17) 대법원 1978. 5. 23. 판결, 78도609.

18) 대법원 2004. 10. 28. 판결, 2004도3994.

해설

변호사 아닌 자가 변호사를 고용하여 법률사무소를 개설·운영하여서는 아니 된다(법 34조 4항). L 변호사의 행위는 이에 위반한 것이다. 이러한 행위는 징계대상이 됨은 물론, 형사처벌까지 받는다(법 109조 2호, 34조).

3-5. 보수분배 등 동업 금지

L변호사가 다음과 같은 행위를 하였다. 이러한 행위는 각 변호사법에 위반되는가?

① 변리사 등록을 한 L 변호사는 인터넷 도메인등록회사로 하여금 상표출원 및 등록업무를 대행(약관상 L 변호사가 위 업무를 하는 것을 공지하고, 이에 대한 동의와 함께 L을 수임인으로 한 위임장을 작성하며, 동인의 계좌로 수임료 및 비용 송금)하게 하고, 도메인등록회사에 광고비를 지급하였다.

② 위 ①에서 도메인등록회사 홈페이지에 '상표출원 및 등록(○○○변호사)'라는 글자를 클릭하여 '○○○변호사 홈페이지'와 링크되도록 하고, 위 도메인등록회사에 광고비를 지급하였다.[20]

(1) 변호사 아닌 자는 변호사가 아니면 할 수 없는 업무를 통하여 보수나 그 밖의 이익을 분배받아서는 아니 된다(법 34조 5항). 이를 위반하면 형사 처벌된다(법 109조 2호, 34조). 변호사윤리장전에도 변호사는 변호사 아닌 자와 보수를 분배해서는 아니 된다고 규정하고 있다(윤리규칙 38조). 이는 변호사의 전문적인 판단에서 비변호사의 영향을 최소화함으로써 변호사의 독립성을 유지하기 위한 것이다.

(2) 변호사법 34조 5항은 형사처벌되는 강행규정이다. 따라서 이 규정을 위반하여 변호사 아닌 자가 변호사 아니면 할 수 없는 업무에 대하여 보수를 받기로 약정한 경우 그 사법상 효력 역시 무효라고 보아야 한다. 만약 그 효력이 유효하다고 한다면, 강행규정인 변호사법 109조 1호 내지 111조의 입법취지를 침해하는 결과를 초래하게 되기 때문이다.[21]

19) 대한변협 홈페이지「변호사법 질의회신」481호, 2009. 10. 5.
20) 대한변협 2007. 6. 4. 법제 1682호, 박휴상(227면).
21) 춘천지방법원 2007. 6. 22. 판결, 2006가합319.

해설

1) 변리사 등록을 한 변호사는 변리사법상의 업무를 행할 수 있음은 의문의 여지가 없다(법 3조, 변리사법 2조, 13조 참조).

2) 그러나 변호사와 도메인회사가 위 ①과 같은 관계를 맺고 업무를 수행한다면 이는 변호사가 도메인회사의 홈페이지를 이용하여 변호사업무광고를 하는 정도를 넘어 상호 동업하는 것 또는 도메인회사가 변호사를 위하여 사건을 유치 또는 알선하는 행위를 하고 있는 것으로 비칠 수 있다. 그러므로 변호사가 도메인회사에게 돈을 지급한다면, 이는 동업자 간의 이익분배 또는 사건의 알선 · 유치에 대한 대가로 지급되는 돈으로 평가될 여지가 농후하기 때문에 설령 그 돈의 명목이 광고비라 할지라도 그것이 순수한 의미의 광고비라고 평가될 수는 없을 것이다.

따라서 위 사례의 경우 변호사가 광고비 명목으로 도메인회사에 돈을 지급하는 것은, 변호사법 34조(변호사 아닌 자와의 동업금지 등) 및 변호사윤리규칙 10조(주선업자이용금지)에 위반되는 행위라 할 것이다.

3) 도메인등록회사 홈페이지에 게시된 위와 같은 글자를 통하여 변호사 홈페이지와 링크되도록 하는 것은 일종의 변호사의 업무광고에 해당하는 것으로, 광고에 대한 책임소재를 분명히 하는 광고의 주체가 당해 변호사임을 알 수 있도록 표시한다면 형식상으로는 적법한 변호사의 업무광고가 될 것이다. 변호사업무광고만을 하기 위하여 도메인등록회사의 홈페이지를 이용하고 그 대가로 순수한 광고비를 지급하는 행위는 변호사법 등에 위반되지 아니 한다.[22)]

4. 사건 유치 목적의 출입금지 등

4-1. 변호사의 사건유치 목적의 접촉 · 출입 · 주재 등의 금지

> L 변호사는 ○○시 변호사인데, 매일 시내 병원에 사무직원을 파견하여 사건을 수임하도록 한 후 소개비를 교부하였다. L 변호사의 행위는 징계사유에 해당하는가?

(1) "변호사는 사건의 유치를 목적으로, 예상되는 의뢰인과 접촉하거나 사무직원 또는 제3자로 하여금 선임을 권유하는 행위를 하게 하여서는 아니 된다"(윤리규칙 9조). 이는 변호사가 잠재적 의뢰인을 직접 접촉하여 유인하거나 다른 사람을 통하여 유인하는 것을 금지한 것이다.

22) 대한변협 2007. 6. 4. 법제 1682호.

(2) 변호사업무광고규정은 이를 좀 더 자세히 규정하여 "변호사는 현재 및 과거의 의뢰인(법인 기타 단체인 경우, 담당 임 · 직원 포함), 친구 · 친족 및 이에 준하는 사람 이외의 사람을 방문하거나 전화를 거는 방법으로 광고를 하여서는 아니 된다"고 규정한다. 다만 상대방의 동의나 요청이 있는 경우에는 예외로 하고 있다(변호사업무광고규정 5조 1항).

(3) 변호사법은 잠재적인 의뢰인을 접촉하기 전이라도, 의뢰인을 확보하기 위해 법원 등에 출입하는 것도 금지하고 있다. 즉, "변호사나 그 사무직원은 법률사건이나 법률사무를 유상으로 유치할 목적으로 법원 · 수사기관 · 교정기관 및 병원에 출입하거나 다른 사람을 파견하거나 출입 또는 주재하게 하여서는 아니 된다"(법 35조). 이에 위반하면 과태료를 부과한다(법 117조 1호). 이는 법조비리 근절을 위하여 속칭 '사건사무장'의 채용을 금지하려는 데 그 취지가 있다. 이 규정은 유치금지의 장소적 범위가 제한되어 있고, 유상으로 유치할 목적인 경우에 한한다는 점에서 위 윤리규정의 내용과 차이가 있다.

해설

"변호사나 사무직원은 법률사건이나 법률사무를 유상으로 유치할 목적으로 법원 · 수사기관 · 교정기관 및 병원에 출입하거나 다른 사람을 파견하거나 출입 또는 주재하게 하여서는 아니 된다"(법 35조). L 변호사는 이를 위반한 것으로 징계대상이 된다.

4-2. Ambulance Chaser

관광버스가 언덕 아래로 추락하여 15명이 사망하고 25명이 중경상을 입은 대형교통사고가 발생했다. 이에 L 변호사와 그 사무장은 가해회사와 전화국 114등을 통해 피해자들의 이름과 연락처를 알아낸 다음, 20여명의 피해자들에게 전화를 걸어 피해사실과 소송의사를 타진하였다. 변호사의 위와 같은 행위는 변호사법이나 윤리장전에 위반된 것인가?

Ambulance Chaser란 부상자를 태운 구급차(ambulance)를 추적하는(chase) 것과 같이, 변호사가 수임가능한 사건을 찾아다니는 행위를 말한다. 이러한 직접적인 사건의 권유행위는 부당한 목적을 위한 권유 내지 품위를 손상시키는 방법에 의한 권유이기 때문에 원칙적으로 금지 된다(변호사업무광고규정 4조 5호). 즉 "특정사건과 관련하여 당사자나 이해관계인에 대하여 그 요청이나 동의 없이 방문, 전화, 팩스, 우편, 전자우편, 문자메시지 송부, 기타 이에 준하는 방식으로 접촉하여 당해 사건의 의뢰를 권유"하는 내용의 광고는 금지된다.

해설

이 사례는 이른바 Ambulance Chaser에 해당하는 사례이다. 사건 피해자들에게 소송의사를 타진한 것은 변호사윤리규칙 9조에 저촉된다.[23)]

4-3 확산피해의 구제와 권유행위

> A 식품회사가 그 제조식품 X에 유해물질 P를 섞어 제조함으로써 다수의 소비자들에게 피해를 입게 한 사건이 발생하였다. 이에 L 변호사는 뜻을 같이하는 변호사들과 변호사단을 구성하여 다수의 피해자를 대상으로, 신문이나, 인터넷에 광고를 게재하여 소송을 권유하는 방법으로, 악덕 식품업자 A에 대한 손해배상청구사건을 수임하려고 한다. 이러한 행위는 변호사법상 허용되는가?

대규모 증권관련집단소송이나 소비자피해사건과 같이 다수의 피해자의 발생이 예상되는 사건에 있어서, 피해자를 조속히 구제하고 피해확산을 방지하기 위하여, 피해자의 변호사단을 결성하고, 신문·잡지나 인터넷 홈페이지에 광고를 내어 변호사단에의 사건의뢰를 권유하는 경우가 있다. 이것은 변호사업무광고규정 4조 5호에서 금지하는 직접적인 권유행위에 해당되지 않는다. 이러한 광고는 확산되는 피해의 구제를 실효 있게 하기 위한 것으로, 부적절한 사건권유와는 다르다.

해설

이 사례는 피해확산을 방지하기 위한 것이므로, 부적절한 사건권유라고 할 수 없다.

5. 재판·수사기관 공무원의 사건소개 금지

> A는 X지방법원 형사과 소속 사무관인데, 자신의 사촌형 B가 횡령죄로 구속되어 현재 X지방법원에서 재판을 받고 있는 중이다. A는 변호사 L을 B에게 변호인으로 소개하여 선임하도록 했다. A의 행위는 변호사법상 허용되는 것인가?

---

23) 대한변협 2004. 12. 21. 법제 2575호.

(1) 사건소개행위 금지

변호사법은 재판·수사기관 공무원에 대해서는 그 대가 유무를 불문하고 사건소개행위를 금지하고 있다(법 36조, 37조). 일반적으로 재판·수사기관 공무원이 아닌 경우에는, 사건을 소개하였으나 금품을 수수하지 않았다면 문제삼지 않고 있는 것과 비교된다(법 34조 1항).[24]

재판·수사기관 공무원의 사건소개 금지는 '재판기관이나 수사기관 소속 공무원'(법 36조)과, '재판 또는 수사업무에 종사하는 공무원'(법 37조)으로 나누어 규제하고 있다.

(2) 재판·수사기관 소속 공무원

1) 재판기관이나 수사기관의 소속 공무원은 대통령령으로 정하는 자기가 근무하는 기관에서 취급 중인 법률사건이나 법률사무의 수임에 관하여 당사자 또는 그 밖의 관계인을 특정한 변호사나 그 사무직원에게 소개·알선 또는 유인하여서는 아니 된다(법 36조). 이는 유·무상 일체의 사건 소개행위를 금지하고 있다. 이를 위반하면 과태료를 부과한다(법 117조 1호).

2) 그러나 사건 당사자나 사무 당사자가 민법 767조에 따른 친족인 경우에는 예외로 사건 소개가 허용된다(법 36조 단서). 이 경우에도 금품을 수수하고 사건소개를 하는 것이 금지됨은 말할 필요도 없다.

3) '대통령령으로 정하는 자기가 근무하는 기관'은 변호사법 시행령 8조에 규정되어 있는데, 해당 공무원이 실제 근무하는 헌법재판소, 법원, 군사법원, 검찰청, 경찰서, 해양경찰관서, 사법경찰관리의 직무를 행하는 해당 소속기관, 군검찰부를 말한다(시행령 8조 참조).

(3) 재판이나 수사업무에 종사하는 공무원

1) 재판이나 수사 업무에 종사하는 공무원은 직무상 관련이 있는 법률사건 또는 법률사무의 수임에 관하여 당사자 또는 그 밖의 관계인을 특정한 변호사나 그 사무직원에게 소개·알선 또는 유인하여서는 아니 된다(법 37조 1항). 이를 위반하면 형사 처벌된다(법 113조 3호, 37조 1항). 이 경우에는 당사자가 친족인 경우에도 소개할 수 없다.

2) 여기서 '직무상 관련'이란 ① 재판이나 수사업무에 종사하는 공무원이 직무상 취급하고 있거나 취급한 경우(동조 2항 1호), 또는 ② 1호의 공무원이 취급하고 있거나 취급한

24) 창원지법 1998. 7. 31. 판결, 98고합218.

사건에 관하여 그 공무원을 지휘·감독하는 경우(동항 2호)를 말한다. 즉, 직무취급자뿐만 아니라, 지휘감독자도 해당된다.

해설

재판기관이나 수사기관의 소속 공무원이라도 사건 당사자가 민법 767조에 따른 친족인 경우에는 예외로 사건 소개가 허용된다(법 36조 단서). 따라서 A가 사촌형 B를 위해 L 변호사를 소개하는 것은 변호사법에 위배되지 않는다.

Ⅳ. 변호사의 겸직제한

1. 공무원 겸직 금지

국회 법제사법위원회 소속 국회의원인 L 변호사는 변호사업무를 수행할 수 없는가?

변호사는 휴업하지 아니 하면, 보수를 받는 공무원을 겸할 수 없다. 다만 국회의원이나 지방의회 의원 또는 상시 근무가 필요 없는 공무원이 되거나 공공기관에서 위촉하는 업무를 수행하는 경우에는 그러하지 아니 하다(법 38조 1항, 3항).

Example ① '상시 근무가 필요 없는 공무원'으로는 시간제계약직공무원이 그 전형적인 사례에 속한다.[25] 시간제계약직공무원은 휴직기간이든 아니든 가릴 것 없이 변호사 개업이 허용된다. ② 국회의원은 법제사법위원회에 소속된 경우에도 변호사업무가 허용된다.[26] ③ 국회의원 보좌관은 국가공무원으로서, 그 업무의 특성상 상시 근무를 필요로 하지 않는 공무원이라 보기 어려우므로 변호사가 겸직할 수 있는 공무원의 범위에 속하지 않는다.[27]

해설

대한변협은, "국회법 제40조의2의 해석상 변호사인 국회의원이 상임위원회인 법제사법위원회에 소속된다고 하여 모든 변호사업무를 수행할 수 없는 것으로 볼 수는 없고, 그러한 경우에도

25) 대한변협 2007. 12. 4. 법제 2903호.
26) 대한변협 2006. 7. 25. 법제 1944호.
27) 대한변협 2004. 6. 25. 법제 1612호.

원칙적으로 변호사업무를 수행할 수는 있으나 변호사로서 담당하는(또는 담당하게 될) 구체적인 사건이 '법제사법위원회의 직무와 관련한 영리행위인 경우'에만 한정하여 변호사로서의 업무를 수행할 수 없는 것으로 보아야 한다. 왜냐하면, 국회법 제40조의2는 상임위원으로 하여금 소속 상임위원회의 직무와 관련한 영리행위를 하지 못하도록 하는 규정일 뿐, 그 상임위원회의 직무와 관련이 없는 영리행위를 금하는 규정이 아님이 분명하고, 또 법제사법위원회의 소관사항이 변호사업무 전반에 관한 것이 아닌 이상, 법제사법위원회의 소관사항(직무)과 관련이 없는 변호사업무는 당연히 허용되어야 하기 때문이다"라고 한다.[28] 따라서 국회의원은 법제사법위원회에 소속되는 경우에도 변호사업무가 허용된다.

2. 영리목적 업무 등의 겸직허가

2-1. 의의

> L 변호사는 도박회사인 P 주식회사의 법무부장으로 취임하기 위하여 소속 지방변호사회에 겸직허가신청을 했다. 변호사회는 P 회사가 도박회사로서 변호사의 품위를 손상시키는 회사라는 이유로 허가를 해주지 아니 하였다. L 변호사는 어떠한 방법으로 이 처분에 대해서 다툴 수 있는가?

(1) 변호사는 휴업하지 아니하면, 소속 지방변호사회의 허가 없이 ① 상업이나 그 밖에 영리를 목적으로 하는 업무를 경영하거나 이를 경영하는 자의 사용인이 되거나, 또는 ② 영리를 목적으로 하는 법인의 업무집행사원·이사 또는 사용인이 될 수 없다. 다만 법무법인·법무법인(유한) 또는 법무조합의 구성원이 되거나 소속 변호사가 되는 경우에는 그러하지 아니 하다(법 38조 2항, 3항).

(2) 지방변호사회가 소속 변호사에 대하여 행하는 겸직허가행위는 지방변호사회가 소속 변호사 사이에 맺는 공법관계에서 생기는 것이고, 직업선택의 자유나 영업의 자유를 제한하는 것을 의미하는 변호사의 영리목적업무 경영제한을 해제하여 주는 강학 상 '허가'에 해당한다. 그러므로 지방변호사회의 겸직허가행위는 항고소송으로 그 위법 여부를 다툴 수 있는 행정소송법상의 처분에 해당한다.[29]

---

28) 대한변협 2006. 7. 25. 법제 1944호.
29) 서울행정법원 2003. 4. 16. 판결, 2002구합32964.

(3) 직업선택의 자유를 제한하는 겸직제한은 그 자유권의 본질적인 내용을 침해하여서는 아니 되고 변호사의 공공성을 유지하기 위하여 필요한 최소한의 범위에 그쳐야 한다.[30]

해설

지방변호사회의 겸직허가행위는 행정소송법상의 처분으로 항고소송으로 그 위법 여부를 다투어야 한다.

2-2. 겸직허가대상

L 변호사는 예금보험공사의 이사를 겸직하려고 한다. 소속 지방변호사회의 허가를 받아야 하는가?

(1) 특수법인의 이사 등

겸직허가대상인 변호사법 38조 2항의 "영리를 목적으로 하는 법인"이란 상법상의 회사보다는 넓은 의미의 개념이다.[31] 한국자산관리공사, 예금보험공사 등 특수법인도 관련 법률에 따르면 수익성과 무관한 업무라고 볼 수 없으므로 상법상의 회사는 아니지만 "영리를 목적으로 하는 법인"에는 해당된다고 보아야 한다. 따라서 이러한 특수법인의 업무집행사원, 이사, 사용인의 지위를 겸직하기 위해서는 소속 지방변호사회의 허가를 받아야 한다.[32]

(2) 준법감시인, 준법지원인

1) 「자본시장과 금융투자업에 관한 법률」은 금융투자업자(투자자문업이나 투자일임업만을 하는 금융투자업자로서 투자일임재산의 합계액이 5천억 원 미만인 자를 제외한다)는 준법감시인 1인 이상을 두도록 하고 있다(동법 28조). 준법감시인은 임직원이 내부통제기준을 준수하고 있는지 여부를 점검하고 내부통제기준을 위반하는 경우 이를 조사하여 감사위원회 또는 감사에게 보고하는 자(이하 '준법감시인'이라 한다)를 말한다. 5년 이상의 경력이 있는 변호사는 준법감시인이 될 수 있다(동법 28조 4항). 준법감시인이 되는 경우에도 사내변호사가 되

30) 서울행정법원 2003. 4. 16. 판결, 2002구합32964.
31) 대한변협 2005. 9. 27. 법제 2344호.
32) 대한변협 2005. 9. 27. 법제 2344호.

는 경우와 마찬가지로 변호사법 38조에 따라 소속 변호사회의 겸직 허가를 받아야 한다.[33] 이러한 준법감시인제도는 은행법(23조의3), 보험업법(17조)에도 규정되어 있다.

2) 2011. 4. 14. 개정상법(2012. 4. 15. 시행)에 의하면 대통령령으로 정하는 상장회사는 준법지원인 1명 이상을 두도록 하고 있다(상법 542조13). 준법지원인은 임직원이 준법통제기준을 준수하고 있는지 여부를 점검하고 그 결과를 이사회에 보고하는 자로서 이사회에서 선임되며, 임기는 3년이다. 변호사의 자격이 있는 사람은 준법지원인으로 선임될 수 있는데, 이 경우에도 준법감시인과 마찬가지로 소속 변호사회의 겸직 허가를 받아야 한다고 본다.

(3) 공인중개사

변호사가 별도 공인중개사 자격에 기하여 공인중개사 업무를 겸업하는 경우, 공인중개사의 업무도 영리업무에 해당하므로 소속 지방변호사회의 겸업허가를 받아야 한다. 이 경우 공인중개사의 자격은 변호사의 자격과 무관한 별개의 다른 자격이므로 별개의 사무소를 개설하는 것은 변호사법상 이중사무소개설금지에 저촉되지 아니 한다.[34]

(4) 변리사

변호사는 변리사법에 의해 변리사 등록을 하고 변리사로서 업무를 수행할 수 있다. 이 경우 변리사로서의 직무도 변호사가 법률사무를 행하는 것에 포함되므로 소속 지방변호사회의 겸직허가를 요하지는 않는다.[35]

그러나 법무법인의 구성원변호사가 특허법인의 구성원을 겸직하는 경우에는 소속 지방변호사회로부터 겸직허가를 받아야 한다. 다만 이러한 겸직이 가능한 경우는 법무법인의 구성원과 특허법인의 인적 구성이 동일할 뿐만 아니라 사무소의 물적 시설도 동일한 경우, 즉 사무소가 1개소인 경우에 한정된다.[36] 그 사무실이 각 별개의 독립된 사무실의 형태를 취하면 변호사법 48조에 저촉된다.

해설

예금보험공사 등 특수법인도 관련 법률에 따르면 수익성과 무관한 업무라고 볼 수 없으므로

33) 대한변협 홈페이지 「변호사법 질의회신」 525호, 2010. 5. 3.
34) 대한변협 2007. 4. 6. 법제 1217호.
35) 대한변협 2004. 9. 22. 법제 2067호.
36) 대한변협 2006. 12. 29. 법제 2834호.

상법상의 회사는 아니지만 "영리를 목적으로 하는 법인"에는 해당된다고 보아야 한다. 따라서 이러한 특수법인의 업무집행사원, 이사, 사용인의 지위를 겸직하기 위해서는 소속 지방변호사회의 허가를 받아야 한다.[37]

2-3. 법무법인의 영리목적사업 경영

P 법무법인은 출판 업무를 목적으로 하는 합작법인 설립을 추진 중이다. P 법무법인이 위 합작법인의 주요 주주로서 지분의 40%를 출자하려고 한다.
(1) P 법무법인이 위 신설 합작법인의 경영에 참여할 수 있는가?
(2) P 법무법인이 단지 출자만 하는 것은 허용되는가?
(3) 소속 변호사 중 1인이 변호사법 38조 2항에 따라 소속 지방변호사회로부터 겸직허가를 받고 신설 합작법인의 대표이사 내지 이사직을 수행하는 것은 허용되는가?[38]

(1) 법무법인의 직무는 변호사법 3조에 정한 업무와 공증업무를 행하는 것이다(법 49조). 상업 기타 영리를 목적으로 하는 업무 등은 이러한 법무법인의 직무범위를 일탈하는 행위이므로 인정될 수 없다. 그러므로 법무법인은 변호사들의 업무와 관련된 홈페이지개설업, 출판업 등을 그 이름으로 직접 경영할 수 없다.[39] 또한 법무법인의 구성원 및 소속 변호사는 법무법인의 실질적인 경영참여의 목적으로 다른 회사의 대표이사 내지 이사직을 수행할 수 없다고 본다.[40] 겸직허가를 받았다고 하더라도 수행할 수 없다.

(2) 그러나 법무법인이 다른 회사의 주식을 소유하거나 출자하는 데는 변호사법상 특별한 제한이 없다. 다만 이 경우 변호사법 58조의8 1항 및 변호사법시행령 13조의2의 제한을 준수하여야 할 것이다.[41]

해설

법무법인이 다른 회사의 주식을 소유하면서 단순한 주주로서의 지위에 머무르지 않고 그 회사의 경영에 참여하는 행위는 할 수 없다. 이러한 경영참여행위는 변호사법이 정한 법무법인의 직무범위를 일탈하는 행위이기 때문이다. 또한 법무법인의 구성원 및 소속 변호사가 법무법인의

37) 대한변협 2005. 9. 27. 법제 2344호.
38) 대한변협 2008. 5. 30. 법제 1705호, 박휴상(235면).
39) 대한변협 2006. 9. 18. 법제 2193호.
40) 대한변협 2006. 9. 18. 법제 2193호.
41) 대한변협 2008. 5. 30. 법제 1705호.

실질적인 경영참여의 목적으로 다른 회사의 대표이사 내지 이사직을 수행하는 것도 금지된다. 다만 법무법인이 다른 회사의 주식을 소유하거나 출자하는 것은 허용된다.

V. 사례 연습

1 L은 변호사로서 작년 한 해 민사사건 20건, 형사사건 5건을 수임하였다. 이 가운데 형사사건 2건은 위임장을 받아두었지만, 재판이 진행되지 않아 지방변호사회를 경유하지 않았다. 그리고 민사사건 2건의 수임액을 수임장부에 기재해 두지 않았다. L은 이들 4건의 수임액을 1/3로 줄여 수임장부에 기재하고 그 수임장부에 기초해서 지방변호사회에 보고하려고 한다. L은 이 문제를 선배 변호사인 P에게 문의하였는데, 이때 선배 변호사인 P는 L에게 어떻게 조언해야 하는가?[42)]

① 수임장부는 반드시 작성하여야 하는 장부가 아니므로, 수임액을 줄여서 기재해도 된다고 조언한다.

② 변호사법상 수임장부를 작성·보관하게 되어 있지만, 수임액 기재는 재량이기 때문에, 수임액을 줄여서 기재해도 된다고 조언한다.

③ 변호사법상 수임장부를 작성·보관하게 되어 있고 수임액 기재도 필수 기재 사항이므로, 수임액을 줄여서 기재해서는 안 된다고 조언한다.

④ 법령상 제재는 없지만, 직업적 양심에 따라 기재하여야 하므로, 수임액을 줄여서 기재해서는 안 된다고 조언한다.

2 변호사 L은 15년간의 검사 경력을 마감하고 자신이 마지막으로 근무한 검찰청 앞에서 변호사로 개업했다. 의뢰된 사건 중에는 그다지 심각하지 않은 것도 많았다. 심지어 피의자 진술을 위한 소환과 구속을 구분하지 못하는 경우도 있었다. L은 그러한 식의 간단한 사건의 경우에는 선임신고서의 제출없이 전화로 사건의 진행과정을 확인하거나 피의자의 입장을 전달해주는 정도로 하고 의뢰인으로부터 보수를 받았다. L의 이러한 변론활동은 허용되는가?[43)]

① 의뢰인들이 자발적으로 찾아와서 의뢰한 사건이므로 허용된다.

---

42) 법무부 법조윤리모의시험 문제이다.

43) 법무부 법조윤리모의시험 문제이다.

② L과 의뢰인 사이에 정확한 수임계약서를 작성했다면 허용된다.

③ 전화를 통한 변론활동은 원칙적으로 금지되기 때문에 허용되지 않는다.

④ 선임신고서를 제출하지 않은 변론활동이므로 허용되지 않는다.

3 L 변호사는 P 변호사회의 원로이고, 많은 고문회사를 가지고 있었지만, 나이가 많기 때문에, 스스로 적절한 사건처리를 할 수 없었다. 그래서 P 변호사회의 젊은 변호사 수명에게 사건을 소개하고, 그 변호사가 수령한 보수의 30%를 파트너 분배금 명목으로 받았다. L 변호사의 행위에는 어떠한 문제가 있는가?[44]

4 A는 B에게 자신의 법률사무를 수행해 줄 변호사를 물색하여 변호인선임계약을 체결하도록 대리권을 수여하였다. B는 위 대리권에 의해서 A의 변호인으로 변호사 L을 선임하였는데, 변호사 L은 고마움의 표시로 B에게 50만 원이 든 봉투를 건넸다. B가 대리권에 기해서 위임계약을 체결하였더라도 변호사 L로부터 금품을 받으면 변호사법 34조 1항의 알선, 소개의 대가로 금품을 받은 경우에 해당되는가?[45]

5 P 법무법인 ○○은 인터넷 사이트를 개설·운영하면서 동 인터넷사이트에 접속한 고객들을 상대로 주로 주식회사 KT의 ARS를 이용한 유료전화상담을 하고 있다. 구체적으로 전화상담에 참여할 P 법무법인 소속 변호사 외에 20명의 특정 변호사의 사진과 약력을 동 인터넷사이트에 게시한 후, 이용고객들의 법률사무를 유인하여 위 변호사들에게 알선하고, 그 대가로 위 변호사들과 상담에 따른 보수를 분배하며, 위와 같은 유료전화상담의 방법으로 세무상담에 참여한 3명의 세무사들에게도 상담에 따른 보수를 분배하였다. P 법무법인의 행위는 변호사법상 허용되는 것인가?[46]

6 L 변호사는 개업한 지 6개월 밖에 안 되어, 거의 사건을 수임하지 못하고 있었다. 이를 딱하게 여긴 친구 A가 3건의 형사사건을 소개해주었다. A는 유명한 사건브로커이었지만, L 변호사의 사정을 잘 알고 있었기 때문에 사건 소개비를 일체 받지 않았다.

L 변호사가 A로부터 사건을 소개받는 것은 변호사법상 허용되는가?

---

44) 高中(66면, 박휴상 218면에서 재인용).

45) 대한변협 홈페이지 「변호사법 질의회신」 432호, 2009. 2. 25.

46) 대한변협 징계 2004-53호, 2005-8호.

7 다음 설명 중 옳지 않은 것은? (다툼이 있는 경우에는 판례에 의함)47)

① 변호사가 소개료를 지급하고 자신의 법률사무소 사무직원으로부터 법률사건의 알선을 받은 행위는 변호사법위반에 해당한다.

② 변호사가 변호사법에 위반하여 법률사건의 알선을 받을 수 없는 자로부터 알선을 받아 법률사건을 수임하고 받은 수임료는 추징의 대상이 아니다.

③ 노무사가 어느 기업과 자문계약을 체결하고 노무 관련 업무 외 다른 법률업무에 대해서는 변호사가 상담·지원해주면서 노무사가 그 수입 중 일부를 변호사에게 지급할 경우 변호사법위반이 된다.

④ 변호사 아닌 자에게 고용되어 법률사무소의 개설·운영에 관여한 변호사의 행위는 일반적인 형법 총칙상의 공모, 교사 또는 방조에 해당되고, 변호사를 고용한 변호사 아닌 자는 처벌하면서 고용된 변호사는 처벌할 수 없다면 형평에도 맞지 않으므로 고용된 변호사는 변호사 아닌 자의 공범으로 처벌할 수 있다.

8 변호사가 부동산중개법인으로부터 별도의 자문료를 받지 않고 부동산중개법인의 경매물건에 대한 권리분석 등의 자문을 해주고, 부동산중개법인이 변호사로부터 별도의 금품약속 없이 법률상담을 원하는 의뢰인들에게 위 변호사를 추천해주며, 부동산중개법인 사무실 내에 「고문변호사 ○○○」라는 표지판을 설치하는 것은 변호사법에 위반되는가?48)

9 L 변호사는 독립된 회계와 대가 수수가 없는 것을 전제로 공인회계사와 '업무제휴'를 함에 있어, 공동사무실을 사용하면서 사무소의 주요 명칭을 함께 사용(예 : '가'법률사무소와 '가'회계사사무소)하려고 한다. 이것이 가능한가? 또한 '원-스톱(One Stop) 서비스'나 '법률과 회계의 종합 업무처리'등의 표현을 사용하여 두 사무소의 업무가 긴밀하게 연결되어 있음을 암시하는 것은 가능한가?49)

10 변리사 및 세무사 등록을 한 L 변호사가 변리사, 세무사와 각각 공동사업자로 등록하여 세무 또는 특허변리업무를 처리하려고 한다. 현행 변호사법의 동업금지규정에 위반되는가?50)

---

47) 법조윤리시험(2011년) 문제이다.
48) 대한변협 2006. 7. 25. 법제 1951호, 박휴상(219면).
49) 대한변협 2006. 4. 17. 법제 1356호, 박휴상(227면).

11 L 변호사는 사무원에게 성과급을 지급함에 있어 사건수임료의 10%를 지급하는 방법을 사용하고 있다. 이것은 보수분배 등 동업금지위반에 해당되는가?

12 P 회계법인이 변호사 L을 고용하여 법률서비스도 제공하려고 한다. 이것이 가능한가? 회계법인에 속해 있는 L 변호사가 겸직허가를 얻어 회계법인 사무소를 근무지로 하여 L 변호사 명의로 법률사무를 취급하는 것은 허용되는가?

13 변호사 L은 법률사무소를 개설하였으나 사건 수임을 많이 하지 못하여 고심하고 있었다. 그래서 대인관계가 좋고 언변이 뛰어나다고 소문난 A를 사무직원으로 고용하여 경찰이나 검찰에 형사사건으로 구속된 사람들의 가족들을 찾아다니면서 사건 유치를 하도록 시켰다. 변호사 L은 사무직원 A가 열심히 일하도록 독려하기 위하여 A가 주선, 알선하여 사건수임이 성사된 경우에는 그 사건 수임료의 30%를 성과급으로 지급하였고, A로 하여금 변호사 사무실로 출근할 필요도 없이 밖에서 활동하면서 사건 유치에 전력하도록 하였다. 변호사 L은 A의 노력으로 사건 수임 건수가 어느 정도 증가되기는 하였으나 충분하지 못하다고 생각하였다. 급기야 변호사 L은 병원의 대기실과 입원실을 찾아다니면서 교통사고나 산업재해 등으로 병원에서 치료 중인 환자들을 설득하여 손해배상사건 등 민사사건을 다수 수임하였다. 병원을 출입하면서 사건을 다수 유치하게 되자 변호사 L은 병원뿐만 아니라 경찰서를 찾아가 그곳 민원실에 있는 민원인들을 설득하여 다수의 형사사건을 수임하였다. 한편, 변호사 L은 건축회사를 운영하고 있던 숙부(3촌)가 사기죄로 고소를 당한 사실을 알고 찾아가 자신을 그 사건의 변호인으로 선임하도록 권유하였다. 다음 중 변호사 L의 변호사 윤리규범의 위반 여부에 관하여 옳은 설명은?[51]

① 변호사 L이 법률사건이나 법률사무를 유상으로 유치할 목적으로 병원과 경찰서에 출입한 것은 변호사의 윤리규범을 위반한 것이 아니다.

② 변호사 L이 사건의 유치를 주된 임무로 하는 사무직원 A를 채용한 것은 변호사의 윤리규범을 위반한 것이 아니다.

③ 변호사 L이 사무직원 A의 보수를 사건유치에 대한 성과급으로 정한 것은 변호사의 윤리규범을 위반한 것이다.

④ 변호사 L이 사건의 유치를 목적으로 예상되는 의뢰인인 자신의 숙부(3촌)를 접촉한

50) 대한변협 2005. 5. 2. 법제 1342호.

51) 법무부 법조윤리모의시험 문제이다.

것은 변호사의 윤리규범을 위반한 것이다.

14 재판기관이나 수사기관에서 근무하는 공무원, 재판 또는 수사업무에 종사하는 공무원에 대해서는 사건소개행위를 금지하고 있다. 변호사법상 브로커 또는 다른 일반인이 사건을 소개하는 경우와의 차이점은 무엇인가?

15 변호사의 겸직 금지에 관한 설명 중 옳지 않은 것은?[52)]

① 변호사가 국회의원이 되기 위하여 소속 지방변호사회의 허가를 받아야 하는 것은 아니다.

② 변호사가 호텔을 경영하는 주식회사의 대표이사로 취임하려면 소속 지방변호사회의 허가를 받아야 한다.

③ 변호사가 장학 사업을 목적으로 하는 재단법인의 이사로 취임하려면 소속 지방변호사회의 허가를 받지 않아도 된다.

④ 변호사가 지식경제부의 사무관을 겸직하려면 소속 지방변호사회의 허가를 받아야 한다.

16 L 변호사는 지방의회 의원을 겸하려고 한다. 이것이 가능한가? 시간제계약제공무원이나 국회의원 보좌관은 어떠한가?

17 다음 설명 중 옳은 것은?[53)]

① 변호사 L은 사무직원들이 사건을 유치하는 경우 그 사건으로 받은 착수금의 10%에 해당하는 격려금을 해당 직원에게 주고 있는데, 이는 변호사윤리상 바람직하지는 않지만 변호사윤리장전상 금지되는 행위는 아니다.

② 변호사 L은 경찰관이 형사사건을 소개하는 경우 받은 보수 중 일정 부분을 그에게 송금한다. 이 경우 경찰관은 사건 브로커가 아니기 때문에 변호사윤리장전에 위반되지 않는다.

③ 변호사 L은 교통사고로 인한 손해배상청구소송을 수임함에 있어, 판결로 선고되는 배상금의 20%를 성공보수로 받기로 약정했다. 이러한 성공보수 약정은 원칙적으

52) 법조윤리시험(2010년) 문제이다.
53) 법조윤리시험(2010년) 문제이다.

로 소송의 목적을 양수하는 행위로서 변호사윤리장전에 위반된다.

④ 변호사 L은 A가 의뢰한 사건의 변론을 마치고 법정을 나온 직후, A가 상대방 대리인인 P 변호사에게 폭언을 하고 있는 것을 보고도 그대로 사무실로 돌아갔다. 이러한 L의 행위는 변호사윤리장전에 위반된다.

해설

1 P 변호사는 L 변호사에게 변호사법상 수임장부를 반드시 작성·보관하게 되어 있고, 수임액 기재도 필수 기재 사항이므로 수임액을 줄이거나 누락해서는 안 된다고 조언해야 한다. 정답은 ③번이다.

2 변호사 L의 변론활동은 선임신고서를 제출하지 않은 활동이므로 허용되지 않는다. 정답은 ④번이다.

3 L 변호사는 사건(의뢰인)소개를 하고 대가를 받은 것이다. 공동수임자가 되었더라도, 사건처리를 전혀 하지 않고, 명목상의 대리인에 불과한 때에는, 대가의 수령에 해당한다. 그러나 원로 변호사로서 풍부한 경험에 기하여, 법적·실무적인 조언을 하고, 이러한 직무수행에 대해서 파트너로서 분배금을 지급받는 것은 하등 문제가 없다.

4 B가 의뢰인으로부터 변호사선임과 위임계약을 체결할 권한을 수여받았다고 하더라도 변호사를 선임하면서 위임계약을 체결한 대가로 보수를 받으면 변호사법 34조 1항에 위반된다.[54)]

5 변호사들과 상담에 따른 보수를 분배하는 것은 변호사법 34조 1항(사건의 유상유치행위금지)에, 세무사들과 보수를 분배하는 것은 34조 5항(변호사 아닌 자와의 동업금지 등)에 위반한 행위로 징계사유가 된다,

6 사건주선업자, 즉 사건브로커 자체가 불법이기 때문에 이들로부터 사건소개를 받는 것은 소개비의 수수 여부와 관계없이 금하고 있다(윤리규칙 10조 1항). 따라서 L 변호사는 소개비를 주지 않더라도 A로부터 사건소개를 받을 수 없다.

7 변호사가 소개료를 지급하고 자신의 법률사무소 사무직원으로부터 법률사건의 알선을 받은 행위는 변호사법위반에 해당한다. 변호사가 변호사법에 위반하여 법률사건의 알선을 받을 수 없는 자로부터 알선을 받아 법률사건을 수임하고 받은 수임료는 추징의 대상이 아니다.

노무사가 어느 기업과 자문계약을 체결한 후, 노무 관련 업무 외 다른 법률업무에 대해서는 변호사로부터 상담·지원을 받으면서 그 수입 중 일부를 변호사에게 지급할 경우 변호사법위반이 된다. 그러나 변호사 아닌 자에게 고용된 변호사를 변호사법 34조 4항 위반죄의

54) 대한변협 홈페이지 「변호사법 질의회신」 432호, 2009. 2. 25.

공범으로 처벌할 수 없다.[55] 따라서 ④번이 옳지 않은 것으로 정답이다.

8 변호사가 부동산중개법인으로부터 별도의 자문료를 받지 않고 부동산중개법인의 경매물건에 대한 권리분석 등 자문을 해주는 것은 법에 위반된다고 볼 수 없다. 그러나 부동산중개법인이 법률상담을 원하는 의뢰인들에게 특정한 변호사를 추천하는 것은 비변호사와의 동업 등을 금지한 변호사법 34조 및 동법 109조에 위배되므로 허용되지 않는다.

또한, 부동산중개법인 사무실 내에 「고문변호사 ○○○」라는 표지판을 설치하는 것은 그 부동산중개법인이 자신들의 업무처리에 대한 신뢰도를 높이기 위한 방편으로 이루어지는 정도라면 특별히 금지된다고 볼 수 없다. 그러나 비변호사와의 동업금지 규정을 회피하려는 편법으로 또는 무상으로 법률자문을 해주는 대가로 부동산중개법인을 찾는 고객을 법률사무실에 유치할 목적으로 이루어지는 경우에는 역시 위와 같은 규정에 위반된다.[56]

9 L 변호사가 변호사 아닌 자와 공동으로 사무실을 사용하는 것은, 실제로 이익을 분배하는 동업형태를 취하지 않는다면 공동사용 자체가 변호사법에 위반되지 않는다. 그러나 사례와 같이 사무소의 주요 명칭을 함께 사용하면서 두 사무소의 업무가 긴밀하게 연결되어 있음을 암시하는 내용의 광고 등을 하는 것은, 대외적으로 두 사무소가 하나의 사무소 내지는 동업의 형태로 운영되는 것으로 오인될 가능성이 있으므로 불가능하다고 본다.[57]

10 이 사례는 비변호사와의 동업을 통하여 얻어진 수익을 분배하게 되는 것으로 이는 변호사법 34조 5항에 정면으로 위반된다. 그러므로 변호사가 변리사 또는 세무사, 공인회계사를 고용하여 특허변리업무 또는 세무회계업무를 하는 것은 무방하나 그들을 공동사업자로 등록하여 사무실을 함께 운영하는 것은 허용되지 않는다.[58]

11 변호사가 자신의 사무원에게 성과급을 지급하는 것 자체는 문제가 되지 않는다. 그러나 예컨대, 개인파산사건 처리 직원에게 건당 수임료 몇 %의 성과급을 지급하는 것과 같이, 형식상으로만 성과급 명목이고, 그 실질이 변호사에게 고용된 것이 아니라 변호사와 그 사무원 사이의 이익분배에 해당하는 것으로 볼 수 있는 경우에는 동업금지위반에 해당된다.[59]
판례는, 손해배상청구소송과 관련하여 사무장이 주민을 상대로 소송위임장을 받아오는 대가로 그에게 수임료의 일부를 지급하는 것은 변호사법에 위반되는 행위라고 한다.[60]

12 비변호사는 법무법인의 파트너가 될 수 없다. 법무법인이 회계사 등 다른 전문직의 사람들을 고용할 수 있는 데 반하여, 회계사나 전문경영인이 변호사를 고용하여 법률서비스를 제공하

---

55) 대법원 2004. 10. 28. 판결, 2004도3994.
56) 대한변협 2006. 7. 25. 법제 1951호.
57) 대한변협 2006. 4. 17. 법제 1356호.
58) 대한변협 2005. 5. 2. 법제 1342호.
59) 대한변협 2007. 12. 14. 법제 2907호.
60) 대법원 2007. 12. 13. 판결, 2007두21662.

는 것은 금지된다. 다만, 예컨대 회계법인에 속해 있는 변호사가 사내변호사와 마찬가지로 겸직 허가를 얻어 회계법인 사무소를 근무지로 하여 그 변호사 명의로 법률자문에 응하거나 법률사무를 취급하는 것은 가능하다. 반면 회계법인 명의로 법률사무를 취급할 수는 없다.[61] 따라서 P 회계법인 명의로 법률서비스를 제공하는 것은 불가능하나, 겸직허가를 얻은 L 변호사 명의로 법률사무를 취급하는 것은 가능하다.

13 변호사 L이 법률사건이나 법률사무를 유상으로 유치할 목적으로 병원과 경찰서에 출입한 것은 변호사의 윤리규범을 위반한 것이다. 변호사 L이 사건의 유치를 주된 임무로 하는 사무직원 A를 채용한 것은 변호사의 윤리규범을 위반한 것이다. 또한 변호사 L이 사무직원 A의 보수를 사건유치에 대한 성과급으로 정한 것은 변호사의 윤리규범을 위반한 것이다. 그러나 변호사 L이 사건의 유치를 목적으로 예상되는 의뢰인인 자신의 숙부(3촌)를 접촉한 것은 변호사의 윤리규범을 위반한 것이 아니다. 즉 변호사업무광고규정에 의하면 현재 및 과거의 의뢰인, 친구・친족을 방문하는 것을 허용하고 있다(동 규정 5조 1항). 따라서 정답은 ③번이다.

14 일반적으로는 유상으로 사건을 소개하는 행위만 금지된다. 그러나 재판기관이나 수사기관에서 근무하는 공무원, 재판 또는 수사업무에 종사하는 공무원은 유, 무상 가릴 것 없이 사건소개가 금지된다. 주선업자도 마찬가지로 유, 무상 관계없이 사건소개가 금지된다.

15 국회의원이나 재단법인의 이사는 소속 지방변호사회의 겸직허가를 받을 필요가 없다. 그러나 주식회사의 대표이사로 취임하려면 겸직허가가 필요하다. 그리고 변호사는 공무원을 겸할 수 없다. 공무원이 되려면 휴업을 해야 한다. 따라서 ④번이 옳지 않은 것으로 정답이다.

16 국회의원이나 지방의회 의원은 변호사업무를 겸할 수 있다.[62] 시간제계약직공무원도 휴직기간이든 아니든 가릴 것 없이 변호사 개업이 허용된다. 그러나 국회의원 보좌관은 국가공무원으로서, 그 업무의 특성상 상시 근무를 필요로 하지 않는 공무원이라 보기 어려우므로 변호사가 겸직할 수 있는 공무원의 범위에 속하지 않는다.[63]

17 ④번이 정답이다. 윤리규칙 28조 4항에 의하면, 변호사는 법정 또는 그 주위에서 자기 측 사람이 상대방이나 상대방대리인에게 모욕적 언사를 쓰거나 폭언, 폭행하는 것을 방임하여서는 아니 된다. 사건을 유치한 사무직원에게 성과금을 주거나, 경찰관에게 사건소개 대가를 지급하는 것은 모두 변호사윤리장전에 위반된다. 그리고 성공보수 약정은 소송의 목적을 양수하는 행위가 아니며, 변호사윤리장전에 위반되지 않는다.

---

61) 대한변협 홈페이지 「변호사법 질의회신」 481호, 2009. 10. 5.
62) 대한변협 2006. 7. 25. 법제 1944호.
63) 대한변협 2004. 6. 25. 법제 1612호.

제8장 변호사의 광고

Ⅰ. 개요

(1) 변호사 광고는 일정한 범위 내에서 법률서비스수요자에게 공급자인 변호사에 관한 정보를 제공하는 긍정적 기능을 한다. 즉, 광고는 일반시민이 변호사에게 접근할 때 변호사를 선택하는 수단으로 매우 중요하다.

(2) 그럼에도 불구하고 변호사 사이에서는 전통적으로 광고가 영리적인 경쟁의 수단으로 받아들여져 왔기 때문에, 인권의 옹호와 정의의 실현이라는 공공적 사명을 가진 변호사에게 적합하지 않고, 변호사의 품위를 손상시키는 것이라고 여겨져 왔다. 또한 허위나 과장의 광고로 인하여 변호사라는 직업에 대한 의뢰인의 신뢰가 무너지고, 광고비용이 보수의 고액화를 초래하며, 소송의 남발을 유발하는 등 부정적 효과도 크다고 보았다.

(3) 이러한 취지에서 미국, 유럽 등 각국에서는 종래 변호사의 광고를 전면적으로 금지하였다. 그러나 광고금지는 1970년대에 이르러, 내부적으로는 당시 변호사 수의 급증에 따른 젊은 변호사들의 직역확대의 요구에 의해서, 외부적으로는 당시 대두되고 있던 소비자운동에 의해서 많은 비판을 받게 되었다. 그러던 중 미국 베이츠(Bates) 판결[1]을 계기로 각국에서는 변호사광고를 원칙적으로 허용하는 자유화의 길로 들어서게 되었다.

(4) 우리나라의 경우 1949년 변호사법의 제정 이래 광고에 관한 규정을 두고 있지 않았다. 2000년 개정에서 처음으로 광고에 대한 규정을 변호사법에 신설(법 23조 1항)하여, 광고를 명시적으로 허용했다. 그 후 대한변호사협회는 "변호사업무광고규정"의 제·개정을 통해 변호사 광고의 자유화를 점차 확대해 왔는데, 2007년에는 변호사 광고 규제를 대폭 완화(법 23조 2항, 113조 1호)하는 변호사법 개정이 이루어졌다. 이 개정에서는 광고에 대한 규제가 국민의 기본권을 제한하는 사항이라고 보아 금지되는 광고의 범위를 법률에 직접 규정하는 한편(23조 2항), 허위광고 등에 대한 벌칙을 신설했다(법 113조 1호). 그리하여

---

1) Bates v. State Bar of Arizona, 433 U.S. 350(1977).

법률로 금지되지 않는 광고는 모두 허용되는 것으로 광고 허용범위를 확대하였다. 이른바 광고에 대한 포지티브(positive) 규제에서 네거티브(negative) 규제로 이행되기에 이르렀다.[2)]

Ⅱ. 광고에 관한 근거 규정

> '과거의 손해배상취급건수 ○○건, 항공기사고는 맡겨 달라(실제는 교통사고처리건수)', '교통사고로 10억 원을 받은 적이 있다. 당신도 가능하다', '보석의 실적 ○○건(실제는 보석청구건수), 보석이면 당 사무소로'라는 식의 표현의 광고는 변호사법상 허용되는 광고인가?

(1) 변호사법 23조 1항은 변호사 광고를 원칙적으로 허용하고 있다. 즉, 변호사나 법무법인, 법무법인(유한) 또는 법무조합은 자기 또는 그 구성원의 학력, 경력, 주요 취급 업무, 업무 실적, 그 밖에 그 업무의 홍보에 필요한 사항을 신문 · 잡지 · 방송 · 컴퓨터통신 등의 매체를 이용하여 광고할 수 있다.

(2) 그러나 변호사법 23조 2항은 다음의 어느 하나에 해당하는 광고를 금지하고 있다(법 23조 2항). 여기서 금지되지 않는 광고는 모두 허용되는 이른바 네거티브(negative) 규제 방식을 채택한 것이다.

1) 변호사의 업무에 관하여 거짓된 내용을 표시하는 광고

2) 국제변호사를 표방하거나 그 밖에 법적 근거가 없는 자격이나 명칭을 표방하는 내용의 광고

3) 객관적 사실을 과장하거나 사실의 일부를 누락하는 등 소비자를 오도하거나 소비자에게 오해를 불러일으킬 우려가 있는 내용의 광고

4) 소비자에게 업무수행 결과에 대하여 부당한 기대를 가지도록 하는 내용의 광고

5) 다른 변호사 등을 비방하거나 자신의 입장에서 비교하는 내용의 광고

6) 부정한 방법을 제시하는 등 변호사의 품위를 훼손할 우려가 있는 광고

7) 그 밖에 광고의 방법 또는 내용이 변호사의 공공성이나 공정한 수임질서를 해치거나 소비자에게 피해를 줄 우려가 있는 것으로서 대한변협이 정하는 광고

---

2) 이상수(266면), 박휴상(309면).

(3) 변호사법 23조 4항은 광고에 관하여 필요한 사항은 대한변협이 정할 수 있도록 위임하고 있다. 이에 따라 제정된 것이 대한변협의 「변호사업무광고규정」(이하 '광고규정'이라 한다)이다. 그리고 변호사윤리장전은 과대선전 금지에 관한 규정을 두어, "변호사는 자기의 전력 · 전공 또는 실적에 관하여 과대하게 선전하거나 광고하여서는 아니 된다"고 하고 있다(윤리규칙 6조).

해설

교통사고손해배상사건의 건수를 (교통사고를 제외한) 일반 손해배상사건취급건수인 것처럼 총 건수를 표시하고, 마치 손해배상사건전반에 관하여 숙달된 것처럼 인상을 주는 표현, 예컨대, '과거의 손해배상취급건수 ○○건, 항공기사고는 맡겨 달라'는 식의 표현은 '오도 또는 오해의 염려가 있는 광고'라고 할 수 있다(법 23조 2항 3호). '교통사고로 10억 원을 받은 적이 있다. 당신도 가능하다'라는 것도 유사한 사례이다. '보석의 실적 ○○건(실제는 보석청구건수), 보석이면 당 사무소로'라는 표현도 오도 · 오인 · 과장이라는 평가를 받는 광고이다.[3] 따라서 위 사례와 같은 표현의 광고는 변호사법 23조 2항 3호에 의하여 금지되는 광고라고 보아야 한다.[4]

Ⅲ. 광고의 매체 및 주체

1. 광고매체

L 변호사는 불특정다수인에게 배포되는 무가지신문 '교차로'에 변호사업무광고를 하였나. 무가지신문도 광고매체로 이용이 가능한가?

(1) 광고규정은 2조에서 광고라 함은 "변호사가 고객 또는 의뢰인의 유치 및 유지를 주된 목적으로 하여 자기 또는 그 구성원이나 그 업무에 관하여 아래에 열거한 방식을 포함한 일체의 방법으로 정보를 제공하는 것"이라고 정의를 내리고 있다.

(2) 그 광고방식으로는, "1. 변호사사무소간판 등의 설치, 2. 국내외의 신문 · 잡지 등의 정기 또는 부정기 간행물, 단행본, 화상 및 음성기록물, 일반전화번호부 및 비즈니스

3) 小島 등(151면).
4) 小島 등(151면).

디렉터리, 공중파, 케이블, DMB 기타 각종 방송, 유·무선통신, 인터넷, 컴퓨터통신 등 각종 매체의 이용, 3. 인사장, 연하장, 달력, 명함, 봉투, 서식, 편지지 기타의 사무용지 등의 유인물 또는 복사물의 배포, 4. 안내책자, 사외용의 사무소보, 기념품, 안내편지, 관광안내지도, 개업연, 기타의 연회, 협찬, 5. 법률상담, 설명회, 세미나 등"을 열거하고 있다.

(3) 위 광고의 방식은 단지 '예시'에 불과하므로 여기에 열거되지 아니한 방법의 광고도 원칙적으로 허용된다.

해설

대한변협은 불특정다수인에게 배포되는 무가지신문(예 '교차로')도 신문에 해당하므로 광고매체로 이용이 가능하다고 한다.[5] 따라서 무가지신문에 게재하는 변호사 업무광고는 광고규정에 위반되지 않는다.

2. 광고의 주체

> P 법무법인은 서울역 대합실에 조명광고를 하면서 'P 법무법인'이라고 법무법인 명칭만 표시하고, 대표변호사의 성명을 표기하지 않았다. 대표변호사의 성명을 표기하지 않아도 되는가?

(1) 변호사법 23조 1항에 의하면 변호사 광고의 주체는 변호사·법무법인·법무법인(유한)·법무조합으로 한정된다. 이들 외의 자는 변호사업무에 관한 광고를 할 수 없다.

Example 인터넷 업체는 변호사 광고의 주체가 될 수 없다.

(2) 변호사는 광고 속에 자신의 성명 또는 명칭을 표시하고, 공동으로 광고를 할 때에는 대표자의 성명 또는 명칭을 명시하여야 한다(광고규정 10조). 이는 광고에 대한 책임주체를 명확히 함으로써 의뢰인을 보호하기 위한 것이다.

(3) 변호사는 광고주체인 자기 또는 구성원에 관한 광고만을 할 수 있다.

Example A법무법인이 다른 B합동법률사무소 구성원 변호사를 고문변호사로 위촉하면서 인터

5) 대한변협 2006. 1. 24. 법제 156호.

넷사이트나 소개책자 등의 자료에 위 고문변호사 위촉 사실을 게재하여 홍보하는 것은 변호사법상 허용되지 않는다.[6)]

해설

변호사업무광고 속에 법무법인 명칭을 표시한 경우, 그것으로 광고의 책임주체를 표시한 것이므로 법무법인 명칭 이외에 별도로 대표변호사의 성명을 표기하지 않아도 무방하다.[7)]

Ⅳ. 광고내용과 방법

1. 광고의 기본원칙

광고규정은 3조에서, "변호사는 변호사(구성원 포함) 및 그 업무에 대한 정보와 자료를 제공함으로써 변호사 선택에 도움을 주고, 공정한 경쟁에 의하여 고객을 유치하기 위하여 광고를 할 수 있다"고 광고의 기본원칙을 천명하고 있다. 이는 변호사 광고의 목적이 단지 보다 많은 고객을 확보한다는 '마케팅'의 측면이 아니라, 시민들의 변호사 선택에 도움을 주기 위한 것임을 강조한 것이다.[8)]

2. 광고내용에 대한 제한

변호사업무광고규정상 변호사가 과거에 취급하였거나 현재 수임중인 사건을 광고하는 것이 예외적으로 허용되는 경우가 아닌 것은?[9)]

① 의뢰인이 광고에 동의하는 경우
② 객관적 사실에 한정하는 경우
③ 의뢰인이 특정되지 않는 경우
④ 당해 사건이 널리 일반에 알려져 있는 경우

광고규정은 광고의 기본원칙 하에서 광고의 내용과 방법에 관하여 상세한 제한규정을

6) 대한변협 2006. 11. 9. 법제 2559호.
7) 대한변협 홈페이지 「변호사법 질의회신」 586호, 2011. 6. 22.
8) 한인섭 등(202면), 도재형(167면), 박휴상(314면).
9) 법조윤리시험(2011년)문제이다.

두고 있다(동 규정 4조, 5조). 우선 다음과 같은 내용의 변호사업무 광고를 금지하고 있다(동 규정 4조).

(1) 변호사의 업무에 관한 객관적 사실에 부합하지 아니하거나 허위의 내용을 표시한 광고(동조 1호).

(2) 객관적 사실을 과장하거나 사실의 일부를 누락하는 등으로 고객을 오도하거나 고객으로 하여금 객관적 사실에 관하여 오해를 불러일으킬 우려가 있는 내용의 광고(2호).

Example ① 타 직역 전문자격자(예, 공인회계사, 세무사 등)와 함께 각자의 사진, 성명, 학력, 약력, 사무소의 주소 및 연락처를 게재한 브로셔 형태의 유인물을 제작하여 각자의 사무실 내 방객에게 배포하는 것은 "그 의도가 변호사 아닌 다른 업종에 종사하는 전문가들과 동업으로(또는 협력하여) 사건을 처리해 준다는 인상을 주려는 의도로 보이고, 이를 본 고객의 입장에서도 변호사 아닌 다른 업종에 종사하는 전문가들과 함께 사건을 처리해 준다는 의미로 오해할 여지가 충분히 있을 수 있다고 보이므로 이는 '고객으로 하여금 객관적 사실에 관하여 오해를 불러일으킬 우려가 있는 내용의 광고'에 해당할 여지가 있다."[10)]

② 그러나 최근 대한변협은 종래 입장을 일부 변경하여 공동광고를 제한적으로 허용하고 있다. 즉, '각 법인들이 상호 간에 인적, 물적인 면에서 독립적으로 설립하여 운영된다는 취지의 내용을 광고에 명시하는 것에 한하여' 공동광고를 허용하였다.[11)]

(3) 승소율, 석방률 기타 고객으로 하여금 업무수행결과에 대하여 부당한 기대를 가지도록 하는 내용의 광고(3호).

Example '개인회생, 파산 충북접수 1위, 확정자 1위'라는 광고는 승소율로 볼 수도 있고 또한 기타 고객으로 하여금 업무수행 결과에 대하여 부당한 기대를 가지도록 하는 내용의 광고에 해당한다.[12)]

(4) 다른 변호사를 비방하거나 다른 변호사나 그 업무의 내용을 자신의 입장에서 비교하는 내용의 광고(동조 4호).

Example 변호사가 등기업무를 수행할 목적으로, 인근 신축 ○○아파트 입주민들에게 배포한 유인물에서 "지정 법무사라는 제도는 없는 것이다", "등기업무는 법무사보다 변호사가 하는 것이 입주민들에게 이익이 되고, 신뢰도도 높다", "변호사는 사법고시 합격자로 모든 법률관

---

10) 대한변협 2007. 12. 21. 법제 2950호.
11) 대한변협 홈페이지 「변호사법 질의회신」 554호, 2010. 11. 30.
12) 대한변협 2007. 11. 19. 법제 2719호.

계에 관여할 수 있으며, 법무사는 사법고시 합격자가 아니다"라는 내용을 표시하여 광고행위를 하는 것이 여기에 해당한다.[13)]

(5) 특정사건과 관련하여 당사자나 이해관계인(당사자나 이해관계인으로 예상되는 자 포함)에 대하여 그 요청이나 동의 없이 방문, 전화, 팩스, 우편, 전자우편, 문자 메시지 송부, 기타 이에 준하는 방식으로 접촉하여 당해 사건의 의뢰를 권유하는 내용의 광고. 다만, 소속지방변호사회의 허가를 받은 경우에는 그러하지 아니하다(5호).

Example 변호사가 "전국 법원 경매(아파트, 토지, 상가, 공장 등 경매 관련 입찰대리 및 소송)"라는 제목 하에 경매목적물인 2개의 부동산을 특정하여 명시하고 각 감정가격을 표시한 다음, "위 물건은 예시이며 그 외 전국 경매물건 상담 가능합니다"라는 내용의 변호사 업무광고를 하는 것이 여기에 해당한다.

(6) 부정한 방법을 제시하는 등 변호사의 품위 또는 신용을 훼손할 우려가 있는 내용의 광고(6호).

Example '사건 수임 후 불인가 시 수임료 전액 환불'이라는 문구는 사건유치를 위하여 다른 변호사와 부당하게 경쟁하는 한 방법이고, 불인가 시 수임료 전액 환불이라는 조건부 선임으로 변호사로서의 품위를 해할 우려가 있다고 보이므로 윤리규칙 2조, 37조에 위반된다.[14)]

(7) 국제변호사 기타 법적 근거가 없는 자격이나 명칭을 표방하는 내용의 광고(7호).

Example 국제변호사라는 용어는 영업활동을 위한 광고물뿐만 아니라 선거홍보물에 이를 사용하는 것도 금지된다.[15)]

(8) 과거에 취급하였거나 관여한 사건이나 현재 수임중인 사건 또는 의뢰인(고문 포함)을 표시하는 내용의 광고. 다만, 의뢰인이 동의하거나, 당해 사건이 널리 일반에 알려져 있거나 의뢰인이 특정되지 않는 경우 등 의뢰인의 이익을 해칠 우려가 없는 경우에는 그러하지 아니하다(8호).

이 제한은 변호사의 의뢰인에 대한 비밀유지의무에 반하는 결과에 이를 수 있다는 점에 근거한 것이다. 따라서 의뢰인의 이익을 해할 우려가 없는 경우에는 위 규정 단서에서 광고를 허용하고 있다.

---

13) 대한변협 2000. 5. 8. 징계 2000-5호.
14) 대한변협 2007. 11. 19. 법제 2719호.
15) 대한변협 2008. 2. 19. 법제 467호.

Example ① 비실명처리하는 등의 방법으로 그 의뢰인을 알 수 없게 하여 광고하는 것은 위 단서에 따라 허용되는 광고라 할 것이다.

② 다만 비실명처리광고 중 구체적인 소송사건번호를 적시한 형태의 '주요수임사건'에 대한 광고는 소송사건번호를 이용한 검색 등을 통해 제3자도 구체적인 사건의 내용을 알 수 있는 것이 현실인 점에 비추어 의뢰인의 동의를 받는 등 위 예외에 해당하지 않는 한 허용되지 않는다.[16)]

(9) 기타 법령 및 대한변협의 회칙이나 규정에 위반되는 내용의 광고(9호).

해설

과거에 취급하였거나 관여한 사건이나 현재 수임중인 사건 또는 의뢰인(고문 포함)을 표시하는 내용의 광고는 허용되지 않지만, 의뢰인이 동의하거나, 당해 사건이 널리 일반에 알려져 있거나 의뢰인이 특정되지 않는 경우 등 의뢰인의 이익을 해칠 우려가 없는 경우에는 예외적으로 허용된다(8호). 반면 객관적 사실에 한정하는 경우는 예외사유에 해당되지 않는다. 따라서 정답은 ②번이다.

3. 광고방법 등에 대한 제한

L 변호사는 고속버스 내부에 자신의 광고물을 부착하였다. 이러한 광고는 허용되는가? 고속버스터미널 내 벽면에 조명광고를 하였다면 어떠한가? 고속버스터미널 입 · 출구에서 불특정다수인에게 변호사안내장을 배포하는 행위는 어떠한가? 버스 내의 승객을 상대로 음성광고를 실시하는 것은 어떠한가?

광고방법 등에 대해서도 다음과 같은 제한을 두고 있다(동 규정 제5조).

(1) 변호사는 현재 및 과거의 의뢰인(법인 기타 단체인 경우, 담당 임·직원 포함), 친구, 친족 및 이에 준하는 사람 이외의 사람을 방문하거나 전화를 거는 방법으로 광고를 하여서는 안 된다. 다만, 상대방의 동의나 요청이 있는 경우에는 예외로 한다(동조 1항).

이것은 사건유치를 목적으로 예상되는 의뢰인과의 접촉을 금지하는 윤리규칙 9조를 구체화한 것이다.

16) 대한변협 2007. 12. 21. 법제 2948호.

(2) 변호사는 불특정다수인에게 팩스, 우편, 전자우편 또는 문자메시지 등을 보내거나 이에 준하는 방법을 이용하여 광고를 하여서는 안 된다. 다만, 소속 지방변호사회의 허가를 받은 경우에는 그러하지 아니하다(동조 2항).

Example ① 아파트 단지별로 재산세부과처분취소소송 안내문 등을 배부하는 행위에 대하여 특정사건과 관련하여 불특정 다수인에게 당해 사건의 의뢰를 권유하는 내용의 광고로서 허용되지 않는다.[17] ② 중소기업을 상대로 고문변호사제도에 대한 설명이 담긴 안내장을 만들어 각 기업에 발송하는 행위는 정보와 자료를 제공하는 것에 해당하여 일단 허용되는 광고이지만, 그 대상을 한정하지 아니하고 불특정 다수인에게 광고를 할 때에는 위 규정의 단서에 따라 소속 지방변호사의 허가가 필요하다.[18]

(3) 변호사는 광고이면서도 광고가 아닌 것처럼 가장하는 방법으로 광고를 하여서는 아니 된다(동조 3항).

Example 회원제 무료 월간지에 회원사인 특정 법무법인의 공정거래전문팀을 기사 형식으로 소개하는 것에 대해서, 공정거래업무를 취급하는 법무법인에 대한 정보를 소비자에게 알리는 차원이라면 문제될 것은 없으나, 월간지 발행인 측이 해당 법무법인으로부터 협찬금 기타 어떤 명목으로든 금품을 수수하면 '광고이면서도 광고가 아닌 것처럼 가장하는 방법으로 광고하는 것'으로 볼 수 있다.[19]

(4) 변호사는 광고 대상자에게 의례적인 범위를 넘는 금품 기타의 이익을 공여하거나 공여할 것을 약속하는 방법으로 광고하여서는 아니 된다(동조 4항).

Example 동문회 홈페이지에 변호사 광고를 하면서 찬조금을 지급하는 경우, 그 액수에 따라서 이에 위반될 수 있다.[20]

(5) 변호사는 제3자가 이 규정에 위반하여 변호사업무에 관한 정보를 전달하거나 표시행위를 함에 대하여 금품 기타 이익을 공여하거나 공여를 약속하여서는 아니 된다(동조 5항).

(6) 다음과 같은 방법으로 광고할 수 없다(동조 6항). 이는 변호사의 품위 또는 신용을 훼손할 우려가 있는 광고방법이기 때문이다.

---

17) 대한변협 2005. 8. 22. 징계 2004-53호.
18) 대한변협 홈페이지 「변호사법 질의회신」 427호, 2009. 1. 22.
19) 대한변협 2006. 5. 12. 법제 1531호.
20) 「인권과 정의」 359호, 2006. 7. 193면.

1) 자동차, 전동차, 기차, 선박, 비행기 기타 운송수단의 내・외부에 광고물을 비치, 부착, 게시하는 행위(1호).

Example 여기서 금지되는 행위는 운송수단의 내, 외부에 대한 광고물의 비치행위이다. 지하철역, 고속버스터미널에서의 광고(맞이방 벽면의 조명광고 등)는 금지되어 있지 않으므로 이러한 광고는 허용된다.[21)]

2) 현수막을 설치하거나, 애드벌룬, 도로상의 시설 등에 광고물을 비치, 부착, 게시하는 행위(2호).

Example '도로상의 시설 등에 광고물을 비치, 부착, 게시하는 행위'는 도로상의 시설인 가로등, 가로수 등에 현수막 등 광고물을 비치, 부착, 게시하는 방법으로 변호사의 품위를 훼손하는 광고를 금지한 것이다.

3) 광고 전단, 명함 기타 광고물을 신문 기타 다른 매체에 끼워 배포하거나, 공공장소에서 불특정 다수에게 나누어주거나, 차량, 비행기 등을 이용하여 살포하거나 불특정 다수인에게 제공하기 위하여 옥내나 가로 상에 비치하는 행위(3호).

Example 지하철 입・출구 등 공공장소에서 안내장을 불특정 다수인에게 배포하는 행위는 이에 해당되어 금지된다. 불특정다수 개개의 우편함에 투여하는 행위도 허용되지 않는다.[22)] 광고전단을 신문에 끼워서 살포하거나 공공장소에서 불특정 다수에게 나누어주는 것은 금지되지만, 거리에서 유포되는 생활정보지에 변호사 광고를 하는 것은 허용된다.[23)]

4) 확성기, 샌드위치맨, 어깨띠 등을 사용하여 광고하는 행위(4호).

5) 기타 위 각호의 1에 준하는 변호사의 품위를 손상시키는 광고방법으로서 별도의 세부기준이 정하는 광고(5호).

Example ① 건물 내 엘리베이터에 설치된 LCD를 통하여 변호사업무를 광고하는 것도 품위유지위반을 이유로 허용하지 않는다고 한다.[24)]

② 불특정다수의 개인들에게 무차별적으로 광고를 하는 것이 아니라 변호사 사무실 주변 아파트부녀회나 입주자대표회의에 무료법률상담을 하는 취지의 공문을 보내는 것은 공문을 보내는 범위가 한정되며, 공익활동으로 볼 수 있으므로 허용된다.[25)]

---

21) 대한변협 홈페이지 「변호사법 질의회신」 438호, 2009. 4. 28.
22) 대한변협 2006. 10. 19. 법제 2416호.
23) 「인권과 정의」 372호, 2007. 8. 167면.
24) 「인권과 정의」 377호, 2008. 1. 253면.

(7) 변호사가 다른 목적을 위한 광고를 하는 경우에는 변호사업무에 관한 광고와 동시에 또는 연결하여 할 수 없다(동조 7항).

해설

1) 광고규정 5조 6항 1호는 운송수단의 내, 외부에 대한 광고물의 비치행위를 금지하고 있다. 따라서 전철이나 고속버스 내부에 광고물을 부착하는 것은 이에 위반되는 광고로서 허용되지 않는다.

2) 광고규정 5조 6항 1호는 지하철역, 고속버스터미널 벽면의 조명광고 등을 금지하고 있지 않으므로 이러한 광고는 허용된다.[26]

3) 지하철이나 고속버스터미널 입・출구에서 불특정다수인에게 변호사안내장을 배포하는 행위는 광고규정 5조 6항 3호에 위반된 광고로서 허용되지 않는다.

4) 버스 내의 승객을 상대로 음성광고를 실시하는 것은 광고규정 5조 6항 1호에서 제한하고 있는 '운송수단 내・외부에 광고물을 비치, 부착, 게시하는 행위'에 포함된다고 보기 어렵고, 또한 특별히 변호사의 품위를 손상시키는 광고방법으로 볼 수도 없으므로, 광고규정상 제한 또는 금지되는 광고에 해당하지 않는다.[27]

4. 전문성의 표시

L 변호사는 대한변호사협회의 '변호사 전문분야 등록에 관한 규정'에 따라 형사법, 건설업을 전문분야로 등록한 후 지하철역 구내에 '형사법 및 건설법 분야 국내 최고 전문 변호사'라고 게재한 액자 모양의 광고판 1개를 부착하였다. 이러한 업무광고는 허용되는가?

(1) 변호사는 주로 취급하는 업무('주요취급업무', '주로 취급하는 분야', '주요취급분야' 등의 용어도 사용 가능하다)를 광고할 수 있다(동 규정 7조 1항). 주로 취급하는 업무는 '헌법재판, 민사, 부동산, 임대차, 손해배상, 가사, 형사, 상사, 회사, 해상, 보험, 행정, 조세, 공정거래, 노동, 지적재산권, 스포츠, 연예, 오락, 증권, 금융, 국제거래, 무역, 조선, 건설, 중재 등'으로 적절히 표시할 수 있다(동조 2항).

25) 대한변협 2004. 10. 19. 법제 2176호.
26) 대한변협 「변호사법 질의회신」 554호, 2010. 11. 30.
27) 대한변협 「변호사법 질의회신」 585호, 2011. 6. 22.

(2) 「변호사 전문분야 등록에 관한 규정」에 의하여 전문분야 등록을 한 변호사는 '전문'표시를 사용할 수 있다(동조 1항 단서).

전문분야 등록을 하고자 하는 변호사는 대한변협에 신청을 하여야 하고, 신청서에 전문 분야에 대한 전문성을 입증할 만한 서류를 첨부해야 한다(변호사 전문분야 등록에 관한 규정 3조). 이 규정에 따라 변호사가 전문 변호사로 등록할 수 있는 업무는 36개 분야이다(동 규정 2조 1항). 변호사는 최대 두 개의 전문분야를 등록할 수 있다(동조 2항). 변호사가 해당 분야에 전문성이 있는지를 심사하기 위하여 대한변협은 전문분야등록심사위원회를 두고 있다(동 규정 4조).

(3) 변호사는 자신이나 자신의 업무에 대하여 '최고', '유일' 기타 이와 유사한 용어를 사용하여 광고할 수 없다(광고규정 7조 3항).

해설

'변호사 전문분야 등록에 관한 규정'에 따라 전문분야를 등록을 하였으므로 전문이라는 용어를 사용할 수 있으나, 최고 유일이라는 용어는 사용할 수 없다(광고규정 7조 3항). 지하철역 구내에 광고하는 것도 허용된다.

5. 법률상담광고

> 인터넷 쇼핑몰업체를 운영하고 있는 P회사는 향후 10개 업체를 선정하여 그들이 각 제공하는 제품을 자신이 운영하는 사이트에 게재하는 등의 방법으로 판매를 중개하고, 그에 대한 대가로 일정액의 수수료를 받는 사업을 기획하고 있다. 이에 A법무법인 역시 P 회사가 선정하는 10개 업체 중의 하나로 참여하려고 한다. 즉 해당 사이트에 법무법인에 대한 간단한 소개를 게재하고, 각종 상담업무를 제공한 뒤 받는 상담료 중 일부를 P회사에 수수료로서 지급하려고 한다. 이러한 A 법무법인의 계획은 변호사법에 위반되는 것인가?[28]

(1) 변호사는 유료 또는 무료 법률상담에 관한 사항을 광고할 수 있으며, 법률상담 방식에 의한 광고를 할 수 있다(동 규정 8조 1항).

(2) 그러나 변호사는 다음에 해당하는 법률상담과 관련한 광고를 하거나 하게 허용하

---

28) 대한변협 2007. 6. 4. 법제 1684호, 박휴상(322면).

여서는 아니 된다(동조 2항).

1) 변호사 아닌 자가 법률상담의 대가의 전부 또는 일부를 직접 또는 간접적으로 갖는 경우(1호).

2) 변호사 또는 법률 상담의 대상자가 법률상담 연결 또는 알선과 관련하여 대가(알선료, 중개료, 회비, 가입비, 기타 명칭 불문)를 지급하는 경우. 다만, 간행물, 인터넷, 케이블티브이를 포함한 유료 광고 매체를 사용하는 경우에 변호사가 통상적인 사용료 또는 광고료를 지급하는 경우는 포함하지 아니한다(2호).

3) 제3자의 영리를 위한 사업의 일환으로 운영되는 법률상담에 참여하는 경우(3호).

4) 기타 법령 및 협회의 회칙이나 규정에 위반되는 행위를 목적 또는 수단으로 하여 행하는 경우(4호).

해설

변호사 아닌 자가 인터넷홈페이지나 TV를 통해 변호사와의 유료상담을 연결해 주고 일정한 이윤을 얻는 행위는 변호사법 34조의 변호사 아닌 자와의 동업금지에 위반되고, 위 법률상담에 관한 광고규정 8조 2항에 위반되는 행위이다.

1) 인터넷쇼핑몰업체를 통한 위와 같은 소개는 법무법인 광고에 해당한다 할 것이므로, 그 광고의 주체가 A법무법인임을 명시하여서 한다면, 이는 광고내용에 관한 책임소재를 분명히 하는 변호사업무광고이기 때문에 달리 그 내용상 위법사유가 없는 한 변호사법이나 광고규정에 위반되지 않는다고 본다. 그러나 만약 A법무법인을 소개하는 주체가 A법무법인이 아니고 위 인터넷쇼핑몰업체 또는 다른 제3자라면 변호사업무광고주체가 될 수 없는 자가 변호사업무광고를 하는 것이어서 그러한 광고방법은 허용되지 아니한다.

2) A법무법인이 위 인터넷 사이트를 이용한 대가로 합리적이라고 평가되는 소정의 사용료를 지급하는 것은 아무런 문제가 없을 것이다.

그러나 법률상담대가의 일정부분을 쇼핑몰업체에게 지급한다면 이는 변호사법에 저촉되는 행위로서 허용될 수 없다고 본다. 왜냐하면, 위와 같은 거래행위는 인터넷 사이트의 이용대가로서의 소정의 합리적인 사용료를 지급하는 것으로 보기는 어렵고, 법률상담료를 서로 분배하는 것으로 보이기 때문이다. 따라서 이는 변호사법 34조(동법 57조에 의하여 법무법인에 준용됨)가 말하는 변호사 아닌 자와의 동업금지의 취지에 저촉되고, 광고규정 8조 2항에 위반된다.[29]

---

29) 대한변협 2007. 6. 4. 법제 1684호.

6. 변호사사무소 간판

P 법무법인은 입주자들이 공유로 사용하는 건물 내 복도에 변호사들의 약력을 기재한 간판을 설치하고, 간판의 변호사 성명 하단에 '사무전담 ○○○, ○○○'라고 사무원의 이름을 기재하였다. 이러한 광고는 허용되는가?

(1) 변호사사무소 간판도 광고규정상 인정되는 광고방법과 내용이면 허용되며, 변호사의 품위를 손상시키는 정도에 이르지 않는 한 그 크기나 위치에 대한 제한도 없다. 다만 지방변호사회에서 별도로 제한을 두는 경우가 있다.

(2) 법무법인에서 주사무소나 분사무소에 간판을 설치할 경우 분사무소에서는 분사무소임을 명백히 해야 할 것이고, 아울러 분사무소에서 근무하는 변호사가 누구인지도 명시하여야 할 것이다.[30)]

해설

1) 간판에 자기 또는 구성원의 학력이나 경력을 광고하는 것 자체가 금지되어 있는 것은 아니지만, 간판을 설치한 장소가 일반인이 출입하는 건물 복도이기 때문에 불특정다수인이 출입을 하는 공공장소로 볼 여지가 있으며, 옥외 광고물은 아니라 하더라도 변호사의 품위를 훼손할 우려가 있어 광고규정 5조 6항 3호 및 4조 6호에 저촉된다.[31)]

2) 간판에 사무원의 이름을 기재하는 것과 관련하여서는, 광고에 변호사 외에 다른 직원의 성명을 명시하는 것을 금지하는 것은 아니지만 변호사 성명 하단에 '사무전담 ○○○, ○○○'라고 표시하는 것은 자칫 변호사가 아님에도 변호사로 오인될 우려가 있을 뿐 아니라 변호사의 품위를 훼손할 우려가 있어 광고규정 4조 6호에 저촉된다.[32)]

7. 사전광고의 금지

변호는 대한변협에서 자격등록신청이 수리되기 전이나 소속 지방변호사회에서 입회신청이 허가되기 전에 미리 변호사업무에 관한 광고행위를 하여서는 안 된다(동 규정 6조).

---

30) 법무부 2003. 2. 13. 및 2002. 12. 16.자 질의회신.
31) 대한변협 2006. 6. 22. 법제 1741호.
32) 대한변협 2006. 6. 22. 법제 1741호.

Ⅴ. 인터넷 광고

> P법무법인은 그 법인이 운영하는 인터넷 홈페이지, 블로그, 카페 등을 이용하여 특정사건에 관한 소송참여자를 모집하였다. 이러한 행위는 변호사법 및 변호사광고규정에 위반되는 것인가?

1. 의의

(1) 인터넷을 이용한 변호사광고를 규율하기 위하여 광고규정은 19조에서, 대한변협은 "인터넷, 컴퓨터, 방송, 유·무선통신 등을 이용한 광고에 대하여 이 규정에 정해진 원칙을 기초로 하여 별도의 세부 기준을 정할 수 있고, 그 밖에 이 규정의 시행에 필요한 세부기준을 정할 수 있다"고 규정한다.

(2) 이에 따라 대한변협은 인터넷 등을 이용한 광고의 세부기준을 정하기 위하여 「인터넷등을이용한변호사업무광고기준」을 마련하고 있다.

2. 인터넷 등의 범위

위 광고기준이 적용되는 '인터넷 등'이란 다음의 경우를 말한다(동 기준 2조).

① 인터넷 웹사이트상에 개설된 홈페이지, 웹페이지, 게시판, 대화방, 카페, 블로그, 이메일, 웹메일 기타 이에 준하는 매체물(동조 1호).

② 컴퓨터, PDA, 휴대전화, 무선통신 등 전송매체 및 공중파, 케이블, DMB 등 방송매체 등을 통하여 문자, 사진, 음향, 동영상 등을 전달할 수 있는 매체물(2호).

3. 인터넷 등 광고기준

(1) 인터넷 등을 이용하여 홈페이지의 링크 및 키워드 검색 등을 통한 변호사의 인터넷 홈페이지를 소개하는 방식에 의한 광고는 허용된다(동 기준 3조 1항).

(2) 변호사는 제3자가 운영하는 인터넷 등에 이용자로 가입하고, 제3자는 변호사를 통하여 일반 법률소비자에게 무료로 법률상담을 하는 경우, 제3자로 하여금 변호사나 일반

법률소비자로부터 법률상담과 관련하여 회비, 사용료, 수고비, 리베이트 등 명목 여하를 불문하고 금품 기타 이익을 받게 하거나 약속하도록 하여서는 아니 된다(동조 2항).

4. 하나의 웹사이트를 이용한 광고

(1) 변호사는 인터넷 등 하나의 웹사이트에 다른 변호사와 공동으로 업무나 경력 등에 대한 광고를 할 수 있다(동 기준 4조 1항).

(2) 이러한 광고를 함에 있어서 변호사는 그 내용이나 방법이 법률소비자로 하여금 실제와 달리 공동근무 또는 업무제휴 등을 하고 있는 것으로 오인, 혼동을 줄 수 있도록 하여서는 아니 된다(동조 2항). 변호사는 인터넷 포털업체 기타 제3자가 운영하는 인터넷 등이 위와 같은 오인, 혼동 등을 불러 일으킬 수 있는 경우 회원가입 기타의 행위에 협조하여서는 아니 된다(동조 3항).

해설

위 사례는 인터넷 웹페이지 상에 개설된 홈페이지, 블로그, 카페 등을 통해 특정사건의 소송 참여자를 모으는 방식 등에 의한 광고가 가능한지 여부에 관한 것이다.

사례와 같은 방법의 광고는 현행 규정상 허용되는 광고로서, 하부규정인 '인터넷 등을 이용한 변호사업무 광고기준'에서도 인터넷 등을 통한 광고에 대하여 규정하고 있다. 이에 비추어 볼 때 인터넷 홈페이지, 블로그, 카페 등에 특정사건의 수임과 관련하여 이를 안내하는 내용을 게재하여 놓은 상태에서 인터넷 이용자가 스스로 필요에 의해서 홈페이지 등에 접근하여 이를 열람하는 것은 규정상 허용된다고 볼 수 있다.

그러나 이 경우에도 그 홈페이지 등을 운영하는 변호사나 그 사용인 등이 불특정다수인에게 이메일, 문자메시지 등을 보내거나 이에 준하는 방법을 이용하여 광고를 하거나 위 홈페이지 등에 접근하도록 유도하는 것은 광고규정 5조 2항에 위반될 소지가 있다는 점에 유의하여야 한다. 아울러 법무법인, 변호사 등이 인터넷 홈페이지 등에 위와 같은 방법으로 사건을 유치하는 경우에는 위 규정 10조에 따라 그 홈페이지 등에 사건을 유치하고자 하는 법무법인, 변호사 등의 이름을 밝혀야 할 것이다.[33]

---

33) 대한변협 2008. 9. 23. 법제 2305호.

Ⅵ. 위반행위에 대한 조치 등

1. 위반행위에 대한 조치

(1) 지방변호사회장은 광고규정에 위반한 변호사에 대하여 해당 광고심사위원회 의결을 거쳐 경고하거나 위반행위의 중지 또는 시정을 위하여 필요한 요구 기타 필요한 조치를 하고, 이를 대한변협에 보고하여야 한다. 다만 이러한 조치를 취하기 전에 당해 변호사에 대하여 변명의 기회를 주어야 한다(광고규정 12조 1항).

(2) 변호사는 소속 지방변호사회장으로부터 위 (1)의 요구를 받을 받았을 때에는 즉시 이를 이행한 후 그 결과를 보고하여야 하고, 지방변호사회장은 이를 대한변협에 보고하여야 한다(동조 2항).

(3) 지방변호사회장은 변호사가 위 (1)의 요구에 불구하고 즉시 시정조치를 취하지 아니하는 경우, 지방변호사회장의 명의로 시정조치 요구 사실 및 그 이유의 요지를 공표할 수 있고, 그 비용은 당해 변호사가 부담한다(동조 3항).

(4) 대한변협의 장은 지방변호사회장이 위 (1) 및 (3)의 조치를 취하지 아니하거나 그 조치가 부적절하다고 판단했을 때에는, 광고심사위원회의 의결을 거쳐 위 (1) 및 (3)의 조치 기타 필요한 조치를 취할 수 있다.

2. 광고심사위원회의 설치

대한변호사협회와 각 지방변호사회는 변호사광고를 심사하기 위하여 광고심사위원회를 두고 있다(광고규정 12조-17조). 위원회는 소속 변호사가 광고규정상의 금지나 의무에 위반했는지의 여부를 확인하기 위하여 필요한 조사를 할 수 있다. 이때 해당 변호사는 그러한 조사에 협력하여야 한다(동 규정 16조 1항).

3. 광고물의 보관의무

광고를 한 변호사는 광고물 또는 그 사본, 사진 등 당해 광고물에 갈음하는 기록과 광고일시, 장소, 송부처 등의 광고방법 등 당해 광고에 관련한 기록을 광고 종료 시로부터 3년간 보관하여야 한다(동 규정 11조).

4. 형사처벌

변호사가 변호사 업무에 관하여 거짓된 내용을 표시하는 광고를 한 경우(법 23조 2항 1호), 국제변호사를 표방하거나 그 밖에 법적 근거가 없는 자격이나 명칭을 표방하는 내용의 광고를 한 경우(동 2호)에는 형사처벌의 대상이 된다(법 113조 1호).

Ⅶ. 사례 연습

1 변호사의 윤리와 관련된 법령 내용에 비추어 변호사의 광고로서 허용되는 것은?

① 국제변호사라는 명칭을 표방하는 내용의 광고

② 무작위로 불특정인에게 전화를 거는 방법으로 하는 광고

③ 「변호사전문분야등록에관한규정」에 따라 전문분야 등록을 한 변호사로서 '헌법재판전문변호사'로 표기하여 하는 광고

④ 버스의 내 · 외부에 광고물을 부착하는 행위

2 변호사의 업무광고 방법 중 허용되는 것은?[34)]

① 변호사 甲은 대한변호사협회의 '변호사 전문분야 등록에 관한 규정'에 따라 형사법, 건설법을 전문분야로 등록한 내용에 대하여 '형사법 및 건설법 분야의 국내 최고 전문 변호사'라고 무료 배포되는 지역 신문에 광고하였다.

② 변호사 乙은 법무법인의 대표로서 일간신문 발행인과의 사이에 분야별로 뛰어난 법무법인을 소개하는 기획 기사의 외양을 갖추어 해당 법무법인을 홍보하는 유료 광고계약을 체결하여 해당 내용을 게재하게 하였다.

③ 변호사 丙은 대한변호사협회의 '변호사 전문분야 등록에 관한 규정'에 따라 민사법, 형사법을 전문분야로 등록한 후 지하철역 구내에 민사법 및 형사법의 주요 취급업

34) 법조윤리시험(2011) 문제이다.

무 내용을 액자 모양의 광고판 2개에 기재하여 광고하였다.

④ 변호사 丁은 관할구청의 허가를 받아 도로 현수막 게시대에 주요 취급업무의 내용, 사무실의 위치 및 전화번호 등의 내용이 적힌 현수막을 게시하였다.

3 P 법무법인은 성악가의 개인독창회 개최를 후원하면서 독창회 팜플릿 뒷면 중 후원자들의 명단을 등재하는 란에 법무법인의 명칭, 전화번호 등을 등재하도록 하였다. 이것은 광고규정에 위반된 것인가?

4 보험업계에 종사하는 FC(Financial Consultant) 및 공인회계사 또는 세무사와 함께 각자의 사진, 성명, 학력, 약력, 사무소의 주소 및 연락처를 게재한 브로셔 형태의 유인물을 제작하여 각자의 사무실 내방객에게 배포하거나 상담을 하는 고객에게 배포하는 것은 허용되는가?

5 L 변호사는 무가지신문에 광고를 함에 있어서 '서울중앙지법 2010가0000호' 등 과거에 취급하였거나 관여한 사건 그리고 현재 수임중인 사건 또는 의뢰인(고문 포함)을 표시하는 내용의 광고를 하였다. 이러한 광고는 허용되는가? 의뢰인의 이름을 적시하지 않고, 구체적인 소송사건번호만을 적시하면 어떠한가?

6 L 변호사는 보험판매종사자들에게 법률자문계약안내서(보험판매종사자들이 보험분쟁사건에 있어 잠재적 사건의뢰인인 보험청약자들에게 특정 변호사에게 자문을 받을 것을 권유하는 내용)를 우편으로 발송하였다. 이러한 안내서를 교부하는 행위는 변호사법 및 광고규정에 위반되는 것인가?

7 일간신문사에서 독자층의 법률문제에 관한 지적 욕구를 풀어주기 위하여 어려운 법률용어, 법률상식 등을 쉽게 해설하는 법률칼럼을 만든 다음, 그 필자인 변호사의 사진, 이름, 이메일 주소, 상담전화번호 등을 게재하고 그 법률사무소의 소개, 전문분야 및 배경, 특이사항 등을 기사화하여 고객을 유치할 수 있도록 배려하는 것은 변호사법 등에 위배되는 것인가?

8 L 변호사는 2011. 6. 중순부터 약 1주일간 도로에 '신용카드 보증 사채 은행대출

등 빚 많은 분 개인회생 · 개인파산 변호사 L'이라고 기재된 현수막을 내걸고 광고하였다. 이러한 광고는 허용되는가?

9 P 법무법인은 아파트관리사무소가 지정한 아파트의 각 동 1층 로비 게시판에 A4 크기 10장 내외의 인쇄물을 부착하여 사무소 소개, 취급분야, 주소 및 연락처 등을 기재하는 방법으로 업무광고를 하였다. 이 광고는 허용되는가?

10 L 변호사는 '주요취급업무 : 이혼, 파산, 등기'라고 광고를 하였다. 이는 허용되는 광고인가?

11 간판에 '소액사건 착수금 ○○○원'이라고 보수를 게재하여 광고하는 것이 허용되는가?

12 L 변호사는 생활정보지에 "소액사건에 관하여 소송물가액 금 1,000만 원 미만은 금 50만 원, 소송물가액 금 1,000만 원 이상 금 2,000만 원 미만 금 100만 원. 단 비용 및 부가가치세 별도 등" 사건의 범위 및 수임금액을 특정한 광고를 하였다. 이러한 광고는 허용되는가?[35)]

13 변호사 甲은 광고용 인쇄물 500부를 제작한 후 사람들이 드나드는 길목에 있는 노점상에게, 가져가고 싶은 사람들은 가져갈 수 있도록 가판대의 한쪽 귀퉁이에 인쇄물을 놓아 달라고 부탁하였고, 그는 아무런 대가 없이 승낙하였다. 사람들이 가져간 인쇄물에는 "송사는 걸렸는데, 물어볼 곳은 없고 답답하십니까? 변호사에게 가보려 해도 상담료가 부담스러우십니까? 변호사에게 사건을 맡겼다가 사건은 지고 비용만 손해 볼 일이 걱정되십니까? 변호사 甲에게 오십시오. 상담료는 무료입니다. 변호사 통계사이트 집계 전년도 변호사 승소율 국내 1위, 사건 맡겼다가 손해 볼 걱정을 할 필요가 없습니다. 국내 최고의 변호사, 양심의 대명사 변호사 甲이 당신의 친절한 벗이 되어드립니다"라고 적혀 있었다. 변호사 甲의 행위에 관한 평가 중 옳은 것은?[36)]

① 행인에게 나누어주거나 가져가라고 권유함이 없이 단순히 가판대의 한쪽에 광고

35) 대한변협 2007. 6. 4. 법제 1702호.
36) 법조윤리시험(2010) 문제이다.

물을 비치하는 행위 자체는 그 대가를 지급하지 않은 이상 변호사업무광고규정에 위반되지 아니한다.

② 상담료가 무료임을 표방하는 것은 변호사업무광고규정에 위반되지 아니한다.

③ '국내 최고의 변호사'라는 표현은 변호사업무광고규정에 위반되지 아니한다.

④ "변호사 승소율 국내 1위, 사건 맡겼다가 손해 볼 걱정을 할 필요가 없습니다."라는 표현은 실제 변호사 통계사이트 집계 전년도 변호사 승소율이 국내 1위였다면 변호사업무광고규정에 위반되지 아니한다.

14 인터넷 상담 등의 구체적인 업무와 그에 따른 상담료, 수임료 등은 각자의 독립성이 보장되고, 상호 간 소개료나 수익의 분배가 없는 방식의 웹사이트를 개설하여 여러 변호사 또는 법무법인이 공동으로 광고를 하는 것은 변호사법상 허용되는가?

15 변호사 甲은 乙이 운영하는 인터넷 쇼핑몰 사이트에서 자신을 소개하고 그 사이트를 통하여 각종 법률상담을 한 후 받는 상담료 중 일정 부분을 乙에게 지급하고 있다. 변호사 甲의 행위가 변호사법에 위반되는지 여부에 관한 설명 중 옳은 것은?[37)]

① 甲과 乙은 고용 관계가 아닌 업무제휴 관계에 불과하므로 甲이 乙에게 상담료 중 일정 부분을 지급하는 것은 변호사법에 위반되지 않는다.

② 甲이 상담료의 일정 부분을 乙에게 지급하는 것은 보수를 분배하는 것으로서 변호사법에 위반된다.

③ 변호사가 인터넷을 이용하여 영업을 하는 것이 변호사법에 위반되므로 甲이 乙과 업무제휴를 하는 것은 허용되지 않는다.

④ 법률상담은 사건의 수임에 속하지 않으므로 상담료 중 일정 부분을 지급하더라도 변호사법에 위반되지 않는다.

해설

1 위 변호사 광고 중 '변호사전문분야등록에관한규정'에 따라 전문분야 등록을 한 변호사로서 '헌법재판 전문변호사'로 표기하여 하는 광고는 허용된다. 정답은 ③번이다.

2 변호사업무광고에 '최고'라는 용어는 사용할 수 없다. 일간신문에 실은 변호사에 대한 광고

37) 법조윤리시험(2010) 문제이다.

이면서도 이를 기사화함으로써 마치 광고가 아닌 것처럼 오도하는 것은 허용되지 않는다. 현수막을 설치하는 것도 허용되지 않는다. 그러나 대한변호사협회의 '변호사 전문분야 등록에 관한 규정'에 따라 민사법, 형사법을 전문분야로 등록한 후 지하철역 구내에 민사법 및 형사법의 주요 취급업무 내용을 액자 모양의 광고판 2개에 기재하여 광고한 것은 허용된다. 따라서 정답은 ③번이다.

3 개인음악회 등을 후원하고 그 팜플릿 등에 후원자로서 등재하면서 전화번호 등을 기재하는 것은 광고에 주된 목적이 있다기 보다는 음악회의 후원에 주목적이 있는 것이라고 볼 수 있으므로 광고규정에 위반되지 않는다.[38)]

4 위 사례의 광고는 그 의도가 변호사 아닌 다른 업종에 종사하는 전문가들과 동업으로(또는 협력하여) 사건을 처리해 준다는 인상을 주려는 것으로 보이고, 이를 본 고객의 입장에서도 변호사 아닌 다른 업종에 종사하는 전문가들과 함께 사건을 처리해 준다는 의미로 오해할 여지가 충분히 있을 수 있다고 보이므로 이는 광고규정 4조 2호의 '고객으로 하여금 객관적 사실에 관하여 오해를 불러일으킬 우려가 있는 내용의 광고'에 해당할 여지가 있다."[39)]

그러나 최근 대한변협은 종래 입장을 일부 변경하여 '각 법인들이 상호 간에 인적, 물적인 면에서 독립적으로 설립하여 운영된다는 취지의 내용을 광고에 명시하는 것에 한하여' 공동광고를 제한적으로 허용하고 있다.[40)]

5 광고규정 4조 8호는 '과거에 취급하였거나 관여한 사건이나 현재 수임중인 사건 또는 의뢰인(고문 포함)을 표시하는 내용의 광고'를 금지하고 있다. 그러나 위 광고내용의 제한은 의뢰인의 이익을 보호하기 위한 취지이므로, 광고규정에서는 '의뢰인이 동의하거나, 당해 사건이 널리 일반에 알려져 있거나 의뢰인이 특정되지 않는 경우 등 의뢰인의 이익을 해칠 우려가 없는 경우에는 광고를 허용하고 있다(8호 단서).

이 제한은 변호사의 의뢰인에 대한 비밀유지의무에 반하는 결과에 이를 수 있다는 점에 근거한 것이다. 따라서 의뢰인의 이익을 해할 우려가 없는 경우에는 위 규정 단서에서 광고를 허용하고 있다.

이러한 광고규정에 비추어 볼 때, 일반적으로는 비실명처리하는 등의 방법으로 그 의뢰인을 알 수 없게 하여 광고하는 것은 위 단서에 따라 허용되는 광고라 할 것이다. 다만 비실명처리광고 중 구체적인 소송사건번호를 적시한 형태의 '주요수임사건'에 대한 광고는 소송사건번호를 이용한 검색 등을 통해 제3자도 구체적인 사건의 내용을 알 수 있는 것이 현실인 점에 비추어 의뢰인의 동의를 받는 등 위 예외에 해당하지 않는 한 허용되지 않는다.[41)]

38) 대한변협 2005. 12. 8. 법제 2771호.
39) 대한변협 2007. 12. 21. 법제 2950호.
40) 대한변협 홈페이지 「변호사법 질의회신」 554호, 2010. 11. 30.
41) 대한변협 2007. 12. 21. 법제 2948호.

결국 광고규정 4조 8호는 과거 또는 현재의 사건 등을 통한 광고로 인해 의뢰인에 대한 정보 및 사생활 보호에 관한 이익이 침해되는 것을 방지하고자 하는 취지의 광고의 제한이므로 동 규정 단서에서 예시하고 있는 바와 같이 의뢰인의 이익에 반하지 않는 범위에서는 광고가 허용된다고 할 것이다.[42)]

6 자문안내계약서는 보험판매종사자들이 보험분쟁사건에 있어 잠재적 사건의뢰인인 보험청약자들에게 특정 변호사에게 자문을 받을 것을 권유하는 내용으로 되어 있으므로, 이는 사건의 유치를 목적으로 예상되는 의뢰인과 접촉하거나 제3자로 하여금 선임을 권유하는 행위(윤리규칙 9조)로 볼 수밖에 없어 변호사법과 변호사윤리장전을 위배한 내용의 광고이므로 허용되지 않는다. 아울러 변호사는 불특정다수인에게 팩스, 우편, 전자우편을 보내거나 전자게시판 등에 게재하는 방법을 이용하여 광고를 하여서는 아니되므로 이러한 방법의 광고는 허용되지 않는다.[43)]

7 위 사례는, 실상은 변호사에 대한 광고이면서 이를 기사화함으로써 마치 광고가 아닌 것처럼 독자를 오도할 우려가 있고 광고규정 5조 3항에 위반되므로 허용되지 않는다. 다만, 필자를 특정하기 위하여 이름과 직업, 직책 등을 표시하는 정도는 허용된다고 볼 것이다.[44)]

8 광고규정 5조 6항 2호는 도로상의 시설인 가로등, 가로수 등에 현수막 등 광고물을 비치, 부착, 게시하는 방법으로 변호사의 품위를 훼손하는 광고를 금지하고 있다. 따라서 현수막을 이용한 광고는 광고규정에 위반된다.

9 광고방법의 제한기준은 불특정다수인에게 무차별적으로 광고물 또는 광고내용을 전달하거나, 운송수단의 내외부에 광고를 하는 등으로 광고로 인한 불쾌감, 혐오감을 일으키거나, 또는 광고방법이 유치하고, 광고물 자체가 노상 등에 방기되거나 쉽게 훼손되는 현상을 가져오는 광고전단 살포 및 노상비치 등을 제한한 것이다. 사례의 경우 아파트관리사무소의 검인하에 지정된 게시판에 1주일 정도의 제한된 기간 동안 광고물을 부착 게시하는 것으로서, 광고규정 5조에 어긋나지 아니하는, 즉 변호사의 품위 또는 신용을 훼손할 우려가 없는 적정한 광고방법이라고 할 수 있다.[45)]

10 '주요취급업무'라는 것은 표현 자체에서 변호사 자신의 주관적 평가에 불과하다는 것을 쉽게 알 수 있으므로 광고규정은 이 용어사용을 허용하고 있다(광고규정 7조 1항).

11 간판에 '소액사건 착수금 ○○○원' 이라고 보수를 게재하여 광고하는 것이 허용되는지 문제된다. 대한변협은 "간판에 보수에 관한 사항을 기재하는 행위 자체가 규제대상이 되는 행위

42) 대한변협 2007. 12. 21. 법제 2948호.
43) 대한변협 2006. 9. 18. 법제 2197호.
44) 대한변협 2006. 1. 27. 법제 181호.
45) 대한변협 2008. 5. 13.. 법제 1618호.

라고 볼 수는 없을 것이나, 변호사는 직무의 내외를 불문하고 품위를 해하거나 공공복리에 반하는 행위를 하여서는 아니 되고, 사건의 유치를 위하여 상담료, 고문료, 감정료 기타 보수 등에 관하여 다른 변호사와 부당하게 경쟁하여서는 아니 되는 의무가 있으므로, 이러한 제한과 광고규정 4조에서 정한 사항을 위반하지 않도록 유념하여야 한다"고 한다.[46)]

12 생활정보지에 광고내용을 게재하는 것은 금지되지 아니한다. 또한 변호사가 서비스의 가격(수임료)을 제시하여 광고하는 행위를 제한하는 규정이 없고, 제시된 가격과 관련하여서도 문제가 없는 것으로 보이므로 이러한 내용으로 광고를 하는 것은 허용된다.[47)] 다만 변호사는 직무의 내외를 불문하고 품위를 해하여서는 아니 되고, 사건의 유치를 위하여 보수 등에 관하여 다른 변호사와 부당하게 경쟁하여서는 아니 되는 의무가 있으므로, 보수를 제시하여 광고함에 있어서는 이러한 제한과 광고규정 4조에서 정한 사항을 위반하지 않도록 유념해야 할 것이다.[48)]

13 행인에게 나누어주거나 가져가라고 권유함이 없이 단순히 가판대의 한쪽에 광고물을 비치하는 행위는 광고규정 5조 6항 3호에 위반된다. '국내 최고의 변호사'라는 표현은 광고규정에 7조 3항에 위반된다. "변호사 승소율 국내 1위, 사건 맡겼다가 손해 볼 걱정을 할 필요가 없습니다"라는 표현은 광고규정 4조 3호에 위반된다. 그러나 상담료가 무료임을 표방하는 것은 광고규정에 위반되지 아니한다. 따라서 정답은 ②번이다.

14 하나의 웹사이트를 이용하여 여러 변호사 또는 법무법인이 공동으로 광고를 하는 것은 광고규정 등에 위반되지 않는다. 다만 공동으로 광고하는 사정상 실제와 달리 공동근무 또는 업무제휴 등을 하고 있는 것으로 오인 또는 혼동을 주지 않도록 주의하여야 하며, 광고규정 10조에 따라 대표자의 성명 또는 명칭을 명확히 밝혀야 할 것이다.[49)]

15 甲이 상담료의 일정 부분을 乙에게 지급하는 것은 보수를 분배하는 것으로서 변호사법 34조 5항에 위반된다. 정답은 ②번이다.

46) 대한변협 2006. 5. 3. 법제 1459호.
47) 대한변협 2007. 6. 4. 법제 1702호.
48) 대한변협 2006. 5. 3. 법제 1459호.
49) 대한변협 홈페이지 「변호사법 질의회신」 584호, 2011. 5. 12.

제9장 변호사의 보수

Ⅰ. 개요

(1) 대한변호사협회는 보수의 예측가능성을 높이려는 취지에서, 1983. 5. 21.「변호사보수기준에 관한 규칙」을 제정하여 변호사보수에 관한 기준을 제시하였다. 그러나 이 기준에 따르더라도 보수에 대한 불투명성이 불식되지 않고, 오히려 자유로운 가격경쟁을 배제한다는 비판이 제기되었다. 그리하여 2000. 1. 1. 공정거래위원회의 보수담합이라는 지적에 따라 폐지되었다. 그 이후 보수의 결정은 변호사와 의뢰인 사이의 자유로운 합의에 의하여 정해지는 것이 원칙으로 되었다.

(2) 보수가 당사자 간의 자유로운 합의로 결정된다고 하더라도, 시장의 불완전성이 지배하는 법률서비스 시장에서는 여전히 일정한 규제와 공공적 개입이 요구된다. 문제는 그 개입의 방식에 있는데, 이와 관련하여 다음 두 가지 방법이 제시되고 있다.

① 첫째, 실질적으로 적정한 보수액이 정해지도록 보수 자체를 직접 규제하는 방식이다. 변호사윤리장전은 29조 2항에서, "변호사는 공공성을 지닌 전문직이므로 그 보수는 절대로 과다하여서는 아니 된다"고 선언한 다음, 30조에서 "변호사의 보수는 사안의 난이, 소요되는 노력의 정도와 시간, 당사자의 이해관계 등 제반 사정을 고려하여 적정하게 결정되어야 한다"고 규정한다(윤리규칙 30조). 어떠한 경우이든 보수는 과다해서는 아니 되며, 적정해야 한다는 것이다.

② 둘째, 보수와 관련된 절차를 통제함으로써 간접적으로 적정한 보수액이 정해지도록 하는 방식이다. 변호사윤리장전은 위와 같은 적정한 보수를 전제로 "변호사는 사건 또는 사무를 수임할 때에는 보수에 관한 명백한 약정을 하고 가급적 이를 서면으로 체결하여야 한다"(윤리규칙 31조)고 규정한다. 또한 명문의 규정은 없지만, 변호사가 법률사무를 수임할 때 변호사의 보수와 비용에 대해서 의뢰인에게 설명할 의무가 있음은 당연한 것이다.[1]

따라서 변호사에게는 보수를 적정하게 산정하고, 산출된 금액을 의뢰인에게 설명 및 설득하는 문제가 항상 중요한 과제라고 할 수 있다.

Ⅱ. 보수의 종류

> L 변호사는 A회사에 대한 증권관련 손해배상청구소송을 의뢰한 B와 시간제보수방식으로 보수를 정하기로 하였다. 그러나 이 관련 소송은 B 외에 C, D도 의뢰한 사건으로 이미 시간제 보수방식으로 계약을 체결한 바 있다. 이 사건에서 변호사 L이 한 번의 행동으로 위 의뢰인 3명에 대한 사건을 동시에 처리할 수 있다면 어떻게 보수를 산정해야 하는가? 변호사가 의뢰인들을 위해 사용한 시간의 총량을 각각의 의뢰인에게 1/3씩 사용한 것으로 청구해야 하는가? 아니면 각각의 의뢰인에게 중복하여 시간당 비용을 청구할 수 있는가?

1. 분류 방식

(1) 변호사보수는 보수산정방식에 따라 시간기준보수 · 가액기준보수 · 정액보수로, 변호사가 제공하는 법적 서비스의 내용에 따라 사건보수 · 사무보수 · 실비변상으로 각 나눌 수 있다.[2)]

(2) 대한변호사협회 회칙에는 보수의 내용에 관해서 다음과 같이 규정하고 있다.

① 변호사는 그 직무에 관하여 사무보수, 사건보수 및 실비변상을 받을 수 있다(대한변협 회칙 44조 1항). ② 사무보수는 상담료, 감정료, 문서작성료 및 고문료로, 사건보수는 그 사건의 종류에 따라 착수금과 성공보수로, 실비변상은 수임사무 및 사건의 처리비용과 여비 등으로 나눌 수 있다(동 회칙 44조 2항).

2. 보수산정방식에 의한 분류

(1) 시간기준보수

시간기준보수는 변호사 또는 그 직원이 당해 사건을 처리하기 위해 소비한 시간에 시간당 보수액을 곱하여 산정한다. 시간기준보수는 상담료, 감정료, 문서작성료 등 후술하는

1) 이상수(233면), 박휴상(332면).

2) 오종근, "변호사보수에 관한 연구", 법과 사회 27호, 2004(78-81면).

사무보수를 산정하는 데 적합한 방식이다.

(2) **가액기준보수**

가액기준보수는 수임한 사건·사무의 경제적 가치에 대한 일정비율을 보수로 산정하는 방식이다. 비율산정의 기초가 되는 경제적 가치로는 소송물의 경제적 이익가액이나 승소금액 또는 의뢰인이 현실적으로 취득한 금액 등이 있다.

(3) **정액보수**

특정한 금액(예: 500만 원 등)을 변호사보수로 약정하는 방식이다. 이는 형사사건의 보수처럼 시간기준이나 가액기준으로 보수약정을 하기 어려운 경우에 이용된다.

3. 서비스 내용에 의한 분류

(1) **사건보수**

사건보수는 위임사무 처리에 있어서 성공과 실패가 있는 법률사무의 처리에 대한 보수를 말한다. 사건보수는 보수지급방식에 따라 착수금과 성공보수로 분류된다(대한변협 회칙 44조 2항). 그리고 사건보수는 사건 및 심급마다 1건으로 하여 정하는 것이 원칙이다.

(2) **사무보수**

사무보수는 위임사무 처리에 있어서 성공과 실패가 의미를 갖지 않는 법률사무의 처리에 대한 보수를 말한다. 사무보수에는 상담료, 감정료, 문서작성료, 고문료 등이 있다(동 회칙 44조 2항).

(3) **실비변상**

실비변상은 사건 또는 사무를 처리함에 있어서 소요되는 비용 및 여비를 말한다(동 회칙 44조 2항). 실비변상은 변호사보수와 별도로 지급된다. 비용은 인지대, 송달료, 복사료, 우편료, 통신료 등을, 여비는 교통비, 숙박료, 일당을 의미한다.

해설

시간기준보수의 경우 변호사가 제시하는 금액이 정확히 자신의 사건처리에 사용된 시간에 합당한 것인지 의심을 사는 경우가 많다. 따라서 시간기준보수에 의하는 경우 실제로 사용하지 않거나 실제 사용한 시간보다 과도하게 시간당 비용을 청구해서는 안 된다. 또 불필요한 조사를 하거나 변호사를 과다하게 배치하는 것도 해서는 안 된다. 또한 위 사례와 같이 한 번의 행동으로 두 사건을 동시에 처리할 수 있는 경우 변호사는 각각의 의뢰인에게 중복하여 시간당 비용을 청구할 수 없다고 본다.[3)]

Ⅲ. 보수의 결정

1. 기본원칙

변호사윤리장전은 변호사가 '공공성을 지닌 전문직'이고 '국민에 대한 봉사자'임을 강조하며, 보수에 관한 기본원칙을 다음과 같이 규정하고 있다.

① 변호사의 사명은 기본적 인권의 옹호와 사회정의의 실현에 있으므로 그 직무는 영업이 아니며, 대가적 거래의 대상이 되어서는 아니 된다(윤리규칙 29조 1항).

② 변호사는 공공성을 지닌 전문직이므로 그 보수는 절대로 과다하여서는 아니 된다(동조 2항).

③ 변호사는 국민에 대한 봉사자이므로 보수가 부당한 축재의 수단이 되어서는 아니 된다(동조 3항).

2. 적정한 보수

> L 변호사는 A와 손해배상청구사건의 수임계약을 체결하려고 한다. 이때 보수는 어떠한 사항을 고려하여 산정하여야 하는가?

(1) 변호사의 보수는 그 액수가 실질적으로 적정해야 한다. 이러한 취지에서 변호사윤리장전 30조는 "변호사의 보수는 사안의 난이, 소요되는 노력의 정도와 시간, 당사자의 이해관계 등 제반 사정을 고려하여 적정하게 결정되어야 한다"고 규정한다.

(2) 보수의 액수가 적정하지 않으면 윤리위반으로 징계의 사유가 된다. 또한 판례는 "약정된 보수액이 부당하게 과다하여 신의성실의 원칙이나 형평의 원칙에 반한다고 볼 만

3) 이상수(150면).

한 특별한 사정이 있는 경우에는, … 상당하다고 인정되는 범위 내의 보수액만을 청구할 수 있다"고 한다.4)

해설

판례는 '의뢰인과의 평소부터의 관계, 사건수임의 경위, 착수금의 액, 사건처리의 경과와 난이도, 노력의 정도, 소송물가액, 의뢰인이 승소로 인하여 얻게 된 구체적 이익 등 제반 사정'에 비추어 약정된 보수액이 부당하게 과다하여 신의성실의 원칙이나 형평의 원칙에 반한다고 볼 만한 특별한 사정이 있는 경우에는 예외적으로 상당하다고 인정되는 범위 내의 보수액만을 청구할 수 있다고 한다.5)

3. 적정한 절차

L 변호사는 A로부터, B에 대한 1억 원의 대여금청구사건을 의뢰받았다. L 변호사는 보수에 대해서, "착수금은 500만 원이다. 나는 착수금으로 500만 원 이하는 받지 않는다"라고 말했을 뿐, 착수금이 어떻게 해서 500만 원이 되는가에 대해서 전혀 설명을 하지 않았다. L 변호사의 행동에 문제가 없는가?

(1) 보수결정절차의 적정성을 보장하기 위하여 각국의 윤리규정은 보수계약의 서면화와 보수에 대한 설명의무를 부과하고 있다. 우리나라 변호사윤리장전은 보수계약의 서면화만을 요구하고 있으나, 보수에 대한 설명의무도 당연히 인정된다고 보아야 한다.

(2) 서면계약의 원칙

변호사는 사건 또는 사무를 수임할 때에는 보수에 관한 명백한 약정을 하고 가급적 이를 서면으로 체결하여야 한다(윤리규칙 31조). '가급적' 서면으로 작성하도록 권고하고 있으므로 서면으로 계약할지의 여부는 개별 변호사의 재량에 맡겨져 있으며, 이를 위반하더라도 징계의 대상이 되지는 않는다. 그러나 분쟁의 소지를 없애기 위해서는 서면계약을 의무화하는 것이 옳다고 본다.

---

4) 대법원 1992. 3. 31. 판결, 91다29804, 동 1993. 2. 9. 판결, 92다30382 등.
5) 대법원 1993. 2. 9. 판결, 92다30382.

(3) 보수의 설명의무

변호사는 사건을 수임할 때 보수와 비용에 관해서 의뢰인에게 적절한 설명을 하여야 한다. 그렇게 함으로써 변호사와 의뢰인 사이의 분쟁의 소지를 사전에 막을 수 있다.

해설

L 변호사는 스스로 보수기준(보수의 종류, 산정방법, 지불방법 등)을 마련하여 이것을 사무실에 비치하고, 동시에 의뢰인에 대해서 이를 충분히 설명하여 납득시켜야 한다. '착수금으로 500만 원 이하는 받지 않는다'는 주관적인 의도를 제시하는 것만으로 의뢰인을 납득시킬 수 없다. 따라서 예컨대, 사무실 보수기준으로 착수금이 500만 원이라는 것을 밝힌 다음, 자신이 500만 원을 받아야 하는 이유를 설명하여 의뢰인을 납득시킨 후, 보수약정을 하는 것이 올바른 태도이다.

4. 기타 불공정한 보수의 금지

변호사 L은 다른 변호사를 선임하여 재판을 받고 있던 피고인 A에게 담당 재판장과 고교 선·후배 사이임을 강조하며 재판장과 개인적으로 만나 A의 억울한 부분을 풀어주고 형량을 낮추어 주겠다면서 교제 비용으로 2,000만 원을 요구하였고, 그 후 A의 처 B로부터 2,000만 원을 받았다. L은 위 돈을 받고도 A 또는 B와 변호인선임약정서를 작성하지 않았고, 법원에 변호인선임신고서를 제출하지도 않았으며, A에 대한 형사재판과 관련하여 수사기록을 열람·검토하지 않았고, 담당 재판장을 직접 찾아간 사실도 없었다. 변호사 L의 행위에 관한 설명 중 옳은 것은?[6)]

① L이 A로부터 받은 2,000만 원은 정당한 변호 활동의 대가나 보수가 아니라 당시 A의 형사재판을 담당하는 판사에 대한 교제비 명목으로 받은 것이고, 이러한 금전수수행위는 변호사법에 따라 형사처벌 대상이다.

② L이 받은 2,000만 원은 A에 대한 정당한 변호 활동의 대가에 해당한다. 변호인선임약정서를 작성하지 않았어도 구두로 변호인 선임약정이 체결된 것으로 볼 수 있고, 변호 활동에 대한 대가라고 보아야 한다.

③ L이 2,000만 원을 받고 A를 위하여 재판장을 개인적으로 만나 형량을 낮추도록 하는 활동을 하지 않았으므로 L은 A 및 B에 대하여 위임계약을 위반한 것일 뿐 다른 위법행위를 한 것은 아니다.

④ L이 A의 형사재판을 담당하는 판사에 대한 교제비 명목으로 2,000만 원을 받은 것은 변호사윤리에 어긋난다. 그러나 L이 실제 2,000만 원을 판사에 대한 교제를 위하여 사용하지 않았으므로 L은 윤리적으로 비난받을 수 있을지언정 형사처벌을 받을 위법행위를 한 것은 아니다.

---

6) 법조윤리시험(2010년) 문제이다.

(1) 추가보수의 금지

변호사는 약정한 보수 이외의 금품을 요구하거나 정당한 사유 없이 추가보수를 요구하여서는 아니 된다(윤리규칙 32조). 이는 변호사가 의뢰인의 궁박한 사정을 이용하여 과다하게 금품을 요구하는 것을 방지하기 위한 것이다.

(2) 교제용 보수금지

1) 변호사는 담당 공무원과의 교제 등의 명목으로 보수를 결정하여서는 아니 되며, 교제비 등 명목의 금품을 받아서는 아니 된다(윤리규칙 35조).

2) 변호사나 그 사무직원이 판사·검사, 그 밖에 재판·수사기관의 공무원에게 제공하거나 그 공무원과 교제한다는 명목으로 금품이나 그 밖의 이익을 받거나 받기로 한 행위와, 그러한 명목의 비용을 변호사 선임료·성공사례금에 명시적으로 포함시키는 행위를 한 경우에는 5년 이하의 징역 또는 3천만 원 이하의 벌금에 처해진다(법 110조).

(3) 증거조작금지

변호사는 조세포탈 기타 어떠한 명목으로도 의뢰인 또는 관계인과 수수한 보수의 액을 숨기기로 밀약하거나 영수증 등 증거를 조작하여서는 아니 된다(윤리규칙 36조). 따라서 변호사는 조세를 포탈하기 위해서 수령한 보수금액보다 적은 액수의 영수증을 발행해줄 수 없다. 반대의 경우도 마찬가지이다. 고의적인 과세포탈은 형사처벌의 대상이 됨은 물론, 품위손상행위로서 징계사유에 해당된다.[7)]

(4) 보수의 부당경쟁 규제

변호사는 사건의 유치를 위하여 상담료, 고문료, 감정료 기타 보수 등에 관하여 다른 변호사와 부당하게 경쟁하여서는 아니 된다(윤리규칙 37조). 이는 변호사로서의 품위를 손상하는 행위이기 때문에 금지시킨 것이다.

해설

L이 A로부터 받은 2,000만 원은 정당한 변호 활동의 대가나 보수가 아니라 A의 형사재판을 담당하는 판사에 대한 교제비 명목으로 받은 것이고, 이러한 금전수수행위는 변호사법 110조에 따라 형사처벌 대상이다. ①번이 정답이다.

---

7) 법무부 2004. 9. 6. 징계결정.

Ⅳ. 보수의 청구

1. 보수청구권의 성립

A로부터 민사사건의 소송대리업무를 위임받은 L 변호사는 그 소송 제기 전에 상대방에 채무이행을 최고하고 형사고소를 제기하는 등의 사무를 처리하였다. 그 결과 A와 상대방 사이에 재판 외 화해가 성립되어 결과적으로 소송제기를 할 필요가 없게 되었다. 이 경우 A와 L 변호사 사이에 소제기에 의하지 아니한 사무처리에 관하여 명시적인 보수 약정을 한 바 없더라도 L 변호사는 상당한 보수를 청구할 수 있는가?

(1) 변호사에게 보수청구권이 성립하기 위해서는 ① 변호사선임계약이 존재해야 하고, ② 변호사가 그러한 계약상의 의무를 이행하여야 한다.[8)]

(2) 변호사선임계약은 통상 위임계약으로서의 성격을 가진다. 민법상 위임계약은 무상계약이 원칙이지만, 변호사선임계약을 할 때에는 보수에 관한 약정을 하는 것이 일반적이다.[9)]

Example "변호사에게 계쟁사건의 처리를 위임함에 있어서 그 보수지급 및 수액에 관하여 명시적인 약정을 아니하였다 하여도 무보수로 한다는 등 특별한 사정이 없는 한 응분의 보수를 지급할 묵시의 약정이 있는 것으로 봄이 상당하다."[10)]

(3) 보수청구권은 착수금 약정과 같은 특약이 없는 한, 원칙적으로 변호사가 자신의 선임계약상의 의무를 완전히 이행한 경우에 성립한다(민법 686조 2항). 그러나 변호사선임계약은 위임계약이므로 변호사는 반드시 일정한 결과를 발생시켜야 하는 것은 아니며, 선량한 관리자의 주의로 수임사무를 처리하는 것으로 충분하다. 다만 성공보수는 조건으로 약정된 일정한 결과(승소판결 또는 무죄판결 등)가 발생하여야 보수를 청구할 수 있다.[11)]

(4) 수인이 공동당사자로서 변호사에게 소송대리를 위임하였더라도 보수지급채무는 분할채무이다.

---

8) 오종근(81면).
9) 오종근(82면).
10) 대법원 1993. 11. 12. 판결, 93다36882.
11) 오종근(84면).

Example "변호사에게 공동당사자로서 소송대리를 위임한 소송사건의 결과에 따라 경제적 이익을 불가분적으로 향유하게 되거나 패소할 경우 소송 상대방에 대하여 부진정 연대관계의 채무를 부담하게 된다 하더라도, 이러한 사정만으로 곧바로 공동당사자들의 변호사에 대한 소송대리위임에 따른 보수금지급채무가 연대 또는 불가분채무에 해당하는 것으로 단정할 수 없다."12)

해설

판례에 의하면, 변호사가 소송대리를 위임받았지만, 소송 제기 전에 다른 방법으로 사무를 처리하여 결국 소송을 제기할 필요가 없게 된 경우에도 상당한 보수를 지급할 필요가 있다고 한다. 즉, "민사사건의 소송대리업무를 위임받은 변호사가 그 소송 제기 전에 상대방에 채무이행을 최고하고 형사고소를 제기하는 등의 사무를 처리함으로써 사건위임인과 상대방 사이에 재판 외 화해가 성립되어 결과적으로 소송제기를 할 필요가 없게 된 경우에, 사건본인과 변호사 사이에 소제기에 의하지 아니한 사무처리에 관하여 명시적인 보수 약정을 한 바 없다고 하여도 특단의 사정이 없는 한 사건위임인은 위 사무처리에 들인 노력에 상당한 보수를 지급할 의무가 있다"고 하였다.13)

2. 착수금의 청구

2-1 청구시기 및 성질

L 변호사는 A의 사기피의사건 변호인선임계약을 체결하면서 착수금을 같은 날 지급받기로 합의하였다. 그런데 L 변호사는 바쁜 일이 있어 변호인 선임신고서를 그날 검찰에 제출하지 않았다. L 변호사의 착수금청구권은 언제 발생하는가?

(1) 착수금(착수수수료)은 위임된 사건처리의 결과와 관계없이 지급되는 보수로서 일반적으로 사건수임 시에 지급된다.

(2) 착수금은 위임사무의 처리비용과 보수금 일부의 선급금조로 지급받는 성질의 금원이다.14)

---

12) 대법원 1993. 2. 12. 판결, 92다42941.
13) 대법원 1982. 9. 14. 판결, 82다125.
14) 대법원 1982. 9. 14. 판결, 82다125, 82다카284.

해설

변호사가 사건을 수임하면서 착수금을 정하고 그 지급일을 약정하였다면 특별한 사정이 없는 한 그 약정한 지급일에 착수금청구권이 발생한다.[15] 업무의 개시 여부나 변호인 선임서, 위임장의 제출 여부에 의하여 좌우되는 것이 아니다. 사례와 같이 변호사에게 사무를 위임하면서 착수금을 같은 날 지급하기로 약속하였다면, 수임인이 변호인 선임신고서를 검찰에 제출하지 않았더라도 착수금청구권은 위임계약과 동시에 발생한다.[16]

2-2. 비환불수임계약

L 변호사는 A와 수임계약을 체결하면서 착수금을 어떤 일이 있어도 반환하지 않는다는 약정(비환불 수임계약)을 하였다. A는 어떠한 사유가 발생하더라도 L로부터 착수금을 반환받을 수 없는가?

(1) 착수금은 일반적으로 위임사무의 처리비용 외에 보수금 일부의 선급금조로 지급받는 성질의 금원이므로 착수금을 받은 이후에 그에 상응하는 업무가 없는 경우에는 그 금액만큼 환불을 요구할 수 있다고 보아야 할 것이다.[17]

(2) 판례는, '착수금에 대해서 어떠한 사유가 발생하더라도 반환을 청구할 수 없는 것으로 약정'한 후 변호사의 귀책사유로 계약이 해지되고, 의뢰인이 착수금의 반환을 청구한 사건에서, "소송위임계약과 관련하여 위임사무 처리 도중에 수임인(변호사)의 귀책사유로 계약이 종료되었다 하더라도, 위임인(의뢰인)은, 수임인이 계약종료 당시까지 이행한 사무처리부분에 관해서 수임인이 처리한 사무의 정도와 난이도, 사무 처리를 위하여 수임인이 기울인 노력의 정도, 처리된 사무에 대하여 가지는 위임인의 이익 등 제반 사정을 참작하여 상당하다고 인정되는 보수 금액 및 상당하다고 인정되는 사무 처리 비용을 착수금 중에서 공제하고 그 나머지 착수금만을 수임인으로부터 반환받을 수 있다고 봄이 상당하다"고 한다.[18]

---

15) 대법원 2000. 6. 27. 판결, 98두17876는 "변호사가 사건을 수임하면서 착수금을 정하고 그 지급일을 약정하였다면 특별한 사정이 없는 한 그 약정한 지급일에 위 착수금 상당의 소득이 발생하였다고 볼 것"이라고 한다.
16) 대법원 1963. 1. 31. 판결, 62다896.
17) 이상수(242면), 박휴상(349면).
18) 대법원 2008. 12. 11. 판결, 2006다32460.

해설

착수금은 보수금 일부의 선급금조로 지급받는 성질의 금원이므로 착수금을 받은 이후에 그에 상응하는 업무가 없는 경우에는 그 금액만큼 환불을 요구할 수 있다고 본다.

3. 성공보수의 청구

3-1. 성공보수 약정의 허용 여부

> 변호사 L1은 형사사건(고소대리사건)을 수임하면서 착수금으로 수사단계에서 1,000만 원을 받고, 피고소인들 중 1명이라도 기소 또는 구속이 되었을 때 성공보수금으로 2,000만 원을 지급받기로 약정하였다. 이러한 약정은 변호사법이나 변호사윤리장전에 위배되는 것이 아닌가?[19)]

(1) 성공보수는 사건을 성공적으로 처리하는 것을 조건으로 지급되는 보수이다. 성공보수는 수임사건의 결과에 따라 확정금액을 받거나 수임사건의 경제적 이익가액에 대한 일정 비율을 받기로 약정하는 것이 일반적이다.

(2) 판례에 따르면, “변호사에게 계쟁사건의 처리를 위임함에 있어서 그 보수 및 액에 관하여 명시의 약정을 아니하였다 하여도 무보수로 한다는 등의 특별한 사정이 없는 한 응분의 보수를 지급할 묵시의 약정이 있는 것으로 봄이 상당하며, 변호사는 그 수임사건이 승소로 확정된 때와 이와 동일시할 사건귀결이 된 경우에는 무보수로 한다는 특약이 없는 한 민법 제686조에 의하여 승소사례금을 청구할 수 있다”고 한다.[20)]

해설

대한변협은 “보수를 어떻게 책정할 것인지는 위임인과 변호사의 약정에 따른 문제”라고 하면서, “가령 착수금과 성공보수 방식으로 약정하더라도 그것이 변호사법이나 윤리강령에 위반되는 것은 아니다”라고 한다. 그리고 “성공보수약정에서 피고소인이 기소 또는 구속된 경우를 성공보수의 지급조건으로 약정하는 것도 가능하다”고 한다.[21)] 그러므로 위 사례의 약정은 변호사법 등에 위배되지 않는다.

---

19) 대한변협 2008. 4. 8. 법제 1345호, 박휴상(345면).
20) 대법원 1975. 5. 25. 판결, 75다1637.
21) 대한변협 2008. 4. 8. 법제 1345호.

3-2. 성공보수의 청구시기

L 변호사는 A로부터 소유권이전등기말소청구소송의 수임의뢰를 받았다. 변호사선임계약은 심급별로 체결하기로 하고 보수는 착수금 500만 원에 성공보수 1,000만 원으로 정하였다. 이 경우 성공보수는 언제 청구할 수 있는가? 제1심 판결을 송달받은 때인가, 아니면 수임사건에 대한 판결이 확정된 때인가?

(1) 성공보수는 당사자 사이에 특약이 없는 한, 수임사무가 종결된 후에 지급함이 원칙이다(민법 686조 2항).

(2) 소송대리와 관련된 변호사선임계약은 심급별로 체결하게 되므로, 성공보수청구권은 심급대리의 원칙에 따라 수임한 소송사무가 종료하는 시기인 '제1심 판결을 송달받은 때'에 발생한다.[22] 따라서 그때부터 소멸시효기간이 진행된다.

(3) 그러나 소송사건의 전체 심급에 대해서 소송대리하기로 약정하고 성공보수 역시 심급별로 지급하는 것이 아니라 수임사건이 승소로 확정되었을 때 받기로 약정했다면, 성공보수청구권은 수임사건에 대한 판결이 확정됨으로써 사건이 종국적으로 완결된 때에 발생한다.[23]

해설

성공보수청구권은 심급대리의 원칙에 따라 수임한 소송사무가 종료하는 시기인 '제1심 판결을 송달받은 때'에 발생한다.

3-3. 성공보수 선 수령 금지

변호사 L은 배임죄로 구속되어 수사를 받고 있던 P주식회사의 부장 A에 관한 형사사건을 수임하면서 1심 재판 선고 시까지 선임하되, 착수금으로 500만 원을, 구속적부심사에서 석방될 경우에는 추가로 500만 원의 성공보수를 받기로 합의했다. 그런데 변호사 L은 이후 사무직원들에게 월급으로 줄 돈이 부족하게 되자, A의 부인으로부터 성공보수금 500만 원을 미리 받아 사무직원들의 월급으로 지급하였다. 성공보수를 미리 받은 것은 변호사윤리규정에 위배되지 않는 것인가?

---

22) 대법원 1995. 12. 26. 판결, 95다24609.
23) 대법원 2007. 6. 28. 판결, 2002도3600.

(1) 변호사는 성공보수를 조건부로 미리 받아서는 아니 된다(윤리규칙 33조). 미리 받으면 고도의 공공성을 지닌 변호사직무에 배치되고, 성공조건부 보수라는 제도의 취지에 정면으로 반하는 것이기 때문이다.

(2) 그럼에도 불구하고 성공조건부 보수를 선 수령하여 징계를 받는 사례가 적지 않다.

해설

L 변호사의 행위는 성공보수를 조건부로 미리 받아서는 아니 된다는 윤리규칙 33조에 위배된다.

3-4. 소취하 간주 및 화해권고결정과 성공보수청구권

L 변호사는 손해배상청구사건의 피고 A의 소송 사건을 수임하면서 성공보수를 약정하였다. 그 사건이 쌍방 불출석으로 소 취하 간주된 경우, 이를 피고 소송대리인이 승소한 경우로 볼 수 없는가? 일부승소 시에도 성공보수를 지급하기로 약정한 경우 화해권고결정이 확정된 경우에도 성공보수를 받을 수 있는가?

(1) 소취하 간주

쌍방불출석으로 소취하 간주된 경우에 관하여 판례는, "응소자나 그 대리인이 이 방식에 따라 제소자의 소권 행사를 저지하는 결과를 가져왔다면 이는 그 이후의 제소 여하에 구애 없이 그 승소에 준해서 보아도 무방하다"고 한다.[24] 따라서 상대방의 소취하 간주로 인하여 사건이 종결된 경우에도 의뢰인이 보수약정이나 수임사건의 변론상황 등에 따라 성공보수를 지급해야 할 경우가 있을 수 있다.

(2) 화해권고결정

청구취지의 일부가 받아들여진 화해권고결정이 확정된 경우, 비록 의뢰한 청구취지가 전부 받아들여진 것은 아니라고 할지라도 청구취지의 일부가 받아들여진 것이므로 의뢰인은 변호사에게 수임약정에 정한 일부 승수 시의 성공보수를 지급해야 한다.[25]

24) 대법원 1970. 12. 22. 판결, 70다1345.
25) 서울중앙지방법원 2006. 11. 14. 판결, 2006가단192332.

해설

1) 상대방의 소취하 간주로 인하여 사건이 종결된 경우에도 의뢰인이 보수약정이나 수임사건의 변론상황 등에 따라 성공보수를 지급해야 할 경우가 있을 수 있다.

2) 일부 승소 시에도 성공보수를 지급하기로 약정한 경우 화해권고결정이 확정된 때에도 성공보수를 지급해야 한다.

3-5. 승소간주조항의 효력

의뢰인 A는 변호사 甲에게 민사소송을 위임하면서 위임계약서를 작성하였는데, 그 위임계약서에는 의뢰인이 임의로 화해하거나 소를 취하하는 경우 전부 승소한 것으로 보고 성공보수금을 지급하기로 하는 승소간주조항이 부동문자로 인쇄되어 있었다. 또한 변호사 甲과 의뢰인 A는 위 위임계약서의 특약조항란에 의뢰인이 위임계약을 위반하거나 중도 해지, 해제 등을 한 경우 전체에 대하여 승소한 것으로 간주하고 소송비용, 성공보수금을 지급하기로 하는 내용을 추가로 기재하였다. 그 후 의뢰인 A는 변호사 甲과 상의 없이 상대방과 소송 외에서 화해하고 소를 임의로 취하하였고, 변호사 甲과의 위임계약을 임의로 해지하였다. 이에 변호사 甲은 위 위임계약서에 근거하여 의뢰인 A에게 소송비용 및 성공보수금의 지급을 청구하였다. 위 사안에 관한 설명 중 옳지 않은 것은? (다툼이 있는 경우에는 판례에 의함)[26]

① 이 사건 승소간주조항은 위임계약의 일방당사자인 변호사가 다수의 상대방과 계약을 체결하기 위하여 일정한 형식에 의하여 미리 마련한 계약의 내용으로서 약관의 규제에 관한 법률 소정의 약관에 해당한다.

② 이 사건 특약조항은 의뢰인에게 부당하게 과중한 손해배상액의 예정으로서 약관의 규제에 관한 법률 소정의 약관에 해당한다.

③ 이 사건 승소간주조항은 의뢰인에게 부당하게 불리한 조항으로서 신의성실의 원칙에 반하여 공정을 잃은 것이어서 무효이다.

④ 의뢰인은 위 특약조항에 따라 소송비용, 성공보수금을 지급할 책임이 있다.

(1) 승소간주조항은 의뢰인이 변호사의 동의 없이 임의로 소 취하, 청구의 포기, 화해하거나 소송위임을 해지한 경우 성공보수 전액을 지급한다는 특약을 말한다.[27] 이 조항은 위임계약의 일방 당사자인 변호사가 다수의 상대방과 계약을 체결하기 위하여 일정한 형식에 따라 마련한 계약의 내용으로서 '약관'에 해당한다.

---

26) 법조윤리시험(2011년) 문제이다.

27) 2000년에 폐지된 대한변협 변호사보수기준에관한규칙 11조 참조 : 공정거래위원회는 2005. 5. 이후 다수의 변호사들이 사용하는 사건위임계약서의 승소간주조항에 대하여 시정권고를 하였다.

(2) 승소간주조항의 효력에 관해서 판례는, 공정을 잃은 약관조항으로 무효라고 판시하고 있다. 즉, "수임인이 동의하지 않는 한 어떠한 경우에도 위임인이 소를 취하하거나 청구의 포기 또는 화해 등을 할 경우 그 경위나 목적, 궁극적으로 위임인이 얻은 경제적 이익의 가치 등에 관계없이 전부 승소한 것으로 간주하여 산정한 성공보수를 수임인에게 지급하도록 한 승소간주조항은 최종적인 소송물에 대한 처분권을 가진 위임인에 대하여 부당하게 불리한 조항으로서 신의성실의 원칙에 반하여 공정을 잃은 약관조항이라고 할 것이므로 약관의 규제에 관한 법률 제6조에 의하여 무효"라고 한다.[28)]

(3) 그러나 판례는 "특약사항으로 위임인이 '위임계약을 위반하거나 중도 해지 등을 한 경우 전체에 대하여 승소한 것으로 간주하고 승소사례금을 지급하기로 정한 경우'는 위임계약을 위반할 때 부담할 손해배상액을 예정한 것으로 약관에 해당한다고 볼 수 없다"고 하면서, 위임인이 변호사와 아무런 상의 없이 소취하 등을 한 경우는 위임계약을 위반한 것이므로 손해배상의 예정에 의하여 승소사례금을 위약금으로서 청구할 수 있다고 한다. 다만 사건처리의 결과, 난이도 등 제반사정을 고려하여 위 위약금 중 일부를 감액할 수 있다.

해설

1) 위 사례의 승소간주조항은 위임계약의 일방당사자인 변호사가 다수의 상대방과 계약을 체결하기 위하여 일정한 형식에 의하여 미리 마련한 계약의 내용으로서 약관의 규제에 관한 법률 소정의 약관에 해당한다. 그런데 위 승소간주조항은 의뢰인에게 부당하게 불리한 조항으로서 신의성실의 원칙에 반하여 공정을 잃은 것이어서 무효이다.

2) 한편 위 승소간주조항에 의하면 A는 甲 변호사에 대하여 임의로 소를 취하하거나 상대방과 화해하지 아니할 의무를 부담한 것이라 할 것이고(이러한 경우에 전부승소로 간주하는 것이 A에게 부당하게 불리하여 무효라 하더라도 위 의무 부담 자체까지 무효로 보아야 하는 것은 아니다), 甲 변호사와 A는 특약사항으로 A가 이 사건 위임계약을 위반하거나 중도 해지 등을 한 경우 전체에 대하여 승소한 것으로 간주하고 소송비용, 착수금 및 승소사례금을 지급하기로 정하였는바, 이는 위임계약을 위반할 때 부담할 손해배상액을 예정한 것이라 할 것이다. 위 손해배상의 예정은 특약으로서 고객인 피고 등과의 개별적이고 구체적인 합의에 따라 계약의 내용에 포함된 것이므로 이를 약관에 해당한다고 볼 수 없다. 따라서 변호사와 아무런 상의 없이 상대방과 소송 외에서 화해하고 그에 대한 소를 취하한 경우, 위임계약을 위반하고 또

---

28) 대법원 2007. 9. 21. 판결, 2005다43067.

한 계약을 중도 해지하였으므로 위 특약사항에서 예정한 바에 따라 전부 승소한 것으로 간주하여 산정한 승소사례금을 위약금으로서 지급할 의무가 있다. 다만 사건처리의 결과, 난이도 등 제반사정을 고려하여 위 위약금 중 일부를 감액할 수 있다.

3) 결국 A는 甲 변호사에게 승소간주조항이 아니라 손해배상액의 예정에 의하여 승소사례금을 위약금으로서 지급할 의무가 있다고 할 것이다.[29] 따라서 ②번이 옳지 않은 것으로 정답이다.

V. 과다한 변호사보수의 규제

> L 변호사가 사기피고인 A와 체결한 보수금액은 부당하게 과다했다. 이 보수금액을 감액할 수 있는가? 과다한 보수약정을 한 변호사에 대해서는 어떠한 방법으로 적정한 보수가 유지되도록 규제하고 있는가?

1. 의의

(1) 변호사와 의뢰인 사이의 보수약정은 사적자치의 영역에 속하는 것으로 원칙적으로 유효하다.

(2) 그러나 변호사윤리장전은 30조에서 "변호사보수는 사안의 난이, 소요되는 노력의 정도와 시간, 당사자의 이해관계 등 제반 사정을 고려하여 적정하게 결정되어야 한다"고 규정하고, 29조 2항에서 "보수는 절대로 과다하여서는 아니 된다"고 규정하고 있다. 또한 대한변호사협회 회칙도 44조에서 "보수는 사회통념에 비추어 현저히 부당한 것이어서는 아니 된다"고 규정한다.

(3) 이에 위반된 과다한 변호사보수에 대해서는 해당 변호사를 징계하는 방법과 법원이 보수를 감축하는 방법에 의하여 적정한 보수가 유지되도록 규제를 하고 있다.

2. 징계에 의한 규제

과다한 보수약정을 한 변호사는 징계처분을 받을 수 있다. 변호사로서의 품위를 손상

29) 대법원 2007. 9. 21. 판결, 2005다43067 : 상세한 것은 박준(384-389면), 박휴상(351-353면) 참조.

하는 행위에 해당되거나 대한변호사협회 회칙(44조)위반이 되기 때문이다(법 91조).

3. 법원에 의한 감축

(1) 판례에 의하면, "변호사와 의뢰인 사이에 보수약정이 있는 경우 수임사무를 완료한 변호사는 특별한 사정이 없는 한 약정된 보수액을 전부 청구할 수 있는 것이 원칙이지만, 약정된 보수액이 부당하게 과다하여 신의성실의 원칙이나 형평의 원칙에 반한다고 볼 만한 특별한 사정이 있는 경우에는 상당하다고 인정되는 범위 내의 보수액만을 청구할 수 있다"고 하여, 법원이 약정된 보수를 감축할 수 있다고 한다.[30)]

(2) 판례에 의하면 위 보수의 적정성을 판단하는 기준으로, "의뢰인과의 평소부터의 관계 · 사건 수임의 경위 · 착수금의 액 · 사건 처리의 경과와 난이도 · 노력의 정도 · 소송물가액 · 의뢰인이 승소로 인하여 얻게 된 구체적 이익, 기타 변론에 나타난 제반 사정"을 들고 있다.[31)]

해설

과다한 보수를 받거나 보수약정을 한 변호사는 징계처분을 받을 수 있다. 또한 법원은 약정한 성공보수금이 부당히 과다하다는 이유로 신의성실의 원칙을 적용하여 이를 감액할 수 있다.

Ⅵ. 기타 관련사항

1. 완전 성공보수제

1-1. 의의

(1) 성공보수제란 보수를 사건의 처리결과에 따라서 정하기로 하는 계약이다. 영국을

30) 대법원 2002. 4. 12. 판결, 2000다50190, 동 1992. 3. 31. 판결, 91다29804, 동 1995. 4. 25. 판결, 94다57626 등.

31) 대법원 2002. 4. 12. 판결, 2000다50190, 동 1992. 3. 31. 판결, 91다29804, 동 1993. 2. 9. 판결, 92다30382 등.

포함한 유럽에서는 성공보수제를 인정하지 않고 있다. 그 이유로는, ① 변호사를 사건의 당사자화하고, ② 도박적 성격이 강하여, 변호사의 공공적 성격에 합치되지 않으며, ③ 불필요한 소송을 유발한다는 점 등을 들고 있다.

(2) 그러나 미국에서는 민사사건의 경우 승소할 때에만 성공보수를 받는 이른바 '완전성공보수제(contingent fee)'를 인정하고 있다(표준규칙 1.5(c)).

1-2. 완전 성공보수제(contingent fee)와 문제점

> 변호사 L은 A의 B에 대한 토지소유권이전등기청구사건을 의뢰받아 이를 수임하였다. A에게는 경제적으로 여유가 없었기 때문에 제비용은 일체 변호사 L이 부담하고, 그 대신 승소할 때에는 토지의 시가 3할에 상당하는 금액을 보수로 받기로 계약하고 소송을 제기하였다.
> 이러한 계약은 우리나라에서 허용되는 것인가?[32]

(1) 완전성공보수제란 미국 특유의 제도이다. 사건수임 시에는 보수를 일체 받지 않지만, 승소할 때에는 그 승소액의 일정비율을 성공보수로 받고, 반면 패소할 때에는 전혀 보수를 받지 않는 형태의 성공보수계약을 말한다(표준규칙 1.5(c)).

(2) 미국의 경우 성공보수계약은 의뢰인이 서명한 서면으로 해야 하며, 수임료가 결정되는 방식이 기재되어야 한다(표준규칙 1.5(c)). 또한 가사사건과 형사사건에서는 성공보수계약이 금지된다(표준규칙 1.5(d)). 가사사건에서는 이혼을 부당하게 조장하고, 형사사건에서는 변호사의 수입이 의뢰인의 석방에 의존하게 되므로 위증의 교사나 사법부를 부패시킬 염려가 있다는 이유에서 금지된다.

(3) 이 제도는 변호사 비용을 지급할 수 없는 의뢰인에게 변호사의 조력을 받을 수 있는 기회를 제공한다는 장점이 있다. 반면 변호사에게는 고위험・고수익이기 때문에 마치 도박과 같은 것이며, 변호사가 과도하게 승소에 집착하여 증거조작 등 부당한 행위를 할 염려가 있다는 단점이 있다.

미국에서는 최근 기업의뢰인이 막대한 액수에 이르는 시간제보수를 회피하기 위한 대책으로 완전성공보수제를 이용하려는 경향도 나타나고 있다.[33]

---

32) 塚原(191면).

33) 小島 등(156면).

해설

1) 우리나라에서는 종래부터 착수금과 성공보수로 이분하는 '제한된 성공보수제도'가 변호사 보수계약의 기본형태로 간주되어 왔으나, 최근에는 완전성공보수제가 점차 증가하고 있다.

2) 우리나라 변호사윤리장전에서는 "변호사는 성공보수를 조건부로 '미리' 받아서는 아니 된다"고 규정하고 있을 뿐(윤리규칙 33조), 성공보수계약 자체를 금지하고 있지 않다. 따라서 우리나라에서 완전성공보수제 자체는 위법한 것이 아니라고 보아야 한다. 또한 미국의 경우와 달리 형사사건에서도 가능하다.[34]

다만 현저히 과다한 성공보수액에 대해서는 개별적인 규제가 이루어져야 할 것이다.

2. 보관금의 보수전환

변호사 L은 A의 구속적부심사청구에 관한 사건을 착수금 300만 원, 석방 결정 시 성공보수금 500만 원을 각각 지급받는 조건으로 수임하였다. 보증금 500만 원의 공탁을 조건으로 A의 석방이 결정되자 A의 가족으로부터 위 보증금을 받아 납입하였다. A에 대한 판결이 확정됨에 따라 보증금 500만 원을 회수하게 되었는데, L 변호사는 이를 반환하지 않고 성공보수금으로 전환하였다. 이 경우 보증금은 어차피 성공보수금으로 지급받을 금원이므로 L 변호사의 행위는 징계사유에 해당하지 않는다고 보는데, 어떠한가?

(1) 의뢰인의 재산관리

1) 변호사는 직무를 수행하는 과정에서 의뢰인의 재산을 관리하는 경우 선량한 관리자의 주의로써 이를 관리해야 한다. 변호사윤리장전은 "변호사는 예납금, 보증금 등의 금전 및 증서서류 등의 문서의 수수를 명백히 하고 이로 인한 분쟁이 발생하지 아니하도록 주의하여야 한다"고 규정한다(윤리규칙 24조).

2) 변호사가 관리하거나 점유하게 된 모든 의뢰인의 재산은 별도의 계좌나 장소에서 변호사의 재산과 분리하여 보관해야 한다.

3) 변호사는 의뢰인의 재산을 반환해야 할 사유가 발생하면 즉시 의뢰인에게 반환해야 한다. 의뢰인의 재산을 반환하지 않거나 이를 영득(횡령)하면 징계사유가 될 뿐만 아니라 형사처벌의 대상이 된다.

---

34) 대한변협 2008. 4. 8. 법제 1345호.

(2) 보관금의 보수 전환금지

1) 변호사는 "서면에 의한 명백한 약정이 있는 경우가 아니면 공탁금, 보증금 기타의 보관금 등을 보수로 전환하여서는 아니 된다"(윤리규칙 34조). 이는 의뢰인 자산의 부당한 전용이나 횡령을 방지하기 위한 것이다.

2) 그러므로 보관금을 보수로 전환하기 위해서는 의뢰인에게 그 취지를 잘 설명하여 합의를 한 후, 보관금의 수령증을 의뢰인으로부터 받고, 보수금의 영수증을 의뢰인에게 교부하는 등 명확한 서면 처리를 할 필요가 있다. 단순히 의뢰인의 동의를 얻는 것만으로는 부족하다고 할 것이다.

해설

보증금을 보수로 충당하기 위해서는 서면에 의한 명백한 약정을 해야 할 것이다(윤리규칙 34조). 서면에 의한 약정 없이 보수로 충당하면 징계사유가 된다.

3. 보수의 미지급

변호사 L은, A가 X회사를 상대로 제기한 건물인도청구사건에서, 피고인 X회사의 위임을 받아 소송을 수행하였다. 그 결과 1심에서 승소판결을 받아 확정되었다. 수임 당시 착수금은 500만 원, 성공보수금 1,000만 원으로 정하였다. 그런데 X회사는 승소에도 불구하고 성공보수를 지급하지 않고 있다. L 변호사는 X회사를 상대로 소송을 제기할 수 있는가? 사건이 종결된 후 2년 1개월이 경과한 때에도 성공보수를 청구할 수 있는가? L 변호사는 X회사로부터 보수를 받지 못하였음을 이유로 동 회사로부터 예탁받은 서류를 유치할 수 있는가?

(1) 보수미지급에 대한 대처방법

1) 우리나라에서는 변호사가 보수를 받지 못한 경우, 의뢰인에게 소송을 제기하는 것이 금지되어 있지 않다. 소송 이외의 방법으로는, 소속 지방변호사회의 분쟁조정에 의한 방법이 있다(윤리규칙 25조). 변호사윤리장전은 "변호사는 변호사 상호 간 또는 변호사와 위임인 상호 간에 직무상 분쟁이 생긴 때에는 우선적으로 소속 지방변호사회의 조정에 의하여 해결하도록 하여야 한다"고 규정한다(윤리규칙 25조). 그러나 이 절차는 임의적이고, 구속력이 없어 실효성에 의문이 있다.

2) 의뢰인이 약정된 보수를 지급하지 않는다면, 이는 변호사의 정당한 사임사유가 된다. 다만 사임에 앞서, 상당한 기간을 두고 그 이행을 최고하는 절차를 거치는 것이 일

반적이다.

3) 변호사의 직무에 관한 채권은 3년의 단기소멸시효로 완성한다(민법 163조 5호).

(2) 서류의 유치

1) 변호사보수는 수임사건처리의 대가이며, 보관하는 서류에 관하여 생긴 채권이 아니다. 또한 그러한 서류는 상행위로 인하여 변호사가 보관하기에 이른 것도 아니다. 따라서 서류에 대한 유치권은 인정되지 않는다(민법 320조, 상법 58조 참조).

2) 변호사에 대한 직무상 보관한 서류의 반환을 청구하는 채권의 소멸시효는 3년이다(민법 163조 4호). 여기의 서류에는 의뢰인의 등기필증과 같이 소유권이 의뢰인에게 있는 것은 포함되지 않는다(이설 없음).

해설

L 변호사는 X회사를 상대로 소송을 제기할 수 있다. 보수청구권은 3년의 단기소멸시효로 완성되므로 2년 1개월이 지난 후에도 소제기가 가능하다. 변호사는 보수미지급을 이유로 보관중인 서류에 대해서 유치권을 행사할 수 없다. 따라서 서류의 반환을 거절하는 것은 위임인과의 사이에 그와 같은 취지의 특약이 없으면 할 수 없다. 특약에 기하여, 서류의 반환을 거부하는 경우에는 미리 의뢰인에게 그 뜻을 통지하지 않으면 안 된다.

4. 단체구성원을 위한 변호사 보수의 지출

A주식회사의 대표이사 B가 회사를 위한 탈세행위로 인하여 형사재판을 받을 때 그 변호사 비용과 벌금을 회사에서 지출하였다면, 그 대표이사 개인에게 횡령죄의 죄책을 물을 수 있는가?

(1) 단체의 비용으로 지출할 수 있는 변호사 선임료는 원칙적으로 단체 자체가 소송당사자가 된 경우에 한한다. 따라서 단체의 대표자 개인이 당사자가 된 민·형사재판의 변호사 비용은 단체의 비용으로 지출할 수 없다. 만약 단체의 비용으로 대표자 개인의 변호사 비용을 지출하였다면 이는 횡령죄에 해당한다.[35]

(2) 그러나 예외적으로 소송이나 고소의 내용 및 경위, 단체의 업무집행과의 관련성,

35) 대법원 2006. 10. 26. 판결, 2004도6280

소송이나 고소 당시 단체가 처한 상황 등 변호사 보수 지출 당시의 제반 사정에 비추어 단체의 이익을 위해 소송을 수행하거나 고소에 대응해야 할 특별한 필요성이 있는 경우 단체의 비용으로 지출할 수 있다. 이에 해당하는 경우는 다음 두 가지로 나누어 볼 수 있다.[36)]

① 분쟁에 대한 실질적 이해관계는 단체에 있으나 법적인 이유로 그 대표자의 지위에 있는 개인이 소송 기타 법적 절차의 당사자가 된 경우에는 단체의 비용으로 그 보수를 지출할 수 있다.

② 소송을 당하거나 수사를 받게 된 경위와 내용에 비추어 i) 개인적인 행위가 아니라 그 단체의 기관으로서 적법한 업무 수행 중 발생한 일로 인해 소송이나 수사를 받게 되었고, 이러한 소송 및 수사에서 ii) 적극적으로 다투는 것이 그 단체에도 이익이 되는 경우 이를 다투기 위하여 필요한 범위에서 단체의 비용으로 변호사를 선임하고 선임료를 지출할 수 있다.[37)]

해설

회사의 대표이사는 탈세 등 부정한 방법을 사용하지 아니하고 적법하게 회사를 운영하여야 할 충실의무를 부담하고 있다. 그럼에도 불구하고 이를 어기고 탈세를 함으로써 형사재판을 받게 된 것이므로 그 변호사 선임료 지출행위는 횡령죄에 해당한다. 이에 관하여, 판례는, "대표이사가 회사를 위한 탈세행위로 인하여 형사재판을 받는 경우 그 변호사 비용과 벌금을 회사에서 부담하는 것이 관례라고 하여도 그러한 행위가 사회상규에 어긋나지 않는다고 할 만큼 사회적으로 용인되어 보편화된 관례라고 할 수 없다"고 한다.[38)]

Ⅷ. 사례 연습

1 변호사 L은 도로에서 음주측정을 요구하는 경찰을 폭행하고 공무집행방해죄로 구속되어 수사를 받고 있던 대기업의 과장 A(남, 35세)로부터 형사사건을 수임하면서 1심 재

36) 최철환, "단체 대표자 개인을 위한 변호사 비용 지출과 횡령죄 성부", 「대법원 판례해설」 제66호, 2007(341-343면).

37) 대법원 2006. 10. 26. 판결, 2004도628, 박휴상(363면).

38) 대법원 1990. 2. 23. 판결, 89도2466.

판 선고 시까지 선임하되, 착수금을 300만 원, 구속적부심사에서 석방이 되는 경우에는 200만 원의 성공보수를 받기로 구두로 합의한 후 착수금 300만 원을 받았다. 며칠 후 변호사 L은 마침 사무직원들의 월급을 줄 돈이 부족하게 되자 구치소에 있는 A를 찾아가 성공보수금 200만 원을 미리 받되 구속적부심사에서 석방이 되지 않으면 이를 다시 돌려주기로 하는 계약서를 작성한 후 A의 부인을 통하여 200만 원을 받아 사무직원들의 월급으로 지급하였다. 그 후 변호사 L은 A의 사건 내용을 성실히 검토하고 구속적부심사청구서를 잘 작성하여 제출하였고 A는 구속적부심사에서 석방되었다. 변호사 L은 석방된 A에게 자신이 열심히 노력하여 석방되었다고 주장하면서 그 노력에 대한 대가로 종전에 약정한 보수 외에 추가로 100만 원을 더 지급할 것을 요구하였다. 변호사 L은 보수와 관련된 변호사의 윤리규범을 위반하였는가?[39)]

① 위반하였다. 사안의 난이, 소요되는 노력의 정도와 시간, 당사자의 이해관계 등 제반 사정을 고려하여 볼 때 이 사건에서 착수금 300만 원, 성공보수금 200만 원, 합계 500만 원은 사회통념에 비추어 현저하게 부당한 보수이다.

② 위반하였다. 변호사 L은 약정한 보수 이외의 금품을 요구하여서는 아니 되는 윤리규범을 위반하였다.

③ 위반하지 않았다. 보수에 관한 약정을 구두로 한 사실만으로는 변호사 윤리규범위반이라고 볼 수 없다.

④ 위반하지 않았다. 변호사 L이 성공보수를 조건부로 미리 받았으나 이에 대한 서면계약을 체결하였기 때문에 윤리규범위반이 아니다.

2 변호사의 적정 보수의 산정에 관한 고려사항이 될 수 없는 것은?[40)]

① 사건수임의 경위

② 착수금의 액

③ 사건처리의 경과의 난이도

④ 사건담당 공무원과의 친분

3 변호사 甲은 사기죄로 구속된 피의자 A로부터 형사사건을 수임하면서 착수금으로 500만 원을 지급받았다. 이와 함께 변호사 甲은 A가 구속적부심 석방 또는 보석허가

39) 법무부 법조윤리모의시험문제이다.

40) 법무부 법조윤리모의시험문제이다.

시 300만 원을, 집행유예 선고 시 200만 원을 성공보수금으로 지급받기로 약정하였다. 형사사건 변호사 보수에 관한 설명 중 옳지 않은 것은?[41)]

① 변호사 甲이 변호인 선임계 접수 등 변론 활동에 착수하기 전에 담당 검사가 A에 대해 기소유예 처분을 하고 A를 석방하였다면 착수금의 전부 또는 일부를 반환하여야 한다.

② 변호인 선임계를 접수한 후 변호사 甲이 구속적부심 또는 보석허가 신청을 하여 A가 석방되거나 재판결과 집행유예 선고를 받았더라도, 형사사건에서 성공보수금 약정은 사법상 효력이 없으므로 약정한 성공보수금을 청구할 수 없다.

③ 변호사 甲이 성공보수금을 미리 받아 두었다면 변호사윤리장전에 위배되어 징계사유가 된다.

④ 변호사 甲이 변론을 하였으나 판결 선고결과 A에게 실형이 선고된 경우 착수금 반환에 관한 특약을 아니 한 이상 착수금 500만 원은 반환할 필요가 없다.

4 변호사보수에 관한 설명 중 옳지 않은 것은? (다툼이 있는 경우에는 판례에 의함)[42)]

① 변호사에게 계쟁사건의 처리를 위임함에 있어서 그 보수지급 및 수액에 관하여 명시적인 약정을 아니하였다 하여도, 무보수로 한다는 등 특별한 사정이 없는 한 응분의 보수를 지급할 묵시의 약정이 있는 것으로 봄이 상당하다.

② 변호사가 소송사건 위임을 받으면서 지급받는 착수금 또는 착수수수료는 일반적으로 위임사무의 처리비용 외에 보수금 일부의 선급금조로 지급받는 성질의 금원이라 볼 것이다.

③ 일부 승소 시에도 성공보수를 지급하기로 약정한 경우 화해권고결정 확정 시에도 성공보수를 지급하여야 한다.

④ 피고의 소송 사건을 수임하면서 성공보수를 약정하였고, 그 사건이 쌍방 불출석으로 소 취하 간주된 경우, 이를 피고 소송대리인이 승소한 경우로 볼 수 없다.

5 변호사 보수에 관한 설명 중 옳지 않은 것은?[43)]

① 약정된 보수액이 부당하게 과다하면 신의성실의 원칙이나 형평의 원칙에 반하므로

41) 법조윤리시험(2011년)문제이다.
42) 법조윤리시험(2011년)문제이다.
43) 법조윤리시험(2010년)문제이다.

보수약정은 모두 무효이다.

② 의뢰인과의 사이에 보수약정이 있는 경우에 위임사무를 종결한 변호사는 특별한 사정이 없는 한 약정된 보수를 전액 청구할 수 있다.

③ 의뢰인과 변호사의 평소 관계는 변호사 보수 결정에서 고려 요인이 될 수 있다.

④ 사건 수임경위, 사건의 난이도, 노력의 정도, 소송물 가액 등은 변호사 보수 결정에서 주요한 고려 요소가 된다.

6 변호사의 보수와 이익분배에 관한 설명 중 옳은 것은?[44)]

① 변호사는 사건 또는 사무의 처리에 도움을 제공한 변호사 아닌 자에게 적정한 범위 내에서 보수의 일부를 분배할 수 있다.

② 변호사는 어떠한 경우에도 약정한 보수 이외에 추가보수를 요구해서는 아니 된다.

③ 변호사는 서면에 의한 명백한 약정이 있는 경우가 아니면 공탁금, 보증금 기타의 보관금 등을 보수로 전환해서는 아니 된다.

④ 변호사가 소송이 완전히 종결된 후 수임약정 시 받기로 했던 성공사례금 대신에 계쟁부동산의 일부에 대하여 소유권이전등기를 받는 것은 계쟁권리의 양수 금지에 해당되어 허용되지 않는다.

7 변호사의 보수와 관련된 다음 설명 중 틀린 것은?[45)]

① 변호사・법무법인・법무법인(유한)・법무조합의 보수는 위임인과의 계약으로 정한다. 다만, 보수는 사회통념에 비추어 현저하게 부당한 것이어서는 아니 된다.

② 변호사는 사건 또는 사무를 수임할 때에는 보수에 관한 명백한 약정을 하고 가급적 이를 서면으로 체결하여야 한다.

③ 변호사는 액수가 적절한 경우에는 성공보수를 미리 받을 수 있다.

④ 형사사건의 피고인대리에 대한 성공보수를 금지하는 입법례도 있으나 우리나라에는 아직 이러한 제한이 없다.

8 L 변호사는 담당 판사와 교제한다는 명목의 비용을 변호사 선임료에 명시적으로

---

44) 법조윤리시험(2010년)문제이다.

45) 법무부 법조윤리모의시험문제이다.

포함시켰다. L 변호사의 행위는 형사처벌의 대상이 되는가?

9 변호사는 성공보수에 관한 약정이 없는 경우에도 관련 보수를 청구할 수 있는가? 청구할 수 있다면 언제 청구할 수 있는가?

10 주채무자와 연대채무자 2인이 공동당사자로서 L 변호사에게 소송대리를 위임하였다. 이 경우 그 보수금지급채무는 연대채무인가, 분할채무인가?

11 L 변호사와 의뢰인 A는 일부 승소 시에도 성공보수를 지급하기로 하는 약정을 하였다. 청구취지의 일부가 받아들여진 화해권고결정이 확정된 때에도, A는 성공보수를 지급해야 하는가?

12 변호사 L과 의뢰인 A는 '착수금에 대해서 어떠한 사유가 발생하더라도 반환을 청구할 수 없는 것으로 약정'하였다. 이러한 약정을 하였더라도 변호사 L의 귀책사유로 계약이 해지되었다면 의뢰인은 착수금 전액을 반환받을 수 있는 것이 아닌가?

13 L 변호사는 A로부터 손해배상청구사건을 받았다. 이 사건에서 변호사 L이 사임한 경우에도, 보수를 청구할 수 있는가? 의뢰인 A가 정당한 사유 없이 L을 해임한 경우, 변호사 L은 보수를 청구할 수 있는가? 성공보수의 지급을 면하기 위하여 의뢰인 A가 해임한 경우 변호사 L은 약정한 성공보수를 청구할 수 있는가?

14 약정된 보수액이 부당하게 과다하여 신의성실의 원칙이나 형평의 원칙에 반한다고 볼 만한 특별한 사정이 있는 경우에는 법원이 약정된 보수를 감축할 수 있는가?

15 A 주식회사의 이사 B를 상대로 한 이사직무집행정지가처분사건에서 회사의 경비로 당해 가처분사건의 피신청인인 이사 B의 소송비용을 지급하였다. 이 경우 그 이사 개인에게 횡령죄의 죄책을 물을 수 있는가?

해설

1 변호사 L은 약정한 보수 이외의 금품을 요구하여서는 아니 되고(윤리규칙 32조), 성공보수를 조건부로 미리 받아서는 아니 되는 윤리규범(동 33조)을 위반하였다. 따라서 ②번이 정답이다.

2 변호사윤리장전 30조는 "변호사의 보수는 사안의 난이, 소요되는 노력의 정도와 시간, 당사자의 이해관계 등 제반 사정을 고려하여 적정하게 결정되어야 한다"고 규정한다. 판례는 '의뢰인과의 평소부터의 관계, 사건수임의 경위, 착수금의 액, 사건처리의 경과와 난이도, 노력의 정도, 소송물가액, 의뢰인이 승소로 인하여 얻게 된 구체적 이익 등 제반 사정'을 고려하도록 하고 있다.[46] 따라서 정답은 ④번이다.

3 성공보수약정에서 피고소인이 기소 또는 구속된 경우를 성공보수의 지급조건으로 약정하는 것도 가능하다."[47] 그러므로 형사사건에서도 성공보수금 약정은 유효하며, 변호사법 등에 위배되지 않는다. ②번이 옳지 않은 것으로 정답이다. 나머지 사항은 모두 옳은 것이다.

4 쌍방불출석으로 소취하 간주된 경우에 관하여 판례는, "응소자나 그 대리인이 이 방식에 따라 제소자의 소권 행사를 저지하는 결과를 가져왔다면 이는 그 이후의 제소 여하에 구애없이 그 승소에 준해서 보아도 무방하다"고 한다. 따라서 상대방의 소취하 간주로 인하여 사건이 종결된 경우에도 의뢰인이 보수약정이나 수임사건의 변론상황 등에 따라 성공보수를 지급해야 할 경우가 있을 수 있다. 따라서 ④번이 옳지 않은 것으로 정답이다.

5 약정된 보수액이 부당하게 과다하면 신의성실의 원칙이나 형평의 원칙에 반하므로 상당하다고 인정되는 범위 내의 보수액만을 청구할 수 있다. 따라서 적정한 보수금액을 초과하는 보수약정부분만 무효로 된다. 따라서 ①번이 옳지 않은 것으로 정답이다.

6 1) 변호사는 변호사 아닌 자와 보수를 분배할 수 없다(법 34조 5항, 윤리규칙 38조).
2) 변호사는 정당한 사유 없이 약정한 보수 이외에 추가보수를 요구해서는 아니 된다(윤리규칙 32조). 어떠한 경우에도 추가보수를 요구할 수 없는 것이 아니다.
3) 변호사는 서면에 의한 명백한 약정이 있는 경우가 아니면 공탁금, 보증금 기타의 보관금 등을 보수로 전환해서는 아니 된다. 따라서 정답은 ③번이다.
4) 계쟁권리 양수금지(법 32조)에 있어서 계쟁권리라 함은 '계쟁 중에 있는 그 권리'이며, 계쟁목적물을 말하지 않는다.[48] 따라서 변호사가 소송이 완전히 종결된 후 수임약정 시 받기로 했던 성공사례금 대신에 계쟁부동산의 일부에 대하여 소유권이전등기를 받는 것은 계쟁권리의 양수 금지에 해당되지 않는다.

46) 대법원 1993. 2. 9. 판결, 92다30382.
47) 대한변협 2008. 4. 8. 법제 1345호.
48) 대법원 1985. 4. 9. 판결, 83다카1775.

7 성공보수는 미리 받을 수 없다(윤리규칙 33조). 따라서 ③번이 옳지 않은 것으로 정답이다.

8 변호사나 그 사무직원이 판사·검사, 그 밖에 재판·수사기관의 공무원에게 제공하거나 그 공무원과 교제한다는 명목으로 금품이나 그 밖의 이익을 받거나 받기로 한 행위와, 그러한 명목의 비용을 변호사 선임료·성공사례금에 명시적으로 포함시키는 행위를 한 경우에는 5년 이하의 징역 또는 3천만 원 이하의 벌금에 처해진다(법 110조).

9 판례에 따르면, "변호사에게 계쟁사건의 처리를 위임함에 있어서 그 보수 및 액에 관하여 명시의 약정을 아니 하였다 하여도 무보수로 한다는 등의 특별한 사정이 없는 한 응분의 보수를 지급할 묵시의 약정이 있는 것으로 봄이 상당하며, 변호사는 그 수임사건이 승소로 확정된 때와 이와 동일시할 사건귀결이 된 경우에는 무보수로 한다는 특약이 없는 한 민법 제686조에 의하여 승소사례금을 청구할 수 있다"고 한다.[49)]

10 수인이 공동당사자로서 변호사에게 소송대리를 위임하였더라도 보수지급채무는 각자가 분할채무를 부담한다. 판례는 "변호사에게 공동당사자로서 소송대리를 위임한 소송사건의 결과에 따라 경제적 이익을 불가분적으로 향유하게 되거나 패소할 경우 소송 상대방에 대하여 부진정 연대관계의 채무를 부담하게 된다 하더라도, 이러한 사정만으로 곧바로 공동당사자들의 변호사에 대한 소송대리위임에 따른 보수금지급채무가 연대 또는 불가분채무에 해당하는 것으로 단정할 수 없다"고 판시한다.[50)]

11 청구취지의 일부가 받아들여진 화해권고결정이 확정된 경우, 비록 의뢰한 청구취지가 전부 받아들여진 것은 아니라고 할지라도 청구취지의 일부가 받아들여진 것이므로 의뢰인은 변호사에게 수임약정에 정한 일부 승소 시의 성공보수를 지급해야 할 것이다.[51)]

12 판례는, '착수금에 대해서 어떠한 사유가 발생하더라도 반환을 청구할 수 없는 것으로 약정'한 후 변호사의 귀책사유로 계약이 해지되고, 의뢰인이 착수금의 반환을 청구한 사건에서, "소송위임계약과 관련하여 위임사무 처리 도중에 수임인(변호사)의 귀책사유로 계약이 종료되었다 하더라도, 위임인(의뢰인)은, 수임인이 계약종료 당시까지 이행한 사무 처리부분에 관해서 수임인이 처리한 사무의 정도와 난이도, 사무 처리를 위하여 수임인이 기울인 노력의 정도, 처리된 사무에 대하여 가지는 위임인의 이익 등 제반 사정을 참작하여 상당하다고 인정되는 보수 금액 및 상당하다고 인정되는 사무 처리 비용을 착수금 중에서 공제하고 그 나머지 착수금만을 수임인으로부터 반환받을 수 있다고 봄이 상당하다"고 한다.[52)]

13 보수의 지급에 관하여 특별한 약정이 없는 경우에는 민법의 규정에 따라 보수의 지급 여부가

---

49) 대법원 1975. 5. 25. 판결, 75다1637.
50) 대법원 1993. 2. 12. 판결, 92다42941.
51) 서울중앙지방법원 2006. 11. 14. 판결, 2006가단192332.
52) 대법원 2008. 12. 11. 판결, 2006다32460.

결정된다.

1) 변호사가 정당한 사유 없이 사임한 경우에는 보수를 청구할 수 없지만, 정당한 사유에 의한 사임의 경우에는 이미 처리한 사무의 비율에 따라 보수를 청구할 수 있다(민법 686조 3항).[53)]
2) 의뢰인이 정당한 사유 없이 변호사를 해임한 경우, 변호사는 이미 처리한 수임사무의 비율에 따른 상당한 보수를 청구할 수 있다(민법 686조 3항).[54)]
3) 성공보수의 지급을 면하기 위하여 의뢰인이 정당한 사유 없이 변호사를 해임하는 것은 신의성실의 원칙에 반하여 고의로 조건의 성취를 방해하는 것에 해당할 수 있으므로(민법 150조), 변호사는 약정한 성공보수를 청구할 수 있다. 다만 법원이 처리한 사무의 비율을 고려하여 성공보수금액을 적절하게 감액할 수 있을 것이다.[55)]

14 판례에 의하면, 변호사와 의뢰인 사이에 보수약정이 있는 경우 수임사무를 완료한 변호사는 특별한 사정이 없는 한 약정된 보수액을 전부 청구할 수 있는 것이 원칙이지만, 약정된 보수액이 부당하게 과다하여 신의성실의 원칙이나 형평의 원칙에 반한다고 볼 만한 특별한 사정이 있는 경우에는 상당하다고 인정되는 범위 내의 보수액만을 청구할 수 있다고 하여, 법원이 약정된 보수를 감축할 수 있다고 한다.[56)]

15 이 사례에 관하여, 판례는 "법인의 이사를 상대로 한 이사직무집행정지가처분결정이 된 경우, 당해 법인의 업무를 수행하는 이사의 직무집행이 정지당함으로써 사실상 법인의 업무수행에 지장을 받게 될 것은 명백하므로 법인으로서는 그 이사 자격의 부존재가 객관적으로 명확하여 항쟁의 여지가 없는 경우가 아닌 한 위 가처분에 대항하여 항쟁할 필요가 있다고 할 것이고, 이와 같이 필요한 한도 내에서 법인의 대표자가 법인경비에서 당해 가처분사건의 피신청인인 이사의 소송비용을 지급하더라도 이는 법인의 업무수행에 필요한 비용을 지급한 것에 해당하고 법인의 경비를 횡령한 것이라고는 볼 수 없다"고 한다.[57)]

---

53) 오종근(85면), 도재형(205면).
54) 오종근(86면), 도재형(206면).
55) 오종근(86면), 도재형(206면).
56) 대법원 2002. 4. 12. 판결, 2000다50190, 동 1992. 3. 31. 판결, 91다29804, 동 1995. 4. 25. 판결, 94다57626 등.
57) 대법원 1990. 6. 26. 판결, 89도1102.

제10장 공동사무소 · 법무법인 · 기업변호사의 윤리

Ⅰ. 공동사무소의 윤리

1. 공동사무소의 형태

(1) 공동사무소(공동법률사무소 또는 합동법률사무소)란 복수의 변호사가 법률사무소를 공동으로 운영하는 경우를 말한다.[1] 공동사무소의 경우 권리의무의 주체는 각각의 변호사이지, 법률사무소 자체가 아니다.

(2) 공동사무소의 형태는 크게 경비공동형과 수지공동형으로 나눌 수 있다.

1) 경비공동형은 구성원들이 사무소 운영상의 제 경비를 분담하여 지출하지만, 각자가 개별적으로 사건을 수임하여 처리하고, 보수도 각자가 수수하는 형태이다.

2) 수지공동형은 사무소가 하나의 조직체로서 사건을 수임하고, 사무소 자체의 업무집행행위로 사건을 처리하며, 그 수입에 대해서도 사무소가 합유적으로 관리하고, 일정한 기준에 따라 구성원에게 분배하는 형태이다. 민법상의 조합계약에 기한 결합형태라고 할 수 있다.

2. 이익충돌의 회피

다음 두 사례를 비교하여 수임할 수 있는지 여부를 검토하라.

(1) P 합동법률사무소의 L1 변호사는 업무상 횡령죄로 구속된 피고인 A의 국선변호를 맡고 있다. 위 사건의 피해자인 B 회사가 A를 상대로 횡령금액에 대한 민사소송을 P 합동법률사

---

1) 대한변호사협회 회칙 39조는 공동(합동)사무소 유형을 공증인가합동법률사무소와 공동법률사무소로 구분하여 대한변협에 대한 신고의무를 부과하고 있음은 이미 앞에서 설명한 바 있다.

무소의 L2 변호사에게 위임할 수 있는가?[2] 이들은 공동으로 손익을 분배하고 있고, 대외적으로 "P 합동법률사무소 변호사 L1, L2"라고 병기하여 같은 사무실임을 표방하고 있다.

(2) L3 변호사와 L4 변호사는 함께 변호사사무실을 사용하고 있다. L3는 ○○시 선거관리위원회 위원으로서 A를 공직선거법위반으로 고발하는 데 참여하였다. A에 대한 형사사건에서 L3 또는 L4가 A로부터 사건을 수임하여 변호할 수 있는가?[3] 이들은 편의상 사무실만 공동으로 사용할 뿐, 사건의 수임이나 수익의 분배 등에 관하여 전혀 관련 없이 사무실을 운영하고 있다.

(1) 변호사법 31조 2항은, 수임제한에 관한 규정인 동법 31조 1항 1호 및 2호를 적용할 때 "법무법인 · 법무법인(유한) · 법무조합이 아니면서 변호사 2명 이상이 사건의 수임 · 처리나 그 밖에 변호사 업무 수행 시 통일된 형태를 갖추고 수익을 분배하거나 비용을 부담하는 형태로 운영되는 법률사무소는 하나의 변호사로 본다"고 규정하고 있다. 그러므로 이러한 형태의 공동사무소의 경우, 그 소속 변호사는 마치 1인의 변호사가 행동하는 것처럼 이익충돌을 회피해야 한다.

(2) 이에 대해 변호사윤리규칙 18조 3항은 "수인의 변호사가 공동으로 사무소를 개설하고 있는 경우에 그 사무소 구성원들은 당사자 쌍방의 양해 없이는 쌍방당사자의 사건을 수임할 수 없다"고 규정하고 있다. 이에 따르면 당사자 쌍방의 양해만 있으면 모든 사건을 수임할 수 있는 것처럼 보인다. 그러나 그렇게 해석하면 변호사법 31조 1항 1호에 저촉되어 부당하다. 따라서 위 윤리규칙 18조 3항은 변호사법 31조 1항 1호에 저촉되지 않는 범위에서만 효력이 있다고 보아야 한다. 당사자 쌍방의 양해가 있는 경우 수임사건의 상대방이 의뢰하는 다른 사건을 맡는 것은 가능하나, 동일 사건의 경우에는 변호사법 31조 1항 1호에 의해 수임이 제한된다고 해석해야 한다.

만약 위와 같은 사정을 알지 못한 채 쌍방 당사자로부터 사건을 수임했고, 사건을 수임한 후에 이에 위반된 것이 발견된 때에는 뒤에 수임한 사건을 사임하고 그 취지를 의뢰인에게 알려야 한다(윤리규칙 18조 3항 2문).

(3) 대한변협은 이익충돌의 판단기준을 다음과 같이 제시하고 있다.[4]

① 공동으로 손익을 분배하고 있고, 대외적으로 "○○공동(합동)법률사무소 변호사

2) 대한변협 2007. 9. 17. 법제 2322호.
3) 대한변협 2005. 8. 2. 법제 2001호.
4) 대한변협 2007. 9. 17. 법제 2322호.

L1, L2"라고 병기하여 같은 사무실임을 표방하고 있다면 그 공동사무소 자체가 하나의 단위로서 이익충돌을 회피해야 한다.

② 편의상 사무실만 공동으로 사용할 뿐, 사건의 수임이나 수익분배 등에 관하여 전혀 관련 없이 사무실을 운영하고 있다면 수임제한규정이 직접 적용되지 않는다.

사례 (1)의 경우, 같은 사무실임을 표방하고 있는 이상, L1 변호사가 국선변호인으로 활동을 했더라도 L2 변호사는 민사사건을 수임할 수 없다고 본다.[5] 두 사건이 실질적으로 동일한 쟁점을 포함하는 동일 사건이기 때문이다.[6]

사례 (2)의 경우, L3 변호사는 변호사법 31조 1항 3호 소정의 "공무원으로서 직무상 취급한 사건"에 해당되어 A의 선거법위반 사건을 수임할 수 없다. 그러나 L4 변호사는 경우에 따라 다르다. 이 사례의 경우에는 L3 변호사와 L4 변호사가 편의상 사무실만 공동으로 사용할 뿐 사건의 수임이나 수익의 분배 등에 관하여 전혀 관련 없이 사무실을 운영하고 있으므로 위 사건을 수임하더라도 수임제한규정에 위반되는 것은 아니다. 하지만 L3변호사와 L4변호사가 공동으로 손익을 분배하는 형태로 사무실을 운영하고 있고 대외적으로도 같은 사무실임을 표방하고 있다면 L4변호사도 위 사건을 수임할 수 없다.

3. 비밀의 유지

> L1 변호사는 L2 변호사, L3 변호사와 함께 사무실 공간과 비품을 공동으로 사용함은 물론, 손익분배도 공동으로 하는 수지공동형 법률사무소를 개설하였다. L1 변호사는 P 주식회사의 고문변호사인 L2 변호사로부터 P 주식회사가 2-3일 내에 부도로 도산할 것 같다는 말을 들었다. 그 직후 L1 변호사의 고등학교 선배인 Q 은행의 부장 C가 돌연 방문하여 P 주식회사의 경영이 위태롭다는 소문이 있다면서 P 주식회사에 대한 채권 보전책에 대하여 상담하였다.
>
> L1 변호사는 P 주식회사가 2-3일 내에 도산할 것이라는 사실을 Q 은행의 담당자에게 이야기해도 좋은가?

이익충돌회피의무가 발생하는 공동사무소의 경우, 소속 변호사는 다른 소속 변호사의 의뢰인으로부터 직무상 알게 된 비밀을 정당한 이유 없이 다른 사람에게 누설하거나 이용해서는 안 된다. 이 의무는 공동사무소의 소속 변호사를 그만 둔 경우에도 계속하여 부과

---

5) 대한변협 2007. 9. 17. 법제 2322호.

6) 대법원 2003. 5. 30. 판결, 2003다15556 참조.

된다.

해설

이 사무실의 형태가 수지공동형이므로 L1 변호사는 집무 중 알게 된 L2 변호사의 의뢰인에 관한 비밀을 누설하거나 이용해서는 안 된다.

Ⅱ. 법무법인의 윤리

1. 법무법인의 이익충돌

1-1. 이익충돌회피의무

(1) 변호사법은 57조, 58조의16, 58조의30에서 31조 1항(수임제한)을 준용하고 있으므로 이익충돌회피의무에 관한 내용(31조 1항)은 법무법인에도 적용된다.

(2) 수임한 사건은 실제 담당하는 변호사가 정해져 있더라도, 그 변호사 개인이 처리하는 것이 아니라, 법무법인이라는 실체가 수행하는 것이다 따라서 법무법인은 분사무소나 소속변호사의 수와 상관없이 하나의 단일한 실체로서 이익충돌 여부를 판단해야 한다.

1-2. 의뢰인과의 이익충돌 사건(법 31조 1항 1호, 2호)

> P 법무법인의 구성원 변호사 L이 A의 의뢰를 받고 B를 상대로 한 손해배상청구사건을 대리하던 중 Q 법무법인으로 소속을 옮겼다. Q 법무법인이 해당 사건의 피고 B를 대리하고 있었던 경우, Q 법무법인이 B를 계속 대리하는 행위는 변호사법에 위반되는 것인가? L 변호사가 Q 법무법인으로 소속을 옮긴 후, 새로이 B로부터 위 사건을 수임하고자 하는 경우라면 어떠한가?

(1) 법무법인이 수임한 사건의 상대방이 의뢰한 사건을, 비록 업무담당 변호사가 아니더라도, 그 법무법인이 수임할 수 없다(법 31조 1항 1호).

(2) 법무법인은 수임하고 있는 사건의 상대방이 위임하는 다른 사건에 대해서도 수임할 수 없다(법 31조 1항 2호). 다만 이 경우에는 수임하고 있는 사건의 의뢰인이 동의한 경

우에는 수임할 수 있다(법 31조 1항 단서).

해설

이 사례는 수임 중인 사건의 상대방을 대리하는 법무법인의 구성원을 영입한 경우 그 사건을 계속 수임할 수 있는지 여부에 관한 것이다. 원고를 대리하던 P 법무법인의 구성원 변호사 L을 영입한 Q 법무법인은 변호사 L의 영입과 함께 당해 법무법인의 구성원 또는 소속변호사가 수임할 수 없는 사건을 수임하고 있는 결과가 된다. 또한 구성원 또는 소속변호사가 수임할 수 없는 사건은 당해 법무법인도 수임할 수 없다고 해석할 수 있으므로 Q 법무법인은 피고 B에게 이 사실을 알리고 사임해야 한다. 또한 변호사 L이 Q 법무법인으로 소속을 옮긴 후 Q 법무법인이 새로이 B로부터 위 사건을 수임하고자 하는 경우에도 의뢰인에게 그 사실을 알리고 수임할 수 없는 점에 대한 양해를 구해야 한다.

1-3. 종전의뢰인과의 이익충돌 사건(윤리규칙 18조 2항)

법무법인 P는 A주식회사로부터 경영권 방어와 관련한 법률자문계약을 체결하였고, 그 과정에서 의결권행사금지가처분 등 7건의 사건을 수임하여 수행하였다. A주식회사는 경영권 방어에 실패하여 2004. 7. 15.경 B주식회사가 A주식회사의 경영권을 장악하였다. 이에 따라 새로운 경영진은 비상대책위원장과 노조위원장을 해고하였는데, 그들이 경영권이 바뀐 A주식회사를 상대로 제기한 부당해고 등 노동관련 소송에서 법무법인 P가 위 비상대책위원장과 노조위원장을 대리할 수 있는가?[7)]

(1) 법무법인도 위임사무가 종료된 후 종전 사건과 동일하거나 본질적으로 관련된 사건에서 대립되는 당사자로부터 사건을 수임할 수 없다. 다만 종전 의뢰인이 양해한 경우에는 수임할 수 있다(윤리규칙 18조 2항).

(2) 그러나 종전사건과 본질적으로 관련되지 않은 사건은 수임제한에 해당하지 않는다. 종전 의뢰인을 상대로 한 다른 사건의 수임도 제한받지 않는다.

해설

법무법인 P가 A주식회사를 위하여 법률자문 및 소송을 수행한 사건들이 이미 종결된 상태이다. 따라서 변호사윤리규칙의 위반 여부를 검토하기 위해서는 우선 현재 문제가 된 노동사건에

---

7) 대한변협 2006. 10. 19. 법제 2408호, 박휴상(375면).

서 회사의 상대방인 비상대책위원장과 노조위원장을 대리하는 사건과 종전에 수행한 사건이 본질적으로 관련되어 있는지를 살펴볼 필요가 있다.

법무법인 P는 A주식회사의 구 경영진으로부터 적대적 M&A 방어와 관련한 법률자문 및 소송업무를 위임받아 수행하였는데, 그 상대방은 전 대표이사로부터 주식을 매수하여 경영권 인수에 나선 B주식회사이고, A주식회사의 비상대책위원장 또는 노조위원장은 구 경영진의 경영권 방어를 위해 협력하였다가 경영권 방어에 실패한 후 새로운 경영진에 의해 해고된 사람이다. 법률적으로 볼 때 위 두 사건이 본질적으로 서로 관련되어 있다고 볼 수는 없다. 따라서 P 법무법인이 비상대책위원장이나 노조위원장 등을 대리할 수 있다고 본다.[8)]

1-4. 공무원 등 재직 시 취급사건

> A주식회사가 그 대표이사이던 X를 업무상횡령죄로 고소하였고, 판사 L이 1심 재판장으로서 위 사건을 심리하다가 퇴직하여 변호사로 개업하였다. L이 퇴직한 후 후임 재판장에 의하여 1심판결이 선고되었다. 항소심에서 L이 소속된 C 법무법인이 A회사의 고소 대리인으로서 의견서 제출 등 소송활동을 하려고 한다. L 변호사가 직접 담당변호사가 아니라면 그것이 가능한가?

법무법인에 대하여도 변호사법 31조 1항 3호가 준용된다(57조, 58조의16, 58조의30, 31조 1항). 따라서 법무법인의 구성원 변호사나 구성원 변호사가 아닌 소속 변호사가 공무원, 조정위원 또는 중재인으로 직무상 취급하거나 취급하게 된 사건은 그 법무법인이 수임할 수 없다.

해설

L 변호사가 직접 형사사건의 변론이나 민사사건의 담당변호사로 관여하지 않는다 하더라도 당해 법무법인은 그 업무를 처리할 수 없다.[9)]

1-5. 법무법인 가입 전에 수임한 사건

> L1, L2 변호사가 각 개인변호사로 근무하면서 동일한 형사사건의 고소인 대리와 피고인 변호인으로 사건을 수임하여 진행하던 중 새로 설립하는 P 법무법인의 대표변호시와 구싱원 변

8) 대한변협 2006. 10. 19. 법제 2408호.

9) 대법원 2003. 5. 30. 판결, 3003다15556, 대한변협 2005. 11. 30. 법제 2721호.

호사로 근무하게 되었다. 이 경우, 위 사건을 계속 수임할 수 있는가? 계속 수임할 수 없다면 쌍방 모두 사임해야 하는가?[10)]

개인변호사로 직무를 수행하던 변호사가 법무법인의 구성원이 되었다면 그때부터 변호사업무를 수행하는 것은 그 법무법인 뿐이고, 그와 별도로 개인변호사가 독립하여 변호사 업무를 수행할 수 없다.

해설

1) 종전에 L1 변호사와 L2 변호사가 각각 수임하였던 고소인 대리와 피의자 변호도 이제는 법무법인이 수행해야 할 것인데, 동일한 법무법인이 고소인 대리와 피의자 변호를 동시에 수임하여 수행하는 것은 쌍방대리 금지 원칙에 위배되어 불가능하다.

2) 이 경우에 어느 사건을 사임해야 하는지의 여부에 관하여 다툼이 있을 수 있다. 대한변협은 "변호사윤리장전 18조 3항 후단을 유추 적용하여 뒤에 수임한 사건을 사임하여야 한다"고 판단하고 있다.[11)]

1-6. 법무법인 해산 후 상대방 대리

교통사고로 A에게 상해를 입혀 교통사고처리특례법위반으로 기소된 B는 P법무법인을 변호인으로 선임하였고, P법무법인은 구성원 변호사 L1을 담당변호사로 지정하였다. 그런데 B에 대한 형사사건이 종료된 이후 P법무법인은 해산되었다. 그 후 A는 B를 상대로 손해배상청구의 소를 제기하였다. A는 담당변호사는 아니였지만 P 법무법인의 소속 변호사이었던 L2 변호사를 손해배상청구소송의 대리인으로 선임하였다. L2 변호사는 법인해산 후 개인 법률사무소를 개설하고 있었다. L2 변호사의 행위는 변호사법상 허용되는가?

법무법인이 해산된 이후에도 그 법무법인에 속했던 변호사는 개인의 지위에서 이미 종결된 형사사건의 상대방 당사자로부터 민사사건을 수임하는 것은 금지된다. 비록 민사사건을 수임한 변호사가 먼저 진행된 형사사건에서 직접 피고인을 변론하지 않았다고 하더라도 마찬가지이다.[12)]

---

10) 대한변협 홈페이지 「변호사법 질의회신」 531호, 2010. 6. 7.
11) 대한변협 홈페이지 「변호사법 질의회신」 531호, 2010. 6. 7.
12) 대법원 2003. 5. 30. 판결, 2003다15556.

해설

손해배상청구소송은 교통사고처리특례법위반사건과 실질적으로 동일한 쟁점을 포함하고 있는 민사사건이기 때문에, B에 대하여 이익충돌 회피의무를 지는 L2는 손해배상청구소송에서 A를 대리하여 직무를 수행할 수 없다. 법무법인이 해산된 이후에도 이익충돌회피의무가 존속한다. 그 사건의 담당변호사가 아니었더라도 마찬가지이다.

1-7. 직무대행자로 선임된 회사의 사건 수임

L 변호사는 P 법무법인 구성원 변호사이다. L은 자신이 직무대행자(상법 407조 1항)로 선임되어 있는 A회사의 소송사건을 자신이 구성원으로 되어 있는 P 법무법인에게 위임하려고 한다. 이것이 가능한가?

자신이 직무대행자로 선임되어 있는 회사의 소송사건을 자신이 구성원으로 있는 법무법인에게 위임하는 경우, 변호사법과 변호사윤리규칙의 수임제한 규정에 위반된다고 볼 요소는 없다고 본다. 다만 회사의 직무대행자가 법무법인의 구성원을 겸하고 있으므로, 위 회사의 소송사건을 위 법무법인에게 위임하기 위해서는 민법상 자기계약금지 원칙(민법 124조)과 상법상 이사[13]와 회사와의 거래 규정(상법 398조) 등의 취지에 따라, 이사회의 승인을 얻는 절차[14]를 밟아야 할 것이다.[15]

해설

이사회의 승인을 얻으면 자신이 직무대행자로 선임되어 있는 회사의 소송사건을 자신이 구성원으로 있는 법무법인에게 위임할 수 있다.

---

13) 직무대행자도 상법 398조의 이사에 포함되는 것으로 해석하고 있다(이철송(642면) 참조).

14) 직무대행자가 소송대리를 위임하고 보수계약을 체결하는 행위는 회사의 상무에 속한다(대법원 1970. 4. 14. 판결, 69다1613, 동 1989. 9. 12. 판결, 87다카2691). 따라서 직무대행자가 그의 권한으로 소송대리인을 선임할 수 있으나, 자기가 구성원으로 있는 법무법인을 소송대리인으로 선임하는 것은 상법 398조의 이사와 회사 간의 거래에 해당하므로 이 규정에 따라 이사회의 승인을 받아야 하는 것이다.

15) 대한변협 2007. 7. 27. 법제 2029호.

2. 법무법인 탈퇴 후 수임제한

> L 변호사는 P 법무법인의 구성원 변호사로 있다가, 다른 변호사와의 다툼으로 그 법인을 탈퇴하고, Q 법무법인으로 소속을 변경하였다.
>
> L은 P 법무법인에 있을 때 A의 손해배상청구사건을 담당변호사로 처리하고 있었다. L이 P 법무법인을 탈퇴하고 난 후 의뢰인 A가 P 법무법인과의 위임계약을 해지하고 L이 새로 소속된 Q 법무법인에 사건을 의뢰하고자 하였다. Q 법무법인은 이 사건을 수임할 수 있는가? 의뢰인이 위 사건의 1심이 끝난 후 상소심을 의뢰하는 경우에는 수임할 수 있는가?

2-1. 수임제한의 취지

(1) 변호사법 52조 2항은 "법무법인의 구성원이었거나 구성원 아닌 소속 변호사이었던 자는 법무법인의 소속 기간 중 그 법인이 상의를 받아 수임을 승낙한 사건에 관하여는 변호사의 업무를 수행할 수 없다"고 규정한다. 이 조항은 법무법인(유한), 법무조합에도 준용된다(58조의16, 58조의30).

(2) 사건을 담당하는 특정변호사가 법무법인을 탈퇴하거나 다른 법무법인으로 소속을 변경하는 경우 종전 사건의 수임을 둘러싸고 변호사업계가 이전투구에 빠져들게 될 우려가 있다. 또한 당사자가 승소특별보수약정이 포함되어 있는 종래 법무법인과의 위임계약을 중도에 해지하는 경우에는 해지 이후에 당사자가 종전 법무법인에 지급하여야 할 보수액의 범위 등을 둘러싼 분쟁도 빈번하게 발생할 우려가 있다.

따라서 위 규정은 위와 같이 "사건의 수임을 둘러싸고 변호사 업계가 품위를 상실하게 되는 상황을 최대한 억제하여 변호사의 본래 사명인 기본적 인권을 옹호하고 사회정의를 실현함에 이바지"하려고 하는 데 그 취지가 있다.16)

2-2. 수임제한시기

(1) 위와 같은 수임제한이 계약체결의 자유 및 직업수행의 자유를 제한하는 의무부과 규정이라는 점에서 그 제한은 목적달성에 필요한 최소한도의 범위 이내에 그쳐야 한다. 이러한 관점에서 대한변협은 "위 '수임을 승낙한 사건'의 수임제한 시기는 수임 승낙 당시의 심급에 계속 중일 때까지로 제한되고 당해 심급에서 사건이 종결된 이후에는 수임제한

---

16) 대한변협 홈페이지 「변호사법 질의회신」 513호, 2010. 4. 7.

을 받지 않는다"고 해석한다. 이러한 해석은 소송대리인 선임행위의 효력이 당해 심급까지만 미친다는 소송법의 입장과도 같은 맥락이어서 타당하다고 본다.

(2) 따라서 법무법인의 구성원이었거나 구성원 아닌 소속 변호사이었던 자는 법무법인의 소속 기간 중 그 법인이 상의를 받아 수임을 승낙한 사건이 승낙 당시의 심급에 계속 중일 때에는 수임할 수 없다. 하지만 당해 심급이 종결된 후에 그 사건의 상소심을 수임하는 것은 변호사법 52조 2항의 수임제한에 포함되지 아니하여 무방하다고 할 것이다.[17]

해설

L 변호사의 탈퇴 전에 속한 P 법무법인이 수임을 승낙한 사건을 탈퇴 후 새로이 옮긴 Q 법무법인이 수임하는 것은 허용되지 않는다. 그러나 당해 심급이 종결된 후에 그 사건의 상소심을 수임하는 것은 변호사법 52조 2항의 수임제한 범위에 포함되지 않는다.[18]

3. 사후에 이익충돌 사실을 알게 된 경우의 조치사항

A는 대전에 살고 있던 B에게 폭력을 행사하여 사망케 한 사실로 현재 서울중앙지방법원에서 재판을 받고 있다. A는 변호인으로서 P 법무법인을 선임하였고, 그 구성원변호사인 L1 변호사가 담당변호사로서 A의 변호를 하고 있었다. 한편 피해자 B의 아들 C는 A를 상대로 손해배상청구소송을 대전지방법원에 제기하였다. C는 평소에 잘 알고 지내던 변호사 L2에게 대리인이 되어 줄 것을 의뢰하였다. 그런데 L2는 P 법무법인 대전 분사무소에 근무하고 있었으며, 서울 주사무소에서 A에 대한 형사사건을 수임한 것을 모르고 있었다. 이러한 상태에서 변호사 L2는 위 손해배상청구사건을 수임하였다. 그 후 이 사실을 알게 된 A가 강력히 항의하는 바람에 P 법무법인의 서울 주사무소 및 변호사 L2가 모두 이 사실을 알게 되었다. P 법무법인은 어떠한 조치를 취해야 하는가?

(1) 윤리규칙 18조 3항은 "수인의 변호사가 공동으로 사무소를 개설하고 있는 경우에 그 사무소 구성원들은 당사자 쌍방의 양해 없이는 쌍방 당사자의 사건을 수임할 수 없다"고 하면서, 동시에 "사건을 수임한 후에 이에 위반된 것이 발견된 때에는 뒤에 수임한 사건을 사임하고 그 취지를 의뢰인에게 알려야 한다"고 규정하고 있다. 그러므로 사건을 수임한 후에 이익충돌사실이 발견된 때에는 뒤에 수임한 사건을 사임함으로써 이익충돌의

17) 대한변협 홈페이지 「변호사법 질의회신」 513호, 2010. 4. 7.
18) 대한변협 홈페이지 「변호사법 질의회신」 513호, 2010. 4. 7.

상황을 면할 수 있다. 이것은 법무법인뿐만 아니라 공동사무소에도 적용된다.

(2) 이러한 경우 미국은 표준규칙에 규정되어 있지는 않지만, 판례[19]를 통하여 확고한 원칙을 세우고 있다. 양 당사자가 동의하지 않으면 변호사는 이익충돌이 되는 당사자 모두를 포기해야 한다는 것이다. 한 사건을 수임하기 위해서 다른 사건을 "뜨거운 감자"처럼 버려서는 안 된다는 것으로서, 이러한 원칙을 '뜨거운 감자의 원칙(hot potato rule)'이라고 한다. 그러므로 이익충돌이 사후적으로 드러나는 경우에 법무법인이 선택할 수 있는 해결책은 두 당사자를 모두 포기하는 것이다.[20]

(3) 일본은 이에 관하여 별도의 규정이 마련되어 있다. 공동사무소나 변호사법인에서, 소속변호사가 직무를 착수한 후에 다른 소속변호사의 이익충돌사실을 안 경우, 먼저 그 사실을 의뢰인에게 신속히 알려야 하고, 그 후 사임을 포함한 적절한 조치를 취해야 한다(일본 직무기본규정 58조, 67조). 적절한 조치는 이익충돌의 정도나 사안에 따라 다르지만, 의뢰인의 동의에 의하여 이익충돌이 해제되는 경우 외에는, 원칙적으로 사임을 해야 한다. 즉 동의를 얻을 수 없는 사안이거나 동의를 얻을 수 있는 사안이지만 동의를 얻지 못한 경우는 양 당사자로부터 사임하지 않으면 안 된다.

(4) 그러면 우리나라의 경우 윤리규칙 18조 3항에 따르는 것이 타당하다고 볼 수 있는가? 생각건대 먼저 수임한 의뢰인을 위하여 나중에 의뢰한 의뢰인의 정보를 부당하게 이용해서는 안 된다. 아울러 나중에 수임한 의뢰인 때문에 먼저 수임한 의뢰인이 불리한 취급을 받아서도 안 된다. 변호사가 의뢰인의 비밀정보를 알게 된 이상 그 의뢰인의 비밀정보를 이용하여 그 의뢰인의 이익에 반하는 대리활동을 할 수 없다. 따라서 양 당사자의 비밀정보를 다 알게 된 경우에는 양 당사자로부터 대리를 철회하는 수밖에 없다고 본다. 이런 의미에서 우리나라 윤리규칙 18조 3항은 적절한 해법을 제시하지 못하고 있다.[21]

해설

1) P 법무법인의 구성원인 L1 변호사가 가해자 A의 변호인으로 선임되어 변론 중인 상태에서, P 법무법인 대전분사무소의 L2 변호사가 피해자 측의 소송대리인으로서 가해자를 상대로 제기한 손해배상청구사건을 수임한 것은 변호사법 31조 1항 1호의 수임제한규정에 위배된

---

19) Picker Int'l, Inc. v. Varian Assocs., Inc., 670 F.Supp. 1363, 1365 (N.D. Ohio 1987) 참조.
20) 한인섭 등(174면), 박휴상(384면).
21) 이상수(214면), 한인섭 등(174면), 박휴상(382면).

다.[22] 이 경우에는 쌍방의 동의가 있더라도 수임할 수 없다.

A가 이 사실을 알고 이를 P법무법인에게 항의한 경우 B법무법인은 어떤 조치를 취해야 하는가? 윤리규칙 18조 3항 후단에 따르면, P 법무법인은 뒤에 수임한 피해자 측 손해배상청구사건의 소송대리인을 사임하고 그 사실을 A에게 통보하는 조치를 취해야 한다.

2) 그러나 윤리규칙 18조 3항 후단의 조치만으로 적절한 해결책이 강구되었다고 할 수 없다. 위 사례에서 위와 같은 조치만으로 피해자 측은 L2 변호사의 잘못으로 인한 피해를 면할 수 없게 된다. 피해자 측이 L2 변호사에게 전달한 비밀정보가 그대로 A의 이익을 위해서 이용될 우려가 있기 때문이다. 따라서 피해자 측은 L2 변호사에 대한 신뢰를 배반당하게 될 뿐만 아니라 실질적인 손해까지 입게 된다.

3) 결국, 변호사 L2가 부주의하게 사건을 수임한 경우에 P 법무법인은 A에 대한 대리와 피해자 측 C에 대한 대리를 모두 철회하는 것이 타당하다고 본다.[23]

4. 비밀의 유지

> L 변호사는 P 법무법인에서 Q 법무법인으로 소속을 변경하였다. L은 P 법무법인에 소속될 당시 고문회사인 A 주식회사의 재정상태가 매우 어려워 금년까지 버티지 못하면 내년에 회생절차개시신청을 할 수밖에 없다는 것을 알게 되었다. Q 법무법인으로 옮긴 후, Q 법무법인이 고문을 맡고 있는 B 상호저축은행의 이사 C가 L 변호사를 찾아와 A 주식회사의 경영이 위태롭다는 소문이 있다면서 A 주식회사에 대한 채권 보전책에 대하여 상담하였다.
>
> L 변호사는 A 주식회사의 재정상태에 대해서 B 상호저축은행의 이사에게 이야기해도 좋은가?

법무법인의 구성원변호사 또는 구성원 아닌 소속 변호사는 다른 구성원 변호사의 의뢰인에 관하여 직무상 알게 된 비밀을 정당한 이유 없이 누설해서는 안 된다. 당해 법무법인을 퇴직한 후에도 마찬가지이다.

해설

L 변호사는 탈퇴한 P 법무법인에서 지득한 비밀이라도 누설해서는 안 된다.

---

22) 대한변협 2006. 9. 18. 법제 2195호 참조.

23) 이상수(214면), 한인섭 등(174면), 박휴상(384면).

Ⅲ. 기업변호사의 윤리

1. 기업변호사의 의의

(1) 기업변호사란 기업에 직접 고용되거나 고문계약 또는 사건수임계약을 통하여 기업관련 업무를 지속적·전문적으로 수행하는 변호사를 말한다.

(2) 최근 기업의 법률수요가 대폭 증가됨에 따라 로펌의 약진, 사내변호사의 증가 등 변호사의 기업진출도 두드러지게 증가되고 있다. 이러한 기업변호사의 부상은 변호사·의뢰인 관계가 "사후적인 소송대리에서 사전적인 법률자문으로, 우연적 일회적인 관계에서 일상적 계속적인 관계로, 일면적인 관계에서 전면적인 관계로" 변화하고 있음을 반영한 것이다.[24] 기업변호사는 사전적으로 거래에 관여함으로써 분쟁의 소지를 미리 제거하는 기능을 수행하는데, 이 점이야말로 기업변호사의 가장 긍정적인 역할이라고 할 수 있다.

(3) 변호사는 ① 경영자로서, ② 사내변호사로서, ③ 고문변호사로서, ④ 사건수임변호사로서 기업과 관련을 맺고 있다. ①의 업무는 변호사와 직접 관련된 것이 아니며, 변호사의 겸직제한 여부만 문제시 된다. ④의 경우는 의뢰인이 개인인 경우와 다르지 않다. 따라서 이하에서는 위 네 가지 지위 중에서 기업변호사로서의 독특한 특성을 가지는 사내변호사와 고문변호사의 변호사윤리에 관해서만 살펴보기로 한다.

2. 사내변호사

2-1. 의 의

(1) 사내변호사(In-house Lawyer)란 회사 내에 근무하면서 일상적으로 기업 내의 법률문제에 대해서 자문하는 변호사이다. 사내변호사의 특징은 회사 내에 상임하고 있고, 사용자가 변호사가 아니며, 고용계약에 의하여 비변호사의 지휘명령을 받는다는 점이다.

(2) 사내변호사는 다음과 같은 기능을 수행한다.

① 사내변호사는 회사의 비즈니스에 대하여 일반변호사에 비하여 보다 정확하고 직접적인 지식을 가질 수 있으므로 기업목적에 적합한 법률적 조언을 제공할 수 있다.

---

24) 김건식, "기업변호사의 역할과 윤리", 서울대(279면).

② 사내변호사는 사전에 거래에 관여함으로써 분쟁의 소지를 미리 제거하는 사전 예방적 기능을 수행한다. 나아가 당사자가 거래를 포기할 수도 있는 상황에서 거래가 이루어지도록 리스크를 조정하는 역할을 맡는다.

③ 사외변호사로부터 지속적, 장기적으로 법률자문을 받을 필요가 있는 경우 법률수수료를 감안한다면 사내변호사를 두는 것이 훨씬 경제적이다.[25)]

2-2. 사내변호사의 지위

> L 변호사는 A회사의 법무부 소속 사내변호사이다. A회사의 법무부장 B는 변호사가 아니다. L 변호사가 회사로부터 위임받은 소송사건에 관해서 B가 L 변호사에게 지시 · 감독하는 것은 변호사법 34조(변호사가 아닌 자와의 동업 금지 등)나 같은 법 109조(벌칙)에 위반된 것이 아닌가?

(1) 회사의 소송대리인의 지위

사내 변호사는, 회사로부터 수임한 소송사건에 관하여 회사의 소송대리인으로서의 지위에 있다.[26)] 사내변호사가 회사의 소송대리인의 지위에서 그 업무를 수행할 경우에는 비록 회사의 피용자이기는 하나, 변호사법 2조 소정의 지위에 있다고 볼 수 있으므로 변호사로서의 권리를 가짐과 동시에 변호사법이 정한 제반 의무를 준수해야 할 책임이 있다. 또한 민법이 정한 위임에 관한 제반 규정의 적용을 받는다.

(2) 회사내부업무를 처리하는 피용자로서의 지위

그 밖의 법률사무에 관한 회사내부업무를 처리하는 지위에 있다.[27)] 사내변호사가 회사내부업무를 처리하는 경우에는 그것이 비록 법률에 관한 사항이라 할지라도 회사의 피용자로서 고용계약이 정한 제반규정 및 회사의 복무규정에 따라 그 업무를 수행하여야 한다. 따라서 계약서 검토, 법률질의 검토 등 회사내부 법률사무에 관한 상사의 지시 · 감독은 고용계약내용이나 회사의 복무규정에 위배되지 아니하는 한, 변호사법 34조(변호사가 아닌 자와의 동업 금지 등)나 같은 법 109조(벌칙)위반 여부가 문제되지 아니한다.

---

25) 이석우, "글로벌 기업에서 사내변호사의 역할," 국제업무연구 제9호, 2005, 1532-1533면, 김건식-서울대(278면), 박휴상(387, 388면).

26) 대한변협 2006. 6. 22. 법제 1739호.

27) 대한변협 2006. 6. 22. 법제 1739호.

해설

회사로부터 위임받은 소송사건에 관하여 상사가 지시·감독을 하는 것은 위임인인 회사의 입장에서 수임인인 변호사에 대하여 회사의 의견을 제시하는 것으로 볼 수 있으며, 만약 그 범위를 넘는 것이라면 그 지시·감독에 순응할 이유는 없다고 본다. 그러나 회사 측에서 위 범위를 넘는 지시·감독을 한다고 하더라도 변호사법 34조·109조 위반의 문제를 제기할 여지는 없다.[28)]

2-3. 독립성

L 변호사는 X주식회사의 법무부장으로 근무하고 있다. X회사는 거래처인 Y주식회사를 상대로 손해배상청구소송을 제기하였다. 그런데 그 사건의 담당재판부의 판사 1명이 그의 사촌형이었다. 그래서 X회사의 대표이사는 L 변호사가 직접 소송수행을 해줄 것을 요청했다. L 변호사가 이 사건의 소송대리인이 되어도 좋은가?

(1) 사내변호사도 변호사인 이상 변호사로서의 사명과 변호사의 본질인 독립성을 자각하고, 양심에 따라 직무를 행할 의무가 있다(법 1조, 2조).[29)]

(2) 사내변호사는 최고경영진의 단순한 대리인이 아니라 독자의 입장에서 기업이익을 법적인 주장으로 구성할 책임이 있다. 법률위반으로 연결될지도 모르는 문제에 대해서는, 예컨대 취업상의 지위에 위협이 되더라도 전문가로서의 조언·권고를 성실히 해야 할 의무를 우선시해야 한다. 이는 개업변호사가 의뢰인의 이익과 공공의 이익이 상반된 경우에 대해 대처하는 것과 크게 다르지 않다.[30)]

해설

기업이 사내변호사에 대하여 처리하도록 지시한 사안이 변호사의 이익과 충돌관계에 있는 경우에는, 변호사는 윤리규정에 위반된다는 점을 설명하고 사건 처리를 거절해야 한다. 기업도 변호사가 업무명령에 따르지 않는다는 이유로 불이익을 주어서는 안 될 것이다. 변호사는 친척이 담당공무원으로서 처리하는 사건을 수임할 수 없으므로(윤리규칙 17조 1항), 사례의 경우 L 변호사는 위 손해배상청구사건의 소송대리인이 될 수 없다. L 변호사는 대표이사에게 윤리규정에 위

28) 대한변협 2006. 6. 22. 법제 1739호.
29) 일본 직무기본규정 50조 참조.
30) 塚原 등(369면).

반된다는 점을 설명하고 사건 처리를 거절해야 한다.

2-4. 직무범위

> 증권회사인 주식회사 X가 고객과 포괄적 일임매매 약정을 하였음을 기화로, 주식회사 X의 ○○지점 직원 A가 충실의무를 위반하여 고객의 이익을 무시하고 주식회사 X의 영업 실적만을 증대시키기 위하여 무리하게 빈번한 회전매매를 함으로써 고객에게 손해를 입혔고, 주식회사 X의 ○○지점 지점장과 본사 임직원들은 직원 A의 회전매매 사실을 몰랐다. 손해를 입은 고객은 주식회사 X 및 그 직원 A를 공동피고로 하여 불법행위로 인한 손해배상청구소송을 제기하였다. 한편, 주식회사 X는 위 소송에서 손해배상책임이 인정되어 고객에게 배상을 하게 될 경우에는 직원 A에 대하여 구상권을 행사할 계획을 갖고, 개업신고를 한 사내변호사 甲에게 직원 A에 대한 구상권 행사 여부의 검토를 지시하였다. 주식회사 X의 사내변호사 L이 X주식회사와 A를 동시에 대리할 수 있는가?[31]

(1) 사내변호사의 회사사건 수임 가부

1) 사내변호사라 하더라도 겸직허가를 얻은 경우 소송대리 업무를 수행하는 것이 가능하므로 사내변호사가 회사 및 회사 직원으로부터 사건을 수임하는 것은 허용된다고 본다. 다만 회사와 직원들 사이에 이해관계의 충돌이 있는 사건이라면 사내변호사가 회사 이외에 직원들을 대리할 수 없다. 회사와 직원들을 동시에 대리하는 것은 윤리규칙 18조 4항에 위반될 여지가 있기 때문이다.

2) 이 경우 사내변호사는 회사직원이 아니라 변호사로서 소송대리를 하는 것이므로 당사자들로부터 위임장을 받아 지방변호사회를 경유해야 한다.[32]

(2) 고용주 업무로서 일반인에게 법률서비스의 제공 가능 여부

변호사법 34조 4항은 변호사 아닌 자가 변호사를 고용하여 법률사무소를 개설 · 운영하는 것을 금지하고, 동조 5항에서는 변호사 아닌 자가 변호사가 아니면 할 수 없는 업무를 통하여 보수나 그 밖의 이익을 분배받는 것을 금지하고 있다. 따라서 사내변호사가 고용주의 업무로서 일반인에게 법률서비스를 제공하는 것은 위 변호사법의 규정에 저촉되어 허용되지 않는다,

Example 컨설팅관련 주식회사가 회사 명의의 홈페이지를 운영하면서 홈페이지상 유료회원들에게 각종 컨설팅관련 업무를 수행하는 과정에서 발생할 수 있는 법률관련 질문에 대하여

---

31) 법조윤리시험(2011년) 문제를 변형한 것이다.

32) 대한변협 홈페이지「변호사법 질의회신」, 471호, 2009. 7. 27.

동 회사의 사내변호사로 하여금 회사 명의 또는 개인 변호사 명의로 법률자문을 행하는 것은 컨설팅회사나 이에 관여한 변호사 모두 변호사법 위반하는 행위로서 형사처벌의 대상이 된다(법 109조, 34조 등).[33]

(3) 법무법인 소속 변호사와 사내변호사의 겸직 가부

사내변호사로 근무한다는 것은 변호사 아닌 자로부터 급여를 받으면서 변호사 업무수행을 하는 것이다. 따라서 변호사법 52조 1항에 의하여 법무법인의 구성원 및 구성원 아닌 소속 변호사는 자기 또는 제3자의 계산으로 변호사 업무를 수행할 수 없으므로, 법무법인이 아닌 제3자에게 고용되는 사내 변호사의 형태로 변호사 업무를 수행하는 것은 금지된다.

Example 일주일 중 2일은 법무법인의 소속 변호사로서 급여를 받고, 나머지 3일은 겸직허가를 받아 주식회사의 사내변호사로서 근무하는 것은 허용되지 않는다.[34]

해설

1) 변호사 L은 주식회사 X의 사내변호사이므로, 주식회사 X의 소송대리인이 될 수 있다. 다만 이 경우 소속 지방변호사회에 위임장을 경유해야 한다.
2) 주식회사 X와 직원 A 사이에서 이해관계의 충돌이 발생될 우려가 농후하므로 변호사 L이 주식회사 X와 직원 A를 동시에 대리하는 것은 수임제한 규정에 위배된다.
3) 변호사 L이 직원 A에 대한 구상권 행사 여부에 대해 검토한 후 위 손해배상소송에서 직원 A보다 주식회사 X의 책임이 더 크다고 판단하여 직원 A에 대해서만 소송대리를 하는 것은 주식회사 X의 사내변호사로서 이익충돌회피의무 또는 비밀유지의무에 위반된다.

2-5. 조직의 위법행위에의 대응

변호사 L은 A 식품회사의 법무부에 소속된 사내 변호사이다. A회사의 연구소에서 A사의 주력상품인 식품 Q에 발암물질 등이 발견되어 인체에 매우 해롭다는 연구결과가 나왔다.

그런데 A사의 실력자인 영업본부장은 이 사실을 알면서도, Q의 재고가 대량으로 존재하기 때문에 계속 Q를 판매한다는 영업방침을 정하고, 판매를 마친 Q에 대해서 회수조치를 취하지 않기로 결정했다.

---

33) 대한변협 홈페이지 「변호사법 질의회신」 598호, 2011. 9. 9.
34) 대한변협 홈페이지 「변호사법 질의회신」 522호, 2010. 5. 3.

> 이 점에 관하여 법무부에 의견조회가 있었다. 변호사 L은 법무부장에게 이 상태로는 소비자의 건강을 심각하게 해칠 염려가 있으며, 회사가 그 책임을 모두 부담해야 하는 사태로까지 확대될 위험이 있으므로, 신속히 판매중지와 판매제품의 회수조치를 취해야 한다는 의견서를 기안했다. 그러나 변호사가 아닌 법무부장은 법무부장 이름으로 영업본부장의 판단에 찬성하는 의견서를 제출했다.
>
> L 변호사는 어떻게 하면 좋은가? 법무부장의 판단을 따라야 하는가?[35]

(1) 위법행위 시정의무

사내변호사는 전문직으로서 기업이 위법행위의 은폐 등으로 부정한 이익을 도모하려고 할 경우 이를 시정하도록 노력해야 하는 고도의 의무를 갖는다. 그러므로 사내변호사는 담당하는 직무에 관하여 법령에 위반하는 행위가 행해지거나 행해지려고 하는 것을 알게 된 때에는, 이를 시정하기 위하여 '적절한 조치'를 취해야 한다.[36]

(2) 상부로의 보고

사내변호사는 기업의 위법행위에 대해서 어떠한 조치를 취해야 하는가? 우선 담당자에게 위법성을 지적해야 한다. 그렇게 하였음에도 효과가 없을 때에는 직속의 상사, 다시 그 윗 단계의 상사에게 순차적으로 지적해 가는 것(up the corporate ladder)이 통례일 것이다. 그럼에도 불구하고 효과가 없는 경우, 또는 위법성이 중대하여 긴급을 요하는 경우에는, 그 부문의 장, 법무부문의 최고책임자, 나아가 사장 등 그 조직의 최고집행기관이나 이사회 등 최고의사결정기관에 보고하는 등의 조치를 검토해야 할 것이다. 일반 종업원의 경우 담당자 또는 상사에게 문제를 지적하는 것으로 그 의무를 다했다고 볼 수 있지만, 변호사의 경우는 그것만으로 부족하며, 최종적으로 기업이 시정할 때까지 확인해야 한다.[37]

(3) 위법행위의 공개와 비밀유지의무

1) 만일 최고위책임자에게 보고하였는데도 불구하고 시정이 되지 않은 경우 그 시정을 요구하기 위하여 위법행위를 외부에 공표해도 되는 것인가?

일본의 직무기본규정에 의하면, 기업변호사가 그에 관하여 더 취해야할 조치는 없으며, 단지 침묵하거나 사임하는 방법밖에 남지 않는다. 반면에 미국 표준규칙은 최고위 책

---

35) 塚原 등(373면).
36) 森際(253면).
37) 森際(254면).

임자에 대한 보고에도 불구하고 위법행위가 시정·방지되지 않고 그 위반으로 인하여 기업에 상당한 손실이 있을 것으로 믿는다면, 그 위법사실을 외부에 공개하는 것은 허용된다. 다만 변호사는 기업의 상당한 손실을 막는 데 필요한 최소한의 범위 내에서만 공개해야 한다(표준규칙1.13(c) 참고).

2) 우리나라는 위법행위의 공개를 허용하는 규정이 없기 때문에 비밀유지의무에 관한 일반원칙에 따라야 할 것이다. 변호사는 일반변호사든 사내변호사든 모두 비밀유지의무를 준수해야 하기 때문에 조직의 외부에 대해서 내부고발을 하는 것은 원칙적으로 허용되지 않는다고 보는 것이 타당하다. 공개가 허용되는 예외는 법률에 특별한 규정이 있는 경우(법 26조 단서)와 생명이나 신체의 중대한 피해방지와 같은 공익상 이유가 인정되는 경우(윤리규칙 23조 단서)에 한정된다고 보아야 한다. 그러므로 우리나라에서는 위법행위의 시정은 원칙적으로 그 조직 내부에서 실현되어야 할 것이다.[38)]

해설

L 변호사는 위 회사가 판매중지 및 회수조치를 취할 때까지 최고위 책임자에게 보고하는 등 적절한 조치를 취해야 한다. 일반 종업원이라면 담당자 또는 상사에게 문제를 지적하면 그것으로 의무를 다한 것이 되지만, 변호사는 공공성을 지닌 법률전문직으로서 최종적으로 기업이 시정할 때까지 확인해야 할 의무를 갖는다.

3. 고문변호사

3-1. 의의

(1) 기업의 고문변호사란, 기업으로부터 법률상담 및 법률사무에 관하여 계속적으로 의뢰를 받는 계약관계에 있는 변호사를 말한다.[39)] 통상 고문변호사는 정기적으로 금전적 보수(고문료)를 받고, 당해 기업으로부터 위임받은 법률사무를 우선적으로 처리한다.

(2) 고문변호사는 사내변호사처럼 고문기업과 사용·종속의 관계에 있는 것이 아니다. 하지만 위임계약관계에 있기 때문에 일정한 범위의 성실의무를 부담한다.

---

38) 박휴상(396, 397면).
39) 日辯連 注釈(61면).

3-2. 고문사건과의 이익충돌

> L 변호사는 A주식회사와 ○○시의 고문으로서 법률자문도 하고 사건도 수임하고 있다.
> (1) L 변호사는 A주식회사를 상대방으로 한 모든 사건에서 상대방을 대리하는 것이 금지되는 것인가?
> (2) 변호사 L은 ○○시 ○○구청장을 상대로 행정소송(영업정지처분취소송)을 제기하는 X의 소송을 대리할 수 있는가?[40)]

(1) 대한변호사협회는 변호사법 31조 1항 1호의 '사건'의 범주에 관하여 "사건은 원칙적으로 소송사건에 적용되는 것이나, 자문사건 중에서도 대립하는 당사자가 구체적으로 특정되고 구체적인 법률관계에 대하여 일방 당사자에 대해 조력하겠다고 하는 의사가 표시된 경우는 이를 포함한다"고 한다.[41)]

(2) 그러므로 고문변호사가 고문회사의 의뢰에 따라 자문한 내용에 구체적으로 당사자와 쟁점이 확정된 경우라면, 그 자문내용에 해당하는 사건 또는 그와 본질적으로 관련된 사건에서 상대방을 수임하는 것은 변호사법 31조 1항 1호에 위반된다.

그러나 그와 같이 당사자와 쟁점이 확정되지 않은 일반적인 법률자문을 해 준 것에 불과한 경우라면 위 회사를 상대방으로 하는 사건을 수임하더라도 변호사법 31조 1항 1호에 저촉되지 않는다.

(3) 그렇지만 변호사법 26조에 의한 비밀유지의무의 제한은 받는다.

해설

1) A회사에 제공한 법률자문의 내용이 현재 소송대리를 하고 있는 사건과 동일한 사건 또는 본질적으로 관련된 사건에 관한 것이라면 쌍방대리에 해당하여 변호사법 31조 1항 1호에 의해 수임이 금지된다고 하겠으나, 현재 수임하려는 사건이 A회사에 대한 종래의 법률자문이나 소송대리사건과 전혀 관계없는 별개의 사건이라면 이를 수임할 수 있다고 본다.[42)]

2) ○○시의 고문변호사라고 하더라도, ① ○○시내에 있는 모든 행정기관의 고문변호사라고 보기 어려운 점, ② 설사 고문의 범위가 ○○시내의 구청업무에 미친다고 하더라도 해당 사건에

---

40) 대한변협 2007. 12. 14. 법제 2901호.
41) 대한변협 홈페이지 「변호사법 질의회신」 460호, 2010. 2. 4.
42) 대한변협 홈페이지 「변호사법 질의회신」 460호, 2009. 7. 8.

대해서 고문변호사로서 ○○시 또는 구청에 자문을 제공하지 아니하였다면 실질적인 이해충돌은 없는 점, ③ 변호사법 31조 1항 각호에 해당되지 아니하고 달리 수임을 제한할 근거규정을 찾기 어려운 점 등의 사정을 고려할 때, 위 변호사와 ○○시와의 고문계약상 위 사건의 수임이 저촉되지 않는다. 위 변호사가 사전에 ○○시에 대하여 위 사건에 관하여 자문을 제공한 사실이 없다면, 위 변호사가 위 사건을 수임하는 것이 변호사법에 위반된다고 보기 어렵다. 따라서 위 ○○시 ○○구청장을 상대로 한 행정소송을 제기하는 당사자의 소송대리는 가능하다고 본다.[43]

3-3. 기업구성원의 대리

> 변호사 L은 고등학교 동창생이 대표이사로 있는 X회사의 고문변호사로 활동하기로 하는 계약을 최근에 체결하였다. 변호사 L은 그 후에 우연한 기회에 X회사의 영업과장 A가 회사 공금을 회사 몰래 주식투자로 사용해 온 사실을 알게 되었다. 변호사 L은 현재까지는 X회사로부터 아무런 법률자문을 의뢰받은 바가 없다. 이에 관한 다음 설명 중 옳지 않은 것은?[44]
> ① 변호사 L은 영업과장 A의 공금횡령 사실을 X회사에 알릴 수 있다.
> ② 변호사 L이 X회사의 양해를 얻더라도 영업과장 A의 위 횡령 관련 형사사건을 수임하면 변호사법상 수임제한 규정에 위반된다.
> ③ 변호사 L이 업무상횡령죄로 재판을 받고 있는 영업과장 A의 변호인이 되었다는 사유로 X회사는 변호사 甲과의 고문계약을 해지할 수 있다.
> ④ 변호사 L에게 영업과장 A의 위법 사실을 수사기관에 고발할 의무는 없다.

(1) 고문변호사에 있어서 의뢰인은 회사 자체이지 회사의 임원 등 구성원이 아니다. 회사와 그 구성원은 각각 별개의 존재로 취급해야 한다.

(2) 그러므로 회사의 고문변호사는 임원 등 구성원을 대리하려면 회사와 그 구성원 사이에 이익충돌이 있는지 여부를 검토해 보아야 한다.

① 회사의 기관이라 할 수 있는 임원의 직무에 관한 사항은 곧 그 회사의 직무에 관한 사항이다. 따라서 회사의 임원에 대한 소송을 그 회사의 고문변호사가 수임한다고 하더라도 변호사법에 저촉되지 않는다.

② 당해 사건의 수임행위가 회사의 주주 전체 내지 적어도 과반수의 의사에 반하는 경우이거나, 본질상 회사의 이익에 반하는 행위를 저지른 임원에 대한 책임추궁 또는 그와 같은 이익침해의 결과의 발생을 예방하기 위한 조치의 사건에서 임원 측을 수임하는

43) 대한변협 2007. 12. 14. 법제 2901호, 박휴상(402면).
44) 법조윤리시험(2011) 문제이다.

경우라면, 이는 회사의 고문계약의 본지에 반하는 것이므로 허용될 수 없다.[45)]

해설

L 변호사는 X 회사에 대해서 자문한 적이 없으므로 영업과장 A의 위 횡령 관련 형사사건을 수임하더라도 수임제한 규정에 위반되지 않는다. 그러나 X회사는 L 변호사가 A의 변호인이 되었음을 이유로 계약을 해지할 수 있다. 만약 L 변호사가 이 사건과 관련하여 자문한 적이 있다면 A의 사건을 수임할 수 없다. 변호사 L은 A의 위법사실을 수사기관에 고발할 의무는 없지만, X회사에 알릴 수는 있다. 따라서 ②번이 옳지 않은 것으로 정답이다.

3-4. 주주대표소송에서의 역할

> L 변호사는 A주식회사의 고문변호사이다. 주주 B가 대표이사 C 및 이시 D, E를 피고로 하는 대표소송을 제기했다. 그 청구는 C, D, E가 회사재산을 유용하였으므로 그 손해를 A회사에 배상하라는 것이었다. L 변호사는 피고 C, D, E의 소송대리인이 될 수 있는가?

(1) 대표소송이란 회사가 이사에 대한 책임추궁을 게을리한 경우 주주가 회사를 위하여 이사의 책임을 추궁하기 위하여 제기하는 소이다(상법 403조). 대표소송은 주주의 개별적인 이익을 위한 것이 아니라 회사와 주주 전체의 이익을 위한 것이므로 그 소제기권은 주주의 공익권의 일종이다.[46)] 따라서 판결의 효과는 회사에 직접 귀속되고 그 반사적 효과로서 다른 주주들도 대표소송을 제기한 것과 같은 효과를 누린다.

(2) 주주의 대표소송에서 고문변호사가 이사인 피고를 대리할 수 있는가? 대표소송이 회사와 주주 전체의 이익을 위한 것인 이상, 회사의 고문변호사가 대표소송에서 이사 개인의 대리인이 되는 것은 고문변호사가 회사의 이익과 충돌되는 피고 이사를 두둔하는 것으로서 직업윤리상 옳지 않다고 본다. 피고 이사를 위한 법률상담 내지 소송수임을 하지 않는 것이 변호사 윤리에 부합하다고 본다.[47)]

고문변호사를 사임한 후에는, 피고 이사의 소송대리인이 되는 것이 허용된다는 견해가 있으나, 소송대상의 사실관계가 고문변호사 재직 당시의 일이라면 회사에 대한 성실의

---

45) 대한변협 2006. 9. 21. 법제 2232호.

46) 이철송(657면).

47) 小島 등(199면).

무는 사임에 의해서 소멸되는 것이 아니므로 피고 이사를 대리하는 것은 불가능하다고 보아야 한다.[48]

해설

회사의 고문변호사는 피고인 이사의 소송대리인이 되어서는 안 된다. 회사의 대리인으로서 소송참가(상법 404조)의 길을 선택해야 한다.[49]

3-5. 고문변호사의 이사취임

L 변호사는 상장회사인 A 주식회사의 고문변호사이다. L 변호사는 A 회사의 사외이사로 선임될 수 있는가? 상장회사와 비상장회사 간에 차이가 있는가? 겸직이 가능하다면 어떠한 절차를 거쳐야 하는가?

(1) 변호사의 이사 취임

변호사법 38조 2항은 "변호사는 소속 지방변호사회의 허가 없이 상업 기타 영리를 목적으로 하는 업무를 경영하거나 이를 경영하는 자의 사용인이 되거나 또는 영리를 목적으로 하는 법인의 업무집행사원 · 이사 또는 사용인이 될 수 없다"고 규정하고 있다. 따라서 변호사가 이사로 취임하기 위해서는 소속 지방변호사회의 허가를 받아야 한다. 다만 변호사가 휴업을 하고 그러한 직책을 맡는 것은 허용된다(법 38조 3항).

(2) 고문변호사의 사외이사 취임

1) 상장회사의 경우 해당 상장회사와 법률자문계약을 체결하고 있는 변호사는 그 회사의 사외이사가 될 수 없다(상법 542조의8 2항 7호, 상법 시행령 13조 5항 4호, 동항 2호). 따라서 고문계약을 체결한 의뢰인 회사가 상장법인이라면 사외이사로 선임될 수 없다.

2) 그러나 상장회사가 아닌 경우에는 상법 등에 직접적인 제한 규정이 없으므로 사외이사의 겸직이 가능하다고 본다. 다만 등기된 이사라면 해당 회사와의 법률고문계약 체결은 이사와 회사 간의 자기거래에 해당되므로 그에 관한 이사회의 승인을 얻어야 하고(상법 398조), 이미 법률고문계약이 체결된 상태에서 회사의 이사로 취임하는 경우에도 해당 고문계약의 유지(즉, 향후 법률자문 용역의 유상 제공)에 관해서는 이사회의 승인을 요한다고

48) 小島 등(200면).
49) 栢木 등(319면).

보아야 한다.

Example 이사회의 승인은 원칙적으로 1회적인 거래를 전제해야 하므로, 민·형사 소송사건의 경우 개별 사건마다 승인을 얻어야 한다. 다만 예외적으로 수임료 산정방식을 미리 구체적으로 확정하여 향후 일정한 유형의 소송사건을 그 확정된 조건에 따라 수임하기로 일괄 계약하는 경우 혹은 일정한 자문료 산정방식(예컨대 시간당 요율에 기한 산정방식 등)에 따라 법률자문용역을 제공하기로 고문계약을 체결한 경우 등에 있어서는 포괄적 승인이 가능하다고 본다.[50)]

해설

1) 상장회사의 경우 해당 상장회사와 법률자문계약을 체결하고 있는 고문변호사는 그 회사의 사외이사가 될 수 없다(상법 542조의8 2항 7호, 상법 시행령 13조 5항 4호, 동항 2호).

2) 그러나 상장회사가 아닌 경우에는 상법 등에 직접적인 제한 규정이 없으므로 사외이사의 겸직이 가능하다. 사외이사로 취임하기 위해서는 소속 지방변호사회의 허가를 받아야 한다. 그리고 등기된 이사라면 해당 회사와의 법률고문계약 체결은 이사와 회사 간의 자기거래에 해당되므로 그에 관한 이사회의 승인을 얻어야 한다(상법 398조). 고문변호사가 회사의 이사로 취임하는 경우에도 해당 고문계약의 유지에 관해서는 이사회의 승인을 요한다.

3-6. 고문변호사의 감사취임

> L 변호사는 A주식회사의 감사로 취임하려고 한다. 이것이 가능한가? L 변호사가 A회사의 고문변호사인 경우는 어떠한가? L 변호사는 A회사의 사건을 수임할 수 있는가? A회사를 상대로 한 소송을 수임할 수 있는가?

(1) 변호사의 감사취임

변호사법 38조 2항은 "변호사는 영리를 목적으로 하는 법인의 업무집행사원·이사 또는 사용인이 될 수 없다"고 규정하고 있을 뿐, 변호사가 감사로 취임하는 데 대해서 명문으로 금지하지 않고 있다. 변호사회의 겸직허가대상에 해당되지 않는다.

(2) 고문변호사의 감사취임

고문변호사가 고문회사의 감사로 취임할 수 있는가에 대해서는 상법 411조(겸직금지)와의 관계에서 그 조문상의 '사용인'에 해당하여 감사가 될 수 없다는 견해가 있으나, 통설

---

50) 대한변협 2006. 5. 12. 법제 1528호.

은 고문변호사가 사용인의 지위에 있는 것이 아니므로 감사가 될 수 있다고 본다.

(3) 감사변호사와 당해 회사의 소송사건 수임

회사의 감사직에 있는 변호사가 당해 회사 소송사건의 소송대리인이 될 수 있는가에 대해서는 부정설, 긍정설, 절충설로 견해가 나뉜다. 대한변호사협회는 감사인 변호사는 해당 기업의 사건을 수임할 수는 있지만, 감사의 직무와 충돌이 있는 경우에는 수임할 수 없다는 절충설을 채택하고 있다.51) 절충설이 타당하다고 본다.

① 변호사가 주식회사의 감사로 재직하면서 그 회사의 소송대리인이 되는 것이 감사의 직무의 독립성 등에 비추어 볼 때 바람직하다고 볼 수는 없으나, 회사의 내부사정까지 잘 알아서 사건을 성실하게 해결할 수 있는 지위에 있는 감사를 경영진의 판단에 따라 변호사로 선임하는 것을 금지할 이유는 없다고 할 것이다. 또한 회사가 적법절차를 거쳐 감사에게 특정의 소송사건을 의뢰하고자 하는 회사의 결정을 존중해 줄 필요도 있다.52)

② 다만, 변호사법 1조 2항은 변호사의 성실의무를 정하고 있고, 변호사윤리규칙 2조 3항은 "변호사는 직무의 내외를 불문하고 품위를 해하거나 공공복리에 반하는 행위를 하여서는 아니 된다"라고 규정하고 있는 만큼, 구체적인 사건에서 이사들로 구성된 경영진의 업무를 견제해야 하는 감사의 직무와 경영진의 입장을 충실히 반영해야 하는 소송대리인의 업무 간에 이해관계의 충돌이 있는 경우에는 사건수임을 거절하는 것이 변호사 윤리에 부합한다.53)

(4) 감사로 있는 회사를 상대로 한 사건의 수임제한

대한변호사협회는 "감사가 당해 회사의 소송 상대방을 위해 그 소송대리인이 되는 것은 회사 감사로서의 직무와 상대방 소송대리인으로서의 직무가 서로 충돌할 우려가 있고, 비밀누설의 우려가 있어 바람직하지 아니한다. 한편, 현행 변호사법 또는 변호사윤리장전에 이러한 경우의 수임을 제한하는 명문의 규정이 없으므로 수임이 가능한 것이 아니냐는 의견이 있을 수 있으나 감사도 이사와 마찬가지로 상법상 회사와의 위임관계에 있는 것으로 볼 때 회사를 상대로 소송을 대리하는 것은 부적절하다"고 한다.54)

감사직을 사임한 후에는 감사 재직 시 직접 취급한 업무가 아닌 사항에 대해서는 당해

---

51) 대한변협 2004. 10. 19. 법제 2175호.
52) 대한변협 2005. 8. 2. 법제 1999호.
53) 대한변협 2004. 10. 19. 법제 2175호.
54) 대한변협 홈페이지 「변호사법 질의회신」 441호, 2009. 4. 28.

회사를 상대로 하는 소송의 수임이 가능하다고 본다.55)

해설

1) 변호사가 감사로 취임하는 데 대해서 명문으로 금지하지 않고 있으므로 감사취임이 가능하다. 변호사회의 겸직허가대상에 해당되지 않는다. 고문변호사도 감사가 될 수 있다고 본다.

2) L 변호사가 A회사의 감사로 재직 중이라 하더라도 A회사의 사건을 수임하는 것이 변호사법상의 수임제한에는 해당되지 않는다. 다만 감사로서의 직무와 이해관계의 충돌이 있는 경우에는 사건수임을 거절하는 것이 변호사 윤리에 부합한다.56)

3) L 변호사가 감사로 재직하면서 상대방의 소송대리인이 되는 것은 허용되지 않는다. 그러나 감사직을 사임한 후에는 기밀누설 등의 제한 사항이 없고, 감사 재직 시 직접 취급한 업무가 아니라면 상대방의 수임도 가능하다.

Ⅳ. 사례 연습

1 변호사 甲과 변호사 乙은 공동으로 사건을 수임하고 수익을 분배하는 L법률사무소를 운영하고 있는데, 甲은 A가 B를 상대로 제기한 X건물에 관한 매매잔대금청구소송을 A를 대리하여 수행하고 있다. 변호사 甲의 행위 중 변호사윤리에 어긋나는 것은?57)

① 설문과 동일한 매매계약이 해제되었음을 이유로 B가 A를 상대로 제기하려는 계약금, 중도금 반환청구 사건을 A의 동의를 얻어 수임하였다.

② B가 X건물을 점유하고 있는 C를 상대로 제기하려는 건물인도청구 사건을 A의 동의를 얻어 수임하였다.

③ 건설업자 D가 설문의 사건을 甲이 수임한 사실을 알면서 A를 상대로 제기하려는 공사대금청구 사건을 A의 동의를 얻어 수임하였다.

④ 甲은 乙이 설문의 사건에서 B의 대리인으로 먼저 선임된 사실을 나중에 알고 A에게 양해를 구하였으나 불응하므로 A의 대리인을 사임하고 그 취지를 A에게 알렸다.

---

55) 대한변협 홈페이지 「변호사법 질의회신」 441호, 2009. 4. 28.

56) 대한변협 2004. 10. 19. 법제 2175호.

57) 법조윤리시험(2010년)문제이다.

2 L1 변호사는, L2 변호사와 함께 수지 공동형의 법률사무소를 개설하고 있다. L1 변호사는 X로부터 Y에 대한 건물신축공사의 하청대금청구사건을 의뢰받았다. L1 변호사가 L2 변호사에게 X의 Y에 대한 사건수임을 이야기한 바, L2 변호사는, Q시의 무료법률상담에서 Y로부터 위 건물의 하자보수청구에 관한 상담을 한 적이 있다고 말했다. 그러나 L2 변호사가 법률상담을 할 때 L2 변호사의 이름을 밝히지 않았다고 하였기 때문에, L1 변호사는 자신만을 대리인으로 하여, X의 사건을 처리하려고 생각했다. L1 변호사는 X의 사건을 수임하여도 좋은가?[58]

3 의뢰인 A는 자신이 운영하는 레스토랑에 화재가 나자 화재보험 회사 X에 허위 거래내역서를 첨부하여 1억 6천만 원 정도였던 실제손해액의 2배가 넘는 3억 6천만 원을 청구했다가 사기미수죄로 기소되었다. A는 이 형사사건에 관하여 법무법인 L을 선임하였으며, 소속변호사 중 변호사 甲, 乙이 담당변호사로 지정되어 변론을 맡게 되었다. 그런데 실제 재판에서는 변호사 甲은 전혀 관여하지 아니하고 변호사 乙 혼자서 변론을 수행하였다. 그 결과 A는 1심 법원에서 유죄판결을 선고받아 그 판결이 확정되었고, 그 무렵 법무법인 L은 구성원 미달로 해산되었다. 그 후 이번에는 회사 X가 A를 상대로"가짜 거래내역서를 첨부해 실손해보다 2배나 높은 보험금을 청구한 것은 보험금 청구권의 상실사유"라는 이유로 보험금채무 부존재확인 청구소송을 제기하면서, 법무법인 L의 소속변호사였던 변호사 甲 개인을 소송대리인으로 선임하여 1심에서 승소판결을 선고받았고, 피고인 A가 이에 불복하여 항소를 제기하였다. 다만, A는 민사소송의 상대방 측 소송대리인인 변호사 甲이 형사사건에서 자신의 변론을 맡았던 법무법인 L의 소속변호사였던 사실을 알고도 항소심 변론종결 시에 이르기까지 별다른 이의를 제기하지 아니하였다. 변호사 甲이 화재보험 회사 X의 보험금채무 부존재확인 청구소송을 수임한 것은 변호사법에 위반되는가?[59]

① 동일 쟁점을 포함하는 민사사건에서 형사사건의 상대방 당사자를 위한 소송대리인으로 직무를 수행하였으므로 위반된다.
② 형사사건에서 의뢰인 A는 항소심 변론종결전까지 변호사 甲의 소송대리에 대하여 이의를 제기하지 아니하였기 때문에 위반되지 않는다.
③ 형사사건의 담당변호사로 지정되었으나 실제 재판에 관여하지 않았기 때문에 위반되지 않는다.

58) 高中(146면).
59) 법무부 법조윤리모의시험문제이다.

④ 형사사건 판결 확정 이후 법무법인 L은 해산되었으므로 이후 변호사 甲이 개인의 지위에서 민사사건을 수임한 것에 불과하므로 위반되지 않는다.

4 L1 변호사와 L2 변호사는 같은 법무법인 소속이다. L1 변호사가 B와 고문계약을 체결한 후 B의 사건을 수임하여 처리하던 중 L2 변호사가 B의 상대방인 D의 사건을 수임하였다. 이에 대하여 변호사법 위반이 문제되자 L1 변호사는 B와의 고문계약을 유지하면서 B의 사건을 사임하였는데, 이러한 상황에서 L2 변호사의 수임행위가 변호사법에 위배되는가?[60)]

5 A회사가 그 대표이사이던 甲을 업무상횡령죄로 고소하였고, 판사 L이 재판장으로서 기일을 지정하였으나, 퇴직하여 사건을 심리하지 못하고 변호사 개업을 하였다. L이 퇴직한 후 후임 재판장에 의하여 위 사건 1심에서 집행유예의 형이 선고되었다. 항소심에서 L이 소속된 P 법무법인이 甲의 변호인으로 변호를 하는 것이 가능한가? L 변호사가 직접 사건의 수행에 관여하지는 않았다.

6 법무법인 L 소속 변호사인 甲은 2008년 ○○시의 비상임 선거관리위원으로 활동하고 있었는데, 그 선거관리위원회는 입후보자인 A를 공직선거법 위반혐의로 고발한 바가 있었다. 후에 A가 이 사건을 법무법인 L에 의뢰하고자 한다면 법무법인 L은 사건을 수임할 수 있는가?[61)]

① 비상임 선거관리위원은 공무원이 아니므로 사건을 수임할 수 있다.

② 법무법인 L이 甲 이외 다른 사람에게 A의 사건을 담당시킨다면 사건을 수임할 수 있다.

③ 甲이 선거관리위원으로서 A의 고발에 실질적으로 참여한 경우에 한하여 수임할 수 없다.

④ A의 사건은 甲이 공무원으로서 취급한 사건이므로 법무법인 L은 이 사건을 수임할 수 없다.

7 P회사에 내부분쟁이 있어 대표이사에 대한 직무집행정지가처분신청이 인용되어

---

60) 대한변협 2008. 5. 30. 법제 1706호, 박휴상(372면).

61) 법무부 법조윤리모의시험문제이다.

A 법무법인의 구성원변호사인 L 변호사가 대표이사 직무대행자로 선임되었다. P회사는 위 가처분결정 전에 Q회사를 상대로 공사대금청구소송을 제기하여 진행 중인 상황이다. L 변호사가 직무대행자로 선임된 이후 A 법무법인은 Q회사로부터 공사대금청구소송의 피고 대리인이 되어 달라는 의뢰를 받았다. 그 수임행위는 변호사법상 허용되는가?

8 변호사 甲은 법무법인 L에서 근무하고 있다가 그 법무법인이 해산된 이후 개인변호사 사무실을 개설하였다. 어느 날 A와 상담을 하던 중 변호사 甲은 그 사건이 법무법인 L에서 동료변호사가 형사사건으로 A의 상대방인 B로부터 수임받아 취급한 사건임을 알게 되었다. 다만 차이점이라면 이번에는 A가 민사소송을 제기하고자 한 것이었다. 변호사 甲은 자신이 법무법인 L에서 근무할 때, 그 사건의 담당변호사가 아니었지만 그 사건의 내용에 대해서는 잘 알고 있었기 때문에 A의 이익을 가장 잘 대리할 수 있다고 생각했다. 이 경우 변호사 甲은 A의 사건을 수임할 수 있는가?[62)]

① 변호사 甲은 법무법인 L에 근무할 당시, 그 사건을 직접 담당하지 않았기 때문에 그 사건을 수임해도 전혀 문제가 없다.

② 변호사 甲이 비록 사건을 담당하지 않았지만, 그 사건의 내용을 잘 알고 있고, A의 이익을 가장 잘 보장할 수 있기 때문에 문제가 없다.

③ 법무법인 L이 A의 상대방과 체결한 수임계약은 형사사건이었고, 변호사 甲에게 의뢰한 사건은 민사사건이기 때문에 수임계약을 체결할 수 있다.

④ 비록 변호사 甲이 A의 이익을 가장 잘 보장할 수 있다고 하더라고 전 의뢰인이었던 B의 이익과 충돌되기 때문에 수임계약을 체결해서는 안된다.

9 A에게 상해를 가한 혐의로 기소된 B는 L 법무법인을 변호인으로 선임하였고, L 법무법인은 구성원 변호사 甲과 구성원 아닌 소속 변호사 乙을 담당변호사로 지정하였다. 그런데 실제 모든 업무는 甲이 맡아 수행하였다. B에 대한 형사사건이 종료된 이후 L 법무법인은 해산되었고, 乙은 개인 법률사무소를 개설하였다. A는 B를 상대로 상해를 원인으로 한 손해배상청구의 소를 제기하려고 마음먹고 乙을 손해배상청구소송의 대리인으로 선임하려고 한다. 다음 설명 중 옳은 것은?[63)]

① 손해배상청구소송은 민사사건이고 상해죄 사건은 형사사건으로서 양자는 서로 다

62) 법무부 법조윤리모의시험문제이다.

63) 법조윤리시험(2010년)문제이다.

른 사건이며 더욱이 B에 대한 수임사무는 이미 종료되었기 때문에 乙은 자유로이 A를 대리하여 직무를 수행할 수 있다.

② 상해죄 사건에서 乙은 담당변호사로 지정되었지만 상해죄 사건에 실질적으로 관여하지 않았기 때문에 손해배상청구소송에서 A를 대리하여 직무를 수행할 수 있다.

③ 상해죄 사건에서 수임 주체는 L 법무법인이므로 L법 무법인이 해산된 이상 乙은 더 이상 B에 대하여 이익충돌회피의무를 지지 않기 때문에 손해배상청구소송에서 A를 대리하여 직무를 수행할 수 있다.

④ 손해배상청구소송은 상해죄 사건과 실질적으로 동일한 쟁점을 포함하고 있는 민사사건이기 때문에, 판례에 따르면 B에 대하여 이익충돌 회피의무를 지는 乙은 손해배상청구소송에서 A를 대리하여 직무를 수행할 수 없다.

10 사내변호사에 관한 다음 설명 중 옳지 않은 것은?[64]

① 개업신고를 한 사내변호사는 회사로부터 수임한 소송 사건에 관한 회사의 소송대리인으로서의 지위와 그 회사의 법률 사무에 관한 회사내부 업무처리자로서의 지위를 갖는다.

② 개업 변호사가 휴업한 경우에는 소속 지방변호사회로부터 겸직허가를 받지 아니하고 주식회사의 법무실장이 될 수 있다.

③ 법무법인에 소속된 변호사가 1주일에 3일은 법무법인에서 일하고 2일은 주식회사에서 별도의 급여를 받으며 사내변호사로 일할 수 있으려면 소속 지방변호사회로부터 겸직허가를 받아야 한다.

④ 개업신고를 한 사내변호사의 경우에도 변호사로서의 독립성이 유지되어야 하고 비밀유지의무도 준수하여야 한다.

11 회사 A와 물품거래 관계에 있는 상대방인 P 회사에 의하여, 회사 A 및 회사 A에서 실제 관련 거래업무를 담당하는 직원 B, 회사 A의 대표이사 C에 대해서 동일한 거래관계상 분쟁에 기초하여 공동불법행위를 원인으로 한 손해배상청구소송이 제기되었다. 이 사안에서 현재 회사 A를 대리하여 관련 소송을 수행중인 회사 A의 사내변호사 L이 업무수행직원인 B, 대표이사인 C를 대리하여 무보수로 위 A, B, C가 공동 피고로 되어 있거나 또는 개별적으로 피고로 되어 있는 사건을 대리하는 것이 가능한가? 다만 회사와

64) 법조윤리시험(2011) 문제이다.

업무집행사원, 대표이사 사이에는 특별한 이해관계의 상충이 문제되지 않고, A,B,C는 공동대리인이 선임되는 것에 동의하고 있다. 또한 변호사 L은 변호사등록 및 겸직허가를 받은 상태이다.[65)]

12 L 변호사는 ○○시와 고문계약을 체결하였다. 그 자치단체의 고문계약서에는 명시되어 있지 않지만, '○○시 고문변호사 운영조례'에는 "고문변호사는 시 또는 시장과 소속 하부기관의 장을 상대로 하는 행정, 민사, 형사의 쟁송사건에 관하여 상대방을 위하여 자문 또는 소송대리에 응할 수 없다"고 규정되어 있다. 이 경우 L 변호사는 위 ○○시 XX구 청장을 상대로 한 행정소송을 제기하는 당사자의 소송대리를 할 수 있는가?[66)]

13 변호사 L은 P주식회사의 고문변호사이다. 동 변호사가 자문한 내용 중에는 비정규직 노동조합 소속 근로자가 불법시위 등으로 회사에 손해를 입힌 것에 대한 민형사상 대응방법도 포함되어 있었다. P회사는 그 자문을 기초로 근로자들을 형사고소하고 손해배상청구소송을 준비하고 있었다. 이러한 상황에서 변호사 L이 법률고문계약을 해지한 후 위 노동조합 소속 노동자들의 형사사건을 수임하여 변론하는 것은 변호사법상 허용되는가?[67)]

14 L 변호사는 A주식회사와 법률자문계약을 체결하고 법률자문을 하고 있다. A회사의 대표이사가 회사 공금을 횡령한 혐의로 구속되어 재판을 받고 있는 경우, L 변호사는 대표이사 측의 소송대리를 하는 것이 허용되는가?[68)]

15 L 변호사는 A주식회사가 직원들인 B, C를 업무상 배임죄로 형사고소할 때 A회사를 고소대리하였다. 위 고소사건과는 별개로 주주들이 위 사실을 알고 B, C와 A회사의 대표이사와 감사를 업무상 배임 등의 혐의로 고발하였다. 이 고발 사건에서 L 변호사는 피고발인인 A회사의 대표이사와 감사를 변호하려고 한다. L 변호사는 이들을 변호할 수 있는가?

---

65) 대한변협 홈페이지 「변호사법 질의회신」 471호, 2009. 7. 27. 박휴상(391면).

66) 대한변협 홈페이지 「변호사법 질의회신」 460호, 2009. 9. 8.와 461호, 2009. 7. 8.를 참조한 사례이다.

67) 대한변협 2006. 2. 14. 법제 587호.

68) 대한변협 2006. 9. 21. 법제 2232호.

16 변호사 甲은 X회사와 1년간 법률고문계약을 체결한 후 회사의 지배구조 및 기밀에 대하여 자주 접할 기회가 있었다. 전임 대표이사 A와 X회사 사이에 경영권 분쟁이 발생하자 변호사 甲은 X회사와의 고문계약 해지를 통보하고 A로부터 X회사를 상대로 하는 주주총회결의무효확인소송을 수임하여 소송을 제기하려고 한다. 위 사안에 관한 설명 중 옳은 것을 모두 고른 것은?[69)]

가. 변호사 甲은 X회사와의 법률고문계약이 해지되었더라도 X회사의 비밀을 유지할 의무가 있다.
나. 변호사 甲이 X회사에 대한 위 소송에서 승소하기 위해 위 회사 자문과정에서 알게 된 비밀을 이용하더라도 이는 비밀을 공개하는 것은 아니므로 비밀유지의무 위반은 아니다.
다. 변호사 甲이 X회사의 비밀을 알게 된 시기가 A가 X회사의 대표이사로 재직하던 중이었다면 그 사항을 A의 소송을 위해 사용하는 한 비밀유지의무 위반은 아니다.
라. 변호사 甲은 X회사로부터 A의 소송을 수임하는 데 동의를 받았다 하더라도 비밀유지의무가 있다.

① 가, 나, 다, 라
② 가, 나, 다
③ 가, 나
④ 가, 라

17 L 변호사는 비상장회사인 A주식회사의 사외이사이다. A회사와 법률고문계약을 체결할 수 있는가? 법률고문을 겸직할 수 있다면 A회사가 위임하는 민 · 형사 사건을 수임할 수 있는가? 사건을 수임하려면 어떠한 절차를 거쳐야 하는가?

18 L 변호사는 A주식회사의 감사로 재직 중이다. A회사의 직원인 B가 A회사를 상대로 손해배상청구소송을 제기하였다. L 변호사가 B의 소송대리인이 될 수 있는가? L 변호사가 A회사의 감사를 사임한 후에는 B의 소송대리인이 될 수 있는가?

해설

1 설문과 동일한 매매계약이 해제되었음을 이유로 B가 A를 상대로 제기하려는 계약금, 중도금 반환청구 사건은 변호사법 31조 1항 1호에 해당하므로 A의 동의를 얻더라도 수임할 수 없다.

---

69) 법조윤리시험(2011) 문제이다.

B가 X건물을 점유하고 있는 C를 상대로 제기하려는 건물인도청구 사건은 수임하고 있는 사건의 상대방이 위임하는 사건으로 변호사법 31조 1항 2호에 해당하는 사건이므로 A의 동의를 얻어 수임할 수 있다.

변호사 甲은 건설업자 D가 A를 상대로 제기하려는 공사대금청구 사건을 수임할 수 있다. 이 사건은 현재 의뢰인을 상대로 한 다른 사건으로 이를 금지하는 규정이 없으므로 의뢰인의 동의를 얻지 않더라도 수임이 가능하다.

설문의 사건에서 변호사 乙이 B의 대리인으로 먼저 선임된 후, 변호사 甲이 A를 수임하는 것은 변호사법 31조 1항 1호를 위반한 것이므로 의뢰인에게 그 취지를 알리고 사임하여야 한다. 변호사 甲과 乙의 공동사무소의 형태가 변호사법 31조 2항에 해당되기 때문이다. 이 경우 변호사 甲은 A의 양해가 있더라도 수임할 수 없다.

따라서 변호사 甲의 ①행위가 변호사윤리에 어긋나는 것이므로 정답은 ①이다.

2 L2 변호사가 상담한 것만으로는 변호사법 31조 1항 1호의 '수임을 승낙한 사건'에 해당된다고 할 수 없다. 따라서 L1 변호사는 X로부터 위 사건을 수임할 수 있다. 직접 상담한 L2 변호사도 X로부터 사건을 수임할 수 있다. 따라서 L1, L2 변호사가 공동으로 위 사건을 수임할 수도 있다. 그러나 상담과정에서 알게 된 Y의 비밀도 유지할 의무가 있으므로 Y의 비밀을 위 소송사건에서 누설하는 경우에는 비밀유지의무를 위반한 것이 된다.

3 동일 쟁점을 포함하는 민사사건에서 형사사건의 상대방 당사자를 위한 소송대리인으로 직무를 수행하였으므로 변호사법상 수임제한 규정에 위반된다. 형사사건 판결 확정 이후 법무법인 L이 해산되어 그 이후 변호사 甲이 개인의 지위에서 민사사건을 수임하더라도 마찬가지이다. 따라서 변호사 甲의 행위는 징계사유에 해당한다. 다만 민사사건에서 의뢰인 A는 항소심 변론종결 전까지 변호사 甲의 소송대리에 대하여 이의를 제기하지 아니하였기 때문에 소송법상으로는 완전한 효력을 발생한다. 정답은 ①번이다.

4 고문계약을 유지한 채 현 사건을 사임하고 동일 사건의 상대방을 대리할 수 있는지 여부에 관한 것이다. 법무법인의 경우 법무법인 자체가 수임의 당사자가 되므로 시간순서상 L1 변호사가 B로부터 사건을 수임한 시점에 L1 변호사와 L2 변호사가 소속된 법무법인은 B의 사건을 수임한 것으로 보아야 한다. 따라서 그 후 B의 상대방인 D로부터 L2 변호사가 사건을 수임하는 것은 동일한 법무법인이 동일사건의 양 당사자를 모두 대리하는 것과 같으므로 변호사법 31조 1항 1호에 의해 수임이 제한되는 쌍방대리행위에 해당된다고 볼 수 있다. 만약 L2 변호사가 D로부터 수임한 사건이 B를 상대방으로 하지 않는 사건이라면, 위 31조 1항 2호에 따라 수임하고 있는 사건의 위임인이 동의하는 경우 수임에 문제가 발생하지 않을 것이다. 그러나 이 사례는 동일사건의 쌍방당사자로부터 수임한 경우에 해당되므로 비록 L1 변호사가 B와의 수임 약정을 해지하였다고 하더라도 법무법인의 입장에서는 쌍방대리행위가

사후적으로 해소된 데 불과하다. 따라서 위 법무법인은 여전히 L2 변호사가 D사건을 수임한 행위로 인하여 위 조항 1호에 위반된다고 보아야 한다.[70]

5 판사재직 시 기일을 지정하였으나 심리를 하지 아니하였더라도 판사로 재직 중 취급한 사건에 해당되어 수임할 수 없다. 또한 법무법인과 구성원 변호사의 직무수행은 동일한 법인격체에 의한 것으로 볼 수 있다. 따라서 L 변호사가 직접 형사사건의 변론이나 민사사건의 담당변호사로 관여하지 않는다 하더라도 당해 법무법인은 그 업무를 처리할 수 없다.[71]

6 A의 사건은 甲이 공무원으로서 취급한 사건이므로 법무법인 L은 이 사건을 수임할 수 없다. 각 위원회의 위원은 상임, 비상임을 불문하므로 甲이 비상임 선거관리위원이었더라도 마찬가지이다.

7 A법무법인의 구성원인 L 변호사가 P회사의 대표이사 직무대행자로 선임되었음에도 불구하고, P회사가 Q회사를 상대로 진행 중인 공사대금청구소송에서 A법무법인이 Q회사의 소송대리인이 되는 것은 쌍방대리금지의 정신에 위배되고 실질적으로 쌍방대리를 하는 것과 같은 결과를 초래하게 된다. 따라서 위 사례는 민법 제124조 및 위 윤리규칙이 정한 쌍방대리금지의 정신에 어긋난다고 할 수 있으므로, A법무법인은 Q회사의 소송대리인이 될 수 없다.[72]

8 법무법인 L이 해산된 이후에도 변호사 甲은 개인의 지위에서 이미 종결된 형사사건의 상대방 당사자로부터 민사사건을 수임하는 것은 금지된다. 먼저 진행한 형사사건에서 직접적인 변호에 관여한 바 없었더라도 동일하다. 따라서 변호사 甲이 A의 이익을 가장 잘 보장할 수 있다고 하더라도 전 의뢰인이었던 B의 이익과 충돌되기 때문에 수임계약을 체결해서는 안 된다. 정답은 ④번이다.

9 손해배상청구소송은 상해죄 사건과 실질적으로 동일한 쟁점을 포함하고 있는 민사사건이기 때문에, 판례에 따르면 B에 대하여 이익충돌 회피의무를 지는 乙은 손해배상청구소송에서 A를 대리하여 직무를 수행할 수 없다. 법무법인이 해산된 이후라도 변호사 개인의 지위에서 위 민사사건을 수임하는 것은 금지된다. 정답은 ④번이다.

10 법무법인에 속한 변호사는 법무법인 이외에 별도의 제3자에게 사내변호사 형태로 고용되어 변호사 업무를 수행할 수 없다. 즉, 변호사가 속한 법무법인에서 변호사를 고용하려는 회사와 법률자문계약을 체결하고 법률자문업무의 형태로 법률서비스를 제공하면 될 것이고, 구태여 사내 변호사 고용의 형태로 처리해야 할 이유는 없다. 이는 겸직허가를 받아 해결할 수 있는 사항이 아니다. 따라서 ③번이 옳지 않은 것으로 정답이다.

---

70) 대한변협 2008. 5. 30. 법제 1706호.
71) 대법원 2003. 5. 30. 판결, 3003다15556, 대한변협 2005. 11. 30. 법제 2721호.
72) 대한변협 2007. 10. 8. 법제 2440호.

11 회사와 직원들 사이에서 책임분담 비율이 다투어지는 등 이해관계의 충돌이 있는 사건이라면 L 변호사가 회사 및 직원들을 동시에 대리하는 것은 윤리규칙 18조 4항에 위반될 여지가 있다. 그러나 이 사례에서는 회사 및 직원들이 모두 청구기각을 구하는 취지이고 위임인들 사이에 이해가 상반될 여지도 없는 것으로 보인다. 따라서 L 변호사는 회사뿐만 아니라 회사 직원으로부터도 사건의 수임이 가능하다. 다만 당사자들로부터 위임장을 받아 지방변호사회를 경유해야 한다.

12 '○○시'의 고문변호사 운영조례가 시 또는 시장과 소속 하부기관의 장을 상대로 하는 행정, 민사, 형사의 모든 쟁송사건에 관하여 상대방을 위하여 자문 또는 소송대리를 할 수 없는 것으로 규정한 것이라면, 이는 법률의 위임 없이 변호사법 31조의 범위를 넘어 변호사의 수임권을 제한하는 것으로 그 효력을 인정하기 어렵다. 위 '○○시'의 조례는 변호사법 31조의 범위 내로 제한 해석할 필요가 있다. 따라서 위 사례에서 L 변호사가 사전에 위 사건에 관하여 자문을 제공한 사실이 없다면, 위 ○○시 XX구청장을 상대로 한 행정소송을 제기하는 당사자의 소송대리는 가능하다고 본다.[73]

다만 위 운영조례가 법률고문계약 당시 충분히 고지되어 계약의 내용이 되었는지는 신중히 살펴보아야 할 것이고, 만약 법률고문계약의 내용이 되었을 경우에는 위 계약에 따라 수임제한의 적용을 받는다고 할 것이다.[74]

13 고문변호사로서 자문 등 업무를 수행했다면 위임사무가 종료된 후에도 종전에 자문했던 사건과 동일하거나 본질적으로 관련된 사건을 상대방으로부터 수임할 수 없다. 따라서 위 사례의 경우 변호사법 31조 1항 1호에 위반되어 수임이 불가하다.[75]

14 회사의 공금을 횡령한 임원에 대한 책임추궁의 성격을 갖는 사건이므로 임원 측을 수임하는 것은 회사와의 고문계약에 반하므로 허용될 수 없다고 본다.

15 대표이사와 감사는 법인의 기관 및 사용인이므로 종전의 고소사건의 실질적 의뢰인은 법인인 A회사라고 할 것이다. 또한 주주들이 고발한 사건에서 A회사의 대표이사와 감사는 피해자인 A회사와 상대방의 지위에 있다. 따라서 주주가 고발한 사건에서 L 변호사가 A회사의 대표이사와 감사를 변론한 것은 이미 수임한 사건과 동일한 사건에서 A회사의 상대방의 사건을 수임한 것이다. 따라서 L 변호사의 행위는 변호사법 31조 1항 1호에 저촉된다고 할 수 있다.

16 변호사 甲은 X회사와의 법률고문계약이 해지되었더라도 X회사의 비밀을 유지할 의무가 있다. 또한 X회사로부터 A의 소송을 수임하는 데 동의를 받았다 하더라도 비밀유지의무가 있다. 변호사 甲이 X회사에 대한 위 소송에서 승소하기 위해 위 회사 자문과정에서 알게 된

73) 대한변협 2007. 12. 14. 법제 2901호, 박휴상(402면).
74) 대한변협 홈페이지「변호사법 질의회신」461호, 2009. 7. 8.
75) 대한변협 2006. 2. 14. 법제 587호.

비밀을 이용하더라도 비밀유지의무에 위반된다. 비밀유지의무에는 비밀을 이용하는 것도 포함되기 때문이다. 변호사 甲이 X회사의 비밀을 알게 된 시기가 A가 X회사의 대표이사로 재직하던 중이었더라도 그 사항을 A의 소송을 위해 사용하는 것은 비밀유지의무에 위반된 것이다. 따라서 정답은 ④번이다.

17 상장회사가 아닌 경우에는 상법 등에 직접적인 제한 규정이 없으므로 사외이사의 겸직이 가능하고 A회사의 사건도 수임이 가능하다고 본다. 다만 등기된 이사라면 해당 회사와의 법률고문계약 체결은 이사와 회사 간의 자기거래에 해당되므로 그에 관한 이사회의 승인을 얻어야 하고(상법 398조), 이미 법률고문계약이 체결된 상태에서 회사의 이사로 취임하는 경우에도 해당 고문계약의 유지(즉, 향후 법률자문 용역의 유상 제공)에 관해서는 이사회의 승인을 요한다고 보아야 한다. 이사회의 승인은 원칙적으로 1회적인 거래를 전제해야 하므로, 민 · 형사 소송사건의 경우 개별 사건마다 승인을 얻어야 한다. 다만 예외적으로 수임료 산정방식을 미리 구체적으로 확정하여 향후 일정한 유형의 소송사건을 그 확정된 조건에 따라 수임하기로 일괄 계약하는 경우 혹은 일정한 자문료 산정방식(예컨대 시간당 요율에 기한 산정방식 등)에 따라 법률자문용역을 제공하기로 고문계약을 체결한 경우 등에 있어서는 포괄적 승인이 가능하다고 본다.[76)]

18 L 변호사가 A회사의 감사로 재직하면서 B의 소송대리인이 되는 것은 허용되지 않는다고 본다. 감사직을 사임한 후에는 기밀누설 등의 제한 사항이 없고, 감사 재직 시 직접 취급한 업무가 아니라면 수임이 가능하다.

76) 대한변협 2006. 5. 12. 법제 1528호.

제11장 상대방 · 다른 변호사 · 법원과의 관계

Ⅰ. 상대방과의 관계

1. 개요

(1) 변호사는 의뢰인을 대리하여 그 '상대방'과의 사이에서 생긴 '분쟁'을 해결하는 것을 직무로 한다. 따라서 변호사는 '분쟁성'을 띠는 사건을 직무의 대상으로 하고, 반대당사자인 '상대방'이 있다는 점에 그 특징이 있다. 이러한 의미에서 변호사의 직무는 상대방과의 관계를 빼놓고는 이야기할 수 없다.

(2) 이와 같이 직무가 '분쟁성'을 띠고, '상대방'이 있는 변호사에게는, 그 업무의 수행상 다른 직업과는 질적으로 다른 분쟁처리상의 각종 규칙의 준수가 요구된다. 또한 변호사는 의뢰인의 대리인으로서 그 권익을 실현하기 위하여, 의뢰인의 입장에 서서 활동하지만, 그것을 기본으로 하면서도 사안에 따라서는 변호사의 '진실의무'에 의하여 그 한계를 자기규율해야 할 필요성이 생기기도 한다. 이러한 경우에 대비하여 의뢰인과의 관계와는 별도로 상대방과의 관계를 규율하는 업무규범을 가능한 한 구체적으로 이해하고 준수하려는 노력을 기울여야 한다.[1]

2. 상대방 본인과의 직접 접촉

2-1. 상대방에 변호사가 선임되어 있는 경우

L1 변호사는 A로부터 B에 대한 1억 원의 물품대금 청구사건을 수임하여, 소송을 제기하였다. B는 L2 변호사를 대리인으로 선임하여, 물품대금청구가 신의칙위반이라는 취지의 주장을 하였다. 이 신의칙위반의 주장이 인정될 전망은 거의 없었지만, L2 변호사는 끝까지 주장을

1) 박휴상(415면).

유지하였다. 그런데 제3회 변론기일 전에, L1 변호사의 사무소에 B 본인이 나타나, "8할인 8,000만 원을 현금으로 지불할 것이니, 소송을 취하해 달라"고 말하면서, 8,000만 원의 수표를 주었다. L1 변호사는 A의 양해를 얻은 후, 곧바로 L2 변호사에게 전화를 하였으나, 2주간 해외여행 중이어서 연락을 취할 수 없었다. 그래서 L1 변호사는 8,000만 원을 받고, B 본인의 동의를 얻어 소송을 취하하였다. L1 변호사의 행동에 문제가 없는가?[2)]

(1) 직접 접촉금지

1) 변호사는 수임사건의 상대방에 변호사가 선임되어 있는 경우에는 특별한 사정이 없으면 상대방 본인과 직접 접촉하여서는 아니 된다(윤리규칙 22조 1항). 이 경우 변호사는 상대방의 변호사와 접촉하여야 한다. 직접 접촉을 허용하면 상대방에게 변호사를 선임한 의의를 상실시켜, 불이익을 줄 우려가 있기 때문이다.[3)]

2) 상대방 본인이 먼저 접촉을 제안했더라도 그 접촉이 정당화되는 것은 아니다. 이러한 제안이 있을 경우 변호사는 반드시 상대방 변호사에게 통보하고 동의가 있는지를 확인해야 한다.

(2) 금지 대상

1) 금지 대상은 직접 접촉뿐만 아니라, 전화 · 우편 · 팩스 · 이메일을 포함한다. 변호사 자신이 직접 만나지 않고 사무직원 등 다른 사람을 통해서 만나는 것도 금지된다.

2) 상대방이 조직인 경우에는 조직의 대표자와의 직접 접촉도 금지된다. 그러나 이러한 접촉의 금지는 법률상 권한이 있는 자에 한정된다. 조직에 단순히 고용되어 있는 피고용인에 대한 접촉이 금지되는 것은 아니다. 조직을 대리하는 변호사는 피고용인에게 그들이 자발적으로 상대방에게 정보를 제공하지 말고 오직 증언에 의해서만 말하도록 조언할 수 있지만, 상대방 변호사가 이들과 접촉하여 대화하는 것 자체를 막을 수는 없다. 아울러 조직을 떠난 전직 종업원과 접촉하는 것도 허용된다.[4)]

3) 변호사는 자기의 의뢰인에게도 상대방 대리인과의 직접 접촉을 원칙적으로 하지 말도록 지시해야 한다. 그러나 변호사가 의뢰인에게 직접 상대방을 만나도록 조언하는 것은 금지되지 않는다. 변호사를 선임한 의뢰인들이 서로 직접 만나서 문제를 해결하는 것 자체를 막을 이유는 없기 때문이다.[5)]

---

2) 高中(172면, 박휴상 416면에서 재인용).
3) 塚原(229, 230面): 日辯連 懲戒委員會 平成 11. 7. 12., 議決, 議決例集 7集 711面 참조.
4) 이상수(335면).
5) 이상수(333면).

(3) 직접 접촉이 허용되는 경우

윤리규칙 22조 1항은 '특별한 사정'이 있는 경우에는 상대방 본인과의 직접 접촉을 허용하고 있다. 여기서 '특별한 사정'이란, 상대방 변호사의 동의가 있는 경우, 법에 의하여 허용된 경우, 법원의 명령에 의한 경우 등을 말한다.

Example 상대방대리인과의 연락이나 의사소통을 할 수 없어, 긴급히 처리할 안건이 있는데도 동의를 얻을 수 없는 경우에는 예외적으로 상대방 본인과의 직접 접촉이 허용된다. 다만 이 경우에도 필요한 범위 내에서 접촉을 하는 데 그쳐야 한다. 그리고 사후에 상대방 대리인에게 보고하는 등의 조치를 취할 필요가 있다.

해설

변호사는 상대방에게 소송대리인이 선임되어 있는 때에는, 특별한 사정없이, 당해 대리인의 동의를 얻지 않고 직접 상대방 본인과 접촉해서는 안 된다. L 변호사는 상대방 대리인에게 연락을 시도하였으나, 장기해외여행 중이었다는 이유에서 상대방 본인과 접촉하였다. 그러나 해외에 있더라도 한 번의 전화만으로 특별한 사정이 있었다고는 말할 수 없다. L 변호사로서는 상대방 대리인에 대한 연락을 재차 시도해야 하고, 그것이 불가능하다면 귀국할 때까지 기다려야 한다.

2-2. 상대방이 변호사를 선임하지 않은 경우

L 변호사는 A 자동차부품 제조회사의 근로자이다. A는 작업반장인 B로부터 계속 구타당하여 L 변호사에게 손해배상청구소송에 대해서 상담을 하였다. L 변호사는 위 B와 A회사를 상대로 손해배상청구소송을 제기하기 위하여 같은 근로자 C와 부장 D를 면담하고 사실조사를 행하였다. 또한 A사의 사장 E와도 면담을 했다. 사장 E는 L 변호사와 면담을 할 때, L이 공평하게 사태를 판단하고 대응해 줄 것으로 기대했다. 그리하여 E는 L 변호사에게 "원만하게 해결하고 싶다. 조언해 달라"고 부탁했다.

이 경우 L 변호사는 어떻게 대처해야 하는가? 사장 E, 부장 D, 근로자 C와 아무런 제한 없이 면담할 수 있는가? A회사에 고문변호사가 있는 경우는 어떠한가?

(1) 상대방이 변호사를 선임하지 않은 경우 상대방과의 직접 접촉에 관하여 아무런 규제가 없다. 따라서 변호사의 상대방과의 직접 접촉은 원칙적으로 허용된다.

(2) 직접접촉의 방법, 면담장소 등에 대해서 특별한 제한이 없다. 그러나 통상 '수임통지'를 하는 것이 바람직하다. 수임통지는 "자신이 어떠한 의뢰인으로부터 어떠한 사건을 수임하였으므로, 앞으로는 자신이 의뢰인의 대리인으로서 접촉, 청구, 기타 필요한 일체의

행위를 행한다는 뜻을 명시한 서면으로 하는 것이 일반적이다.

(3) 변호사를 선임하지 않은 상대방과 접촉하는 경우, 그 상대방에 대하여 특별한 배려를 할 필요가 있는가? 이에 관하여 미국의 표준규칙 4.3조는 다음과 같이 규정하고 있다. 우리나라는 이에 관한 규정이 없으나, 이 원칙이 그대로 적용된다고 본다.

1) 첫째, 변호사에 의하여 대리되지 않은 상대방과 접촉하는 경우, 변호사는 자신이 공평한 입장에 있다고 말하거나 그와 같은 암시를 해서는 안 된다(표준규칙 4.3조 전문). 변호사는 자신의 의뢰인이 누구인가를 명확히 밝혀야 하며, 필요하다면 자신의 의뢰인과의 이익충돌상황을 설명해 주어야 한다(4.3조 주석[1]). 자신의 법적 지위를 상대방에게 인식시키지 않으면, 변호사에 대한 오해, 나아가 변호사에 대한 일반적인 신뢰를 상실시킬 수 있다.

2) 둘째, 변호사는 변호사에 의하여 대리되지 않는 자의 이익이 의뢰인의 이익과 충돌되거나 충돌될 합리적인 개연성이 있는 경우에는 그 자에 대하여 다른 변호사를 선임하라는 조언 이외에 법적인 조언을 해서는 안 된다(표준규칙 4.3조 후문, 주석[2]). 변호사는 상대방의 법적 '무지'가 상대방에게 불이익이 될 것이 명백할 때에도 적극적으로 나서서 상대방에게 법률적 조언을 제공해서는 안 된다. 만약 법률적 쟁점사항에 관한 상대방의 질문에 답하거나 혹은 상대방에게 조언을 한다면, 이는 자신의 의뢰인에 대한 신뢰를 실추시키는 것이 된다.[6]

해설

1) 상대방에게 변호사가 선임되어 있지 않은 경우 상대방과의 직접 접촉에 관하여 아무런 규제가 없다. 따라서 변호사의 상대방과의 직접 접촉은 원칙적으로 허용된다. 이 사례의 경우 L 변호사는 사장 E와 아무런 제한 없이 접촉할 수 있다.

   사장 E와 면담할 때 L 변호사는 ① 먼저 자신의 의뢰인이 누구인가를 명확히 밝혀야 하며, 필요하다면 자신의 의뢰인과의 이익충돌상황을 설명해 주어야 한다. 그리고 ② 자신이 공평한 입장에 있다고 말하거나 그와 같은 암시를 해서는 안 된다. 또한 ③ 상대방의 이익이 의뢰인의 이익과 충돌될 합리적인 개연성이 있는 경우에는 그 자에 대하여 다른 변호사를 선임하라는 조언 이외에 법적인 조언을 해서는 안 된다(표준규칙 4.3조 참조).

2) A회사의 고문변호사가 있는 경우에는 사장 E와 면담하려면 그 고문변호사의 동의를 얻어야 한다. 상대방 변호사의 동의를 얻지 않고 상대방당사자(사장 E)와 직접 접촉할 수 없다.

6) 森際(130면, 박휴상 420면에서 재인용).

3) 회사의 동료 C, 부장 D 등 상대방 측의 증인으로부터 사건경위를 듣는 것은 금지되지 않는다. 회사에 고문변호사가 있더라도 그 변호사의 동의를 얻을 필요가 없다. 이 경우 변호사는 증인 등에게 자신의 이름과 반대 측의 변호사라는 점을 말하고, 면접하는 이유를 알려야 한다. 그러나 상대방 관계자로부터 정보자료를 입수할 때에는 특별한 주의가 필요하다. 그것이 기업비밀에 해당되면 당해 관계자의 직무위반이 될 수 있기 때문이다.[7)]

3. 상대방으로부터의 금품 수수의 금지

L1 변호사는 A로부터 B에 대한 건물명도청구사건을 의뢰받아 소송을 제기하였다. B에게는 L2 변호사가 대리인으로 선임되었다. L1 변호사는 화해에 의해 조속히 해결하는 것이 필요하다고 생각하고, L2 변호사에게 전화를 걸어, 서초동 유흥음식점에서 만나기로 약속했다. L1 변호사는 L2 변호사와 유흥을 즐기면서 "이사비를 지급할 터이니 화해로 빨리 끝내자"고 부탁했다. L1 변호사의 행동에 문제가 있는가?

(1) 변호사법 33조는 "변호사는 수임하고 있는 사건에 관하여 상대방으로부터 이익을 받거나 이를 요구 또는 약속해서는 아니 된다"고 규정하고 있다. 변호사윤리장전도 "변호사는 특별한 사정이 없으면 상대방 또는 상대방이었던 자로부터 금품, 향응 등을 받아서는 아니 된다"고 규정한다(윤리규칙 22조 2항). 변호사윤리장전은 상대방이었던 자로부터 이익을 제공받는 것까지 금지하고 있어, 변호사법보다 금지대상이 확대되어 있다. 변호사가 상대방으로부터 금전이나 향응 등 이익을 받는 행위는 독직행위로서 형사처벌된다(법 109조 2호).

(2) 변호사는 상대방이나 그 변호사에게 이익을 제공해서도 안 된다. 이는 변호사의 업무의 신뢰성을 해치는 것이기 때문이다. 변호사윤리장전에는 명문의 규정이 없지만, 이는 당연한 것이다. 다만 당해사건에서 상대방의 주장에 대한 양보나 화해조건의 제시, 사건과 관련된 이익의 공여 및 제안, 신청, 약속(합의) 등은 상대방에 대한 이익의 공여라고 할 수 없을 것이다.[8)]

---

7) 日東京地判平成 15. 9. 17., 勞動判例 858號 57面, 塚原 등(232면) 참조.

8) 森際(137면).

해설

이 사례는, 변호사가 수임하고 있는 사건의 상대방 변호사에 대하여 이익을 제공한 사안이다. 이것이 금지되는 것은 당연하다. 이익제공이 금지되는 '상대방' 중에는 상대방의 대리인도 포함된다.

Ⅱ. 변호사 간의 관계

1. 개요

(1) 변호사 간의 관계를 규율함에 있어서 최근 주목할 만한 변화가 일어나고 있다. 종래에는 변호사 사이의 신의에 중점을 두었으나, 최근에는 의뢰인의 권리를 강조하는 방향으로 중점이 이동하고 있다.[9] 과거에는 변호사들이 의뢰인의 이익보다는 변호사 직역 전체의 이익을 추구하는 선에서 변호사 간의 관계를 규율하였던 측면이 강했으나, 최근에는 의뢰인의 이익이 보호되는 한도 내에서 직역의 이익을 도모해야 한다는 점이 강조되고 있는 것이다.[10]

(2) 변호사 간의 관계와 관련하여 우리나라 윤리장전은 명예와 신의 존중(2조 2항), 비방금지(12조), 개입금지(13조), 공동대리(21조), 분쟁조정(25조) 등에 관하여 규정하고 있다. 이들 규정의 의미는 의뢰인의 권리를 보호하는 관점에서 이해해야 할 것이다.

2. 변호사 상호 간의 상호 존중

L1 변호사는 A로부터 B에 대한 점포명도소송을 의뢰받아 소송을 제기하였다. 그러나 재판은 조금도 진척되지 않았다. A는 L1 변호사에게 승소의 전망과 해결에 소요되는 시간에 대해서 물었지만, L1은 명확한 답변을 해주지 않았다. A는 다른 변호사의 의견을 듣고 싶어 친구의 소개로 L2 변호사를 방문하였다. 사건경위를 설명한 다음, 승소 여부, 소요되는 시간, 비용 등에 관하여 질문하였다. L2 변호사는 A에게 승소 전망 등을 진술하여도 좋은가?

---

9) 森際(149면).
10) 이상수(384면).

2-1. 명예와 신의의 존중

(1) "변호사는 다른 변호사와의 관계에서 상호 간의 명예와 신의를 존중해야 한다."

(2) 이에 관하여 변호사윤리장전은 직접 규정하고 있지 않지만, 변호사의 기본윤리로서, 윤리규칙 2조 2항에서 "변호사는 명예를 존중하고 신의를 지키며 인격을 도야하고 지식의 연마에 힘써야 한다"는 점을 명시하고 있다. 이러한 명예와 신의의 존중이 다른 변호사와의 관계에서도 이루어져야 함은 당연하다.

2-2. 다른 변호사에 대한 비방금지

(1) 변호사는 상대방 또는 상대방 변호사를 유혹하거나 비방하여서는 아니 된다(윤리규칙 12조). 이러한 비방은 변호사 스스로의 명예와 신의를 해치는 것이 되고, 나아가 변호사 전체에 대한 명예와 신의를 해치는 결과가 되므로 이를 금지한 것이다.

(2) 이 규정은 변호사 상호 간에 서로 두둔하는 듯한 색채를 띠고 있어서 오해의 소지가 있다. 예컨대, 다른 변호사에 의한 제2의 의견(second opinion)의 제시가 변호사에 대한 비난으로 비칠 수 있어, 다른 변호사의 의견을 구하는 것이 억제될 우려가 있다.[11] 따라서 여기의 '비방'은 가능한 한 좁게 해석하여 변호사 상호 간에 건전한 비판이 이루어질 수 있는 여지를 열어주는 것이 필요하다고 본다.[12]

2-3. 부당한 개입의 방지

(1) 변호사윤리장전은 "변호사는 수임하지 않은 사건에 개입하여서는 아니 되며, 그에 대한 경솔한 비판도 삼가야 한다"고 규정하고 있다(윤리규칙 13조). 이러한 행동은 의뢰인과 변호사 사이의 신뢰를 해치는 행위이기 때문이다.

(2) 제2의 의견의 제시

이미 변호사를 선임하고 있는 의뢰인이 다른 변호사에게 자기의 사건에 대한 제2의 의견(second opinion)을 묻는 경우가 자주 있다. 이때 변호사는 기존 변호사와 상담자 간의 신뢰관계가 손상되는 일이 없도록 신중하게 대응할 필요가 있다.

---

11) 森際(151면).
12) 이상수(387면), 박휴상(425면).

해설

제2의견을 제시받은 변호사는 다음과 같이 신중하게 대응할 필요가 있다.

1) 첫째, 기존 변호사와 상담자 간의 신뢰관계가 손상되는 일이 없도록 진술에 신중을 기해야 한다.

2) 둘째, 유리한 결과를 보증(도급)하며, 사건에 개입하여서는 안 된다. 그러나 검토결과, 문제점이 발견된 때에는 기존 변호사의 비방이 되지 않도록 충분한 배려를 하면서 정확한 판단을 제공해야 한다.[13]

3) 셋째, 의뢰인이 다른 변호사의 의견을 청취한 후, 기존 변호사를 해임하거나 추가로 변호사를 수임하려고 결정한 경우 기존 변호사는 그 결정에 따라야 한다. 정당한 이유 없이 반대해서는 안 된다. 그것은 의뢰인의 결정사항이기 때문이다.

3. 공동대리

L 변호사는 A로부터 증권관련사건을 수임하여 소송을 제기하였다. L 변호사는 증권관련소송에 미숙하여, 재판장과 증권회사인 피고 B의 대리인으로부터 여러 가지 사항에 대하여 설명을 요구받았으나 정확한 답변을 하지 못했다. L 변호사의 답변에 답답함을 느낀 A는 친구로부터 증권관련소송의 전문가인 Q 변호사를 소개받아 의견을 물어 보았다. 그 면담 후, A는 Q 변호사에게 신뢰감을 느껴, 그에게도 소송대리를 의뢰하고자 생각했다. 그래서 A는 L 변호사에게 Q 변호사와 함께 소송대리인이 되어 주었으면 좋겠다고 말했다.

(1) L 변호사는 자신의 능력 부족에 대한 수치심과 성공보수액을 Q 변호사와 분배해야 된다는 생각 때문에, "이 소송은 간단하여 한 사람의 변호사로 충분하다"라고 하면서 반대하였다. L 변호사의 반대는 정당한 것인가?

(2) A의 의사에 따라 Q 변호사와의 공동대리를 승낙하였는데, 소송수행과정에서 공동대리인 사이에서 의견이 맞지 아니하여 사건처리에 지장이 생길 우려가 생겼다. 이 경우 L 변호사는 어떻게 대처해야 하는가?

3-1. 공동대리인 사이의 의견대립

변호사는 공동대리 또는 공동변호를 함에 있어서는 서로 협력하여 질서있는 소송행위를 하여야 하며 서로 미루거나 분규가 일어나는 일이 없도록 하여야 한다. 공동대리인 사이에서 의견이 맞지 아니하여 사건처리에 지장이 있을 염려가 있을 때에는 지체 없이 의뢰인에게 알려야 한다(윤리규칙 21조 1항). 공동대리인 사이에서 의견이 맞지 않은 경우 의

13) 塚原(236면).

뢰인의 자기결정권을 중시하여, 최종 결정은 의뢰인이 하도록 해야 한다.

3-2. 불이익행위의 금지

(1) 변호사는 관행 또는 신의에 반하여 공동대리인 또는 상대방 대리인을 불이익에 빠지게 하여서는 아니 된다(윤리규칙 21조 2항). 다른 변호사를 불이익에 빠지게 하는 행위는 변호사직 전체의 품위를 손상시키는 행위이므로 이를 금지시킨 것이다.

(2) 여기의 '관행'은 정당한 직무관행이며, '신의'는 직업으로서의 변호사집단의 '신의'를 가리킨다. 따라서 이 규정은 관행이나 신의에 반하는 것을 이유로 하여 변호사 간의 정당한 비판을 억제하려는 데 그 취지가 있는 것이 아니다.

Example 다른 변호사에게 제2의 법률적 조언을 요구하는 경우, 그 다른 변호사가 관행을 이유로 소극적으로 대응하는 것은 의뢰인의 이익에 반하는 것으로서 정당하지 않다.[14]

3-3. 변호사가 선임된 사건의 수임

변호사는 의뢰인이 이미 다른 변호사를 선임한 사건을 수임할 때에는 그 다른 변호사의 양해를 구하여야 한다(윤리규칙 21조 3항). 그러나 새로운 변호사를 선임하는 것은 전적으로 의뢰인의 결정사항이므로 종전 변호사의 동의를 얻지 못했다고 해서, 다른 변호사가 그 사건을 수임할 수 없다는 것을 뜻하지 않는다. 다만 의뢰인의 이익을 추구하는 차원에서 신임 변호사가 사건을 수임하기 전에 종전 변호사의 협조를 요청하는 것은 필요하다고 본다.[15]

3-4. 다른 변호사의 선임 반대 금지

(1) 변호사는 의뢰인이 다른 변호사의 참가를 희망하는 때에는 이유 없이 반대하여서는 아니 된다(윤리규칙 21조 4항). 누구를 변호사로 선임할 것인가의 문제는 의뢰인의 결정사항이기 때문이다.

(2) 정당한 이유란 변호사 사이에 사건의 처리방침에 대해서 현저한 의견의 차이가 있거나, 상호 협조하여 사건을 처리하는 것이 곤란하거나, 변호사 간의 협의에 시간이 소

14) 森際(153면), 박휴상(429면).
15) 이상수(389면), 박휴상(429면).

요되어 신속한 처리에 방해가 된다는 등 의뢰인에게 불이익을 미칠 우려가 있는 경우를 말한다.[16)]

3-4. 변호사 사이의 분쟁의 조정

변호사는 변호사 상호 간 또는 변호사와 위임인 상호 간에 직무상 분쟁이 생긴 때에는 우선적으로 소속 지방변호사회의 조정에 의하여 해결하도록 하여야 한다(윤리규칙 25조). 변호사의 직무상 분쟁은 당사자 간의 협의에 의하여 해결하는 것이 가장 바람직한 것이다. 그렇지 않은 경우에도 소송을 통해서 해결하기 보다는, 변호사회의 조정에 의해서 해결하도록 권장한 것이다.

해설

1) L 변호사가 Q 변호사의 참가에 반대하는 이유는 개인적인 감정과 보수액 감소 때문인데, 이것은 다른 변호사가 새로이 참가하는 것을 반대하는 정당한 이유가 되지 않는다. 변호사 선임은 의뢰인의 결정사항이기 때문에 L 변호사는 Q 변호사의 참가에 반대해서는 안 된다.

2) "공동대리인 사이에서 의견이 맞지 아니하여 사건처리에 지장이 있을 염려가 있을 때에는 지체 없이 의뢰인에게 알려야 한다"(윤리규칙 21조 1항). 즉 공동대리인 사이에서 의견이 맞지 않은 경우 의뢰인의 자기결정권을 중시하여, 최종 결정은 의뢰인이 하도록 해야 한다.

Ⅲ. 법원과의 관계

1. 개요

(1) 법정에서 변호사는 의뢰인의 대리인적 성격과 사법기관적 성격(공익적 성격)이라는 두 가지 성격(지위)을 가지고 있다. 즉 변호사는 법정에서 ① 의뢰인의 대리인적 성격에 의해서, 의뢰인의 이익을 적극 옹호해야 하는 한편, ② 사법기관적 성격(공익적 성격)으로 인하여, 신속하고 공정하고 적정한 재판을 수행해야 한다는 사법의 이념에 충실해야 한다.

---

16) 이상수(388면), 박휴상(430면).

(2) 위 두 성격 사이에서 충돌이 생길 때 변호사에게 윤리적 문제가 발생한다. 의뢰인의 이익을 적극적으로 옹호하는 과정에서 사법기관으로서의 지위를 망각할 수 있다. 반대로 공익을 이유로 의뢰인의 이익을 충실하게 대변하지 못한다면 이 역시 비난받을 수 있다. 따라서 두 성격 사이에 상호 균형을 이루는 것이 중요하다. 이것은 대리인적 성격에 한계를 긋는 것이 공익적 성격, 즉 사법기관으로서의 성격이라는 것은 이미 앞에서 설명한 바와 같다. 이러한 취지에서 사법기관으로서의 성격이란 적극적 의미가 아니라 소극적 의미를 갖는다. 변호사는 사법부가 정상적으로 작동되도록 하기 위하여 적극적으로 행동하여야 할 책임을 지는 것이 아니라, 소극적으로 재판기능의 정상적 작동을 무력화시키거나 방해하지 말아야 할 책무를 갖는 것이다.[17)]

2. 사법권의 존중

L 변호사가 준수해야 할 법정질서 등에 관한 다음 설명 중 옳지 않은 무엇인가?

(1) L 변호사는 소송의 진행에 관하여 법원과 협력하여야 한다.

(2) L 변호사가 승소가능성이 없는 소송을 제기한 상대방 B를 법정에서 비난하는 것은 허용되지 아니한다.

(3) 변호사는 의뢰인의 요청이 있더라도 위증할 것으로 예상되는 증인을 신청하여서는 아니 된다.

(4) L 변호사는 법정에서 사건 진행의 순서를 다투어서는 아니 되며 특별한 사정이 있을 때에는 재판장과 다른 변호사의 양해를 얻어야 한다.

(5) L 변호사는 A가 의뢰한 사건의 변론을 마치고 법정을 나온 직후, A가 상대방 대리인인 Q 변호사에게 폭언을 하고 있는 것을 보고도 그대로 사무실로 돌아갔다.

(6) L 변호사는 법정의 내외를 불문하고 법원의 위신을 손상시키는 언동을 하여서는 아니 된다.

(7) L 변호사는 직무수행 중 의뢰인의 행위가 범죄행위에 해당된다고 판단했을 때에도 의뢰인에게 이익이 된다면 협조할 수 있다.

(1) 변호사윤리장전은 "변호사는 법정의 내외를 막론하고 법원의 위신이나 재판의 신뢰성을 손상시키는 언동을 하여서는 아니 되며 사법권의 존중에 특히 유의하여야 한다"라고 사법권 존중의 원칙을 선언하고 있다(윤리규칙 26조).

(2) 그리하여 소송촉진을 위해서 변호사는 출정 시간과 서류의 제출, 기타의 기한을

17) 박휴상(432면).

준수하고 소송지연을 목적으로 하는 행위를 하여서는 안 된다(동 규칙 27조).

(3) 또한 법정질서를 유지하기 위해서 변호사는, ① 법정의 질서유지 및 소송의 진행에 관하여 법원과 협력하고 이에 위반되는 소송 관계인 또는 방청인의 언동을 지지하거나 교사하여서는 아니 된다(동 규칙 28조 1항). ② 법정에서 사건 진행의 순서를 다투어서는 아니 되며, 특별한 사정이 있을 때에는 재판장과 다른 변호사의 양해를 얻어야 한다(동조 2항). ③ 법정에서 상대방을 비난하거나, 변론 또는 준비서면 등에 상대방을 모욕하는 언사를 사용하여서는 아니 된다(동조 3항). ④ 법정 또는 그 주위에서 자기 측 사람이 상대방이나 상대방대리인에게 모욕적 언사를 쓰거나 폭언, 폭행하는 것을 방임하여서는 아니 된다(동조 4항). ⑤ 상대방 측 증인을 매수하려 하거나 당사자가 이러한 행위를 하는 것을 묵인하여서는 아니 된다(동조 5항).

해설

변호사는 법정 또는 그 주위에서 자기 측 사람이 상대방이나 상대방대리인에게 모욕적 언사를 쓰거나 폭언, 폭행하는 것을 방임하여서는 아니 된다(윤리규칙 28조 4항). 또한 변호사는 위법행위에 협조해서는 아니된다(윤리규칙 14조). 따라서 L 변호사의 행동 중 옳지 않은 것은 (5), (7)번이다.

3. 판사 등과의 연고관계의 선전 금지

> L 변호사는 구속피고인인 A로부터 사기피고사건을 수임하였다. L 변호사는 A에게 "담당 재판장이 자신의 고등학교선배이므로 보석으로 석방시켜주겠다"고 장담하며 이 사건을 수임한 것이다. L 변호사의 행동에 문제가 없는가?

변호사나 사무직원은 법률사건이나 법률사무의 수임을 위하여 재판이나 수사업무에 종사하는 공무원과의 연고 등 사적인 관계를 드러내며 영향력을 미칠 수 있는 것으로 선전하여서는 아니 된다(변호사법 30조). 변호사윤리장전도 "변호사는 법정의 내외를 불문하고 법원의 위신이나 재판의 신뢰성을 손상시키는 언동을 하여서는 아니 되며 사법권의 존중에 특히 유의하여야 한다"고 규정하고 있다(윤리규칙 26조).

해설

L 변호사는 위 사건의 수임을 위하여 재판장과 사적인 관계를 드러내며 영향력을 미칠 수 있는 것으로 선전한 것이므로 변호사법 30조에 위반한 행위를 한 것이다.

4. 위증의 교사 · 허위의 증거 제출 금지

L 변호사는 A로부터 이혼사건을 수임하였는데, 이 사건의 쟁점은 A의 B와의 간통행위 유무이었다. L 변호사는 이에 관하여 당사자본인신문을 신청하였다. L 변호사는 미리 협의하는 과정에서, 간통행위를 시인하지 않을 수 없다는 A에게, "간통행위를 인정하면 위자료가 크게 올라가니 단호하게 부정해야 한다"고 하면서, 그 취지의 진술서를 작성하여 법원에 제출한 다음, 법정에서도 A로 하여금 간통행위가 없었다는 취지로 진술하도록 했다.

L 변호사의 행동에 문제가 없는가?[18]

(1) "변호사는 위증을 교사하거나 허위의 증거를 제출하게 하거나 이러한 의심을 받을 언동도 하여서는 아니 된다"(윤리규칙 15조).

(2) '허위'의 증거제출이란, 객관적 사실에 반하는 것을 알면서도, 그 증거를 제출하는 것을 말한다. 변호사가 주관적으로 사실에 합치된다고 생각했다면, 그것이 객관적 사실에 반한 경우에도, 변호사의 책임을 물을 수 없다. 반대로 허위라고 생각하더라도, 객관적 사실에 합치되면, 재판을 오도할 염려가 없어, 허용된다고 본다.

해설

민사소송에서 당사자 본인이 선서하고도 허위의 진술을 하면 과태료의 제재가 있다(민사소송법 301조). L 변호사는 위증교사가 되지는 않지만, 이에 준하는 품위손상행위를 한 것이다. 또한 진술서를 증거로 제출하면, 허위의 증거제출에 해당한다.

5. 재판의 지연

L 변호사는 불법점거의 점포에서 커피점을 경영하고 있는 A로부터 건물명도청구소송의 피고대리인이 되어 달라는 의뢰를 받았다. 이 커피점은 지하철 부근이라 장사가 매우 잘 된 곳

18) 高中(186면, 박휴상 436면에서 재인용).

이나 승소 가능성은 없었다.
(1) A로부터 "2, 3년 장사를 계속하고 싶으니 그동안 소송을 지연시켜 달라"고 의뢰를 받은 경우 L 변호사는 그 사건을 수임하여도 좋은가?
(2) "이사할 곳을 마련할 때까지 지연시켜 달라"고 의뢰한 경우에는 어떠한가?
(3) 허위인 줄 알면서 임대차가 성립되어 있다는 취지의 주장을 하거나, 이를 입증하기 위하여 증인신청을 하는 것은 허용되는가?[19)]

4-1. 신속한 재판

"변호사는 출정 시간과 서류의 제출 기타의 기한을 준수하고 소송지연을 목적으로 하는 행위를 하여서는 아니 된다"(윤리규칙 27조). 이는 헌법 27조에서 "모든 국민은 신속한 재판을 받을 권리를 가진다"라고 규정한 것을 실질화하는 의미가 있다. 헌법상의 권리에 기하여 민사소송법 199조도 "판결은 소가 제기된 날부터 5월 이내에 선고한다. 다만 항소심 및 상고심에서는 기록을 받은 날로부터 5월 이내에 선고한다"고 규정하고 있다. 이는 판사에게 부여된 의무라고 할 수 있으나, 변호사에게도 그러한 신속한 재판에 조력할 의무가 있다고 보아야 한다.

4-2. 부당한 소송지연

(1) 소송지연이 일률적으로 징계사유가 된다고 할 수 없지만, 소송을 지연시키기 위하여 부당한 방법을 사용하는 것은, 변호사의 사회적 사명을 다하는 행위라고 할 수 없고, 변호사윤리 상으로도 문제가 있다.

(2) 따라서 변호사윤리장전은 "소송지연을 목적으로 하는 행위"를 하여서는 아니 된다고 규정(윤리규칙 27조)하여, 다른 사회적인 이익이 전혀 없는데도 '단지' 소송지연만을 꾀하는 것을 윤리위반으로 보고 있다. 이러한 예로는 감정적인 지연이나, 괴롭히는 것만을 목적으로 하는 지연, 또는 부정행위의 시기를 벌기 위한 지연 등을 들 수 있다.[20)]

해설

1) 위 사례 중 (1)의 경우, 예컨대 2, 3년 소송을 지연시켜달라는 의뢰를 받고 수임하는 것은

---

19) 塚原(130면), 小島 등(43면) 참조.
20) 일본변호사연합회변호사윤리해설서기초위원회 「변호사윤리해설서초안」(1971년) 31-35면(塚原 등 136면에서 재인용).

의뢰인의 정당한 이익도 아니고, 사회정의의 실현에 이바지하는 것도 아니기 때문에 분명히 이를 거절해야 한다. 이를 수임하는 것은 단순한 윤리의 문제를 초월하여 '품위를 손상하는 행위'로서 징계사유가 된다고 볼 것이다.

2) 또한 변호사는 위증을 교사하거나 허위의 증거를 제출하게 하거나 이러한 의심을 받을 언동도 하여서는 아니 된다(윤리규칙 15조). 따라서 (3)의 경우도 변호사법 윤리위반으로 징계사유가 된다.

3) 그러나 변호사의 직무활동은 논리적인 법적 결론을 정확하게 도출하는 것만으로 충분한 것이 아니다. 의뢰인의 생활질서의 회복이 보다 원활하게 되도록 노력하는 것이 성실한 직무행위가 된다. 가옥의 명도소송 등에서는, 명도에 의하여 피고나 그의 가족의 생활을 근본부터 뒤흔들고, 장래의 생활재건을 완전히 불가능하게 할 염려가 있다. 이러한 경우에는 명도에 응하는 것이 부득이하다 하더라도 새로운 출발을 하는 데 걸리는 시간을 얻기 위해서 노력하는 것도 변호사의 직무이다. 이에 의하여 상대방 권리의 즉시실현에는 방해가 될지 몰라도, 그것을 가지고 부당한 소송활동이라고 할 수는 없다.[21] 즉 징계사유라고 할 수 없다.

Ⅵ. 사례 연습

1 토지경계의 확정 및 향후 처리를 둘러싸고 A와 B 사이에서 벌어진 소송에서 변호사 甲은 A를 대리하고 있고 변호사 乙은 B를 대리하고 있다. 甲이 볼 때 A의 건축물의 일부가 B의 토지를 침범하고 있는 것이 사실이기 때문에 어떤 식으로든 건축물을 철거하지 않고 문제가 해결되기를 희망하고 있다. A는 토지를 매수하거나 그것이 불가능하면 적어도 3년만이라도 임대하여 사용하기를 희망한다. 甲은 이 사실을 乙에게 통보하고 화해제의를 하였지만 아무런 대답을 얻지 못했다. 이에 甲은 乙이 화해제의의 사실을 B에게 통보하지 않았을 수도 있다는 의혹이 들어서 B에게 이메일로 자신의 화해제의 사실을 통보하였다. 이 사실을 알게 된 乙은 甲에게 항의하였다. 항의는 정당한가?[22]

① 정당하다. 乙이 볼 때 甲의 제안 내용이 B에게 부당한 것으로 판단된다면 이러한 항의는 정당하다.

② 정당하다. 乙이 B의 변호사로 있는 한 甲은 B에게 직접 연락해서는 안 되기 때문

21) 塚原 등(133면), 박휴상(442, 443면).

22) 법무부 법조윤리모의시험 문제이다.

이다.

③ 정당하지 않다. B는 자신에게 중요한 정보를 접할 권리가 있기 때문이다.

④ 정당하지 않다. 乙이 B에게 화해제의 사실을 전달하지 않았다면 이러한 항의는 부당하다.

2 변호사의 의뢰인에 대한 윤리에 관한 설명 중 옳지 않은 것은?[23)]

① 변호사는 수임사건의 상대방에게 변호사가 선임되어 있는 경우에는 특별한 사정이 없으면 상대방 본인과 직접 접촉하여서는 아니 된다.

② 변호사는 의뢰인이 다른 변호사의 참가를 희망하는 경우에는 특별한 이유가 없어도 반대할 수 있다.

③ 변호사는 의뢰인이 기대하는 결과를 얻을 가망이 없는 사건을 가망이 있는 것처럼 가장하거나 장담하여서는 아니 된다.

④ 변호사는 위임인과 직무상 분쟁이 생긴 때에는 우선적으로 소속 지방변호사회의 조정에 의하여 해결하여야 한다.

3 변호사가 준수해야 할 법정질서 등에 관한 설명 중 옳지 않은 것은?[24)]

① 변호사는 소송의 진행에 관하여 법원과 협력하여야 한다.

② 변호사가 승소가능성이 없는 소송을 제기한 상대방을 법정에서 비난하는 것은 허용되지 아니한다.

③ 변호사는 의뢰인의 요청이 있더라도 위증할 것으로 예상되는 증인을 신청하여서는 아니 된다.

④ 변호사는 상대방 변호사의 양해를 얻으면 소송지연을 목적으로 하는 행위를 할 수 있다.

4 다음 설명 중 옳지 않은 것은?[25)]

① 단순히 피고인에게 진술거부권 행사를 권고하는 것은 변호사의 진실의무에 위반되는 것이 아니다.

---

23) 법조윤리시험(2010년)문제이다.

24) 법조윤리시험(2011년)문제이다.

25) 법조윤리시험(2010년)문제이다.

② 변호사는 법정의 내외를 불문하고 법원의 위신을 손상시키는 언동을 하여서는 아니 된다.
③ 변호사는 법정에서 사건 진행의 순서를 다투어서는 아니 되며 특별한 사정이 있을 때에는 재판장과 다른 변호사의 양해를 얻어야 한다.
④ 직무수행 중 의뢰인의 행위가 범죄행위에 해당된다고 판단될 때에도 의뢰인에게 이익이 된다면 협조할 수 있다.

5 L 변호사는 A로부터 B에 대한 손해배상청구사건을 의뢰받아 소송을 제기하였다. 소송 진행 중에 증인 A에 대해서 의뢰인을 위해 유리한 증언을 해달라고 설득했으나, 듣지 아니하자, A와의 대화내용을 녹음한 후 그 중 피고인에게 유리한 부분만 편집하여 재판부에 증거로 제출하였다. L 변호사의 행위는 의뢰인의 이익을 위한 정당한 변론활동인가?

6 L 변호사는 A의 의뢰에 의하여 A지방법원에 소유권이전등기말소청구소송을 제기하였다. 그런데 담당판사는 같은 고등학교, 대학교 선배인 X 판사이었다. A의 의뢰사건은 승소할 가능성이 적은 사건이었지만, L 변호사는 걱정하는 A에게 "담당판사인 X는 선배로서 자주 어울리는 사이이다. X 판사는 A의 입장에 입각하여 유리한 화해안을 제시해 줄 것이다. 곧 대학교 동창회가 있으니, X 판사에게 부탁해 놓겠다"고 말했다. 그러나 실제로는 X 판사에게 A의 사건에 대해서 전혀 이야기를 하지 않았다.

L 변호사의 행동에 문제가 있는가?

7 L 변호사는 A로부터 교통사고로 인한 손해배상청구사건을 수임하였는데, 신호위반을 했는지 여부가 쟁점인 사건이었다. L 변호사는 A가 운전한 자동차에 동승한 X를 증인으로 신청하였다. L 변호사는 증인신문을 위하여 X와 미리 협의를 하면서 상세한 신문사항과 답변내용을 기재한 서면을 보이며, 그대로 증언하도록 부탁했다. 그 증인신문사항에는, X가 사고 당시 자고 있어 신호기를 보지 못했는데도, 직진신호에 따라 운전한 것을 목격한 것처럼 진술된 내용이 기재되어 있었다. X가 자신은 자고 있어 잘 모른다고 말하자, L 변호사는 그렇게 증언하면 패소한다고 하면서 시나리오대로 증언하도록 부탁했다. L 변호사의 행위에 문제가 있는가?[26]

해설

1 변호사는 수임사건의 상대방에 변호사가 선임되어 있는 경우에는 특별한 사정이 없으면 상대방 본인과 직접 접촉하여서는 아니 된다(윤리규칙 22조 1항). 접촉의 방식은 직접 접촉뿐만 아니라 전화, 우편, 팩스, 이메일을 포함한다. 따라서 변호사 甲이 B에게 이메일로 자신의 화해제의 사실을 통보한 것은 잘못된 것이다. 이 사실을 알게 된 변호사 乙이 甲에게 항의한 것은 정당하다. 정답은 ②번이다.

2 변호사는 의뢰인이 다른 변호사의 참가를 희망하는 때에는 이유 없이 반대하여서는 아니 된다(윤리규칙 21조 4항). 따라서 옳지 않은 것은 ②번이며, 이것이 정답이다.

3 변호사는 상대방 변호사의 양해를 얻더라도 소송지연을 목적으로 하는 행위를 할 수 없다. 따라서 ④번이 옳지 않은 것으로서 정답이다.

4 변호사는 의뢰인의 범죄행위 기타 위법행위에 협조해서는 아니 된다. 직무수행 중 의뢰인의 행위가 범죄행위 기타 위법행위에 해당된다고 판단했을 때에는 즉시 그 협조를 중단해야 한다(윤리규칙 14조). 따라서 옳지 않은 것은 ④번이며, 이것이 정답이다.

5 L 변호사의 행동은 위증을 교사하고 허위증거를 제출한 것으로 윤리규정에 위반된 것이다(윤리규칙 15조). L은 '적정절차를 확보'해야 한다는 의식이 결여되어 있는 것으로 볼 수 있다. 재판에서 이기기만 하면 어떠한 수단을 사용해도 좋다고 말할 수 없다. 페어플레이 정신으로 임해야 할 것이다.

6 L 변호사의 언동은 판사와의 연고관계를 선전, 이용하는 것이라고 볼 수 있고, 실제로 X 판사에게 영향력을 행사한 적이 없더라도 마찬가지이다.

7 변호사는 소송에 이기기 위해서 위증 교사를 해서는 안 된다. 증인신문에 대해 협의할 때, 변호사가 신문사항과 그 답변내용을 상세히 기재한 서면을 사용하는 경우가 있지만, 바람직하다고 할 수 없다. 증인이 진실을 진술하고 잘못을 지적하는 때에는 그에 따라야 한다. 변호사의 생각이나 의견으로 억누르는 것은 경우에 따라서는 위증교사가 되는 것임을 유의해야 할 것이다. 또한 위증할 것으로 예상되는 증인에 대해서는 강력히 설득하여 중지시켜야 한다. 그런데도 듣지 않으면, 위증할 사항은 신문에서 제외해야 할 것이다.

---

26) 高中(186면, 박휴상 436면에서 재인용).

제12장 형사변호의 윤리

Ⅰ. 형사변호인의 지위

1. 변호인의 지위

형사소송의 변호인은, ① '피고인 또는 피의자'(이하 '피고인'이라 한다)의 소송대리인임과 동시에 단순한 대리인을 초월한 '보호자'이며, ② 형사절차의 일익을 담당하는 자로서 정의와 진실에 기여하는 '공익적 지위'를 가지고 있다고 할 수 있다. 이러한 지위의 양면성으로부터 변호인은 피고인의 '정당한 이익'의 보호자라고 정의할 수 있다.

2. 보호자의 지위

(1) 변호인은 피고인의 대리인에 그치는 것이 아니라 피고인의 보호자이다. 피고인의 보호자로서의 지위는 변호인의 가장 기본적인 지위이다. 그러므로 피고인에게 유리한 증거를 수집·제출하고 유리한 사실을 주장하여야 하며, 피고인에게 불이익한 활동을 해서는 안 된다.

(2) 변호인은 피고인의 이익을 보호함에 있어서 자신의 판단에 따라 피고인의 정당한 이익을 보호해야 한다. 변호인은 피고인의 의사에 종속되지 않고 피고인에 대한 관계에서도 독립된 지위를 가지고 있다. 이러한 의미에서 변호인의 피고인에 대한 관계는 민사소송의 소송대리인의 그것과는 성질을 달리한다.[1)]

(3) 변호인은 피고인에 대하여 비밀유지의무를 가진다. 이는 변호인에 대한 피고인의 신뢰를 보장하기 위한 것이다. 변호인이 업무처리 중에 지득한 타인의 비밀을 누설한 때에는 업무상비밀누설죄가 성립한다.[2)]

---

1) 이재상(135면).

3. 공익적 지위

(1) 형사소송의 일익을 담당하는 법조기관인 변호인은 형사소송의 이념을 존중해야 한다. 여기서 변호인은 진실과 정의에 구속되지 않을 수 없고 피고인의 보호자인 변호인의 지위도 진실의무에 의하여 제한되지 않을 수 없게 된다. 이를 변호인의 공익적 지위라고 한다. 변호사법은 "변호사는 기본적 인권을 옹호하고 사회정의를 실현함을 사명으로 한다(법 1조 1항)", "변호사는 그 직무를 수행함에 있어서 진실을 은폐하거나 허위의 진술을 하여서는 안 된다(법 24조 2항)"고 규정하여 변호인의 공익적 지위에 대한 법적 근거를 마련하고 있다.[3)]

(2) 그러나 변호인의 진실의무는 변호인이 검사나 법관과 같이 객관적 입장에서 실체진실의 발견에 기여해야 한다는 것을 의미하는 것은 아니다. 그것은 변호인이 피고인에 대한 보호기능을 행사함에 있어서 진실에 구속되어야 한다는 소극적 의미를 갖는 데 그친다.[4)]

4. 두 가지 지위의 조화

(1) 위와 같이 변호인은 피고인의 이익을 보호하는 보호자임과 동시에 진실의무를 갖는 이중적 지위에 있다. 변호인의 활동은 이 두 가지 지위가 조화를 이루어야 한다는 점에 그 한계가 있다.

(2) 피고인의 보호자의 지위와 공익적 지위가 충돌하는 경우 변호인이 피고인의 보호자라는 지위를 기본으로 하고 공익적 지위는 그 한계로서 소극적 의미를 갖는다는 점을 고려하면서 공정한 재판의 이념에 따라 변호인은 법률상 허용되지 않는 수단이나 국가의 법질서에 반하는 변호활동을 할 수 없다는 선에서 해결하여야 한다.[5)]

---

2) 이재상(135면).
3) 이재상(135-136면).
4) 이재상(136면).
5) 이재상(136면).

Ⅱ. 변호사와 의뢰인의 관계

1. 성실의무

L 변호사는 마약류관리에 관한 법률위반(필로폰 복용)으로 구속된 피고인 A의 국선변호인으로 선임되었다. A는 자백하고 있었기 때문에 정상입증을 위해 A에게 부모 등 정상증인이 되어줄 사람이 있느냐고 물었다. 그러자 A는 "재범이기 때문에 어떻게 해도 실형을 받을 것이 틀림없다. 어머니가 있지만, 나의 모습을 보이기 싫다. 정상증인은 필요 없다"고 말했다. 그래서 L 변호사는 A의 말에 따라 정상증인을 세울 것을 더 이상 설득하지 않았고, A에 대한 피의자 신문만을 행하고 결심했다.

L 변호사는 국선변호인으로서 최선의 변호활동을 다한 것인가?[6)]

(1) 변호사는 그 사명에 따라 성실히 직무를 수행할 의무가 있다(법 1조 2항). 형사변호인은 피고인의 방어권이 보장되어 있는 점을 감안하여, 피고인의 이익을 보호하기 위해서 최선의 변호활동을 하여야 한다.[7)]

(2) 여기서 피고인의 이익이란 '정당한 이익'을 의미한다. 피고인의 '정당한 이익'이란 형사절차 전반에 걸쳐 적정한 절차에 따라 죄의 유무 내지 양형이 결정되는 것을 말한다. 그러므로 변호인의 임무는 피고인에 대한 적정절차의 보장에 흠결이 없도록 감시하면서 피고인의 자기방어권을 보호하는 것이다.[8)]

(3) '최선'의 변호활동은, 당해 변호사의 주관적인 최선을 일컫는 것이 아니다. 법령 및 직업윤리의 범위 내에서 객관적으로도 긍정될 수 있는 것이어야 한다.[9)]

(4) 기본적인 변호활동으로는 접견의 확보, 신체구속의 방지 내지 조기석방, 방어권의 설명의무 등을 들 수 있다. 형사변호인은 신체구속을 당한 피고인을 신속하게 접견하여 사실관계를 청취하고 유리한 증거를 수집해야 하며, 조속한 석방을 위해 노력해야 한다. 또한 진술거부권 등 방어권을 적절히 설명하여 실효 있게 하고, 방어권을 침해당할 때에는 필요한 대항조치를 취해야 한다.

---

6) 高中(165면).
7) 일본 직무기본규정 46조 참조.
8) 小島 등(232면).
9) 小島 등(233면), 高中(166면).

해설

변호사는 최선의 변호활동을 해야 한다. 이때의 최선은 변호사의 주관적인 최선을 의미하는 것이 아니다. 변호사에게 불가능을 강요하는 변호활동까지 요구하는 것은 아니지만, 객관적 의미의 최선을 다해야 할 것이다. 위 사례에서 L 변호사로서는 정상증인을 통한 증언이 이루어지도록 해야 할 것이다. 그러나 피고인의 자기결정권도 존중해야 하므로 설득에도 불구하고 피고인이 증언을 번복하지 않으려 한다면 정상증인을 신청하지 않는 것도 허용된다고 볼 것이다.[10]

2. 비밀유지의무

공갈피고인 A는 변호인 L에게 "실제 범인은 내가 아니라 B이다. B가 집행유예 기간 중이라 내가 대신 들어온 것이다. 나를 끝까지 범인으로 해달라"고 부탁했다. 변호인 L은 범인이 A가 아니라 B인 사실을 검사나 재판부에 알려야 하는가?

(1) 변호사는 의뢰인에 대하여 비밀유지의무를 부담한다(법 26조, 윤리규칙 23조). 형사사건에서는 피고인에 대한 형벌권의 발동과 관련된 사실을 취급하는 만큼, 비밀유지의무는 보다 강조된다고 할 수 있다.

(2) 피고인이 현재 진행하고 있거나 가까운 미래에 범할 계획이 있고 그 사실을 변호인이 알게 된 경우, 변호사의 비밀유지의무와 공익의무(공익적 지위)는 서로 충돌하게 된다. 진실의무와 공익의무를 지는 변호사로서는 이를 저지해야 할 의무가 있다. 특히 비밀유지의 대상이 과거의 사건이 아니라 현재 진행되고 있거나 가까운 장래에 발생할 것이 분명한 경우라면 비밀을 누설하는 행위가 범죄를 예방할 수도 있다는 점에서 변호사의 공익의무는 더 크게 고려되어야 한다(미국 표준규칙 1.6(b)(1) 참조).[11]

해설

진범인이 따로 있다는 것을 폭로하는 것은 비밀유지위반으로서 허용되지 않는다(대신범에 관한 상세한 사항은 후술한다).

---

10) 高中(337면).
11) 한인섭 등(302-303면), 도재형(66면).

3. 진실의무

3-1. 의의

형사소송에서 진실의무란 변호사가 공공성을 지닌 법률전문가로서 법원의 실체적 진실의 발견에 협력할 의무를 부담하는가에 관한 것이다. 이는 변호인의 피고인에 대한 의무의 문제가 아니다. 이에는 적극적 진실의무와 소극적 진실의무의 2종류가 있다.

3-2. 적극적 진실의무

(1) 적극적 진실의무는 법원에 대하여, '진실'발견을 위한 증거나 정보를 스스로 제출, 공시할 의무를 말한다. 다만 실무상으로 변호인의 진실의무가 문제되는 것은 피고인에게 불리한 방향으로의 진실의무의 문제이다.

(2) 이것은 변호인의 기본적 직무와는 모순되는 의무를 요구한 것이다. 변호인은 의뢰인인 피고인에 대하여 성실의무와 비밀유지의무를 부담하고 있다. 이에 위반하여 피고인의 불리한 방향으로 '실체적 진실'을 명확히 하기 위하여 피고인 이외의 자에게 협력하는 것은 허용되지 않는다. 이러한 의미에서 '적극적 진실의무'의 존재를 부정하는 것이 확립된 해석이다.

3-3. 소극적 진실의무

(1) 소극적 진실의무는 허위 증거의 제공 등에 의하여 법원의 진실 발견을 방해하지 아니할 의무를 말한다. 비록 피고인의 이익을 옹호하기 위한 것일지라도, 불리한 증거를 인멸하거나 허위의 증거를 제출하여 사실을 왜곡하는 행위를 해서는 안 되는 것이다. 이러한 의미에서 변호인의 '소극적 진실의무'를 인정하는 것이 일반적이다.

(2) 그러나 법원의 소송지휘나, 검사의 증거조사청구 등에 대해서 형사소송법상의 권리로서 의견을 진술하거나 반대하고, 증인에 대하여 반대심문을 하는 것은 변호인으로서의 정당한 직무수행에 해당되며, '진실발견을 방해하는 행위'에 포함되지 않는다.

또한 검사의 주장사실이나, 법원이 판결에 의해서 인정되는 사실과 다른 사실을 주장하거나 입증하는 것도 변호인으로서 본래의 직무수행에 속하기 때문에, 그것을 '사실을 왜곡하는 행위'로 볼 수 없다.

(3) 그러므로 실제 '소극적 진실의무'의 핵심은, 부당·부정한 수단으로 피고인에게 불리한 증거의 제출을 방해하거나 증거를 위조, 은닉해서는 안 되며, 위증을 시키거나 허위증거를 제출해서는 안 된다는 것이다.

4. 진실의무의 범위

4-1. 변호권의 범위

변호인은 단순히 피고인에 종속하여 그를 보조하는 데 그치지 아니하고, 자기의 판단에 따라 피고인의 정당한 이익을 옹호하고 이를 보호하는 임무를 가진다. 따라서 변호인의 변호권의 범위도 이러한 변호인의 지위와 관련된다.

(1) 첫째, 변호인은 피고인을 보호하는 지위에 있기 때문에 피고인의 불이익으로 돌아갈 행위를 해서는 아니 된다. 예컨대, 진실이더라도 피고인의 의사에 반하여, 그에게 불이익한 증거를 제출하거나, 또는 불이익한 주장을 해서는 안 된다.

(2) 둘째, 변호인이 보호해야 하는 것은 피고인의 정당한 이익에 한한다. 허위의 증거를 제출하거나 피고인에게 사실을 왜곡시켜 부인하도록 권유하는 것은 그것이 피고인의 이익이 되더라도 정당하지 않기 때문에 허용되지 아니 한다. 다만 진술거부권의 행사를 권유하는 것은 피고인의 권리이기 때문에 허용된다.[12] 또한 재판에 제출된 증거만으로는 유죄로 하기에 부족하다고 판단했을 때에는 예컨대 피고인이 진범인이라는 것을 개인적으로 알고 있어도, 증거불충분에 의한 무죄의 변론을 하는 것은 상관이 없다.

또한 피고인의 정당한 이익에 관해서 피고인의 의사에 구속되는 것이 아니다. 따라서 예컨대 무죄의 피고인이 유죄가 되기를 원하더라도 무죄의 변호를 하지 않으면 안 된다. 이 경우 진범인으로 변론을 할 때에는 단순히 변호인으로서의 윤리에 반할 뿐만 아니라, 범인은닉죄의 책임을 지게 된다.

(3) 셋째, 변호인이 변호권행사를 빙자하여, 고의로 타인의 명예를 훼손하는 허위의 사실을 진술하는 것은 허용되지 않는다. 만약 공개의 법정에서 할 때에는 피고인의 경우와 같이 명예훼손죄를 구성한다.[13]

---

12) 대법원 2007. 1. 31. 결정, 2006모656.

13) 다만, 변론과정에서 당사자가 상대방의 프라이버시를 침해했거나 명예가 훼손되었다 하더라도 그

4-2. 진범인의 무죄변론

L 변호사는 공원벤치에서 자고 있는 사람의 물건을 훔친 혐의로 구속된 A의 국선변호인이다. A는 범행을 자백하고 있었다. 그러나 L변호사가 기록을 검토해 본 결과 피해자의 진술도 확보되지 않았고, 증거로는 피고인이 훔치는 것을 보았다는 내용의 친구 C의 녹음테이프밖에 없었다. C는 가출하여 그 소재를 알 수 없는 사람이었다. 피고인은 그것이 C의 목소리와 비슷하다고 하면서 동의할 것을 요구했다. 그러나 L은 위법수집증거로서 부동의했다. 이것만 부인하면 보강증거가 확보되지 아니하여 피고인의 무죄가 확실하다고 생각했다. 그리하여 L 변호사는 A에 대해 무죄변론을 했다. L 변호사의 행위는 적절한 것인가?

(1) 진범인임을 알면서 무죄변론을 할 수 있는가? 피고인이 진범인이라고 고백하면서도 무죄의 변론을 해주도록 요구하는 경우, 변호인은 이에 따라 최선의 변호활동을 해야 한다. 성실의무의 당연한 귀결이다. 소극적 진실의무를 인정하더라도 적극적 진실의무는 부정되기 때문에 같은 결론에 도달한다.

(2) 그러나 피고인을 위해 명백히 위증할 것이 예상되는 증인의 신청을 요청받는 경우에는 증인을 신청하여 신문해서는 안 된다. 위증의 교사나, 방조는 허용되지 않기 때문이다(형법 152조, 윤리규칙 15조). 이 점에 관하여 피고인에게 번복할 것을 설득해야 한다. 피고인이 응하지 않으면, 피고인의 요청을 무시하고 변호활동을 계속하는 것은 성실의무와의 관계에서 문제가 있기 때문에 사임해야 할 것이다.

(3) 증인과 달리 피고인에게는 허위진술의 제재가 없다. 그러나 피고인이 진범인 것을 알면서도 변호인이 허위사실을 주장하여 피고인의 무죄를 적극적으로 강변하는 것은 진실의무에 위배되는 행위이다.[14)]

(4) 변호인은 피고인이 유죄임을 알았더라도 이를 검사나 법원에 고지해야할 의무가 없다. 변호인에게는 진실의무 이외에 비밀유지의무가 있으며, 그것은 피고인과의 신뢰관계의 기초가 되는 것이기 때문이다.[15)]

주장과 입증이 정당한 변론활동의 범위를 일탈한 것이 아니면 위법성이 없다: 대법원 2008. 2. 15. 판결, 2006다26243.

14) 신동운(84면).

15) 이재상(137면), 신동운(84면), 박휴상(456, 457면).

해설

형사소송법은 설사 진범인일지라도 적법절차를 준수하여 수집된 증거에 의해서만 유죄를 선고하도록 요구하고 있다. 따라서 변호인은 피고인의 자백에도 불구하고 자백의 보강증거나 그 밖에 유죄판결을 하기에 충분한 증거가 법원에 제출되어 있지 아니한 경우에는 피고인을 위하여 무죄변론을 행하여야 한다. 이때 변호인은 피고인의 자백에 구속되지 않는다. L 변호사의 행위는 적절하다고 본다.

4-3. 대신범

변호사 L은 운전 중 교통사고로 사람을 사망하게 한 혐의로 형사재판을 받고 있는 A의 사건을 처리하여 줄 것을 A의 지인인 B로부터 의뢰받았다. L은 구속된 A와의 접견 중 A는 사고 차량의 동승자에 불과하며 사고 당시 실제 운전은 B가 하였는데, B가 징역형의 집행유예기간 중이어서 B로부터 상당한 금전적 대가를 받기로 하고 A가 수사기관에서 자신이 운전자라고 허위 자백한 사실을 알게 되었다. A는 최대한 관대하게 유죄판결을 받기를 원한다.

변호사 L이 취할 수 있는 행동에 관한 설명 중 옳은 것은?[16)]

① L의 의뢰인은 B이므로 의뢰인에 대하여 성실의무가 있는 L은 A가 사건 당시 실제 운전자라는 것이 재판상 인정되도록 적극적으로 노력한다.

② L에게는 사회정의를 실현하여야 할 의무가 있으므로 사건 당시 실제 운전자가 A가 아니라 B라는 것을 법정에서 밝힌다.

③ L은 진실을 밝히자고 A를 설득해 보고 A가 이를 듣지 않는 경우 사임한다.

④ L은 법정에서는 A가 운전자라고 주장하고 따로 법관을 만나 사실은 B가 운전자라고 밝혀서 A에게 관대한 판결이 선고되도록 노력한다.

(1) 대신범의 문제는 무죄의 피고인이 처벌을 받을 것을 희망하는 경우, 유죄변론을 해야 하는가의 문제이다. 대신범의 경우에도 진범인의 무죄변론과 같이 성실의무, 비밀유지의무가 있기 때문에 진범인이 별도로 존재한다는 것을 외부에 밝혀서는 안 된다.

(2) 그러나 어떠한 변호를 해야 하는가에 대해서는 견해가 나누어진다.[17)]

① 성실의무를 강조하는 입장은 사형판결이 예상되는 경우를 제외하고는, 기본적으로 피고인의 의사에 따라야 한다고 주장한다. 즉 피고인이 다투지 않는 이상 변호인도 다투지 말고 정상에 관한 변론만 해야 한다는 것이다.

---

16) 법조윤리시험(2010년) 문제이다.

17) 森際(168면).

그러나 성실의무를 중시하는 입장에 따르더라도 범인은닉에 가담하는 것까지 허용하지는 않기 때문에(형법 151조), 피고인이 증언을 번복하도록 설득해야 하고, 만일 듣지 않으면 사임해야 할 것이다(사임하더라도 후임의 변호사에게 같은 문제가 생길 것이다).

② 이에 대하여 소극적 진실의무를 중시하는 입장에서는, 피고인의 의사에 반하더라도 무죄변론을 해야 한다고 주장한다. 죄 없는 자를 처벌하지 않는다는 원칙에서 도출된 소극적 진실의무는 성실의무에 우선하기 때문이다.

그러나 이 입장은 피고인의 명시적인 의사에 반한다는 것에 가장 큰 문제점이 있다. 이 경우 피고인은 변호인을 해임하고 새로운 변호인을 선임할 것이다. 그리고 새로운 변호사에게는 진실을 털어 놓지 않고 변호를 의뢰할 것이다. 따라서 이 방법도 종국적인 해결방법이 될 수 없다.

(3) 이와 같이 위 두 견해 모두 문제점이 있다. 그럼에도 불구하고 ②설이 타당하다고 본다. 대신범의 경우 변호사는 먼저 진실에 기반을 둔 변론을 해야 한다고 피고인 등을 설득해야 하고, 그 뜻을 번복하지 않을 경우에는 사임해야 할 것이다.[18]

해설

변호인이 대신범이라는 것을 안 경우, 대신범으로서 유죄가 되는 것은 피고인의 정당한 이익을 실현하는 것이 아니기 때문에 설득을 한 후, 무죄의 변론을 해야 할 것이다. 설득을 해도 그 뜻을 번복하지 않을 경우에는 사임해야 할 것이다. 다만 진범인이 따로 존재하는 것을 폭로하는 것은 비밀유지의무위반에 해당되기 때문에 허용되지 않는다. 따라서 사례의 경우 ③의 경우가 변호인으로서 옳은 태도이다.

4-4. 변호인의 법적 조언

> 상해치사 피고인 A는 실은 자신이 먼저 피해자를 구타했음에도 불구하고 정당방위를 주장하려고 한다. A의 변호인 L은 그러한 사실을 알면서 정당방위에 관한 법률지식을 조언하여 피고인으로 하여금 이를 무죄의 방편으로 원용하도록 하였다. L 변호사의 행위는 진실의무에 반하는 것인가?

(1) 변호인이 적극적으로 진실에 반하는 것임을 알면서, 예컨대 정당방위나 긴급피난

18) 한인섭 등(290, 291면), 도재형(241면), 박휴상(460면).

에 관한 법률지식을 조언하여 피고인으로 하여금 이를 무죄의 방편으로 원용하도록 하는 것이 진실의무에 반하는 것인가? 이에 관하여도 견해가 나뉜다.

① 변호인이 피고인에게 소송법상의 권리를 알려주고 실체법적·소송법적 지식에 대하여 조언하는 것은 비록 피고인이 이를 악용하는 경우일지라도 무제한하게 허용된다는 견해이다.[19)]

② 무제한의 법률조언은 일단 변호인의 공익적 지위에서 유래하는 진실의무에 반한다는 견해이다.[20)]

(2) 생각건대, 변호인이 피고인에 대하여 법적 조언을 하는 것은 변호인의 권리이며 의무이다. 변호인의 이러한 권리를 제한하는 것은 공정한 재판의 이념에 반한다. 따라서 ①설이 타당하다고 본다. ②설에 의하더라도 피고인이 진실을 말하지 않고 변호인에게 자신이 무죄인 것처럼 하면서 법률지식의 제공을 요청하였을 경우 변호인은 당연히 법률지식을 제공해야 한다. 이에 반하여 피고인이 진실을 말했다면 이에 관한 법적 지식의 제공이 거절될 가능성이 있다. 그렇다면 피고인은 변호인에게 진실을 털어 놓으려 하지 않을 것이고, 그 결과 피고인은 변호인으로부터 신뢰관계에 기초한 조력을 제대로 받을 수 없게 될 것이다. 따라서 ②설은 타당하다고 할 수 없다.[21)]

(3) 변호인은 자신이 제공한 법률조언을 피고인이 악용하고 있음을 알고 있더라도 이를 적극적으로 법원에 알려서는 안 된다. 이것은 위 견해 중 어느 입장을 채택하든 동일하다. 변호인은 비밀유지의무를 부담하고 있기 때문이다.[22)]

해설

변호인이 피고인에게 소송법상의 권리를 알려주고 실체법적·소송법적 지식에 대하여 조언하는 것은 비록 피고인이 이를 악용하는 경우일지라도 무제한하게 허용된다고 본다. L 변호사의 행위는 변호사윤리에 저촉된다고 할 수 없다.

---

19) 이재상(136면).
20) 신동운(84면).
21) 한인섭 등(283면), 박휴상(461면).
22) 신동운(84면).

4-5. 변호인의 진술거부 권고

L 변호사는 검찰에서 수사 중인 강도피의자 A의 변호인이다. L 변호사는 A의 사건에 대해서 증거를 검토해 본 결과 자백이 없으면 유죄입증이 어려운 사건이라고 판단했다. 그래서 L 변호사는 자백하려는 A에 대해서, 그 취지를 설명하고 진술을 거부하도록 하였다. L 변호사의 행위는 적절한 것인가?

(1) 변호인이 피고인에게 진술거부권의 행사를 권고할 수 있는가? 진술거부권은 헌법과 형사소송법에 의하여 피고인에게 부여된 소송법상의 권리이므로(헌법 12조 2항, 형사소송법 244조의3, 266조의8 6항, 283조의2), 진술거부권의 행사를 권고하는 것을 진실의무에 위배된다고 할 수 없다. 그러나 변호인이 피고인에 대하여 허위진술이나, 임의의 자백의 철회 또는 진실에 반하는 사실을 주장하도록 지시하는 것은 진실의무에 반하는 것이다.[23] 피고인에게 증거인멸이나 도망을 권유하는 것도 변호인의 공익적 지위와 일치할 수 없다.[24]

(2) 판례도 변호인이 적극적으로 피고인으로 하여금 허위진술을 하도록 하는 것이 아니라, 단순히 헌법상 권리인 진술거부권이 있음을 알려 주고 그 행사를 권고하는 것은 변호사로서의 진실의무에 위배되는 것이 아니라고 판시하고 있다.[25]

(3) 그러나 진술거부의 권고가 좋은 결과를 만들지 못하고, 오히려 피고인 등에게 사실상의 불이익을 주는 경우도 있을 수 있다. 그러나 그것은 성실의무수행상의 과제이지, 진실의무의 문제는 아니다.

해설

진술거부권은 헌법과 형사소송법에 의하여 피고인에게 부여된 소송법상의 권리이므로(헌법 12조 2항, 형사소송법 244조의3, 266조의8 6항, 283조의2), 진술거부권의 행사를 권고하는 것을 진실의무에 위배된다고 할 수 없다. 그러나 변호인이 피고인에 대하여 허위진술이나, 임의의 자백의 철회 또는 진실에 반하는 사실을 주장하도록 지시하는 것은 진실의무에 반한다.

---

23) 이재상(137면), 신동운(85면), 배종대(127면).

24) 이재상(137면), 박휴상(462면).

25) 대법원 2007. 1. 31. 결정, 2006모656.

4-6. 위증

L 변호사는 형사항소 계속 중인 피고인 A에 대한 폭력행위등처벌에관한법률 3조 2항 위반 피고사건의 변론을 수임한 후 피고인이 실형을 면하도록 위 법률 2조 2항으로 의율케 할 목적으로, 사실은 피고인이 피해자 B를 칼로 찔러 2주간의 상해를 입게 하였음에도 불구하고 B, 참고인 C, 목격자 D로 하여금 "피고인이 B를 칼로 찌른 것이 아니라 피고인과 B가 뒤엉켜 넘어지면서 바닥에 있는 유리조각에 찔러 상처가 난 것이다"라는 취지의 허위증언을 하게 하였다. L 변호사의 행위는 변호사 윤리에 저촉되는 것인가?

(1) 형법은 위증, 범인은닉, 증거인멸, 증거위조 · 변조와 그 교사(형법 152조, 151조, 155조) 등을 처벌의 대상으로 하고 있고, 이 규정은 변호사에게도 적용된다.

(2) 문제는 변호인이 위증교사나 허위증거 작성에 관련된 것은 아니지만, 허위라고 판단하는 진술증거나 증거물을 적극적으로 증거로서 제출하는 것의 적부에 관한 것이다.

이에 관하여 윤리규칙 15조는 '위증을 교사하는' 행위 외에, '허위의 증거를 제출'하는 것[26]을 직무상 금지사항으로 규정하고 있다. 따라서 일반적으로 허위증거제출은 진실의무에 반한다고 할 수 있다.

해설

형법은 위증교사(형법 152조) 등을 처벌의 대상으로 하고 있고, 이 규정은 변호사에게도 적용된다. 또한 변호사윤리장전 15조에서 변호사의 위증교사를 금지하고 있다. L 변호사의 행위가 변호사의 직업윤리상 정당화될 수 없음은 말할 필요도 없다. 이 사례로 해당 변호사는 징계를 받았다.[27]

26) 허위인 것을 알지 못하고 증거를 제출하는 것은 변호인의 과실(직무태만)이라는 비난이 있지만, 그것이 곧 윤리규칙위반으로 되는 것은 아니다. ABA 규칙도 변호사가 허위인 것을 알고 있는 증거를 고의로 제출하는 것을 금지하고 있다(33조의(a)(3)).

27) 법무부 2004. 3. 6. 결정.

Ⅲ. 국선변호

1. 의의

법원에 의하여 선정된 변호인을 국선변호인이라고 한다. 헌법은 "형사피고인이 스스로 변호인을 구할 수 없을 때에는 국가가 변호인을 붙인다"고 규정하여 국선변호를 헌법상 보장하고 있다(헌법 12조 4항 단서). 국선변호인제도는 헌법이 보장하고 있는 국선변호인 선임의뢰권을 구체화한 것이다.[28)]

2. 기본적 의무

(1) 변호사윤리장전은 "변호사는 법원 기타 공공기관 또는 대한변호사협회나 소속 지방변호사회로부터 국선변호인, 국선대리인, 당직변호사 등의 지정을 받거나 기타 임무의 위촉을 받은 때에는 신속하고 성실하게 처리하고 다른 일반 사건과 차별하여서는 아니 된다(윤리규칙 19조 3항)"고 규정한다.

(2) 국선변호인은 사선변호인과 동일하게 피고인에 대한 성실의무, 비밀유지의무와 진실의무를 부담한다. 그리고 변호 활동에서도 차이가 있을 수 없다.

Example ① 국선변호인은 수임 후 신속히 피고인과 접견하고, 변호내용을 확인함과 동시에 변호방침을 협의해야 한다. 또한 신속히 증거서류, 증거물, 소송기록을 열람하고 검토해야 한다. ② 피고인이 구속된 경우 구속적부심청구, 보석청구 등은 형사사건처리의 필요불가결한 과정이기 때문에 당연히 성실한 변호활동에 포함된다. 피해자와의 합의 역시 이에 포함된다. ③ 피고인이 부인하고 있는 사건에 대하여 사실을 인정하는 변호활동을 하거나, 피고인의 이익에 반하는 항소이유서, 상고이유서를 제출해서는 안 된다.

3. 국선변호인의 대가수령 금지

> 변호사 L은 법원의 국선변호인지정을 받아 피고인 A를 위하여 변호 활동을 수행하여 왔는데, A의 가족은 L이 매우 열심히 변호 활동을 수행하는 데 감동하여 수고비조로 금 20만 원이 든 봉투를 주려고 한다. 변호사 L은 이를 받아도 되는가?

---

28) 이재상(129면).

(1) 국선변호인의 보수는 대법관회의에서 정하며, 심급별로 지급하되, 체포 또는 구속적부심에 있어서는 심급에 관계없이 별도로 지급한다. 다만 재판장은 사안의 난이, 국선변호인이 수행한 직무의 내용, 사건처리에 소요된 시간 등을 참작하여 이를 증액할 수 있다(형사소송비용 등에 관한 규칙 6조).

(2) 국선변호인의 보수는 사선변호인에 비하여 소액이다. 그렇더라도 의뢰인이나 이해관계인으로부터 별도의 보수를 받아서는 안 된다. 변호사윤리장전은 5조 1항에서 "변호사는 국선변호인 등 공익상의 직무를 위촉받았을 때에는 공정하고 정확하게 직무를 집행하여야 하며 이해관계인 등으로부터 별도의 보수를 받아서는 아니 된다"고 규정하고 있다. 다시 19조 4항에서도 "변호사는 국선변호인 또는 국선대리인으로 선임된 때에는 … 따로 보수를 받아서는 아니 된다"고 규정하여 이를 강조하고 있다. 이는 국선변호제도와 이를 담당한 국선변호인에 대한 국민의 신뢰를 현저히 훼손시키는 것이기 때문이다.

(3) 그러므로 구속적부심청구나 보석청구를 한 경우에도 별도로 보수를 받아서는 안 된다. 보수 이외의 비용 역시 받아서는 안 된다. 정당한 변호활동 과정에서 발생한 비용은 국가로부터 지급받을 수 있다(국선변호에 관한 예규 15조 1항 6호 참조).

해설

국선변호인은 의뢰인이나 이해관계인으로부터 별도의 보수를 받아서는 안 된다. 따라서 L 변호사는 위 봉투를 받아서는 안 된다.

4. 국선변호인의 사선변호인으로의 전환

L 변호사는 교통사고처리특례법위반사건 피고인 A의 국선변호인으로 선임되었다. L은 피해자와 합의 교섭을 하면서 불평하는 말투로 A의 처 B에게 "국선변호인은 보수가 적어서 충분한 변호 활동을 할 수 없다. 사선변호인으로 선임되어야 합의도 성의 있게 할 수 있다"는 말을 자주 하였다. 그 말을 듣고 B는 L에게 사선변호인이 되어 줄 수 없느냐고 제의하였다. L 변호사의 행동은 적절하다고 보는가?

(1) 변호사윤리장전은 "변호사는 국선변호인 또는 국선대리인으로 선임된 때에는 그 사건을 사선으로 전환하기 위하여 교섭해서는 아니 되며, 따로 보수를 받아서는 아니 된

다"(윤리규칙 19조 4항)고 규정하여 사선으로 전환하기 위한 교섭을 금지하고 있다.

(2) 이처럼 사선변호인으로의 전환을 금지한 것은 이러한 전환이 의뢰인의 궁박한 상태를 이용한 불공정 계약이 될 수 있고, 국선변호의 질을 저하시켜 국선변호 제도에 대한 국민의 불신을 낳을 수 있기 때문이다.[29)]

해설

국선변호인은 그 사건을 사선으로 전환하기 위하여 교섭해서는 아니 된다. 변호사 L이 사건 관계인에게 "국선변호인은 보수가 적어서 충분한 변호 활동을 할 수 없다. 사선변호인으로 선임되어야 합의도 성의 있게 할 수 있다"는 말을 자주 하였다면, 이것은 사선변호인으로 선임되기 위한 권유행위로 볼 수 있어 문제가 될 수 있다.

5. 국선변호인의 사임

변호인 L은 강도사건의 피고인 A의 국선변호인으로 선임되었다. A는 L에게 "내가 범행을 저지른 것은 사실이나, 무죄로 석방되지 않으면 암투병 중인 처를 돌볼 사람이 없어 큰일이다. 그래서 알리바이를 증언할 증인 C를 구했으니 잘 신문해 달라"고 부탁했다. 그래서 A의 신상을 조사해 본즉, A는 처도 없고, 동네깡패이었다. 변호사 L은 A의 말이 거짓임을 알고, 국선변호를 사임하기로 결심했다. L의 사임은 적절하다고 보는가?

(1) 국선변호인의 사임은 국선변호인의 법적 성질에 따라 그 방법에 차이가 있다. 국선변호인선정의 법적 성질에 관하여는 재판설, 공법상의 일방행위설 및 공법상의 계약설이 대립되나, 재판설이 통설이며,[30)] 현재 법원행정처가 취하고 있는 입장이다.[31)]

(2) 재판설은 국선변호인의 선정을 재판장 또는 법원이 소송법에 의해 행하는 단독의 의사표시인 명령이라고 한다. 이에 의하면 선정에는 국선변호인의 동의를 요하지 않고, 선정된 변호인은 재판장의 해임명령(선정의 취소)이 없으면 사임할 수 없다.[32)] 형사소송규칙이 국선변호인의 사임에는 법원의 허가를 얻도록 규정한 점(동 규칙 20조)도 재판설과 태

29) 한인섭 등(309면), 박휴상(468면).
30) 이재상(133면), 신동운(78면).
31) 1996. 6. 24. 법원행정처 행정심판위원회 재결, 법률신문 1996. 7. 8.자(3면).
32) 이재상(133면), 신동운(78면).

도를 같이 한다고 할 것이다.

(3) 그러나 국선변호인도 정당한 이유가 있는 때에는 법원의 허가를 얻어 사임할 수 있다. 국선변호인이 직무를 수행할 수 없을 때나, 피고인과 국선변호인 사이에 신뢰관계가 상실된 때에도 사임할 수 있다고 보아야 한다. 형사소송규칙은 사임사유로 국선변호인이 ① 질병 또는 장기여행으로 인하여 국선변호인의 직무를 수행하기 곤란할 때, ② 피고인 또는 피의자로부터 폭행·협박 또는 모욕을 당하여 신뢰관계를 지속할 수 없을 때, ③ 피고인 또는 피의자로부터 부정한 행위를 할 것을 종용받았을 때, ④ 기타 국선변호인으로서의 직무를 수행할 수 없다고 인정할 만한 상당한 사유가 있을 때를 들고 있다(동 규칙 20조).

(4) 법원은 국선변호인의 사임을 허가한 경우 국선변호인의 선정을 취소해야 한다(동 규칙 18조 1항 3호). 변호사는 법원이 선정을 취소할 때까지 국선변호인으로서의 직무를 다해야 한다.

해설

형사소송규칙은 국선변호인이 피고인으로부터 부정한 행위를 할 것을 종용받았을 때, 사임할 수 있다고 규정하고 있다. 변호사 L은 A로부터 위증교사를 종용받고 있으므로 사임하는 데 정당한 이유가 있다고 볼 수 있다. 따라서 L 변호사는 법원의 허가를 얻어 사임할 수 있다.

6. 국선변호인에 대한 평가

(1) 국선변호에 관한 예규(재형 2003-10)에 의하면 국선변호인에 대한 평가는 법원이 하고 있다.

(2) 위 국선변호에 관한 예규는 "재판장은 분기별 또는 반기별로 [전산양식 B2059]의 예를 참고하여 국선변호인의 활동에 대한 평가서를 작성하여 법원장에게 제출하고 이 평가서는 다음 연도 국선변호인 예정자명부 지정 시에 참고자료로 활용한다(동 예규 19조)"라고 규정하고 있다. 국선변호인의 형사변호 평가를 위하여 법원행정처에는 국선변호위원회가(동 예규 22조), 각급 법원에는 국선변호감독위원회가 설치되어 있다(동 예규 23조).

(3) 국선변호인의 평가를 바탕으로 불성실한 변호인에 대해 통고하는 제도가 있다. 법

원은 위 "평가서를 기초로 하여 전속 국선변호인이 그 임무를 해태하여 국선변호인으로서의 불성실한 사적이 현저하다고 인정할 때에는 원칙적으로 그 사유를 대한변호사협회장 또는 소속 지방변호사회장에게 통고"할 수 있다(형사소송규칙 21조, 동 예규 20조). 그 이후의 절차는 대한변호사협회 또는 소속 지방변호사회 차원에서 진행된다.

그리고 국선전담변호인의 경우, "국선전담변호사에 대한 평가가 평균수준에 미치지 못하면" 법원행정처장이 이를 해촉할 수 있다(동 예규 21조 2항). 일반 국선변호인의 경우에도 평가를 바탕으로 다음 연도 국선변호인 예정자명부에서 누락시킴으로써 국선변호의 기회를 제한할 수 있다.

Ⅳ. 변호사와 피해자·제3자와의 관계

1. 피해자와의 관계

> L 변호사는 성폭력범죄의 처벌 등에 관한 특례법위반으로 구속된 A의 변호인이다. A는 강간을 하지 않았다고 부인하고 있는 상태이다. 검사가 강간 피해자를 증인으로 신청했다. 그런데 검사는 피해자 보호를 위하여 비디오 등 중계장치에 의한 중계시설을 통하여 신문할 것을 요청했다. L 변호사는 어떻게 대응해야 하는가?

1-1. 피해자의 법적 지위

(1) 피해자는 범죄의 일방 당사자이긴 하지만, 형사소송의 당사자는 아니다. 형사소송법상 피해자에게는 고소권이 부여되어, 검사의 불기소처분에 대한 항고권, 재정신청권이 부여되어 있으나, 그 이외의 경우 수사에서는 참고인으로, 공판에서는 증인으로서, 단지 증거방법의 하나가 되는 데 그친다.

(2) 그러나 형사절차에 있어서 피해자의 인격권과 정당한 권리도 당연히 보장되어야 한다는 점이 인식됨에 따라 피해자의 권리보호에 의한 지위강화와 소송주체로서의 피해자의 재발견은 형사정책의 중요한 목표가 되었다.[33] 이러한 의미에서 헌법 27조 5항은 형사피해자의 진술권을 재판청구권의 내용으로 보장하고 있고, 이에 따라 법원은 범죄로

33) 이재상(461면).

인한 피해자를 신문하는 경우 당해 사건에 관한 의견을 진술할 기회를 주도록 하고 있다(형사소송법 294조의2 2항).

그 이외에도 형사소송법은 피해자의 보호를 위하여 피해자에 대해 검사의 처분결과 등을 통지하도록 하고(동법 259조의2), 피해자의 공판기록열람 · 등사권을 인정하며(동법 294조의4), 공판절차와 수사절차에 신뢰관계에 있는 자를 동석할 수 있게 하고 있다(동법 163조의2, 221조 3항).

1-2. 피해자의 증인신문

(1) 형사피고인은 모든 증인에 대해 신문할 기회를 충분히 부여받는다. 부인사건에서는 피해자가 가장 중요한 증인이다. 증인신문에서 피해자증인이 피고인에 대한 악감정 등으로 사실에 반하거나 혹은 과장된 증언을 하는 경우가 있다. 이러한 경우에는 위협적 또는 모욕적인 신문이 되지 않는 범위에서(형사소송규칙 74조 2항),[34] 철저하게 반대신문을 해야 한다. 이때 유의할 점은 마음에 깊은 상처를 입은 피해자가 '2차 피해'를 입지 않도록 배려함은 물론, 명예훼손이 되지 않도록 신문에 신중을 기해야 할 것이다.[35]

(2) 형사소송법은 일정한 경우 검사와 피고인 또는 변호인의 의견을 들어 비디오 등 중계장치에 의한 중계시설을 통해 신문하거나 차폐시설 등을 설치하고 신문할 수 있도록 하고 있다(형사소송법 165조의2).[36]

1-3. 피해변상, 합의

피고인이 피해자에게 피해변상을 하거나, 피해회복을 위해 노력하는 것은 양형에 큰 영향을 미친다. 피의자의 경우에는 기소유예로 용서받기도 한다. 따라서 이른바 자백사건에서는 피해변상 · 합의에 이르도록 변호인의 활동이 요구되는 것은 두말할 필요가 없다. 이것은 사선변호이든, 국선변호이든 불문한다.

---

34) 형사소송규칙 74조 2항에는 '증인신문의 방법'을 규정하고 있다.
즉, 다음 각 호의 1에 규정한 신문을 하여서는 아니 된다.
1. 위협적이거나 모욕적인 신문, 2. 전의 신문과 중복되는 신문, 3. 의견을 묻거나 의논에 해당하는 신문, 4. 증인이 직접 경험하지 아니한 사항에 대한 신문.

35) 森際(174면).

36) 성폭력범죄의 처벌 등에 관한 특례법에도 성폭력범죄 중 일정한 범죄(강간, 강제추행 등)의 피해자를 증인으로 신문하는 경우 검사와 피고인 또는 변호인의 의견을 들어 비디오 등 중계장치에 의한 중계를 통하여 신문할 수 있도록 하고 있다(동법 30조).

해설

변호인으로서는 반대신문권 행사나 법관의 적절한 심증형성에 방해가 안 되는지 신중히 검토한 후, 굳이 비공개나 비디오 등 중계장치에 의한 증인신문을 할 필요가 없다고 판단했을 경우에는 검사의 관련 신청을 반대해야 한다. 증인으로서도 공개법정에서 증언을 한다는 부담을 이겨내야만 하는 것이 원칙이기 때문이다.[37)]

2. 제3자와의 관계

> A와 B는 야간주거침입절도죄로 구속된 공범자이다. 그런데 A와 B는 각기 상대방이 집에 들어가 물건을 훔친 주범이고 자기는 집 밖에서 망을 보았을 뿐이라고 주장하고 있다. L 변호사는 A와 B를 동시에 수임할 수 있는가?

2-1. 공범사건의 수임

(1) "변호사는 동일 사건에서 이익이 서로 충돌되는 2인 이상의 당사자를 동시에 대리하거나 변론할 수 없다(윤리규칙 18조 4항)." 이때 동일사건이란 민사사건뿐만 아니라, 형사사건도 포함한다.

(2) 공범자 상호 간에도, 그 주도적 지위, 이득의 다과, 기타 정상에서 차이가 있어 이해관계가 동일한 것은 아니기 때문에, 특단의 사정이 없는 한 쌍방의 변호인이 되는 것은 허용되지 않는다. 그러나 "양 당사자의 협력이 사건 전체의 해결을 위해 쌍방에게 유리한 사안이고, 현재 협력관계가 존재하며, 장래 쌍방 간의 이익충돌가능성이 있지만 아직 현재화되지 않았다면," 이익충돌이 아직 존재하지 않고 있으므로, 양 당사자로부터 수임을 해도 상관이 없다고 본다.[38)] 다만 각 의뢰인에 대해 장래사임 가능성 등 불이익이 생길 수도 있다는 점을 미리 설명해야 한다.[39)]

2-2. 증인과의 면접 · 협의

(1) 증인의 신문을 청구한 변호인은 적절한 신문을 할 수 있도록 증인 기타 관계자에

---

37) 한인섭 등(313면), 박휴상(474면), 森際(175면).

38) 日辯連 注釈(114면).

39) 일본 직무기본규정 32조 참조.

게 사실을 확인하는 등 사전에 신문준비를 해야 한다.

(2) 검사청구의 증인에 대해서도, 반대신문을 유효·적절하게 하기 위해 가능한 한 사전에 면접하고, 사건경위를 청취해야 한다. 그때 증인의 기억이 사실과 다르다고 생각한 부분은 바로잡을 필요가 있다. 하지만 위증을 교사해서는 안 된다(윤리규칙 15조). 또한 위증을 교사했다고 의심되는 언동도 해서는 안 된다. 이와 동시에 위증을 교사했다고 의심받지 않도록 방어할 필요도 있다. 구체적으로는 증인의 양해를 얻은 후에 녹음이나 녹화를 하거나, 복수로 면접하는 등의 방법을 사용할 수 있다.[40)]

(3) 피고인이 신문을 요청한 증인예정자가 위증할 것이 명백히 예상되는 경우에는 피고인을 설득하여, 증인신청을 그만두도록 해야 한다.

2-3. 명예훼손

증인신문에서 확실한 근거 없이 증인의 명예를 훼손해서는 안 된다. 변론에서도 제3자의 명예를 훼손하는 일이 없도록 해야 한다. 변론을 열심히 한 나머지 제3자를 진범인이라고 지칭한 행위가 명예훼손에 해당된다는 사례가 있다.[41)]

해설

변호사는 동일 사건에서 이익이 서로 충돌되는 2인 이상의 당사자를 동시에 대리하거나 변론할 수 없다(윤리규칙 18조 4항). 공범자 상호 간에 그 주도적 지위, 이득의 다과, 기타 정상에서 차이가 있다면 공범자 간에 이해관계가 동일한 것은 아니기 때문에, 특단의 사정이 없는 한 쌍방의 변호인이 되는 것은 허용되지 않는다.

---

40) 박휴상(478면).

41) 日最大決昭和 51. 3. 23, 刑集 30卷 2號 229面.

Ⅴ. 변호사와 판사 · 검사와의 관계

1. 판사와의 관계

> 변호사 L은 형사재판 중 검사 P가 증인신문을 하는 과정에서 과도하게 증인을 윽박지르고 유도신문을 한다고 생각했다. 이에 L은 언성을 높이고 강하게 항의하였다. 이에 대하여 재판장은 L에게 주의를 주고 다시 한 번 더 강하게 항의하면 퇴정을 명할 수도 있음을 경고하였고, 그 후 L은 재판장의 경고를 받아들여 증인신문에 임하였다.
>
> L 변호사의 행위는 변호사 윤리에 저촉되는가?

1-1. 위법부당한 소송지휘에 대한 변호활동

(1) 재판장의 위법부당한 소송지휘가 있는 경우, 상당하고 가능한 모든 수단 · 방법에 의하여 그 시정을 도모하는 것은 변호인의 기본적 책무이다. 그것은 재판의 공정 및 적정절차의 실현에 도움이 되기 때문이다.

(2) 이러한 변호활동은 법원에 대한 끈질긴 주장과 설득을 기본으로 해야 할 것이다. 그러나 법원이 변호인의 주장을 아무리 해도 듣지 않는 경우에는 '법관이 불공정한 재판을 할 염려가 있는 때(형사소송법 18조 1항 2호)'에 해당되므로 기피신청을 하는 것도 하나의 방법이 될 수 있다.

(3) 변호사가 위와 같은 한계를 넘어, 심리 자체의 거부, 실질적으로 변호권포기로 이어지는 행위, 객관적으로 피고인의 권익을 손상케 하는 행위, 또는 부당하다고 평가되는 주장이나 의견을 한정 없이 반복하고, 안이하게 불출석 · 퇴정 · 사임 등을 하는 것은 변호활동으로 허용되지 않는다. 부당성의 정도가 크고, 변호사의 사명을 일탈한 경우에는 '품위를 손상하는 행위'로 징계대상이 될 수 있다.

1-2. 소송지연

(1) 변호사는 출정의 시간과 서류의 제출 기타의 기한을 준수하고 소송지연을 목적으로 하는 행위를 하여서는 아니 된다(윤리규칙 27조). 형사피고인은 신속한 공개재판을 받을 권리를 가진다는 것이 헌법 27조 3항에 보장되어 있다.

또한 형사소송법은 "심리에 2일 이상이 필요한 경우에는 부득이한 사정이 없는 한 매일 계속 개정하여야 하고, 소송관계인은 기일을 준수하고 심리에 지장을 초래하지 아니하도록 하여야 한다"고 규정하고 있다(형사소송법 267조의2).

(2) 피고인의 신체구속을 하며, 강제수사권을 가진 수사기관과 비교하여, 피고인·변호인 측이 무력한 것은 명백하다. 또한 조기에 완전한 증거공개도 되지 않는 상황에서 피고인·변호인 측이 소송준비를 하는 데에는 상당한 시일이 필요한 점도 부정하기 어렵다. 아울러 피고인이 검사가 제출한 증거에 대해 증거로 함에 동의하지 않아 증인신문이 행하여지면, 소송이 장기화되는 것은 부득이하다. 따라서 이러한 사정을 가지고 소송지연이라고 비판할 수는 없다.

(3) 형사사건에서는 민사사건보다 부당한 목적에 의한 지연의 의미를 보다 좁게 이해한다. 의뢰인의 이익이 될 수 있다면 사소한 문제에 대해서 주장하는 것도 허용되는 경우가 있다. 무익한 주장이 거의 없는 셈이다.42)

1-3. 판사 등과의 연고관계의 선전금지

"변호사나 그 사무직원은 법률사건이나 법률사무의 수임을 위하여 재판이나 수사업무에 종사하는 공무원과의 연고 등 사적인 관계를 드러내며 영향력을 미칠 수 있는 것으로 선전하여서는 아니 된다(법 30조)." 이는 특히 판사, 검사를 사임하고 개업한 변호사들이 주의해야 할 사항이다.

해설

L 변호사는 재판장의 경고를 받아들여 증인신문에 임하였으므로 변호사 윤리에 저촉된다고 할 수 없다. 만약 그 한계를 넘어, 심리 자체의 거부, 실질적으로 변호권포기로 이어지는 행위, 객관적으로 피고인의 권익을 손상케 하는 행위, 또는 부당하다고 평가되는 주장이나 의견을 한정 없이 반복하고, 안이하게 불출석·퇴정·사임 등을 하는 것은 변호활동으로 허용되지 않는다. 부당성의 정도가 크고, 변호사의 사명을 일탈한 경우에는 '품위를 손상하는 행위'로 징계대상이 될 수 있다.

---

42) 박휴상(480면).

2. 검사와의 관계

L 변호사는 P회사 직원인 A의 사기피고사건을 수임하였다. L 변호사는 공소제기 후 검사가 작성한 피의자신문조서, 진술조서 등 증거를 열람, 등사할 수 있는가? 검사도 피고인이 가지고 있는 서류의 열람등사를 청구할 수 있는가? L 변호사는 P회사의 부탁을 받고, 위 등사한 서류 중 일부분을 피해자 B가 P회사를 상대로 제기한 민사소송에 이용할 수 있도록 P회사 법무부장에게 교부하였다. L 변호사의 행위는 적절한 것인가? 형사처벌 대상은 아닌가?

2-1. 변호인의 기록열람·등사권 및 무단유출 금지

(1) 변호인의 기록열람·등사권은 변호인의 변론준비를 위한 불가결한 전제이다. 변호인이 서류나 증거물에 대한 열람·등사를 통하여 공판절차의 진행에 있어서 예상되는 쟁점을 정리하고 효율적인 변론활동을 준비하는 것은 공판절차의 원활하고 신속한 진행에 도움이 될 뿐 아니라, 공정한 재판의 이념과도 일치한다. 기록열람·등사권은 변호인뿐만 아니라 피고인에게도 인정되는 권리이다. 형사소송법은 피고인과 변호인에게 소송계속 중의 관계서류 또는 증거물에 대한 열람·등사권(동법 35조)뿐만 아니라 공소제기 후 검사가 보관하고 있는 서류 등의 열람·등사권, 즉 증거개시를 인정하는 규정을 신설하였다(동법 266조의3 내지 4). 이 외에도 피고인에게는 공판조서 열람·등사권이 인정된다(동법 55조 1항).[43]

(2) 증거개시제도

1) 공소장일본주의에 의하여 검사는 공소제기 시에 공소장만 법원에 제출하고 수사서류 등의 증거물은 증거조사의 과정에서 법원에 제출한다. 개정 형사소송법(법률 제8496호, 2007. 6. 1. 일부개정)은 공소제기 후 검사가 보관하고 있는 서류 등의 증거개시제도를 도입함으로써 피고인과 변호인의 증거에 대한 접근권을 대폭 강화하였다. 즉 피고인 또는 변호인은 검사에게 공소제기된 사건에 관한 서류 또는 물건의 목록과 공소사실의 인정 또는 양형에 영향을 미칠 수 있는 서류 또는 물건의 열람·등사 또는 서면의 교부를 신청하고, 검사가 이를 거절하는 때에는 법원에 불복을 신청할 수 있게 하고 있다(동법 266조의3 내지 4).

아울러 형사소송법은 검사와 피고인의 증거개시의 범위에 균형을 맞추어야 한다는 고

---

43) 이재상(143면).

려에서 검사에게도 피고인 또는 변호인에 대한 서류 등의 열람·등사권을 인정하고 있다(동법 266조의11 1항).

2) 증거개시제도의 신설에 따라 피고인의 방어권이 더욱 공고하게 보장될 수 있게 되었지만, 이에 따른 피해도 발생할 수 있기 때문에 개시된 증거를 다른 목적으로 활용할 수 없도록 하였다. 즉 피고인 또는 변호인(피고인 또는 변호인이었던 자를 포함한다)은 검사가 증거를 개시한 서면 및 서류 등의 사본을 당해 사건 또는 관련 소송의 준비에 사용할 목적이 아닌 다른 목적으로 다른 사람에게 교부 또는 제시(전기통신설비를 이용하여 제공하는 것을 포함한다)해서는 아니 된다(형사소송법 266조의16 1항). 만일 이를 위반하는 때에는 형사처벌 된다(동조 2항). 그러므로 기록을 무단 유출하는 것은 비밀유지의무위반에 그치는 것이 아니라 형법상 업무상 비밀누설죄 및 형사소송법 266조의16 2항 위반으로 형사처벌될 수 있다.[44]

2-2. 형사기록 공개제도

(1) 형사사건 기록은 학술연구 등 공익적 목적으로 이용될 수 있기 때문에 형사소송법은 이러한 공공성을 고려하여 형사기록 공개제도를 두고 있다. 즉 누구든지 권리구제·학술연구 또는 공익적 목적으로 재판이 확정된 사건의 소송기록을 보관하고 있는 검찰청에 그 소송기록의 열람 또는 등사를 신청할 수 있다(동법 59조의2 1항). 다만 소송기록을 열람 또는 등사한 자는 열람 또는 등사를 통해 알게 된 사항을 이용하여 공공의 질서 또는 선량한 풍속을 해하거나 피고인의 개선 및 갱생을 방해하거나 사건 관계인의 명예 또는 생활의 평온을 해하는 행위를 해서는 안 된다(동조 5항).

(2) 따라서 형사변호인도 권리구제·학술연구 또는 공익적 목적으로 확정재판의 기록을 이용할 수 있을 뿐이고 의뢰인의 비밀과 관련된 기록을 철저하게 지켜야 할 의무가 있다.[45]

해설

1) 피고인 또는 변호인은 검사에게 공소제기된 사건에 관한 서류 또는 물건의 목록과 공소사실의 인정 또는 양형에 영향을 미칠 수 있는 서류 또는 물건의 열람·등사 또는 서면의 교부를

44) 박휴상(483, 484면).
45) 한인섭 등(300면), 박휴상(484면).

신청하고, 검사가 이를 거절하는 때에는 법원에 불복을 신청할 수 있도록 하고 있다(동법 266조의3 내지 4). 또한 검사에게도 피고인 또는 변호인에 대한 서류 등의 열람·등사권을 인정하고 있다(동법 266조의11 1항). 따라서 L 변호사나 검사 모두 상대방이 가지고 있는 증거의 개시신청권이 인정된다.

2) 피고인 또는 변호인은 검사가 증거를 개시한 서면 및 서류 등의 사본을 당해 사건 또는 관련 소송의 준비에 사용할 목적이 아닌 다른 목적으로 다른 사람에게 교부 또는 제시해서는 아니 된다(형사소송법 266조의16 1항). 기록을 무단 유출하면 비밀유지의무위반에 그치는 것이 아니라 형법상 업무상 비밀누설죄 및 형사소송법 266조의16 2항 위반으로 형사처벌될 수 있다.

Ⅵ. 사례 연습

1 살인죄로 기소된 피고인 A는 공판정에서 일관하여 무죄를 호소하고 있다. 그러나 피고인 신문에 들어갈 기일 1주 전의 접견에서, A는 변호인 甲에게 "실은 자신이 범행을 저질렀다"고 고백하였다. 甲은 피고인 A로부터 들은 사실의 진위를 조사한 결과, 피고인 A의 고백이 사실이라는 확신을 얻었다.

(1) 변호사 甲은 피고인 A에 대해서 다음번 공판기일에 어떠한 태도를 취하도록 조언하면 좋은가?

(2) 피고인 A는 다음번 공판기일까지도 부인을 계속할 것이라고 주장하고 있다. 변호사 甲은 어떻게 대응해야 하는가?

(3) 피고인 A가 공소사실을 부인한 채로 최종변론기일까지 왔다. 변호사 甲은 어떻게 변론해야 하는가?

2 변호사 甲은 1심에서 강도강간치사죄로 사형판결을 선고받은 피고인 A의 항소심의 국선변호인으로 선임되었다. 甲 변호사는 피고인 A를 접견하였는데, 피고인 A는 자신이 범행을 저지르지 않았기 때문에 무죄라고 주장했다.

(1) 甲 변호사는 1심 기록을 열람해 본 결과, 피고인 A의 범행이 틀림없다고 생각했다. 이 경우 甲 변호사가 '항소이유 없다'는 항소이유서를 제출하는 것은 허용되는가?

(2) 甲 변호사는 무죄주장은 무리지만, 양형부당의 주장은 가능하다고 생각했다. A의 무죄주장에 반하여 양형부당의 이유만을 기재한 항소이유서를 제출하는 것은 허용되는가?[46)]

3 甲 변호사는 절도죄로 구속된 A의 변호인이다. A는 범행을 부인하고 있었다. 그러나 甲 변호사는 담당검사로부터, 공동 피의자 B가 자백하고 있어 증거가 충분하다는 취지의 말을 들었기 때문에, A의 절도사실을 확신하고 있었다. 그리고 담당검사도 상당히 강력하게 자백을 요구하고 있었다. 그래서 甲 변호사는 A에게 "부인해도 소용없다. 자백하면, 검사의 조사가 빨리 끝나 재판도 조속히 끝날 수 있다. 또한 형도 가볍게 받을 수 있다"고 말하며, 자백을 권했다. 甲 변호사의 행동에 문제가 있는가?

4 변호사 甲은, 강도치사사건의 피고인 A의 변호인이다. 甲이 A를 접견하자, A는 "내가 범행을 저지른 것은 사실이다. 아버지께서 암 투병 중어서 그 치료비를 마련하기 위해 절도행위를 하려다가 사람까지 죽이게 된 것이다. 그러나 내가 계속 교도소에 있으면 아버지는 사망하게 된다. 어떻게 해서든지 무죄가 되어야 한다. 친구에게 알리바이 증인을 만들어 달라고 했으니 잘 신문해주기 바란다. 석방되면 꼭 은혜를 갚겠다"고 말했다.

이 경우 甲 변호사는 어떻게 해야 하는가? A가 계속 무죄주장으로 일관하고 싶다고 말한다면 甲 변호사는 그대로 따라야 하는가?

5 공갈사건의 피고인인 A는 변호인 甲에게 범행을 자백하고 있으나, 피해자 B가 행방불명이어서 증거로는 그의 친구인 D가 A의 고백내용을 몰래 녹음한 테이프만 있었다. 甲 변호사는 녹음테이프에 대해서만 부동의하면 무죄가 될 가능성이 있다고 판단했다. 그런데 피고인 A는 자신의 목소리와 동일하다고 하면서 그 녹음테이프를 증거로 하는 데 동의할 것을 요구했다. 그럼에도 불구하고 甲 변호사는 이 증거에 대하여 부동의하였다. 甲 변호인의 행위는 적절한 것인가?

6 피고인의 자백에도 불구하고 검사 측의 증거를 검토한 결과, 보강증거나 그 밖에 유죄판결을 하기에 충분한 증거가 없다고 판단한 변호인이 자백하지 않고 버티면 무죄가 확실하다는 취지의 설명을 하고, 진술을 거부하도록 권했다.

---

46) 塚原 등(238면, 박휴상 450면에서 재인용).

이러한 변호인의 행위는 적절하다고 보는가?

7 진실의무에 관한 다음 물음에 대답하라.

(1) 증거상 명백히 유죄의 심증이 가는데도, 피고인이 부인하고 무죄를 호소하는 경우 무죄변론을 해야 하는가?

(2) 피고인의 근친자 등에게 피고인을 위하여 증언거부권(형사소송법 148조)의 행사를 권고할 수 있는가?

(3) 증인예정자와의 접촉은 '증거인멸'활동으로서 금지되는 것인가?

(4) 변호인이 피고인의 진술내용을 다른 공동피고인의 변호인에게 전달하는 것은 진실의무에 반하는 것인가?

8 A, B는 폭력행위등처벌에관한법률 위반사건의 피고인들이다. 이들은 공범자로 기소되어 있는데, 변호사 甲은 A, B 양인으로부터 변호인선임 의뢰를 받았다.

(1) A, B의 이해가 상반되지 아니한 경우, 甲 변호사는 수임해도 좋은가? A, B 모두 동시수임을 승낙하고 있는지의 여부에 따라 결론이 달라지는가?

(2) 누가 주범인지의 여부 등에 관하여 A, B의 주장이 상반되어 있으나, A와 B 모두 동시수임을 승낙하고 있는 경우, 변호사 甲은 수임해도 좋은가? A와 B가 친자관계인 때에는 어떠한가?

(3) A, B의 주장이 상반되지 아니하여 수임했는데, 그 후 A와 B의 주장이 달라진 경우 변호사 L은 어떻게 해야 하는가?

(4) 이 사건이 증수뢰사건으로 A는 증뢰 측, B는 수뢰 측인 경우에는 어떠한가?[47)]

9 甲 변호사는 상해사건으로 집행유예 판결을 받은 후, 그 유예기간 중에 또 다시 교통사고처리특례법 위반사건을 일으킨 X로부터, 사건의뢰를 받았다. 甲 변호사는 수사담당 검사에 대하여 피해자와 합의하는 데 시간이 걸린다는 이유로 공소제기를 2차 구속기간 만기까지 지연시켰다. 그리고 제1회 공판기일도, 합의가 이루어지지 아니하였다는 이유에서 2개월 뒤의 기일로 연기하는 데 성공했다. 그 결과 제1회 공판기일 전에 집행유예기간이 만료되어, X는 위 교통사고처리특례법 위반사건에서도 집행유예판결을 받을 수

47) 塚原(276면, 박휴상 476면에서 재인용).

있었다.

甲 변호사의 행동에 문제가 있는가?[48)]

10 변호사 L은 피고인 A의 횡령사건에 대해서 국선변호인이 되었다.

(1) L은 횡령사건의 피해자 B와 합의교섭을 하게 되었는데, 피해자 B의 집이 전철역으로부터 원거리에 있었기 때문에 피고인 A의 모친 C로부터 택시대금을 부담하겠다는 제안을 받았다. L은 이 제안을 받아들여 택시대금을 수령하여도 좋은가?

(2) L은 C에 대해서 "국선변호인은 보수가 적어서, 충분한 변호활동을 하기 어렵다"는 말을 자주 하였는데, C로부터 "그러면 사선 변호인이 되어 달라"는 제의를 받았다. L은 사선변호인으로 전환하여도 좋은가?

(3) 공판의 진행 중, 피고인 A는 구속된 상태이었기 때문에 "보석청구를 해주었으면 한다"고 희망했다. L은 보석청구에 관하여 국선변호료와는 별도로 A의 모친 C로부터 비용을 받으려고 생각했다. 보석청구의 비용을 받는 것은 허용되는가?

(4) 합의교섭은 민사사건이므로 대가를 수령할 수 있는가?

(5) A는 집행유예를 선고받고 확정되었다. 그러자 A와 C가 무더운 여름날 L의 사무실에 찾아와 "수고를 많이 했다"고 하면서 케이크 6개를 가지고 왔다. L은 이것을 받아도 되는가? 상품권을 가지고 왔다면 어떠한가?[49)]

11 피고인 A는 친구인 피해자 B의 금전을 보관하던 중 횡령한 사안으로 기소되었다. 피고인 A는 피해자 B의 금전을 보관한 사실이 없다고 하면서, 피해자 B의 사법경찰관 진술조서를 부동의하고, 피해자 B를 증인으로 신청해 주기를 강력히 요청했다.

그러나 A의 국선변호인인 변호사 L은, 다른 증거로 보아 피해자 B가 피고인 A에게 금전을 보관시킨 것이 틀림없다고 판단했다. 그래서 증거를 부동의하면 판사의 심증만 악화시킬 수 있으므로 증인 신청을 그만두는 것이 좋다며, A를 설득했다. 이에 대해 A는 감정적으로 반발하고 변호사 L에게 폭언을 했다.

변호사 L은 이렇게 무례한 피고인 A를 변호할 수 없다고 생각하고, 사임하기로 결심했다. 변호사 L은 국선변호인을 사임할 수 있는가?[50)]

48) 高中(189면, 박휴상 480면에서 재인용).

49) 塚原 등(268면).

50) 塚原 등(160면, 박휴상 469면에서 재인용).

12 국선변호인에 대한 다음 설명 중 옳지 않은 것은?

① 국선변호인이 사임하기 위해서는 반드시 법원 또는 지방법원 판사의 허가를 받아야 한다.

② 변호사는 국선변호인으로 지정받더라도 이미 수임하고 있는 사건과 이해관계가 상반되는 경우에는 그 취지를 알리고 이를 거절하여야 한다.

③ 국선변호인이 변호 활동을 위해 지출한 비용은 실비의 범위 내에서만 피고인 또는 피의자로부터 지급받을 수 있다.

④ 국선변호인은 사선변호인으로 전환하기 위하여 피고인 또는 피의자와 교섭하여서는 아니 된다.

해설

1 1) 피고인은 법정에서 진실을 말할 의무가 없다. 따라서 변호인이 피고인에게 그와 같은 의무가 있는 것으로 오해하고 자백을 강제하는 것은 허용되지 않는다. 변호인은 이 점을 전제로 하여 조언해야 한다.

그러면 변호인은 그 한도 내에서 어떠한 조언을 해야 하는가? 변호인 자신의 정의감·윤리관에 기하여 반성을 요구하는 것이 허용되는가, 아니면 그러한 것은 일체 진술해서는 안 되는가 검토할 필요가 있다.

변호인이 피고인의 형을 경감시키기 위해 유죄를 인정하도록 권하는 것은 상관없지만, 피고인의 의사에 반하는 것이 명백한 데도 자백을 권하는 것은 피고인에 대한 성실의무위반이라는 것이 일반적인 의견이다.

2) 피고인이 철저히 부인을 계속하는 경우 변호인으로서는 사임하는 것을 고려할 수 있다. 그러나 사임은 피고인에 대한 불신감의 표명으로 받아들여질 염려가 있다. 가령 사임하더라도 다음의 변호인이 동일한 문제에 직면하기 때문에 결국 문제의 해결이 되지 않는다.

변호인이 사임하지 않고 계속 변론을 행하는 경우에는, 피고인의 주장에 따라 입증 및 변론을 행하게 된다. 이는 성실의무에 우월한 적극적 진실의무가 변호인에게 없으며, 비밀의 폭로도 허용되지 않기 때문이다. 그러나 이때 변호인의 입증활동에 따라서는 증거인멸이나 위증에 관여하게 될 수도 있다는 문제가 생긴다. 변호인 자신이 적극적으로 재판의 적정한 운용을 방해하는 행위를 하는 것은 허용되지 않는다. 따라서 변호인은 개개의 구체적인 변호활동의 내용에 관해서 어떻게 해야 하는지 세밀히 검토할 필요가 있다.

3) 사임하지 않는 이상, 최종변론기일에는 피고인의 주장에 따라 변론을 행하는 방법 외에는 없다고 본다. 그 이유로는 ① 성실의무를 관철해야 하고, ② 변호인이 피고인을 재판하는 것이 아니기 때문에 변호인 개인의 유죄심증을 우선시해서는 안 되며, ③ 변론은 조사된

증거를 전제로 한 사실 및 법률 면의 의견진술이기 때문에 증거를 위조한 경우와는 달리, 그것이 재판제도의 공정성을 직접 침해하는 것으로 볼 수 없다는 점 등이 제시되고 있다.

2 변호인은 법관이 아니다. 변호인이 독자적으로 '진실'을 판단하여, 변호를 포기하고 피고인을 단죄하는 것은 허용되지 않는다. 피고인을 접견하여 사실을 확인하고, 또한 상세한 조사를 진행하는 가운데, 항소이유를 찾아낼 수 있고, 또한 찾아내야 한다. 따라서 甲 변호사로서는 항소이유가 없다는 항소이유서를 제출하는 것은 허용되지 않는다. 또한 항소이유서에 정상론을 기재하는 것에 대해서도 피고인의 양해를 얻어야 한다. 피고인의 의사에 반하여 정상론만을 기재하거나 정상론을 주로 하는 항소이유서(예: 무죄부분 1면, 정상부분 5면)를 제출하는 것은 허용되지 않는다.[51)]

3 甲 변호사가 A의 형을 경감시키기 위해 유죄를 인정하도록 권하는 것은 상관없지만, A의 의사에 반하는 것이 명백한 데도 자백을 권하는 것은 A에 대한 성실의무위반이 된다.

4 1) 피고인 A의 의사에 반하여 유죄를 인정할 수는 없다. 피고인의 의사에 반하여 유죄를 인정하는 것은 성실의무위반 · 비밀유지의무위반이 될 것이다.

2) 피고인 A에게는 피고인 신문 시 진실을 말할 의무가 없다. 피고인은 위증죄의 주체가 되지 않는다. 따라서 변호인은 피고인의 진술내용의 진실 여부에 관계없이 이를 저지해서는 안 된다. 물론 이 과정에서 발생되는 양형상의 불이익 등에 대해서는 법률적 조언을 충분히 해주어야 한다.

3) 그러나 증인의 경우는 피고인과 다르다. 허위의 증언을 하면 위증죄가 성립된다. 증인에게 위증죄가 성립되면 이를 교사한 피고인은 위증교사죄로 처벌받고, 증인을 신문한 변호인은 위증 교사 또는 방조죄가 성립될 수 있다. 따라서 변호인 甲은 알리바이에 대한 허위의 증인을 신청하여 위증하도록 해서는 안 된다. 변호인 甲은 피고인 A에게 결코 위증이 사건에 도움이 되지 않고 다른 증거로 발각될 가능성이 높다는 점 등을 들어 위증을 하지 않도록 설득해야 한다.

4) 피고인 A가 위증을 계속 고집할 경우에는 사임하는 것이 하나의 방법이 될 수 있다. 물론 사임은 종국적인 해결이 아니다. 다른 변호사가 새로이 선임될 것이고, 그때에는 그 변호사에게 허위라는 사실 자체를 숨기고 허위증인의 신청을 요청할 것이기 때문이다. 또한 부적절한 시기에 사임하게 되면 법원에 유죄의 심증을 줄 수 있고 피고인의 변호에 지장을 줄 수도 있다는 점에 유의해야 한다.[52)]

5) 변호인 甲이 위증사실을 검사나 법원에 고지해서도 안 된다. 변호사에게는 비밀유지의무가 있기 때문이다.

---

51) 高中(337면).

52) 한인섭 등(293면), 박휴상(457면).

5 형사소송법은 설사 진범인일지라도 적법절차를 준수하여 수집된 증거에 의해서만 유죄를 선고하도록 요구하고 있다. 따라서 변호인은 피고인의 자백에도 불구하고 자백의 보강증거나 그밖에 유죄판결을 하기에 충분한 증거가 법원에 제출되어 있지 아니한 경우(예컨대 헌법 12조 7항 후단, 형사소송법 310조 참조)에는 피고인을 위하여 무죄의 변론을 행할 수 있으며, 또한 행하여야 한다. 이때 변호인은 피고인의 자백에 구속되지 않는다. 피고인의 자백이 사실과 다르다고 믿은 때에도 변호인은 당연히 무죄의 변론을 해야 한다. 이러한 요청은 피고인에 대한 보호자로서의 지위에서 당연히 나온 것이다.[53] 따라서 위 사례에 있어서 변호사 甲이 위법수집한 녹음테이프에 대해서 증거로 하는 데 부동의한 것은 적절하다고 본다.

6 변호인이 피고인에게 진술거부권의 행사를 권유하는 것은 변호사로서의 진실의무에 위반되지 않는다. 그러나 변호인이 적극적으로 허위의 진술을 권고하는 것은 진실의무에 반할 수 있다.[54] 다만 변호인이 허위 진술을 권고한 경우에도 피고인을 허위진술죄로 처벌할 수 없고 변호인의 그러한 행위도 범죄가 되지 않는다.[55]

7 1) 먼저 피고인의 호소를 허심탄회하게 들은 다음, 증거를 정사해 보아야 한다. 증거를 검토한 결과 명백히 유죄의 심증이 가는데도, 피고인이 부인하고 무죄를 호소하는 경우가 있다. 그런 경우에도 변호인은 피고인의 의사에 따라 그의 '권익을 최대한 옹호하도록 노력'해야 한다(윤리규칙 16조 3항). 그러나 최선의 변호활동을 하더라도 유죄를 피할 수 없고, 오히려 양형상 불이익을 받을 것이 예상되는 경우에는, 그 사실을 피고인에게 설명하고 번복하도록 설득해야 할 것이다. 이들은 진실의무의 문제가 아니라, 순수한 성실의무의 문제이다.[56]

2) 근친자 등의 증언거부권은 적법한 권리이므로 그 행사를 요청하는 변호인의 행위는 진실의무에 반하지 않는다. 따라서 증인은닉죄(형법 155조 2항)에 해당되지 않는다.[57]

3) 피고인에게 유리한 증거를 수집하여 제출하는 것은 변호인의 당연한 의무이다. 따라서 변호인이 증인을 법정 이외의 장소에서 사전에 신문하는 것은 허용된다.[58] 검찰 측 증인을 증언 전에 사전면담을 하는 것도, 그것이 반대신문의 사전 검토 등 방어의 준비상 필요하다고 보이는 한, 변호인이 당연히 행할 수 있는 활동이다. 다만 그 면담의 필요여부는 위증교사의 의심을 받을 위험성도 있다는 점을 고려하여 신중하게 검토해야 할 것이다.[59]

---

53) 신동운(83면), 이재상(137면), 박휴상(458면).
54) 대법원 2007. 1. 31. 판결, 2006모656.
55) 도재형(238면).
56) 박휴상(458면).
57) 이재상(137면), 신동운(85면), 박휴상(464면).
58) 이재상(137면).
59) 박휴상(462면).

4) 공범자 혹은 참고인으로부터 사건에 관한 정보를 얻는 것은, 수임하고 있는 피고인의 적절한 방어를 위해 필요한 이상, 당연히 행할 수 있는 변호활동이고, 그 자체가 진실의무 위반이라고 비난받을 근거가 되는 것은 아니다. 또한 변호인이 피고인의 진술을 공범자의 변호인에게 전달하는 것도 진실의무에 반하는 것이 아니다. 공동으로 변호해야 할 필요성이 인정되기 때문이다. 이에 대하여 범죄조직의 활동을 돕는 것이라는 이유를 들어 금지시켜야 한다는 견해가 있으나, 변호인의 주관적 의사를 형사처벌의 대상으로 삼는 것이므로 타당하지 않다고 본다.60) 다만 공범자 간의 진술일치를 위한 비밀연락 등을 하는 것은 진실의무에 반하므로 허용되지 않는다.61)

8 1) A와 B의 이해가 상반되지 아니한 경우, 변호사 甲은 A, B 전원을 수임할 수 있다. 다만 사건을 수임함에 있어서 A, B 각각에 대해 상호 대립이 생기면 사임가능성 등 불이익이 생길 수도 있다는 점을 미리 설명해야 한다.

2) A, B의 주장에 어긋남이 있을 때에는 상호 양해가 있더라도 수임할 수 없다(윤리규칙 18조 4항 참조). A, B가 친자관계에 있더라도 마찬가지이다.

3) 수임한 후에 주장이 어긋나게 된 경우에는 A와 B에게 그 사실을 알리고 대립되는 사항을 해소하도록 노력해야 하지만, 대립이 해소되지 않으면 원칙적으로 전원에 대해서 사임해야 한다.

4) 증수뢰사건도 공범자의 경우와 마찬가지로 해석해야 할 것이다. A는 모두 자백하지만, B가 부인하는 경우와 같이 증뢰자와 수뢰자 사이에 주장이 어긋날 때에는 동시에 수임할 수 없다. 상호 이해가 대립되기 때문이다. 이 경우 1심에서 증뢰자인 A를 수임한 변호사가 항소심에서 수뢰자인 B를 수임하는 것도 종전 의뢰인인 A의 양해가 없는 한 허용되지 않는다(윤리규칙 18조 2항 참조).

9 형사사건에서는 민사사건보다 부당한 목적에 의한 지연의 의미가 좁게 해석된다. 의뢰인의 이익이 될 수 있다면 사소한 문제에 대해서 주장하는 것도 허용되는 경우가 있다. 무익한 주장이 거의 없는 셈이다. 甲 변호사로서는 집행유예판결을 선고받기 위해 지연을 꾀한 것이지만, '부당한 목적'에 의한 재판절차의 연기라고 보기는 어려울 것이다.62)

10 1) 피해자와의 합의를 위해 지급한 교통비는 정당한 변호활동비용이므로 이를 이해관계인으로부터 수령해서는 안 된다. 매우 적은 금액인 택시대금이라도 받아서는 안 된다(윤리규칙 19조 4항 참조).

2) 사건관계인에게 자주 "국선변호인은 보수가 적어서 충분한 변호활동을 하기 어렵다"는 말을 했다면, 이는 외관상으로 사선변호인으로 선임되기 위한 권유행위로 보일 수 있기

60) 신동운(85면).
61) 박휴상(463면).
62) 高中(342면).

때문에 문제가 된다. 윤리규칙 19조 4항에 위반될 가능성이 있으므로 언동에 신중을 기할 필요가 있다.

3) 국선변호료와 별도로 보석청구 비용을 받아서는 아니 된다.

4) 합의를 하는 데 대가를 수령할 수 없음은 물론이다.

5) 현금이나 상품권을 받아서는 안 된다는 데 의문의 여지가 없다. 이를 받으면 징계대상이 된다. 그러나 의례적인 인사로 가지고 온 케이크조차 거절해야 하는가에 관해서는 양설이 있다.

11 1) 변호인의 개인적인 판단으로 피고인이 요청한 절차를 저지해서는 안 된다. 특히 사례의 경우 형사소송법 312조 4항의 방침결정에 관한 것이기 때문에 피고인의 부동의 의사를 무시하고 소송을 수행하는 것은 허용되지 않는다.

2) 그러나 문제는 그 후의 행위이다. 매우 무리한 주장을 고집하는 피고인에 대하여 그로 인한 불이익을 설명해도 그것이 받아들여지지 않고, 오히려 폭언 사태까지 이르게 되어 신뢰관계마저 파괴된 때에는 사임의 문제가 발생하게 된다. 형사소송규칙에 의하면, 국선변호인은 정당한 이유가 있는 때 법원의 허가를 얻어 사임할 수 있다(형사소송규칙 20조). 또한 "피고인 또는 피의자로부터 폭행 · 협박 또는 모욕을 당하여 신뢰관계를 지속할 수 없을 때"에는 사임사유가 있는 것으로 규정한다(동 규칙 20조).

12 국선변호인을 사임하려면 판사의 허가를 받아야 하며, 국선변호사건이 이미 수임한 사건과 이해가 상반하면 국선변호사건의 수임을 거절해야 한다. 국선변호인은 국선변호료 외에 별도로 피고인으로부터 보수나 비용을 받을 수 없다. 국선변호인은 사선변호인으로 전환하기 위하여 피고인 또는 피의자와 교섭하여서는 아니 된다. 따라서 ③번이 옳지 않은 것으로 정답이다.

제13장 변호사의 사회활동

Ⅰ 공익활동

1. 개요

(1) 공익활동이란 미국에서 발전되어온 'pro bono 활동'을 말한다. pro bono는 라틴어로서, 영역하면, for the good(공익을 위한)을 의미한다. pro bono 활동은 일반적으로 "변호사가 종교상의 이유, 또는 자선이나 시민으로서의 책무에 기하여 무료 또는 극히 저렴한 보수로 의뢰인에게 법률서비스를 제공하는 것"이라고 정의되고 있다(미국 표준규칙 6.1조 참조).

(2) 우리나라는 2000년 변호사법 개정을 통해 위와 같은 의미의 공익활동을 의무화했다. 이는 일련의 법조비리사건으로 변호사의 이미지가 악화된 상태에서 실추된 신뢰를 회복하기 위한 것이다.

2. 공익활동의 근거규정

(1) 우리나라는 직접 법률에 의해서 공익활동의 의무를 근거 짓고 있다는 점에 그 특징이 있다. 즉, 변호사법은 27조 1항에서 "변호사는 연간 일정 시간 이상 공익활동에 종사하여야 한다"고 명시하고 있다. 이에 의하면 변호사는 대한변호사협회가 정하는 바에 따라 공익활동(1항), 혹은 법령에 따라 공공기관, 대한변호사협회 또는 소속 지방변호사회가 지정한 업무(2항)를 처리하여야 할 의무를 지게 된다.

(2) 대한변호사협회는 변호사법상의 이러한 의무조항을 회칙 9조의2에서 반복하여 규정한 다음, 2006. 6. 대한변협규정 54호로 제정된 「공익활동 등에 관한 규정」(이하 '공익규정'이라 한다)을 통하여 공익활동의 범위와 시행방법 등의 내용을 상세하게 정하고 있다. 공익규정은 대한변호사협회의 내부규칙이긴 하지만, 변호사법의 위임에 의하여 그 효력을

부여받기 때문에 실질적으로 법률과 같은 집행력을 갖는다.

(3) 변호사윤리장전에도 공익활동과 관련하여 다음 두 가지 사항을 규정하고 있다. 즉, 변호사는 ① "국선변호인, 관리인, 관재인, 관리위원, 직무대행자, 임시이사, 청산인, 유언집행자, 공소유지변호사, 민사조정법에 의한 조정위원 등 공익상의 직무를 위촉받았을 때에는 공정하고 정확하게 직무를 집행하여야 하며 이해관계인 등으로부터 별도의 보수를 받아서는 아니 되고"(윤리규칙 5조 1항), ② "대한변협이 정하는 바에 따라 연간 일정 시간 이상 공익활동에 종사하여야 한다"(동조 2항).

3. 공익활동의무의 내용

3-1. 공익활동의 범위

> L 변호사의 다음 활동이 공익활동에 포함되는지 검토해 보라.
> (1) ○○지방변호사회의 공보이사로 활동하고 있다.
> (2) 법령의 개정을 위하여 보수를 받지 않고 법률적 봉사를 제공하는 활동을 하고 있다.
> (3) 보수를 받고 국선변호인으로서의 활동을 하고 있다.
> (4) 대한변호사협회가 설립한 공익재단에 대한 기부행위를 하였다.
> (5) 공익단체의 상근자로서 현저히 저렴한 실비를 받고 그 단체가 공익목적으로 행하는 사업을 지원하는 활동을 하고 있다.

공익규정은 2조에서 공익활동을 정의하고 있는데, 이에 의하면, 공익활동의 범위는 다음과 같다.

① 시민의 권리나 자유 또는 공익을 위하거나 경제적인 약자를 돕기 위하여 마련된 자선단체, 종교단체, 사회단체, 시민운동단체 및 교육기관 등 공익적 성격을 가진 단체에 대하여 무료 또는 상당히 저렴한 비용으로 법률서비스를 제공하는 활동과 위 공익적 단체의 임원 또는 상근자로서의 활동 중 대한변호사협회 또는 지방변호사회가 공익활동으로 인정하는 활동

② 대한변호사협회 또는 지방변호사회의 임원 또는 위원회의 위원으로서의 활동

③ 대한변호사협회 또는 지방변호사회가 지정하는 법률상담변호사로서의 활동

④ 대한변호사협회 또는 지방변호사회가 지정하는 공익활동 프로그램에서의 활동

⑤ 국선변호인 또는 국선대리인으로서의 활동

⑥ 법령 등에 의해 관공서로부터 위촉받은 사항에 관한 활동(다만, 상당한 보수를 받는 경우를 제외)

⑦ 개인에 대한 무료변호 등 법률서비스 제공 행위 가운데 공익적 성격을 가진 것으로서 대한변호사협회 또는 지방변호사회가 공익활동으로 인정하는 활동

⑧ 대한변호사협회 또는 지방변호사회가 설립한 공익재단에 대한 기부행위

해설

1) 대한변호사협회 또는 지방변호사회의 임원 또는 위원회의 위원으로서 활동하는 것은 공익활동으로 인정받는다.

2) 개인에 대한 무료변호 등 법률서비스 제공 행위 가운데 공익적 성격을 가진 것으로서 대한변호사협회 또는 지빙변호시회가 공익활동으로 인정하는 활동은 공익활동에 포함된다.

3) 국선변호인으로서의 활동은 그에 대한 보수를 받더라도 공익활동으로 인정받는다.

4) 대한변호사협회가 설립한 공익재단에 대한 기부행위는 공익활동으로 인정받는다.

5) 공익적 성격을 가진 단체에 대하여 무료 또는 상당히 저렴한 비용으로 법률서비스를 제공하는 활동 중 대한변호사협회 또는 지방변호사회가 공익활동으로 인정하는 활동은 공익활동에 포함된다.

3-2. 공익활동 등의 실행

공익활동에 관한 다음 설명이 옳은 것인지 검토해보라.

(1) 변호사가 공익활동의무의 이행과 관련하여 대체 금원만 지급하고 실제 공익활동에 지접 임하지 않았다면 변호사윤리에 저촉될 수 있다.

(2) 개인회원은 매년 그 해에 30시간의 공익활동을 하는 것과 공익활동을 대체하는 금액을 소속 지방변호사회에 납부하는 것 중 어느 것을 택할지를 사전에 소속 지방변호사회에 신고하여야 한다.

(3) 법조경력이 2년 미만이거나 60세 이상인 회원은 공익활동 의무를 면제받는다.

(4) 법조경력이 2년 미만인 변호사는 공익활동 의무를 면제받으므로 법무법인의 공익활동 수행변호사로 지정될 수 없다.

(1) 개인회원은 공익규정 2조의 공익활동 중 적어도 하나 이상을 선택하여 연간 합계 30시간 이상을 행하여야 한다. 다만 특별한 사정이 있는 지방변호사회는 위 30시간을 20시간까지 하향 조정할 수 있다(동 규정 3조 1항).

(2) 부득이한 사정으로 위 공익활동 시간을 완수하지 못한 개인회원은 1시간 당 금 20,000원 내지 30,000원에 해당하는 금액을 소속 지방변호사회에 납부하여야 한다(동 규정 3조 2항).

(3) 다만 법조경력이 2년 미만이거나 60세 이상인 회원, 질병 등으로 정상적인 변호사 업무를 수행할 수 없는 회원과 기타 공익활동을 수행할 수 없는 정당한 사유가 있는 회원은 위 의무가 면제된다(동 규정 3조 3항).

(4) 변호사를 고용하고 있는 변호사나 법무법인 등은 그 고용된 변호사가 공익활동에 참여할 수 있도록 협력할 의무가 있다(동 규정 7조).

해설

1) 부득이한 사정으로 위 공익활동 시간을 완수하지 못한 개인회원은 일정한 금액을 지급하고 공익활동에 종사하지 않을 수 있다. 위 금원을 지급하면 변호사윤리에 저촉되지 않는다.
2) 공익활동에 종사하는 것과 금액을 납부하는 것 중 어느 것을 선택할 것인지는 미리 신고할 사항이 아니다. 변호사는 공익활동을 완수해야 하고, 그것을 부득이한 사정으로 완수하지 못할 때 금액으로 대체 납부하는 것이지, 사전에 선택할 사항이 아니다.
3) 법조경력이 2년 미만이거나 60세 이상인 회원은 공익활동 의무를 면제받는다.
4) 법무법인은 공익활동 수행 변호사로 법조경력이 2년 미만이거나 60세 이상인 개인회원도 지정할 수 있다.

3-3. 공익활동의 의무대체

Q 법무법인은 그 구성원인 개인회원을 대신하여 공익활동을 행할 변호사를 지정하였다. 그리고 그 지정변호사가 행한 공익활동의 시간은 그 법무법인의 구성원인 개인회원 전원이 공동으로 행한 것으로 보고 그 전원의 수로 균등 배분하여 각 개인회원의 공익활동시간으로 인정하려고 한다. 이것이 가능한가?

(1) 법무법인이나 법무법인(유한), 법무조합 등 변호사들이 하나의 법인으로 조직된 경우 그 조직 전체가 공익활동의무를 수행할 수 있도록 하는 대안적 방식이 허용되고 있다(동 규정 4조).

(2) 그 방식은, ① 법무법인 등이 그 구성원인 개인회원 및 소속변호사인 개인회원 전원을 위하여 공익활동을 한 경우(1호), ② 법무법인 등이 그 구성원인 개인회원 및 소속변호사 전원을 대신하여 공익활동을 행할 변호사를 지정하여 그 변호사가 공익활동을 한 경우(2호)에는, 이를 구성원인 개인회원 혹은 소속변호사인 개인회원 전원이 공동으로 공익활동을 한 것으로 처리할 수 있도록 한 것이다. 이때 공익활동시간은 그 전원의 수로 균등 배분하여 각 개인회원의 공익활동시간으로 인정한다(동 규정 4조 1항).

그리고 공익활동 수행 변호사에 대하여는 그가 행한 공익활동시간 중 그에게 배분이 인정된 시간에 한하여 그 수행변호사 자신의 공익활동시간으로 본다(동조 2항). 또한 공익활동 수행 변호사는 법조경력이 2년 미만이거나 60세 이상인 개인회원도 지정할 수 있도록 하고 있다(동조 5항).

(3) 공증인가합동법률사무소와 기타 조합형 합동법률사무소의 경우에도 이를 준용하여 위와 같이 처리할 수 있도록 하고 있다(동조 3항).

(4) 이러한 공익활동시간의 배분 인정은 법무법인 등의 대표자가 소속 지방변호사회의 허가를 받아야 한다(동조 4항).

해설

법무법인이 그 구성원인 개인회원을 대신하여 공익활동을 행할 변호사를 지정할 수 있고, 그 경우 그 지정변호사가 행한 공익활동의 시간은 그 법무법인의 구성원인 개인회원 전원이 공동으로 행한 것으로 보고 그 전원의 수로 균등 배분하여 각 개인회원의 공익활동시간으로 인정할 수 있다(공익규정 4조).

3-4. 공익활동심사위원회 및 특별기금

(1) 공익활동의무를 보다 효율적으로 수행할 수 있도록 하기 위하여 지방변호사회는 소속 개인회원의 공익활동 등에 관하여 필요한 사항을 심사·결정하기 위한 기구로 공익활동심사위원회를 설치·운영하고 있다(동 규정 5조).

(2) 지방변호사회는 공익활동의 원활한 수행을 위하여 특별기금을 설치, 운용한다. 공익활동규정 3조 2항에 따라 공익활동시간을 완수하지 못한 변호사가 납부한 돈이 이 기금에 입금된다(동 규정 6조).

3-5. 공익활동의무이행의 담보

공익활동이 실제로 행해지는 것을 담보하기 위하여, 앞에서 설명한 부담금 부과(동 규정 3조 2항) 외에 다음 두 가지 방법이 시행되고 있다.

① 개인회원은 매년 1월 말까지 전년도 공익활동의 결과를 소속 지방변호사회에 보고하여야 하고, 지방변호사회는 이를 매년 2월 말까지 대한변호사협회에 보고하도록 함으로써(동 규정 8조), 지방변호사회 및 대한변호사협회의 감시·감독의 가능성을 열어두고 있다.

② 정당한 이유 없이 공익활동을 수행하지 아니하거나 돈을 납부하지 않은 변호사에 대하여 당해 변호사가 소속한 지방변호사회 회장은 징계권을 가진 대한변호사협회장에게 징계개시신청을 할 수 있도록 하였다(동 규정 9조).

Ⅱ. 변호사회, 관공서와의 관계

1. 변호사회와의 관계

1-1. 강제가입단체로서의 변호사회

(1) 우리나라에서 변호사는 당연히 변호사회에 소속되어야 한다. 즉 변호사로서 개업하려면 대한변호사협회에 등록을 하여야 하며, 대한변호사협회에 등록을 하려는 자는 가입하려는 지방변호사회를 거쳐 등록신청을 하여야 한다(법 7조).

(2) 강제가입제도는 변호사 직무의 공공성에 근거한 것으로, 직업선택의 자유(헌법 15조)에 대한 합리적 제한이라고 할 수 있다.

1-2. 회칙의 준수

L1 변호사는 ○○지방변호사회 소속 개인회원으로서 23개월간의 월회비를 납부하지 아니했다. L2 변호사는 수임사건 중 18건을 소속 지방변호사회에 경유하지 아니 하고 다른 지방변호사회를 경유했다. L1, L2 변호사의 행위는 징계사유에 해당되는가?

(1) 변호사는 지방변호사회 및 대한변호사협회의 회원으로서 소속 변호사회 및 대한변호사협회의 회칙을 지켜야 한다(법 25조 1항). 또한 회칙, 규칙 또는 총회의 의결에 의하여 부과된 분담금, 특별회비 및 등록료 등을 납부하여야 한다(동조 2항). 이때 회칙은 '변호사협회 회칙'뿐만 아니라 그것의 위임에 의하여 구체화한 각종 하위 규범도 포함한다.

(2) 변호사윤리장전도 회칙준수의무에 관하여 규정하고 있다. 즉, 변호사는 법령과 대한변호사협회 및 소속 지방변호사회의 회칙·규칙·규정·결의사항 등을 준수하고 그 활동에 적극 동참하여야 하고(윤리규칙 4조 1항), 변호사와 변호사단체의 명예와 신용을 해치는 행위를 하여서는 아니 된다(동조 2항). 또한 변호사는 변호사단체의 임원이 민주적이고 공정한 방법에 의하여 선출되도록 힘써야 하고, 임원은 변호사단체의 직무 이외에 그 직위를 이용하여서는 아니 된다(동조 3항, 4항).

(3) 변호사가 회칙을 위반하게 되면 징계의 사유가 된다(법 91조 2항 2호).

해설

23개월간 월회비 등을 납부하지 아니한 경우[1], 수임사건 중 18건을 소속 지방변호사회에 경유하지 아니 하고 다른 지방변호사회를 경유함으로써 회비납부의무를 위반한 경우[2] 등은 회칙준수의무를 위반한 것으로 징계사유가 된다.

1-3. 위촉사항의 처리

> L 변호사는 ○○지방변호사회 인권위원회 위원으로 활동을 하고 있다. 변호사회 임원이나 위원회의 위원으로 활동하는 것도 공익활동에 포함되는가?

(1) 변호사법 27조 2항은 "변호사는 법령에 따라 공공기관, 대한변호사협회 또는 소속 지방변호사회가 지정한 업무를 처리하여야 한다"고 규정한다. 이에 따라 대한변호사협회 회칙도 "모든 회원은 … 이 회로부터 지정 또는 위촉받은 사항을 신속·정확하게 처리하여야 한다"고 명시하고 있고(회칙 9조 1항), 변호사윤리장전도 "변호사는 법령과 대한변호사협회 및 소속 지방변호사회의 회칙·규칙·규정·결의사항 등을 준수하고 그 활동에

1) 대한변협 1998. 2. 16. 징계 98-1호.
2) 대한변협 1993. 12. 15. 징계 93-7호.

적극 동참하여야 한다"고 규정하고 있다(윤리규칙 4조 1항).

(2) 정당한 이유가 있으면 위촉사항을 거절할 수 있다. 정당한 이유로는 질병, 장기 해외출장 등을 들 수 있다. 그러나 개인적 신념이나 일시적인 감정적 이유는 정당한 사유에 해당된다고 보기 어렵다.

해설

공익규정에 의하면 대한변호사협회 또는 지방변호사회의 임원 또는 위원회의 위원으로서의 활동은 공익활동에 포함된다(공익규정 2조 2호).

2. 관공서와의 관계

2-1. 위촉사항의 처리

L 변호사는 ○○지방법원 판사로 재직하다가 퇴직한 후 6개월 된 변호사이다. ○○지방법원으로부터 절도피고인인 A의 국선변호인으로 선임되었다. 그런데 L 변호사는 판사 재직 시 A의 공범인 B의 구속영장을 발부한 바 있다. L 변호사는 A의 국선변호인이 될 수 있는가?

(1) 변호사는 국선변호인뿐만 아니라, 관리인・관재인・관리위원・직무대행자・임시이사・청산인・유언집행자・공소유지변호사・민사조정법에 의한 조정위원 등 공익상의 직무를 위촉받았을 때에는 공정하고 정확하게 직무를 집행하여야 하며, 이해관계인 등으로부터 별도의 보수를 받아서는 아니 된다(윤리규칙 5조 1항).

(2) 변호사는 공익적 직무에의 위촉이 있을 때 정당한 이유 없는 거부는 금지된다고 보아야 한다. 따라서 정당한 이유 없이 거부한 경우에는 징계사유가 된다.[3]

Example ① 질병 등이 '정당한 이유'에 해당될 것이다. 그러나 단순히 바쁘다거나, 피고인이 유죄라고 믿기 때문이라는 이유로 공익적 직무에의 위촉을 거부할 수는 없다고 본다. 개인적 신념이나 가치관, 혐오감 등도 정당한 이유라고 볼 수 없다.

② 미국 표준규칙에 의하면, 그 의뢰인을 대리하는 것이 직무행위규칙이나 다른 법의 위반을 초래할 것으로 보이는 경우, 그 의뢰인을 대리하는 것이 변호사에게 부당한 재정적 부담

3) 이상수(380면), 박휴상(500면).

을 낳을 것으로 보이는 경우, 의뢰인이나 소송원인이 변호사에게 너무 혐오스런 것이어서 의뢰인·변호사 관계나 의뢰인을 대리할 변호사의 능력을 손상시킬 것으로 보이는 경우 등이 정당한 이유에 속한다고 제시하고 있다(표준규칙 6.2조).

(3) 공익적 직무를 수락한 경우 '이해관계인 등으로부터 별도의 보수를 받게 되면' 윤리규칙위반이 된다. 이는 마치 공직자가 이해관계인으로부터 금품을 받는 것과 같은 비윤리적 행위로서 징계사유가 된다.

2-2. 수탁의 제한

(1) 변호사는 공익상 위촉받은 사항에 관하여, 직무의 공정성을 유지할 수 없는 사유가 있는 때에는 그 위촉을 받아서는 안 된다.

(2) 따라서 그 직무를 맡아서는 안 될 객관적 사유가 있음에도 불구하고 그 직책을 맡게 된 경우에는 징계사유가 된다고 보아야 한다(일본 직무기본규정 81조, 미국 표준규칙 6.2조).

해설

공범사건은 단순한 관련 사건과 달리 그 실체가 단일사건으로 보아야 할 것이므로, 공범 중 1인의 영장을 발부한 경우 수임이 제한된다고 본다. 따라서 L 변호사는 A의 국선변호인으로 선임될 수 없다.

Ⅲ. 사례 연습

1 공익활동이 실제로 행해지도록 담보하기 위하여, 어떠한 방법이 시행되고 있는가?

2 변호사의 공익활동과 관련된 설명 중 옳지 않은 것은?[4)]

① 공익단체의 상근자로서 현저히 저렴한 실비를 받고 그 단체가 공익목적으로 행하는 사업을 지원하는 활동은 공익활동에 포함될 수 있다.

4) 법조윤리시험(2011년) 문제이다.

② 법령의 개정을 위하여 보수를 받지 않고 법률적 봉사를 제공하는 활동은 공익활동에 포함될 수 있다.
③ 법무법인이 그 구성원인 개인회원을 대신하여 공익활동을 행할 변호사를 지정할 수 있고, 그 경우 그 지정변호사가 행한 공익활동의 시간은 그 법무법인의 구성원인 개인회원 전원이 공동으로 행한 것으로 보고 그 전원의 수로 균등 배분하여 각 개인회원의 공익활동시간으로 인정할 수 있다.
④ 법조경력이 2년 미만인 변호사는 공익활동 의무가 면제되므로 법무법인의 공익활동 수행변호사로 지정될 수 없다.

3 대한변호사협회의 「공익활동 등에 관한 규정」상 변호사의 공익활동에 관한 설명 중 옳은 것은?[5)]

① 국선변호인으로서의 활동은 그에 대한 보수를 받으므로 공익활동으로 인정받지 못한다.
② 법조경력이 2년 미만이거나 60세 이상인 회원은 공익활동 의무가 면제된다.
③ 대한변호사협회가 설립한 공익재단에 대한 기부행위는 공익활동으로 인정받지 못한다.
④ 개인회원은 매년 그 해에 30시간의 공익활동을 하는 것과 공익활동을 대체하는 금액을 소속 지방변호사회에 납부하는 것 중 어느 것을 택할지를 사전에 소속 지방변호사회에 신고하여야 한다.

4 다음 설명 중 옳은 것은?

① 변호사가 공익활동의무의 이행과 관련하여 대체 금원만 지급하고 한 시간도 실제 공익활동에 종사하지 않았다면 변호사윤리에 저촉될 수 있다.
② 변호사는 연수교육이수와 관련하여 대한변호사협회가 정하는 일정한 사유가 있는 경우에는 일정한 대체 금원을 변호사회에 납부하는 방법으로 갈음할 수 있다.
③ 변호사회의 「변호사보수에관한규정」이 폐지된 후에는 변호사가 의뢰인과 보수 약정을 함에 있어, 보수금액의 상한에 관하여 아무런 제한이 없어졌지만 의뢰인이 자유의사에 따라 동의하더라도 과도한 보수의 약정을 하여서는 아니 된다.

---

5) 법조윤리시험(2010년) 문제이다.

④ 서울지방변호사회 소속의 변호사가 춘천지방법원의 민사소송사건을 수임하게 된 경우에는 소송위임장을 소속 서울지방변호사회를 경유하거나 춘천지방변호사회를 경유한 후 춘천지방법원에 제출할 수 있다.

5 변호사법은 변호사에게 연간 일정 시간 이상 공익활동에 종사할 의무를 부과하고, 구체적인 사항은 대한변호사협회가 정하도록 위임하고 있다. 공익활동에 관한 대한변호사협회의 규정 내용 중 옳지 않은 것은?

① 공익적 성격을 가진 단체에 대하여 저렴한 비용을 받고 법률서비스를 제공하는 것도 공익활동이 될 수 있다.

② 국선변호인으로 활동하는 것도 공익활동이다.

③ 연간 30시간 이상 공익활동을 해야 한다.

④ 법무법인은 특정 변호사에게 소속변호사 전체를 대신해 공익활동을 하게 할 수 없다.

6 L 변호사는 Q변호사회에 소속하고 있다. Q변호사회의 회칙에는 총회의 결의로 특별회비를 징수할 수 있다는 규정이 있다. 이 회칙에 기하여 Q변호사회는 신회관건설을 위한 임시회비로서 월 20만 원을 납부할 것을 총회에서 결의하였다. 그러나 L 변호사는 Q변호사회가 신축하려는 회관이 사치라고 생각하였기 때문에, 임시회비를 납부하지 않았다. L 변호사는 회칙위반으로 징계처분을 받을 수 있는가? 임시회비가 ○○법제정 반대를 위한 국회대책자금을 조달하기 위한 것인 때에는 어떠한가?[6)]

7 L 변호사는 소속된 X변호사회로부터, 인권위원회의 위원에 위촉한다는 통지를 받았다. L 변호사는 인권옹호활동에 별로 흥미도 없었기 때문에, 매월 개최하는 위원회에 한 번도 출석하지 않았다. L 변호사의 행동에 문제가 있는가?

8 L 변호사는 인구가 적은 Q지방법원 R지원 관내에 법률사무소를 두고 있다. 동 지원의 판사로부터 매스컴에 대대적으로 보도된 토막살인사건의 피고인 A의 국선변호인이 되도록 위촉을 받았다. 그러나 L 변호사는 A의 국선변호인이 되면, 지역주민들로부터

---

6) 高中(192면, 박휴상 497면에서 재인용).

집중적인 공격의 대상이 될 우려가 있다고 생각하고, 그 위촉을 거절했다.

L 변호사의 행동에 문제가 있는가?

9 L 변호사는 공갈사건의 피고인 X의 국선변호인으로 선임되었다. 그런데 형사기록을 읽어 본 바, X가 공갈한 것은 L 변호사가 고문으로 있는 Y회사의 총무부장 P이었다. L 변호사는 P와 안면이 없었지만, 공갈의 내용은 Y회사가 제조판매한 전기제품의 설계상의 결함에 관한 것이었다. L 변호사는 Y회사의 의뢰를 받아 그 상품에 관한 제조물책임소송의 대리인을 맡고 있다. L 변호사는 X의 국선변호인을 사임해야 하는가?[7)]

해설

1 공익활동이 실제로 행해지는 것을 담보하기 위하여, ① 부담금 부과(동 규정 3조 2항), ② 실적보고(동 규정 8조), ③ 징계개시신청(동 규정 9조)의 방법이 시행되고 있다.

2 ④번이 정답이다. 법조경력이 2년 미만인 변호사도 법무법인의 공익활동 수행변호사로 지정될 수 있다.

3 ②번이 정답이다. 법조경력이 2년 미만이거나 60세 이상인 회원은 공익활동 의무가 면제된다(동 규정 3조 3항).

4 변호사가 공익활동의무의 이행과 관련하여 대체 금원만 지급하고 한 시간도 실제 공익활동에 종사하지 않았더라도 변호사윤리에 저촉되지 않는다. 따라서 공익활동에 관한 ①번은 옳은 것이 아니다. 정답은 ③번이다. 즉, "변호사회의 「변호사보수에관한규정」이 폐지된 후에는 변호사가 의뢰인과 보수 약정을 함에 있어 그 보수금액의 상한에 관하여 아무런 제한이 없어졌지만 의뢰인이 자유의사에 따라 동의하더라도 과도한 보수의 약정을 하여서는 아니 된다"는 것이 옳은 것이다.

5 ④번이 정답이다. 법무법인이나 법무법인(유한), 법무조합 등 변호사들이 하나의 법인으로 조직된 경우 그 조직 전체가 공익활동의무를 수행할 수 있도록 하는 대안적 방식이 허용되고 있다.

6 L 변호사가 임시회비를 납부하지 않는 것은 회비납입의무를 정한 회칙에 위반한 것이라고 할 수 있다. 신회관의 건설은 변호사회의 목적을 완수하고, 법률상담이나 위원회활동 등 국민의 인권옹호를 위하여 필요한 사업으로 인정될 수 있으므로, 임시회비징수에는 합리적 이유가 있다고 보아야 한다.

---

7) 高中(196면, 박휴상 501면에서 재인용).

○○법 제정반대운동을 위한 국회대책자금을 조달하기 위한 임시회비 징수에 관하여는, 당해 법안에 반대하는 이유가 변호사로서의 사명을 달성하기 위한 것이 명백하고, 금원의 지출이 특정 정당에 대한 정치헌금의 의미를 갖는 것이 아니라면 변호사회의 목적의 범위 내라고 해석해도 좋을 것이다.[8)]

7 L 변호사가 위원회에 전혀 출석하지 않은 것은 정당한 이유에 기한 것이라고 할 수 없다.

8 L 변호사가 국선변호인의 위촉을 거절한 이유는 지역주민들의 집중적인 공격의 대상이 될 수 있다는 점이다. 이는 매우 자기중심적인 것으로 정당한 이유에 기한 거절이라고 할 수 없다. 그러나 세상을 떨게 한 중대사건의 국선변호를 마지못해 행하는 것은 피고인의 권리옹호를 충분히 도모할 수 없다는 우려를 낳을 수 있다. 법원으로서는 다른 국선변호인을 선임할 수밖에 없을 것이다.[9)]

9 L 변호사는 피해자인 P가 근무하는 Y회사의 소송대리인을 맡고 있기 때문에 피해자와 일정한 관계에 있다고 볼 수 있다. 이 경우에 피고인 X를 위하여 변호활동을 할 수 없으며, 국선변호인의 지위에 그대로 남아 있는 것은 오히려 국선변호제도에 대한 국민의 신뢰를 손상시키는 것이다. 따라서 L 변호사는 법원에 대해서 그 이유를 설명하고 사임을 신청해야 한다(형사소송규칙 20조 참조).

---

8) 高中(343면).
9) 高中(344면).

제14장 변호사의 징계

Ⅰ. 징계제도

1. 개요

(1) 우리나라의 경우 대한변호사협회가 일차적으로 변호사에 대한 징계권을 갖는다. 이러한 의미에서 변호사징계제도는 자치적 징계제도이고, 변호사 자치의 근간을 이룬다고 할 수 있다.

(2) 변호사는 기본적 인권의 옹호와 사회정의의 실현이라는 사명(법 1조)을 달성하는 과정에서, 때로는 국가권력과 직접 충돌하게 된다. 이 경우에 국가기관이 변호사의 징계권을 갖게 된다면 징계권의 남용을 가져올 수 있을 뿐만 아니라, 국민의 권리보장이라는 변호사의 사명 역시 달성하기 곤란하게 된다. 나아가 국민 전체는 변호사의 조력을 받을 권리를 충분히 누릴 수 없게 될 것이다. 따라서 변호사로서의 사명을 달성하기 위해서 변호사는 권력으로부터 독립된 자율적인 존재가 되지 않으면 안 되며, 그것을 절차적으로 보장하는 것이 자치적 징계제도라고 할 수 있다.[1)]

2. 징계 종류

징계의 종류에는 ① 영구제명, ② 제명, ③ 3년 이하의 정직, ④ 3천만 원 이하의 과태료, ⑤ 견책의 5가지 종류가 있다(법 90조).

(1) 영구제명

변호사의 신분을 영구적으로 박탈하는 징계처분이다. 영구제명은 변호사의 결격사유에 해당하므로(법 5조 7호), 당해 변호사는 다시 변호사등록을 하여 변호사 신분을 회복할

---

1) 박휴상(505면).

수 없다.

(2) 제명

변호사 신분을 박탈하는 징계처분이다. 영구제명과 다른 것은 제명의 징계처분을 받은 변호사의 경우 5년이 경과되면 다시 변호사등록을 하여 변호사 신분을 회복할 수 있다는 점이다(법 5조 4호).

(3) 정직

일정 기간(3년 이하) 변호사 업무를 금지하는 것이다. 변호사 자격 및 신분을 잃는 것은 아니지만 정직 기간 동안 일체의 변호사 업무를 행할 수 없는 제재를 받는다. 정직결정을 위반하여 변호사직무를 수행한 변호사는 형사처벌의 대상이 된다(법 112조 4호).

(4) 과태료

변호사 신분에는 영향을 미치지 않지만 과태료를 납부해야 하는 재산상의 불이익을 받는다. 과태료의 결정은 「민사집행법」에 따른 집행력 있는 집행권원과 같은 효력이 있으며, 검사의 지휘로 집행한다(법 98조의5 2항).

(5) 견책

변호사의 신분과 활동에 아무런 제한도 가하지 않는 가장 가벼운 징계처분이다. 명예에 손상을 줄 뿐이다.

3. 징계 사유

> 변호사 L은 3회에 걸쳐 타인을 구타하여 상해를 가한 사실로 인하여 벌금 500만 원의 약식명령을 받고 그 명령이 확정되었다. 변호사 L의 행위는 변호사법이 정하는 징계사유에 해당하는가?

변호사법 91조는 징계사유를 영구제명에 해당하는 징계사유와 그렇지 않은 징계사유로 나누어서 규정하고 있다.

(1) 영구제명의 징계사유(법 91조 1항)

① 변호사의 직무와 관련하여 2회 이상 금고 이상의 형을 선고받아(집행유예를 선고

받은 경우를 포함한다) 그 형이 확정된 경우(과실범의 경우는 제외한다)

② 변호사법에 따라 2회 이상 정직 이상의 징계처분을 받은 후 다시 동법 91조 2항에 따른 징계 사유가 있는 자로서 변호사의 직무를 수행하는 것이 현저히 부적당하다고 인정되는 경우

(2) 영구제명 이외의 징계 사유(동조 2항)

① 변호사법을 위반한 경우[2]

② 소속 지방변호사회나 대한변협의 회칙을 위반한 경우

회칙뿐만 아니라, 규칙, 규정 등에서 변호사가 준수해야 할 의무를 정한 경우 이를 위반한 행위도 징계사유에 해당할 수 있다.[3]

③ 직무의 내외를 막론하고 변호사로서의 품위를 손상하는 행위를 한 경우

④ 변호사징계규칙에 의하여 출석, 경위서 및 소명자료제출 등의 요구를 받고도 2회 이상 불응한 경우(변호사징계규칙 9조 6호)

해설

직무 내외를 막론하고 변호사로서의 품위를 손상하는 행위는 징계사유에 해당한다(법 91조 2항 3호). 변호사의 사생활상의 행위라고 하더라도 금고 이상의 형을 선고받은 경우에만 징계사유에 해당되는 것이 아니다. 벌금형을 선고받은 경우에도 징계를 받을 수 있다. 따라서 피해자가 의뢰인인지 여부, 상해행위가 변호사로서의 직무와 관련되는지 여부와 관계없이 L의 행위는 징계사유에 해당한다.

4. 징계의 절차

4-1. 징계개시의 신청과 청구

○○지방검찰청 검사 P는 의뢰인 A의 고소에 의해, 변호사 L을 수사한 결과, "경찰관에게 알선료를 주고 사건을 유치한 사실이 인정되어 L을 변호사법위반(법 109조 2호, 34조 2항)으로 기소하였다.

---

2) 변호사법 제21조부터 제38조에 해당하는 경우를 말한다.

3) 대한변협 회칙 9조 1항은 "모든 회원은 이 회의 회칙, 규칙, 규정 및 결의를 준수하여야 하며, 이 회로부터 지정 또는 위촉받은 사항을 신속·정확하게 처리하여야 한다"고 규정하고 있다.

(1) ○○지방검찰청 검사장은 대한변협의 장에게 변호사 L에 대한 징계개시를 신청할 수 있는가?
(2) 변호사 L이 소속된 지방변호사회의 장은 위 사건을 직접 처리하지 아니하였기 때문에, 변호사 L에 대한 징계개시를 신청할 권한이 없는 것인가?
(3) 법조윤리협의회가 특정변호사(일정 수 이상의 사건을 수임한 변호사)로서 L 변호사의 수임자료를 제출받아 검토하였는데, 그 결과 징계사유가 있는 것을 발견하였다면 대한변협의 장에게 그 변호사에 대한 징계개시를 신청할 수 있는가?

(1) 징계개시청구

1) 변호사에 대한 징계는 징계위원회의 결정으로 이루어지지만, 징계위원회는 스스로 징계절차를 개시할 수 없고, 대한변협의 장이 징계의 개시를 청구할 때 비로소 징계절차를 시작할 수 있다(법 97조). 이러한 징계개시청구권은 대한변협의 장 이외의 사람은 가질 수 없다. 대한변협의 장에게 징계개시청구권을 독점적으로 인정한 것은 변호사단체의 자율권을 확대, 강화하기 위한 것으로 해석할 수 있다.[4]

2) 대한변협의 장은 지방검찰청 검사장·지방변호사회의 장 또는 윤리협의회 위원장의 징계개시신청이 있거나(법 97조의2 1항, 2항, 89조의4 4항, 89조의5 3항), 의뢰인 등의 재청원(법 97조의3 3항)이 있으면 지체 없이 징계개시의 청구 여부를 결정하여야 한다(법 97조의4 1항).

3) 대한변협의 장은 단독의 결정으로써 징계개시 청구를 할 수 있지만, 징계개시의 청구를 하기 전에 필요하면 조사위원회로 하여금 징계혐의사실에 대하여 조사하도록 할 수 있다(법 97조의4 2항).[5]

4) 대한변협의 장은 징계개시청구의 결정을 하였을 때에는 지체 없이 그 사유를 징계개시 신청인(징계개시를 신청한 윤리협의회 위원장이나 지방검찰청 검사장을 말한다)이나 재청원인에게 통지하여야 한다(법 97조의4 3항).

5) 징계청구의 시효는 징계 사유가 발생한 날부터 3년이다(법 98조의6).

(2) 징계개시의 신청

1) 징계개시의 신청인은 지방검찰청 검사장이나 지방변호사회의 장이 된다(법 97조

4) 오종근-서울대(376면).
5) 조사위원은 대한변협의 장의 추천으로 이사회에서 선출하며, 조사위원회는 10인 이상 30인 이내의 변호사로 구성한다(변호사징계규칙 제37조). 조사위원회는 변호사에게 징계사유에 해당하는 혐의가 있다고 인정될 때에는 혐의유무에 대하여 조사를 한 후 그 결과를 대한변협의 장에게 보고하여야 한다(동 규칙 제38조 제1항).

의2). 신청인이 특정 변호사에게 징계사유가 있는 것을 발견한 때에는 대한변협의 장에게 징계개시를 신청해야 한다. 그러나 신청인은 직접 징계를 청구할 수는 없고, 대한변협의 장에게 징계의 개시를 신청할 수 있는 데 그친다.

2) 법조윤리협의회는 전관예우와 법조 브로커를 퇴치하기 위하여 공직퇴임변호사나 특정변호사(일정 수 이상의 사건을 수임한 변호사)의 수임자료와 퇴직공직자의 명단 및 업무내역서를 제출받아 검토하는데, 만일 위원장이 관련자들에게 변호사법 91조에 따른 징계사유나 위법의 혐의가 있는 것을 발견한 때에는 대한변협의 장이나 지방검찰청 검사장에게 그 변호사에 대한 징계개시를 신청하거나 수사를 의뢰할 수 있다(법 89조의4 4항, 89조의5 3항).

3) 의뢰인 등에게도 징계개시신청의 청원권을 인정해주고 있다. 즉 의뢰인이나 의뢰인의 법정대리인·배우자·직계친족 또는 형제자매는 수임변호사나 법무법인(법 58조의2에 따른 법무법인(유한)과 58조의18에 따른 법무조합을 포함한다)의 담당변호사에게 변호사법 91조에 따른 징계 사유가 있으면 소속 지방변호사회의 장에게 그 변호사에 대한 징계개시의 신청을 청원할 수 있다(법 97조의3 1항). 지방변호사회의 장은 제1항의 청원을 받으면 지체 없이 징계개시의 신청 여부를 결정하고 그 결과와 이유의 요지를 청원인에게 통지하여야 한다(동조 2항).

청원인은 지방변호사회의 장이 청원을 기각하거나 청원이 접수된 날부터 3개월이 지나도 징계개시의 신청 여부를 결정하지 아니하면 대한변협의 장에게 재청원을 할 수 있다. 이 경우 재청원은 통지(2항의 통지)를 받은 날 또는 청원이 접수되어 3개월이 지난 날부터 14일 이내에 하여야 한다(동조 3항).

사례

1) ○○지방검찰청검사장은 공소가 제기될 경우 대한변협의 장에게 L 변호사에 대한 징계개시를 신청하여야 한다(법 97조의2 1항).

2) 지방변호사회의 장도 징계사유가 있는 것을 발견한 경우에는 징계개시신청을 하여야 한다(동조 2항). 지방변호사회의 장이 직접 처리한 경우나 고소인의 진정이 있는 경우에만 징계개시신청을 할 수 있는 것이 아니다.

3) 법조윤리협의회는 공직퇴임변호사나 특정변호사(일정 수 이상의 사건을 수임한 변호사)의 수임자료를 제출받아 검토하는데, 만일 위원장이 그 변호사에게 변호사법 91조에 따른 징계사유가 있는 것을 발견한 때에는 대한변협의 장에게 그 변호사에 대한 징계개시를 신청하거나 수사

를 의뢰할 수 있다(법 89조의4 4항, 89조의5 3항).

4-2. 변협징계위원회의 심의절차

> 변협징계위원회는 징계혐의자 L 변호사가 위원장의 출석명령을 받고 징계심의기일에 출석하지 아니하여 서면으로 심의하고 징계결정을 하였다. 이와 같이 징계혐의자에게 청문의 기회를 주지 아니하고 이루어진 징계결정은 적법절차에 위배되어 위법한 것인가?

(1) 변협징계위원회

변호사의 징계는 변호사징계위원회가 한다(법 92조 1항). 변호사징계위원회는 변협징계위원회와 법무부징계위원회로 이원화되어 있다(법 92조 2항). 변협징계위원회는 변호사에 대한 징계절차에서 1심의 역할을 수행한다. 법무부징계위원회는 변협징계위원회의 징계결정에 대한 이의신청사건을 심의한다(법 96조).

(2) 심의절차의 개시

변협징계위원회는 대한변협의 장의 징계개시청구에 의해서 징계절차를 개시하며, 스스로 그리고 단독으로는 징계절차를 개시할 수 없다. 다만 징계개시 신청인은 대한변협의 장이 징계개시신청을 기각하거나 징계개시신청의 접수를 한 지 3개월이 지나도 징계개시 청구 여부를 결정하지 아니하는 때는 변협징계위원회에 이의신청을 할 수 있다. 이때 변협징계위원회가 이의신청에 이유가 있다고 판단하면 징계절차를 개시해야 하고, 이유 없다고 판단하면 이의신청을 기각해야 한다(법 97조의5).

(3) 심의절차

징계절차는 직권탐지주의를 원칙으로 하고 있다.[6] 형사절차에서와 같은 당사자주의적 구조를 예정하고 있는 것이 아니다. 징계위원회는 스스로 징계심의기일에 심의를 개시하고 징계혐의자에 대하여 징계 청구에 대한 사실과 그 밖의 필요한 사항을 심문할 수 있다(법 98조의2 3항). 또한 조사위원회에 징계혐의사실에 대한 조사를 요청할 수 있다(법 92조의2, 변호사징계규칙 38조 2항).

(4) 관계인의 지위

1) 징계혐의자에게 자기방어기회를 제공하고 있다. 즉, 징계혐의자는 징계심의기일

6) 이상수(416면), 오종근-서울대(383면).

에 출석하여 구술 또는 서면으로 자기에게 유리한 사실을 진술하거나 필요한 증거를 제출할 수 있다(동조 2항). 징계혐의자가 심의기일에 출석하는 것은 그의 권리임과 동시에 의무이다. 다만 변협징계위원회는 징계혐의자가 위원장의 출석명령을 받고 징계심의기일에 출석하지 아니하면 서면으로 심의할 수 있다(동조 5항).

2) 징계개시청구를 한 대한변협의 장은 직접 또는 대리인을 통하여 구술 또는 서면으로 징계혐의사건에 대한 의견을 진술할 수 있다(변호사징계규칙 25조 3항). 징계심의절차는 형사소송절차와 같이 대립당사자의 존재를 예정하고 있는 것이 아니다. 따라서 대한변협의 장에게는 위 의견진술권이 인정될 뿐이며, 형사절차의 소추기관에게 인정되는 증거신청권, 증거제출권 등은 인정되지 않는다.

3) 징계개시 신청인도 징계사건에 관하여 의견을 진술할 수 있다(법 98조의2 7항).

(5) 심의의 정지

징계위원회는 징계혐의자가 징계청구된 징계혐의사실로 공소제기되어 있을 때에는 그 사건이 확정될 때까지 심의절차를 정지한다. 다만 공소의 제기가 있는 경우로서 징계사유에 관하여 명백한 증명자료가 있거나 징계혐의자의 심신상실·질병 등의 사유로 형사재판절차가 진행되지 아니할 때에는 징계심의를 진행할 수 있다(변호사징계규칙 19조).

해설

1) 변호사법 98조의2(징계혐의자의 출석·진술권 등), 변호사징계규칙 20조(심의기일의 통지), 23조(징계혐의자의 출석의무) 등에 의하면 징계위원회 위원장은 징계혐의자에게 징계심의기일을 통지하여야 하고, 징계혐의자는 그 기일에 출석하여 자기에게 유리한 사실을 진술하거나 증거를 제출할 수 있으나, 징계혐의자가 심의기일에 출석하지 아니한 때에는 서면에 의하여 심의절차를 진행하고 종결할 수 있도록 하고 있다. 결국 위 규정의 취지는 징계혐의자에게 심의기일에 출석하여 유리한 사실을 진술하고 증거를 제출할 수 있는 기회를 부여하라는 것일 뿐, 징계혐의자의 출석을 징계절차 진행의 필요적 요건으로 하려는 데 있는 것은 아니다. 이는 징계결정이 제명이라 하여 달리 볼 것이 아니다. 나아가 징계혐의자가 기일연기신청서를 제출하고 불출석한 경우에 과연 심의기일을 연기할 것인가의 여부도 징계위원회의 재량사항이라고 할 수 있다.[7] 따라서 징계혐의자에게 청문의 기회를 부여한 이상, 징계혐의자의 불출석으로 인해 청문의 기회를 갖지 못하게 되었더라도 그 징계절차가 위법하다고 할 수 없다.

2) 그러나 만일 변호사법 98조의2, 변호사징계규칙 20조에 의한 징계심의기일을 징계혐의자에게

7) 대한변협 징계 1995-3호.

적법하게 통지하지 않음으로써, 그에게 심의기일에 출석하여 유리한 사실을 진술하고 증거를 제출할 수 있는 청문의 기회 자체를 부여하지 않았다면 이는 위법한 징계절차로서 취소사유에 해당된다고 보아야 한다.[8)]

4-3. 징계 결정

> 변호사 L은 변호사법위반으로 기소되어, 대법원에서 2009. 10. 15. 징역 1년, 집행유예 2년의 형을 선고받고 그 형이 확정되었다. 이후 변호사 L에 대하여 형이 확정된 변호사법위반과 동일 내용으로 징계개시청구가 이루어졌다. 변호사 L에 대한 징계가 가능한가?

(1) 변협징계위원회는 사건 심의를 마치면 위원 과반수의 찬성으로써 의결한다(법 98조의4 1항). 변협징계위원회는 징계개시의 청구를 받거나 97조의5 2항에 따라 징계절차를 개시한 날로부터 6개월 이내에 징계에 관한 결정을 하여야 한다. 다만 부득이한 사유가 있을 때에는 그 의결로 6개월의 범위에서 기간을 연장할 수 있다(법 98조 1항).

(2) 대한변협이 행하는 징계결정은 변호사법이 정한 바에 의해서 자기에게 부여된 공적 권능을 행사하는 것이므로 넓은 의미에서 행정처분에 속한다고 할 것이다. 변협징계위원회의 징계결정에 불복이 있으면 법무부징계위원회에 이의신청할 수 있으며, 법무부징계위원회의 결정에 불복이 있으면 「행정소송법」으로 정하는 바에 따라 행정법원에 소를 제기할 수 있다(법 100조). 이러한 점도 징계가 일종의 행정처분이라는 것을 나타낸 것이다.[9)]

(3) 징계 결정에 대해서는 이의신청을 할 수 있는데, 만약 이의신청을 하지 아니하면 이의신청 기간이 만료한 날부터 변협징계위원회의 징계의 효력이 발생한다(법 98조의4 3항).[10)] 이의신청을 한 경우에는 법무부징계위원회의 이의신청에 대한 결정이 난 때로부터 효력을 발생한다(변호사징계규칙 35조).

---

8) 대법원 2007. 11. 16. 판결, 2005두15700: 행정절차법 제22조 제1항 제1호에 정한 청문제도는 행정처분의 사유에 대하여 당사자에게 변명과 유리한 자료를 제출할 기회를 부여함으로써 위법사유의 시정가능성을 고려하고 처분의 신중과 적정을 기하려는 데 그 취지가 있으므로, 행정청이 특히 침해적 행정처분을 할 때 그 처분의 근거 법령 등에서 청문을 실시하도록 규정하고 있다면, 행정절차법 등 관련 법령상 청문을 실시하지 않아도 되는 예외적인 경우에 해당하지 않는 한 반드시 청문을 실시하여야 하며, 그러한 절차를 결여한 처분은 위법한 처분으로서 취소사유에 해당한다.

9) 헌법재판소 2000. 6. 29. 결정, 99헌가9, 日最大判昭和 42. 9. 27., 民集 21卷 7號 1955面, 小島 등(276면) 참조.

10) 일본최고재판소의 판결은 변호사에 대한 징계처분이 당해 변호사에게 고지된 때 효력이 발생된다고 판시하고 있다(日最大判昭和 42. 9. 27., 民集 21卷 7號 1955面 참조).

해설

징계는 변호사에 대한 감독권의 행사이다. 따라서 변호사법 5조의 결격사유에 해당되어 변호사자격을 상실한 자에 대해서는 징계권이 없으므로 각하 결정을 해야 한다.[11] 사례의 경우 변호사 L은 집행유예기간이 종료된 후 2년이 지나지 아니하여 변호사의 자격을 상실하였다. L에 대한 징계권이 없으므로 각하결정을 해야 한다.

5. 법무부징계위원회의 이의신청절차

> 변호사 L은 변협징계위원회에서 정직 6월의 징계처분을 받고 법무부징계위원회에 이의신청을 하였으나, 기각결정을 받았다. 이에 불복을 하려면 어떠한 절차를 밟아야 하는가? 징계결정 취소소송의 피고는 변협징계위원회인가, 법무부징계위원회인가? 그리고 취소의 대상은 징계결정인가, 이의신청 기각결정인가?

(1) 법무부징계위원회

법무부징계위원회는 변협징계위원회의 징계결정에 대한 이의신청사건을 심의한다(법 96조). 변협징계위원회의 결정에 불복하는 징계혐의자 및 징계개시 신청인은 그 통지를 받은 날부터 30일 이내에 법무부징계위원회에 이의신청을 할 수 있다(법 100조 1항).

(2) 심의절차

1) 법무부징계위원회는 변협징계위원회의 결정에 대한 이의신청을 받은 날부터 3개월 이내에 징계에 관한 결정을 하여야 한다. 다만 부득이한 사유가 있는 때에는 그 의결로 3개월의 범위에서 기간을 연장할 수 있다(법 98조 2항).

2) 법무부징계위원회는 이의신청이 이유 있다고 인정하면 변협징계위원회의 징계결정을 취소하고 스스로 징계 결정을 하여야 하며, 이의신청이 이유 없다고 인정하면 기각하여야 한다.

(3) 결정에 대한 불복

법무부징계위원회의 결정에 불복하는 징계혐의자는 「행정소송법」으로 정하는 바에 따라 그 통지를 받은 날부터 90일 이내에 행정법원에 소를 제기할 수 있다(법 100조 4항). 이 경우 징계 결정이 있었던 날부터 1년이 지나면 소를 제기할 수 없다. 다만, 정당한 사유

11) 대한변협 징계 2004. 10. 11.

가 있는 경우에는 그러하지 아니하다(동조 제5항). 제소기간은 불변기간이다(동조 6항).

해설

1) 법무부징계위원회의 결정에 불복하는 징계혐의자는 「행정소송법」으로 정하는 바에 따라 그 통지를 받은 날부터 90일 이내에 행정법원에 소를 제기할 수 있다(법 100조 4항).

2) 징계결정의 취소소송의 피고는 변협징계위원회가 아니라 법무부징계위원회이며, 취소의 대상 역시 법무부징계위원회의 원고에 대한 이의신청 기각결정이다.[12)]

6. 징계의 집행

> A는 손해배상청구사건을 의뢰하려는 L 변호사가 징계처분을 받았다는 소문이 있어 그 내용을 알고 난 후 의뢰 여부를 결정하기로 했다. A는 어떠한 방법으로 L 변호사의 징계처분에 관한 정보를 제공받을 수 있는가?

(1) 집행

징계는 대한변협의 장이 집행한다(법 98조의5 1항). 변호사법 90조 4호의 과태료 결정은 「민사집행법」에 따른 집행력 있는 집행권원과 같은 효력이 있으며, 검사의 지휘로 집행한다(동조 2항). 대한변협의 장은 징계혐의자에게 징계의 집행 사실을 서면으로 통지하여야 한다(변호사징계규칙 44조 2항).

(2) 공고

대한변협의 장은 징계처분을 하면 이를 지체 없이 공개하여야 한다(동조 3항). 변호사징계규칙에 의하면 대한변협의 장은 징계처분의 내용을 대한변협이 발행하는 회지 또는 신문에 공고하도록 하고 있다(변호사징계규칙 45조).

(3) 정보제공

1) 사건의뢰, 상담 기타 합리적인 사유가 있는 자는 회원을 특정하여 징계처분의 내용에 대한 정보제공을 신청할 수 있다(동 규칙 48조). 정보제공을 신청하는 자는 그러한 취지를 기재한 서면을 대한변협에 직접 제출하거나 우편, 모사전송 또는 정보통신망에 의

12) 서울고법 2008. 10. 29. 판결, 2008누7573.

하여 제출하여야 한다(동 규칙 49조 1항).

2) 정보제공 기간을 도과한 징계처분인 경우는 정보제공 범위에서 제외하고 있다. 정보제공을 할 수 있는 기간은 "① 제명의 경우 제명처분이 확정된 날부터 10년, ② 정직의 경우 정직기간이 만료한 날부터 5년, ③ 과태료의 경우 징계처분이 확정된 날부터 2년" 등이다(동 규칙 53조).

해설

사건의뢰, 상담 기타 합리적인 사유가 있는 자는 회원을 특정하여 징계처분의 내용에 대한 정보제공을 신청할 수 있다(변호사징계규칙 48조). 정보제공을 신청하는 자는 그러한 취지를 기재한 서면을 대한변협에 직접 제출하거나 우편, 모사전송 또는 정보통신망에 의하여 제출하여야 한다(동 규칙 49조 1항).

Ⅱ. 기타 제재

1. 업무정지명령

L 변호사는 특정범죄가중처벌 등에 관한 법률위반(뇌물수수)으로 기소되어 재판 중이다. 법무부장관은 L 변호사에 대해서 업무정지를 명할 수 있는가?

1-1. 의의

(1) 법무부장관은 변호사가 공소제기되거나 징계 절차가 개시되어 그 재판이나 징계 결정의 결과 등록취소, 영구제명 또는 제명에 이르게 될 가능성이 매우 크고, 그대로 두면 장차 의뢰인이나 공공의 이익을 해칠 구체적인 위험성이 있는 경우에는 법무부징계위원회에 그 변호사의 업무정지에 관한 결정을 청구할 수 있다. 다만, 약식명령이 청구된 경우와 과실범으로 공소제기된 경우에는 그러하지 아니하다(법 102조 1항).

(2) 법무부장관은 법무부징계위원회의 결정에 따라 해당 변호사에 대하여 업무정지를 명할 수 있다(법 102조 2항). 업무정지명령을 위반하여 변호사의 직무를 수행한 변호사는

형사처벌의 대상이 된다(법 112조 4호).

1-2 요건

(1) 변호사법 102조는 업무정지명령의 요건으로 ① '등록취소, 영구제명 또는 제명에 이르게 될 가능성'과 ② '그대로 두면 장차 의뢰인이나 공공의 이익을 해칠 구체적 위험성'을 들고 있다.

(2) 여기서 "그대로 두면 장차 의뢰인이나 공공의 이익을 해칠 구체적 위험성은 등록취소 등의 가능성이 있음으로 인하여 당연히 추정된다고 볼 수는 없고, 등록취소 등의 개연성이 있다는 사정과는 별개로 구체적으로 그러한 위험성이 있다는 사정이 나타나야 한다."[13] 따라서 단순히 변호사를 고소하고 그로 인해 공소제기되어 등록취소의 위험성이 있다는 이유만으로 변호사에 대한 업무정지명령을 내릴 수는 없다.[14]

(3) "변호사법 102조는 공소제기된 범죄의 종류에 대하여 제한하고 있지 않으며, 업무정지명령은 의뢰인뿐만 아니라 사법제도의 원활한 운영 등 공공의 이익 보호를 그 입법취지로 하고 있으므로, 공소 제기된 범죄가 뇌물을 공여하거나 의뢰인에게 사기를 치는 등으로 자신의 의뢰인 또는 일반 국민에게 직접적인 악영향을 미치는 범죄로 한정된다고 할 수 없다."[15]

1-3. 절차

(1) 결정절차

1) 법무부징계위원회의 결정에 따라 법무부장관이 해당 변호사에 대하여 업무정지를 명한다(법 102조 2항). 법무부장관의 업무정지명령은 당해 변호사에 대하여 송달된 때로부터 효력을 발생한다(시행령 26조).

---

13) 서울행정법원 2008. 4. 22. 판결, 2007구합44023에서 "… 개정된 변호사법에서 '등록취소 가능성'과 '그대로 방치하면 장차 의뢰인이나 공공의 이익을 해칠 구체적 위험성'을 업무정지명령의 요건으로 규정하게 된 상황을 종합하여 볼 때 '그대로 방치하면 장차 의뢰인이나 공공의 이익을 해칠 구체적 위험성'은 등록취소 가능성이 있음으로 인하여 당연히 추정된다고 볼 수는 없고, 등록취소 개연성이 있다는 사정과는 별개로 구체적으로 그러한 위험성이 있다는 사정이 나타나야 한다"고 판시하였다.

14) 법무부 질의회신(2000. 10. 11.자).

15) 서울행정법원 2006. 12. 27. 판결, 2006구합32795.

2) 법무부징계위원회는 변호사법 102조 1항에 따라 청구를 받은 날부터 1개월 이내에 업무정지에 관한 결정을 하여야 한다. 다만, 부득이한 사유가 있는 때에는 그 의결로 1개월의 범위에서 그 기간을 연장할 수 있다(103조 1항). 업무정지에 관하여는 동법 98조 3항 및 98조의2 2항부터 6항까지의 규정을 준용한다(103조 2항).

(2) 업무정지 기간

업무정지 기간은 6개월로 한다. 다만, 법무부장관은 해당 변호사에 대한 공판 절차 또는 징계 절차가 끝나지 아니하고 업무정지 사유가 없어지지 아니한 경우에는 법무부징계위원회의 의결에 따라 업무정지 기간을 갱신할 수 있다(법 104조 1항). 갱신할 수 있는 기간은 3개월이다(동조 2항). 업무정지 기간은 갱신 기간을 합하여 2년을 넘을 수 없다(동조 3항).

(3) 업무정지명령 해제

법무부장관은 업무정지 기간 중인 변호사에 대한 공판 절차나 징계 절차의 진행 상황에 비추어 등록취소, 영구제명 또는 제명에 이르게 될 가능성이 크지 아니하고, 의뢰인이나 공공의 이익을 침해할 구체적인 위험이 없어졌다고 인정할 만한 상당한 이유가 있으면 직권으로 그 명령을 해제할 수 있다(법 105조 1항).

대한변협의 장, 검찰총장 또는 업무정지명령을 받은 변호사는 법무부장관에게 업무정지명령의 해제를 신청할 수 있다(동조 2항). 법무부장관은 위 신청을 받으면 직권으로 업무정지명령을 해제하거나 법무부징계위원회에 이를 심의하도록 요청하여야 하며, 법무부징계위원회에서 해제를 결정하면 지체 없이 해제하여야 한다(동조 3항).

(4) 업무정지명령의 실효

업무정지명령은 그 업무정지명령을 받은 변호사에 대한 해당 형사 판결이나 징계 결정이 확정되면 그 효력을 잃는다(법 106조). 업무정지명령을 받은 변호사가 공소제기된 해당 형사사건과 같은 행위로 징계개시가 청구되어 정직 결정을 받으면 업무정지 기간은 그 전부 또는 일부를 정직 기간에 산입한다(법 107조).

해설

법무부장관은 변호사가 공소제기되거나 징계 절차가 개시되어 그 재판이나 징계 결정의 결과 등록취소, 영구제명 또는 제명에 이르게 될 가능성이 매우 크고, 그대로 두면 장차 의뢰인이나 공공의 이익을 해칠 구체적인 위험성이 있는 경우에는 법무부징계위원회에 그 변호사의 업무정지에 관한 결정을 청구할 수 있다(법 102조 1항). 법무부장관은 법무부징계위원회의 결정에 따라 해당 변호사에 대하여 업무정지를 명할 수 있다(법 102조 2항). 따라서 L 변호사는 특가법위반으로 공소제기된 자이므로 위 요건을 충족하면 업무정지명령을 받을 수 있다.

2. 과태료

L 변호사는 수임장부의 작성·보관의무를 위반하였다는 이유로 지방검찰청 검사장으로부터 과태료 처분이 부과되었다. L 변호사에 대해서 징계처분을 할 수 있는가?

2-1. 의의

(1) 변호사법 117조 1항 각 호에 해당하는 자에게 지방검찰청 검사장은 1,000만 원 이하의 과태료를 부과할 수 있다(법 117조 1항). 또한 변호사법 85조 1항을 위반하여 연수교육을 받지 아니한 자에게는 500만 원 이하의 과태료를 부과한다(법 117조 2항).

(2) 과태료처분의 대상이 되는 변호사의 비행은 변호사법을 위반하는 행위이므로 징계사유에도 해당된다(법 91조). 따라서 변호사는 과태료처분과 징계처분을 별도로 받을 수 있다. 양자는 그 목적을 달리하기 때문이다. 전자는 행정기관의 단속법규에 따른 처벌이며, 후자는 변호사단체가 자치권의 일환으로 변호사에게 행사하는 징계이다.

2-2. 과태료처분사유

지방검찰청 검사장이 변호사에게 과태료 처분을 하기 위해서는 변호사법 117조 1항 각호 또는 2항에 해당하는 행위를 한 경우이다. 구체적으로는 변호사가 무자격 사무직원의 채용(법 22조 1항), 수임장부의 작성·보관의무 위반(법 28조), 수임사건의 건수 및 수임액의 보고위반(법 28조의2), 변호인선임서 등의 지방변호사회 미경유(법 29조), 변호사 선임서 미제출 변호(법 29조의2), 사건유치목적으로 법원·수사기관 등의 출입(법 35조), 재판·수사기관의 공무원으로부터 사건 소개(법 36조), 연수교육 미이행(법 85조 1항) 등을 범한 경우이다.

2-3. 과태료처분절차

과태료는 지방검찰청 검사장이 부과·징수한다(법 117조 3항). 지방검찰청 검사장은 과태료의 금액을 정함에 있어서는 당해 위반 행위의 동기와 그 결과 등을 참작하여야 한다(시행령 28조 3항). 과태료처분을 받고도 이의를 제기하지 않은 채 과태료를 내지 아니하면 국세체납의 예에 따라 징수한다(법 117조6항).

2-4. 과태료처분에 대한 불복

과태료처분에 불복하는 자는 그 처분을 고지받은 날부터 30일 이내에 그 처분을 한 지방검찰청 검사장에게 이의를 제기할 수 있다(법 117조 4항). 이의가 제기된 경우 과태료처분을 한 지방검찰청 검사장은 지체 없이 관할 법원에 그 사실을 통보하여야 하며, 그 통보를 받은 관할 법원은 「비송사건절차법」에 따른 과태료 재판을 한다(동조 5항).

해설

변호사는 지방검찰청 검사장으로부터 과태료처분을 받을 수 있으며, 이와 별도로 징계처분을 받을 수 있다. 양자는 그 목적을 달리하기 때문이다. 다만 실질적으로 동일한 행위에 대해 2중으로 처벌한다는 점에서 이중처벌의 논란이 있다.[16]

Ⅲ. 법조윤리협의회

L 변호사는 서울중앙지방법원 판사로 재직하다가 퇴직한 지 6개월이 되었다. 서울중앙지방법원 사건을 언제까지 수임할 수 없는가? 공직퇴임변호사의 수임자료를 언제까지 제출해야 하는가? L 변호사가 특정변호사(법 89조의5 1항)로 선정되었다면 어떠한 의무가 발생하는가?

1. 의의

(1) 변호사법은 2007년 1월 법조윤리를 확립하고 건전한 법조풍토를 조성하기 위하여 법조윤리협의회를 설치하였다(법 88조).

16) 오종근-서울대(398면).

(2) 법조윤리협의회(이하 '윤리협의회'라 한다)는 법조윤리전반에 대한 상시적 감시와 분석 및 대책수립을 위하여 설치된 전국단위의 법조윤리협의기구이다.

(3) 윤리협의회의 기능은 "1. 법조윤리의 확립을 위한 법령·제도 및 정책에 관한 협의, 2. 법조윤리 실태의 분석과 법조윤리 위반행위에 대한 대책, 3. 법조윤리와 관련된 법령을 위반한 자에 대한 징계개시의 신청 또는 수사 의뢰, 4. 그 밖에 법조윤리의 확립을 위하여 필요한 사항에 대한 협의" 등이다(법 89조 1항).

2. 구성

(1) 윤리협의회는 경력 10년 이상의 판사, 검사, 변호사나, 법학교수 또는 부교수, 그리고 경험과 덕망이 있는 자 중에서 법원행정처장, 법무부장관 및 대한변협의 장이 각 3명씩 지명하거나 위촉하는 9명의 위원으로 구성한다(법 89조의2 1항).

(2) 위원장은 대한변협의 장이 지명하거나 위촉하는 위원 중에서 재적위원 과반수의 동의로 선출한다(동조 2항). 위원장과 위원의 임기는 2년으로 하되, 연임할 수 있다(동조 3항).

3. 공직퇴임변호사 등의 수임자료 제출

3-1. 개요

윤리협의회의 설립목적은 전관예우에 대한 의혹을 불식하고 법조브로커를 근절함으로써, 법조에 대한 신뢰를 회복하는 데 있다. 이를 위하여, 공직퇴임변호사 및 특정변호사와, 법무법인 등에 취업한 퇴직공직자에 대한 자료를 제출받아 검토하고, 징계사유나 위법행위가 발견되면 관련자들에 대해서 징계개시를 신청하거나 수사를 의뢰하는 등의 역할을 한다. 법무법인 등에 취업한 퇴직공직자에 관한 사항은 2011년 변호사법 개정(법률 10627호 2011. 5. 17. 일부개정)으로 추가된 것이다.

3-2. 공직퇴임변호사의 수임자료 등 제출

(1) 공직퇴임변호사는 퇴직일로부터 2년 동안 수임한 사건에 관한 수임 자료와 처리

결과를 대통령령으로 정하는 기간마다 소속 지방변호사회에 제출하여야 한다(법 89조의4 1항). 여기서 공직퇴임변호사는 법관, 검사, 장기복무군법무관 그 밖의 공무원 직에 있다가 퇴직하여 변호사 개업을 한 자를 말한다. 다만 이러한 의혹이 없는 사법연수생과 병역의무를 이행하기 위하여 군인·공익법무관 등으로 근무한 자는 제외한다(동조 1항). 공직퇴임변호사가 법무법인, 법무법인(유한) 또는 법무조합의 담당변호사로 지정된 경우에도 마찬가지이다(동조 2항).

(2) 공직퇴임변호사는 이른바 전관예우 변호사들이다. 이들 공직퇴임변호사에게는 퇴직 후 1년동안 수임제한의무(법 31조 3항)와 함께 위와 같이 수임자료제출의무(법 89조의4 1항)가 부과되고 있는 것이다.

(3) 소속 지방변호사회에 제출하여야 할 자료는 퇴직일로부터 2년 동안 수임한 사건에 관한 수임 자료와 처리결과이다. 제출하여야 할 시기는, 매년 1월 1일부터 6월 30일까지의 수임사건에 대하여는 7월 31일까지, 매년 7월 1일부터 12월 31일까지의 수임사건에 대하여는 다음 해 1월 31일까지이다(시행령 20조의11 1항).

(4) 지방변호사회는 제출받은 자료를 윤리협의회에 제출하여야 한다(법 89조의4 3항). 윤리협의회의 위원장은 공직퇴임변호사에게 징계사유나 위법의 혐의가 있는 것을 발견하였을 때에는 대한변협의 장이나 지방검찰청 검사장에게 그 변호사에 대한 징계개시를 신청하거나 수사를 의뢰할 수 있다(동조 4항).

3-3. 특정변호사의 수임자료 등 제출

(1) 지방변호사회는 특정변호사의 성명과 사건 목록을 윤리협의회에 제출하여야 한다(법 89조의5 1항). 여기서 특정변호사란 대통령령으로 정하는 수 이상의 사건을 수임한 변호사(법무법인, 법무법인(유한), 법무조합의 담당변호사를 포함한다)를 말한다(법 89조의5 1항, 시행령 20조의12 2항 내지 5항 참조). 예컨대 형사사건의 수임건수가 제출기간(6개월) 동안에 30건 이상이고 소속 회원의 형사사건 평균 수임건수의 2.5배 이상이면 특정변호사로 선정된다(시행령 20조의12 2항 1호). 제출하여야 할 시기는 공직퇴임변호사의 경우와 같다(시행령 20조의12 1항).

(2) 윤리협의회는 변호사법 30조(연고 관계 등의 선전금지), 31조(수임제한), 34조 2항·3항(수임관련 금품 등 제공금지) 및 35조(사건 유치 목적의 출입금지 등) 등 사건수임에 관한

규정의 위반 여부를 판단하기 위하여 수임 경위 등을 확인할 필요가 있다고 인정되는 특정변호사에게 사건 목록에 기재된 사건에 관한 수임자료와 처리 결과를 제출하도록 요구할 수 있다. 이 경우 특정변호사는 제출을 요구받은 날부터 30일 이내에 제출하여야 한다(법 89조의5 2항).

(3) 윤리협의회의 위원장은 특정변호사에게 징계사유나 위법의 혐의가 있는 것을 발견하였을 때에는 대한변협의 장이나 지방검찰청 검사장에게 그 변호사에 대한 징계개시를 신청하거나 수사를 의뢰할 수 있다(법 89조의5 3항, 89조의4 5항).

3-4. 법무법인 등에서의 퇴직공직자 활동내역 등 제출

(1) 「공직자윤리법」 3조에 따른 재산등록의무자 및 대통령령으로 정하는 일정 직급 이상의 직위에 재직했던 변호사 아닌 퇴직공직자(이하 '퇴직공직자'라 한다)가 법무법인·법무법인(유한) 또는 법무조합에 취업한 때에는 법무법인 등은 지체 없이 취업한 퇴직공직자의 명단을 법무법인 등의 주사무소를 관할하는 지방변호사회에 제출하여야 하고, 매년 1월 말까지 업무활동내역 등이 포함된 전년도 업무내역서를 작성하여 법무법인 등의 주사무소를 관할하는 지방변호사회에 제출하여야 한다(법 89조의6 1항). 여기서 취업이란 퇴직공직자가 근로 또는 서비스를 제공하고, 그 대가로 임금·봉급, 그 밖에 어떠한 명칭으로든지 금품 또는 경제적 이익을 받는 일체의 행위를 말한다(동조 2항).

'대통령령으로 정하는 일정 직급 이상의 직위에 재직했던 변호사 아닌 퇴직공직자'란 ① 5급 일반직공무원 및 지방공무원과 이에 상당하는 보수를 받는 별정직 공무원, ② 5등급 외무공무원과 5급 국가정보원 직원 및 대통령실 경호공무원, ③ 헌법재판소 헌법연구관보, ④ 중령 및 3급 군무원, ⑤ 「연구직 및 지도직공무원의 임용 등에 관한 규정」에 따른 연구직 및 지도직공무원 중 5급 일반직공무원에 상당하는 연구관 및 지도관, ⑥ 5급 일반직공무원에 상당하는 직위에 임명된 장학관·교육연구관, ⑦ 위와 같은 공무원으로 임명할 수 있는 직위 또는 이에 상당하는 직위에 채용된 계약직공무원, ⑧ 금융감독원의 3급 및 4급 직원을 말한다(시행령 20조의13).

(2) 지방변호사회에 제출해야 할 서류는 퇴직공직자의 명단과 업무내역서이다. 퇴직공직자의 명단자료에는 퇴직공직자의 성명, 주민등록번호, 퇴직 시 소속 기관과 직급, 법무법인 등 취업일, 명단제출 책임변호사를 기재하여야 한다(시행령 20조의14). 업무내역서

에는 퇴직공직자가 관여한 사건 사무 등 업무활동내역 및 그 밖에 대통령령으로 정하는 사항을 기재하여야 한다(동조 6항). '그 밖의 대통령령으로 정하는 사항'이란 ① 퇴직공직자가 법무법인 등의 의뢰인 및 변호사 등 소속원에게 제공한 자문 · 고문 내역(서면의 형태로 제공되었을 경우에는 그 개요를 말한다), ② 퇴직공직자의 보수, ③ 업무내역서의 작성 책임 변호사를 말한다(시행령 20조의15 1항). 위 자문 · 고문 내역은 퇴직공직자가 퇴직 전 5년 이내에 소속하였던 부처의 업무와 관련된 사항에 한정한다. 이 경우 「정부조직법」 등의 개정에 따른 조직의 통합 · 분리, 명칭변경 등으로 인하여 부처명이 바뀐 경우 변경 전후 부처는 동일한 부처로 본다(동조 2항).

(3) 지방변호사회는 위 제출받은 자료를 윤리협의회에 제출하여야 한다(동조 4항). 윤리협의회의 위원장은 제출받은 자료를 검토하여 관련자들에 대한 징계사유나 위법의 혐의가 있는 것을 발견하였을 때에는 대한변협의 장에게 징계개시를 신청하거나 지방검찰청 검사장에게 수사를 의뢰할 수 있다(동조 5항).

(4) 위와 같은 퇴직공무원 활동내역 등 제출의무는 법무법인 등이 아니면서도 변호사 2명 이상이 사건의 수임 · 처리나 그 밖의 변호사 업무 수행 시 통일된 형태를 갖추고 수익을 분배하거나 비용을 분담하는 형태로 운영되는 법률사무소에도 적용된다(동조 3항).

3-5 제출의무불이행 시 제재

(1) 공직퇴임변호사나 특정변호사가 변호사법 89조의4 1항 및 89조의5 2항을 위반하여 수임자료와 처리결과를 제출하지 않거나 거짓 자료를 제출하면 과태료를 부과할 수 있다(법 117조).

(2) 그러나 법무법인 등에서의 퇴직공직자에 관한 89조의6의 경우에는 업무내역서를 제출하지 않거나 거짓 자료를 제출하더라도 과태료를 부과할 수 없다. 이에 대해 과태료를 부과한다는 규정이 없기 때문이다.

해설

공직퇴직변호사는 퇴직한 날로부터 1년 동안 근무한 국가기관이 처리한 사건을 수임할 수 없으며(법 31조 3항), 2년 동안 수임한 사건에 관한 수임 자료와 처리 결과를 대통령령으로 정하는 기간마다 소속 지방변호사회에 제출하여야 한다(법 89조의4 1항). 지방변호사회는 이를 윤리협의회에 제출한다(법 89조의4 3항). 특정변호사도 수임자료 등의 제출의무가 발생한다(법 89조의5 1항).

Ⅳ. 사례 연습

1 다음 중 변호사에 대한 징계사유가 될 수 있는 것을 모두 고른 것은?[17]

가) 변호사법을 위반한 경우
나) 소속 지방변호사회의 회칙을 위반한 경우
다) 대한변호사협회의 회칙을 위반한 경우
라) 직무와 무관한 일을 수행하던 중 변호사로서의 품위를 손상하는 행위를 한 경우

① 가) 나) 다)
② 가) 다) 라)
③ 가) 나) 라)
④ 가) 나) 다) 라)

2 변호사 L은 2001. 4. 8. 운전 부주의로 교통사고를 일으켜 A를 사망하게 하여 교통사고처리특례법위반죄로 금고 1년에 집행유예 2년의 형을 선고받고 2002. 3. 6. 그 형이 확정되었다. 그 후 변호사 L은 적법한 업무수행으로서 2007. 10. 5. 교통사고로 인한 손해배상사건을 수임한 후 의뢰인 B를 대신하여 수령한 합의금을 B에게 지급하지 아니하여 횡령죄로 징역 1년에 집행유예 2년의 형을 선고받고 2008. 10. 20. 그 형이 확정되었다. 변호사 L에 대한 위 2건의 형사사건과 관련하여 2011. 8. 20. 현재 변호사법상의 징계 또는 등록에 관한 설명으로 옳은 것은?[18]

① 변호사 L에 대한 징계는 범죄와 관련된 것이므로 지방검찰청 검사장이 징계청구권자가 된다.
② 변호사 L의 행위는 2회 이상 금고 이상의 형을 선고받고 확정된 경우이므로 영구제명사유에 해당된다.

---

17) 법무부 법조윤리모의시험 문제이다.
18) 법조윤리시험(2011년) 문제이다.

③ 변호사 L은 위 횡령사건으로 징계처분을 받는 것과 상관없이 변호사등록이 취소된다.

④ 변호사 L이 제명의 징계처분을 받는다면 다시 변호사등록을 하는 것은 불가능하다.

3 변호사 L은 2006. 2. 7.부터 2007. 6. 중순경까지 외근사무장 A로부터 소개받은 손해배상청구사건 15건의 사건을 수임하면서 사건의 알선 유치 대가로 총 870만 원을 B에게 제공하였다는 내용 등으로 변호사법위반으로 기소되어, 대법원에서 2008. 8. 징역 6월 집행유예 10월의 형을 선고받고 그 형이 확정되었다. 2008. 10. 변호사 L에 대하여 형이 확정된 변호사법위반과 동일 내용으로 징계개시청구가 이루어졌다. 변호사 L에 대한 징계가 가능한가?[19)]

① 죄명이 변호사법 위반이므로 형사재판의 결과와 관계없이 징계할 수 있다.

② 형사처벌을 받은 자에 대해 징계를 하지 않을 경우 경미한 사유로 징계를 받은 자와 형평에 반하므로 죄명이나 양형에 관계없이 징계할 수 있다.

③ 형의 확정과 동시에 변호사 자격을 상실하게 되므로 징계할 수 없다.

④ 형사처벌은 징계와 별개이므로 징계할 수 있으나, 이미 형사처벌을 받은 점은 징계의 양형 시 참작되어야 한다.

4 L 변호사는 3회에 걸쳐 타인을 구타하여 폭력행위 등 처벌에 관한 법률위반으로 벌금 500만 원의 형을 선고받았다. L 변호사에 대해서는 위 벌금형을 선고받은 것과 동일 내용으로 징계개시청구가 이루어졌다. 이미 형사처벌을 받은 L 변호사에 대하여 동일 내용으로 징계를 하는 것은 실질적인 이중처벌로 일사부재리원칙에 반한다는 주장이 있다. 어떻게 생각하는가?

5 변호사 L은 고소인 A가 피고소인 B를 사기, 배임 등으로 검찰청에 고소한 사건과 관련하여 "사건 진행비와 교제비를 내면 그 돈을 사용하여 ○○지방검찰청의 주임 검사 P를 자주 만나 술을 사주고 위 사건에 대하여 부탁하여 위 피고소인 B를 구속되도록 하여 주겠다"고 고소인 A에게 말하고 진행비 및 교제비 명목으로 1,000만 원을 교부받았다. 변호사 L의 징계와 관련된 설명 중 틀린 것은?[20)]

---

19) 법무부 법조윤리모의시험 문제이다.

① 변호사 L에 대하여 공소가 제기될 경우 이를 결재한 지방검찰청의 검사장은 대한변호사협회장에 대하여 위 변호사 甲에 대한 징계개시를 신청하여야 한다.
② 변호사 L이 소속한 지방변호사회의 장은 고소인 A의 진정이 없는 한 변호사 甲에 대한 징계개시를 신청할 권한이 없다.
③ 변호사 L은 담당 공무원과의 교제비 등 명목의 금품을 받아서는 안 되는 의무를 위반하였다.
④ 변호사 L이 실제로 교제를 하지는 않았고 충실한 변론을 통하여 피고소인 B가 구속되어 고소인 A가 변호사 L의 징계를 원하지 않더라도 변호사 L을 징계할 수 있다.

6 변호사징계규칙 제5조는 “징계사건에 대한 심사를 담당하게 하기 위하여 주임징계위원을 지명할 수 있고(1항), 주임징계위원은 징계사건에 관하여 심사기일을 지정하여 혐의사실에 대한 심사를 한 후 심사조서를 징계위원회에 제출하여야 한다(2항)”고 규정하고 있다. 이러한 주임징계위원의 심사절차를 거치지 않고 이루어진 징계결정은 적법절차에 위배되어 위법한 것인가?

7 조사위원회의 조사과정에서 조사 기일을 징계혐의자에게 통지하지 않는 등 징계혐의자에 대하여 진술의 기회를 주지 아니하고, 일방적으로 조사가 진행된 경우에 그 징계절차를 위법하다고 할 수 있는가?

8 변호사 L은 원고 A의 의뢰를 받아 피고 B를 상대로 대여금청구소송을 제기하였다. 1심에서 금 1억 5천만 원을 지급하라는 원고승소판결을 받았다. 항소심 계속 중 B로부터 대여금 중 일부로 7천만 원을 받았는데, 원고 A에게 4천만 원을 지급하고 나머지 3천만 원을 변호사 개인 계좌에 넣어 사무실 비용으로 사용하였다. 항소심에서도 승소판결을 받아 확정되었는데도 변호사 L은 위 돈을 반환하지 않고 있다가 의뢰인이 지방변호사회에 청원을 하자 위 돈을 공탁하였다. 대한변협의 장이 변호사 L에 대해서 보관금 미반환을 이유로 징계청구하려고 한다. 징계청구의 제척기간은 언제부터 개시되는가?[21]

---

20) 법무부 법조윤리모의시험 문제이다.
21) 박휴상(519면).

9 변호사의 징계처분에 관한 정보제공과 관련된 설명 중 옳은 것은?[22)]

① 정보제공을 신청하는 자는 신청의 취지를 기재한 서면을 대한변호사협회에 제출하여야 한다.

② 동일인이 징계정보 제공을 1회에 신청할 수 있는 범위는 3인 이하의 변호사에 대한 정보로 한정된다.

③ 징계처분의 내용이 정직인 경우, 정직기간이 만료한 날부터 3년이 경과한 이후에는 정보제공 대상에서 제외된다.

④ 정보를 제공받은 자가 그 내용을 제3자와 공유하려면 별도의 신청을 통해 대한변호사협회의 허가를 얻어야 한다.

10 변호사의 징계에 관한 다음 설명 중 옳지 않은 것은 어느 것인가?[23)]

① 징계개시신청이 있는 경우 협회장은 반드시 대한변호사협회 산하의 조사위원회로 하여금 징계혐의사실에 대하여 조사하도록 하여야 한다.

② 징계사유가 발생한 날로부터 3년이 지나면 징계청구를 할 수 없다.

③ 대한변호사협회 변호사징계위원회의 징계결정에 대하여 불복이 있는 징계혐의자 및 징계개시신청인은 그 통지를 받은 날로부터 30일 이내에 법무부 변호사징계위원회에 이의신청을 할 수 있다.

④ 대한변호사협회장은 징계처분의 내용을 협회지 또는 신문에 공고하여야 한다.

11 변호사법상 변호사에 대한 징계와 관련된 다음 설명 중 옳은 것은?[24)]

① 대한변호사협회 변호사징계위원회의 결정에 따라 대한변호사협회의 장은 해당 변호사에 대하여 업무정지를 명할 수 있다.

② 수임변호사나 법무법인의 담당변호사에 대한 징계개시의 신청을 청원할 수 있는 자는 의뢰인이나 의뢰인의 법정대리인, 배우자, 직계친족 또는 동거인이다.

③ 대한변호사협회 변호사징계위원회의 결정에 불복하는 징계혐의자 및 징계개시 신청인이 그 통지를 받은 날부터 30일 이내에 법무부 변호사징계위원회에 이의신청을 하지 아니하면 위 통지를 받은 날부터 대한변호사협회 변호사징계위원회의 징

---

22) 법조윤리시험(2010년) 문제이다.

23) 법무부 법조윤리모의시험 문제이다.

24) 법조윤리시험(2011년) 문제이다.

계의 효력이 발생한 것으로 본다.

④ 대한변호사협회의 장, 검찰총장 또는 업무정지명령을 받은 변호사는 법무부장관에게 업무정지명령의 해제를 신청할 수 있고, 법무부장관은 위 신청을 받으면 직권으로 업무정지명령을 해제하거나 법무부 변호사징계위원회에 이를 심의하도록 요청하여야 하며, 법무부 변호사징계위원회에서 해제를 결정하면 지체 없이 해제하여야 한다.

12 현행 변호사법의 법조윤리협의회에 대한 다음의 설명 중 틀린 것은?[25)]

① 법조윤리위원회는 법조윤리와 관련된 법령을 위반한 자에 대한 징계개시를 신청할 수 있으나 그러한 자에 대한 수사를 의뢰할 수는 없다.

② 법조윤리협의회는 필요하다고 인정하면 관계인 및 관계 기관·단체 등에 대하여 관련 사실을 조회하거나 자료 제출 또는 윤리협의회에 출석하여 진술하거나 설명할 것을 요청할 수 있다.

③ 공직퇴임변호사는 퇴직일부터 2년 동안 수임한 사건에 관한 수임 자료와 처리 결과를 대통령령으로 정하는 기간마다 소속 지방변호사회에 제출하여야 한다.

④ 지방변호사회는 과다수임 관련 특정변호사의 성명과 사건 목록을 법조윤리협의회에 제출하여야 한다.

13 변호사법상 일정 수 이상의 사건을 수임한 '특정변호사'의 수임자료 제출과 관련된 설명 중 옳지 않은 것은?[26)]

① 지방변호사회는 특정변호사의 성명과 사건목록을 법조윤리협의회에 제출하여야 한다.

② 법조윤리협의회는 특정변호사에게 수임자료 및 처리결과의 제출을 요구할 수 있다.

③ 특정변호사는 법조윤리협의회로부터 수임자료 및 처리결과의 제출을 요구받은 때에는 반드시 이를 제출하여야 한다.

④ 법조윤리협의회 위원장은 특정변호사에게 위법사유가 있음을 발견하였을 때에는 소속 지방변호사회의 장에게 수사의뢰를 신청할 수 있다.

---

25) 법무부 법조윤리모의시험 문제이다.

26) 법조윤리시험(2011년) 문제이다.

해설

1 변호사법 91조 2항에 의하면 위 4가지 모두 징계사유가 된다. ④번이 정답이다.

2 징계개시청구권자는 대한변협의 장만이 가지고 있다(법 97조). 변호사 L은 '직무와 관련하여' 2회 이상 금고 이상의 형을 선고받고 확정된 경우가 아니므로 영구제명사유에 해당되지 않는다. 그러나 금고 이상의 형의 집행유예를 선고받고 그 유예기간이 지난 후 2년이 지나지 아니한 자는 변호사 결격사유에 해당한다(법 5조 2호). 변호사 결격사유에 해당하면 등록심사위원회의 의결을 거쳐 변호사의 등록을 취소하여야 한다(법 18조 1항). 변호사 L도 변호사 결격사유에 해당되어 변호사 등록취소를 하여야 한다. 제명처분을 받은 변호사의 경우 5년이 지나면 다시 변호사 신분을 회복할 수 있다(법 5조 4호). 이상 종합하면 ③번이 옳은 것으로 정답이다.

3 변호사 L은 집행유예기간이 종료된 후 2년이 지나지 아니하여 변호사의 자격을 상실하였다(법 5조 2호). L에 대한 징계권이 없으므로 각하결정을 해야 한다. ③번이 정답이다.

4 일사부재리 원칙 또는 이중처벌금지의 원칙(헌법 13조 1항)은 형사판결이 확정되어 기판력이 발생하면 동일한 사건에 대하여 거듭 처벌을 할 수 없다는 것이지, 형벌권 행사를 하면 일체의 제재나 불이익 처분을 부가할 수 없다는 것을 의미하는 것은 아니다.[27] 대법원은 "행정법상의 질서벌인 과태료의 부과처분과 형사처벌은 그 성질이나 목적을 달리하는 별개의 것이므로 행정법상의 질서벌인 과태료를 납부한 후에 형사처벌을 한다고 하여 이를 일사부재리의 원칙에 반한다고 할 수 없다"고 판시한다.[28] 변협징계위원회도 변호사단체 내부의 징계는 변호사의 기본적 인권옹호의무 및 사회정의 실현을 위한 질서벌로서 형벌과는 그 성질이나 목적이 전혀 다른 차원의 것이므로 일사부재리원칙에 위배되는 이중처벌이라고 볼 수 없다고 한다.[29]

5 지방검찰청 검사장은 공소가 제기될 경우 대한변협의 장에게 L 변호사에 대한 징계개시를 신청해야 한다(법 97조의2 1항). 지방변호사회의 장도 징계사유가 있는 것을 발견한 경우에는 징계개시신청을 해야 한다(동조 2항). 이 경우 고소인의 진정이 있는 경우에만 징계개시신청을 할 수 있는 것이 아니다. 그리고 L 변호사가 실제 교제를 하지 않았고 충실한 변론을 통하여 좋은 결과가 나왔으며, 고소인 A 또한 징계를 원하지 않더라도 이는 징계사유에 해당한다. 따라서 정답은 ②이다.

---

27) 헌법재판소는 공정거래법상 형사처벌과 과징금 부과사건(2003. 7. 24. 2001헌가25), 건축법상 형벌과 과태료 부과 사건(1994. 6. 30. 92헌바38) 등에서 이중처벌이 아니라고 하고 있다.

28) 대법원 1996. 4. 12. 판결, 96도158.

29) 대한변협 징계 1998-15호 등.

6 변호사징계규칙 5조 1항에서 징계사건에 대한 심사를 담당하게 하기 위하여 주임징계위원을 지명할 수 있다고 규정하고 있음에 비추어 볼 때, 동조 2항의 주임징계위원에 의한 징계사건의 조사는 징계결정을 하기에 앞서 반드시 거쳐야 하는 절차가 아니라, 징계위원회가 조사의 필요성이 있다고 판단하는 경우에만 거칠 수 있는 임의적 조사절차라고 봄이 상당하다. 따라서 징계결정이 위와 같은 조사절차를 거치지 아니하고 이루어졌다고 하여 위법하다고 할 수 없다.[30]

7 "징계개시 여부 결정단계에 있어서의 내부절차에 불과한 조사위원회의 조사과정에서 통지를 누락하였다고 하더라도 이 사건에 영향을 미친 절차위반이나 신의칙위반 등의 위법사유가 된다고 하기 어렵고, 변협 조사위원회에서나 변협 징계위원회에서 동일한 징계혐의사실을 내용으로 조사하였고, 징계심의과정에서 이의신청인의 진술 및 증거제출의 권리를 보장하면서 진행한 것이 명백하다면 징계절차에 영향을 미쳤다고 보기 어렵다."[31] 또한 "변협징계위원회에서 의견 진술의 기회가 보장된 이상 징계개시신청전의 절차상의 하자는 치유"된 것으로 볼 수 있다.[32] 따라서 조사위원회의 조사과정에서 징계혐의자에게 청문의 기회를 주지 아니하였더라도 그것만으로 징계절차가 위법하다고 할 수 없다.

8 1) 징계의 청구는 징계사유가 발생한 날부터 3년이 지나면 하지 못한다(법 98조의6). 조문상으로는 시효라고 규정되어 있으나, 권리행사기간이므로 제척기간으로 보아야 한다. 제척기간의 기산점은 징계사유에 해당하는 행위의 완료 시를 기준으로 한다.

2) 변호사징계제도는 변호사에 대한 국민의 신뢰를 보호하기 위한 것이다. 따라서 변호사의 행위가 징계사유에 해당하는지 여부는 이러한 변호사법상 징계제도의 취지에 따라 해석해야 한다. 형법의 규정이나 민법의 불법행위의 규정과는 다른 관점에서 판단해야 할 것이다.

변호사가 의뢰인으로부터 또는 의뢰인을 위하여 보관한 금품을 반환하여야 할 시기에 의뢰인에게 반환하지 않았다면, 형법상으로는 당해 변호사가 섬유한 금품을 불법영득의 의사로 영득한 시점에 업무상 횡령죄가 성립되며, 의뢰인에게 금품을 반환하였는지 여부는 범죄의 성립에 영향을 주지 않는다. 이것은 민법상의 불법행위의 경우에도 마찬가지이다.

3) 그러나 변호사법상 변호사가 보관한 금품을 반환하여야 할 시기에 의뢰인에게 반환하지 않는 행위는 그 자체 의뢰인의 변호사에 대한 신뢰를 훼손하는 것으로서 품위를 손상하는 행위에 해당된다. 불법영득의사의 유무나 영득행위의 태양 등은 행위의 악성을 나타내는 네 불과하다. 따라시 변호사가 보관한 금품을 불법으로 영득한 경우에도 그 후 그것을

30) 법무부 징계위원회 94. 10. 24. 결정(원결정 대한변협 1994-3호).
31) 변징 1998. 4. 7. 결정, 98-2호 이의신청사건(원결정 대한변협 1997-11호).
32) 법무부 징계위원회 96. 8. 26. 결정(원결정 대한변협 1996-5호).

의뢰인에게 반환하기까지는 역시 위반행위는 계속되고 제척기간은 개시되지 않는다고 해석해야 한다.

4) 그렇지만 위임관계의 종료 시에 보관하고 있던 금품 등의 청산이 이루어지는 점, 위임사무에 관한 자료의 보존에 한계가 있는 점, 위임관계가 종료된 후에도 언제든지 징계할 수 있다는 것은 변호사를 극히 불안한 입장에 놓이게 하고, 제척기간을 설정한 법의 취지에도 반하는 점을 고려할 때, 변호사가 보관금을 아직 반환하지 않는 경우에도 위임관계가 종료한 때는 그 종료의 시점부터 제척기간이 개시된다고 해석함이 타당하다.[33]

9 정보제공을 신청하는 자는 신청의 취지를 기재한 서면을 대한변호사협회에 제출하여야 한다(변호사징계규칙 48조). 따라서 ①번이 정답이다.

10 조사위원회의 조사절차는 임의적인 절차이다. 따라서 ①번이 정답이다.

11 대한변호사협회의 장, 검찰총장 또는 업무정지명령을 받은 변호사는 법무부장관에게 업무정지명령의 해제를 신청할 수 있고, 법무부장관은 위 신청을 받으면 직권으로 업무정지명령을 해제하거나 법무부 변호사징계위원회에 이를 심의하도록 요청하여야 하며, 법무부 변호사징계위원회에서 해제를 결정하면 지체 없이 해제하여야 한다. 따라서 ④번이 정답이다.

12 법조윤리위원회는 법조윤리와 관련된 법령을 위반한 자에 대한 징계개시를 신청할 수 있을 뿐만 아니라 그러한 자에 대해서 수사도 의뢰할 수 있다. 따라서 ①번이 옳지 못하므로 정답이다.

13 법조윤리협의회 위원장은 특정변호사에게 위법사유가 있음을 발견하였을 때에는 소속 지방변호사회의 장이 아니라 지방검찰청 검사장에게 수사의뢰를 할 수 있다. 따라서 ④번이 옳지 않은 것으로 정답이다.

33) 日東京高判平成 13. 11. 28., 判時 1775號 31面 참조, 小島 등(269면), 박휴상(519, 520면).

제15장 법관과 검사의 윤리

Ⅰ. 법관의 윤리

1. 법관윤리강령의 의의

(1) 대법원은 1995년 6월 23일 「법관윤리강령」을 대법원규칙(1374호)으로 제정하였으며, 1998년에 전문 개정을 하여 현재의 「법관윤리강령」에 이르게 되었다.

(2) 법관윤리강령은 법관의 윤리 기준에 관한 것이며, 동시에 행위 전범의 성격을 가진다. 그러므로 이 강령에는 추상적 윤리 기준에 관한 선언적 규정과 행동에 관한 지침적 규정이 혼재되어 있다.

(3) 이 강령은 기본적으로 법관에 대한 선언적 · 권고적 성격을 가지는 것으로서, 이를 위반한 행위는 상당성 내지 합리성의 범위를 넘었을 때 징계사유가 된다. 이 강령은 법관의 자각과 양심에 호소하고 있으며, 모든 법관이 스스로 책임과 규율 아래 강령의 내용을 지켜나갈 것을 선언하고 있다. 그러나 법관이 상당성 내지 합리성의 범위를 넘어 이 강령을 위배함으로써 징계의 대상이 되었을 때는 이 강령의 내용이 징계의 기준이 될 수 있으므로, 이 강령의 강제적 측면이 전적으로 배제되는 것은 아니다.[1)]

2. 법관윤리강령의 전문

> 법관윤리강령 전문은 다음과 같은 내용으로 되어 있다. 전문의 취지가 무엇인지 검토해보라.
> 「법관은 국민의 기본적 인권과 정당한 권리행사를 보장함으로써 자유 · 평등 · 정의를 실현하고, 국민으로부터 부여받은 사법권을 법과 양심에 따라 엄정하게 행사하여 민주적 기본질서와 법치주의를 확립하여야 한다.

---

1) 법관윤리(17면), 법관윤리강령의 내용은 법원행정처에서 발간한 「법관윤리」(2011년)의 내용을 정리하여 기술한 것이다.

법관은 이 같은 사명을 다하기 위하여 사법권의 독립과 법관의 명예를 굳게 지켜야 하며 국민으로부터 신뢰와 존경을 받아야 한다. 그러므로 법관은 공정하고 청렴하게 직무를 수행하며, 법관에게 요구되는 높은 수준의 직업윤리를 갖추어야 한다.

이에 우리 법관은 뜻을 모아 법관이 지녀야 할 윤리기준과 행위전범을 마련하여 법관으로서의 자세와 마음가짐을 새롭게 하고자 한다. 모름지기 모든 법관은 이 강령을 스스로의 책임과 규율 아래 잘 지켜 법관의 사명과 책무를 다하여야 할 것이다.」

(1) 전문은 법관의 사명과 책무가 무엇인지 선언한 다음, 이를 완수하기 위해서는 새로 마련하는 법관윤리강령을 각자의 책임 아래 잘 지켜나가야 한다는 내용을 규정하였다.

(2) 그리하여 전문의 제1단락은 법관의 사명을, 제2단락은 법관윤리의 필요성을 간명하게 표현하고 있으며, 제3단락은 이 강령의 존재 의의에 관하여 설시하고 있다.

(3) 특히 제2단락에서는 법관윤리에 관하여 '사법권의 독립'과 '법관의 명예', 그리고 '공정성'과 '청렴성'을 기본 요소로 열거하고 있다. 각 조문은 이러한 기본 요소를 구체화하여, 1조에서는 사법권의 독립을, 2조에서는 법관의 명예와 관련하여 법관 품위의 유지를, 3조에서는 공정성과 청렴성을 규정하고 있다. 한편 4조 내지 7조는 이러한 기본 요소를 좀 더 구체화하여 '직무수행'과 '직무 외 활동,' 그리고 '경제적 행위의 제한'과 '정치적 중립' 등 분야별 규정을 두고 있다.[2)]

3. 사법권 독립의 수호

J 법관은 형사단독판사이다. 재판 중인 피고인 A의 업무상 배임사건에 대해서 수석부장판사인 B로부터 석방해달라는 청탁을 받았다. J 법관은 어떻게 해야 하는가? A에 대해서는 동종전과가 있을 뿐만 아니라, 합의가 이루어지지 아니하여, 피해자가 엄벌을 요구하고 있었다.

(1) 법관은 모든 외부의 영향으로부터 사법권의 독립을 지켜나간다(강령 1조). 사법권의 독립은 법관이 그 사명을 다하기 위한 불가결한 요소이다. 재판을 비롯한 법관 직무수행의 으뜸가는 요소는 공정성이며, 공정성을 보장하기 위한 가장 기본적인 토대는 사법권의 독립이다.

2) 법관윤리(18면).

(2) 사법권 독립의 전통적인 의미는, 사법부 내지 그 구성원인 법관이 사법권을 행사할 때 다른 국가기관인 행정부나 입법부의 통제 또는 기타 정치권력으로부터 독립하여 공정하게 재판한다는 것이다.

(3) 그러나 최근에는 사회의 다양화에 따라, 그 개념이 확대되었으며, 이러한 개념이 전통적인 의미보다 오히려 더욱 중요한 의미를 갖게 되었다.

1) 우선, 시민단체 · 노동단체를 비롯한 각종 압력단체와 집단을 형성하고 있는 여러 가지 경제적 행위주체를 비롯한 사회의 모든 세력, 언론을 비롯한 여론의 향배 등 법과 양심 이외의 일체의 영향으로부터 독립하여 재판한다는 것으로 그 개념이 확대되었다.

2) 나아가 이 규정은 사법부 내부의 영향, 즉 '동료 법관으로부터의 독립'과 '사법부가 가지는 최소한의 조직적 영향으로부터의 독립'이라는 개념까지 포함한다. 그러므로 법관은 사법행정사무에 관한 지휘 · 감독을 받을지라도 재판에 관하여는 독립성을 가져야 한다.

3) 한편 '사법권 독립'의 가장 넓은 의미는 법관이 개인적으로 가지고 있는 연고, 법관의 마음속에 있을 수 있는 개인적 견해 내지 편견 등으로부터의 독립이라는 개념도 포함하고 있다고 할 수 있다. 이러한 개념은 강령 3조 2항에서 더욱 구체적으로 선언되고 있다.

(4) 결국, 위 조항의 모든 외부의 영향의 '외부'란 법과 양심을 제외한 모든 것이라는 뜻으로 파악하여야 한다.[3]

해설

법관도 국가공무원법상 복종의무를 지나, 위법한 지시에 대해서는 복종의무가 없으므로(대법원 1999. 4. 23. 판결, 99도636), 부당한 지시를 한 상급자에게 서면이나 이메일 등 상당한 방법으로 인적사항, 지시내용, 지시에 따르지 않는 사유를 기재한 소명서를 제출하고 지시를 거부하거나, 행동강령책임관[4]과 상담할 수 있다(법관 및 법원공무원 행동강령 3조). 그래도 부당한 지시가 계속된다면 행동강령책임관과 상담하고, 행동강령책임관으로부터 보고받은 소속 기관장은 부당

3) 법관윤리(19, 20면).

4) 행동강령책임관은 소속기관장이 소속기관의 법관 및 법원공무원에 대한 「법관 및 법원공무원 행동강령」의 교육 · 상담 준수 여부에 대한 점검 및 위반행위의 접수신고, 조사처리에 관한 업무를 담당하게 하기 위하여 지정한 법관 또는 5급 이상 공무원을 말한다(법관 및 법원공무원 행동강령 22조 참조).

한 지시의 취소 · 변경 등 적절한 조치를 취하여야 한다. 부당한 지시를 반복한 상급자에 대해서는 징계나 경고가 가능하다.[5]

4. 품위유지

> 형사사건을 담당하는 J 법관은 법정에서 죄질이 나쁜 피고인에 대해서는 간혹 욕설, 고성 등 감정적 표현을 사용하고 있으며, 나이가 젊은 피고인이나 증인에 대해서는 반말을 사용하고 있다. J 법관의 법정언행은 올바른 것인가? 법관의 품위 손상에 이르게 될 정도의 법정언행이란 무엇인가?

(1) 법관은 명예를 존중하고 품위를 유지한다(강령 2조). 법관의 명예는 법관윤리강령 1조의 사법권 독립과 더불어 법관이 그 사명을 다하기 위한 필요불가결한 전제요건이다.

(2) 법관은 공사 생활을 가리지 않고 그에 맞는 명예와 품위를 유지하여야 한다. 그 정도는 공적인 직무수행 과정에서 요구되는 수준이 사적 생활의 그것보다 더욱 높다고 할 수 있다. 그러나 사적 생활도 법관에 대한 인상 더 나아가 사법부 전체에 대한 인상과 연관된다는 점에서 공적인 직무수행에 영향을 준다.

Example 품위유지의무는 직무와 관련된 부분은 물론 사적인 부분에 있어서도 건실한 생활을 할 것을 요구한다(대법원 1998. 2. 27. 판결, 97누18172, 동 2009. 1. 30. 판결, 2007추127 참조). 따라서 ① 배우자에 대한 비인격적 · 비윤리적 대우로 말미암아 혼인관계가 파탄지경에 이르게 될 경우 품위유지의무 위반이 될 수 있다. 또한 ② 사적인 모임에서도 법관의 품위유지의무는 항상 준수되어야 한다.[6]

(3) 그러나 법관에게 성인 내지 성직자 수준의 윤리를 기대하는 것은 아니다. 단지 일반인보다는 높은 윤리기준이 요구될 뿐이다. 만일 법관이 극단적인 성인의 윤리 기준만을 고수한다면 재판과정에서 법관의 판단기준이 일반인의 기준과 달라 사회의 일반적인 법감정과 유리되는 결과가 나타날 우려도 있어 바람직하지 않다.

결국 법관으로서는 일반인에 대하여 사회가 기대하는 범위 내에서 상대적으로 가장 높은 수준에 가까운 윤리와 품행의 기준을 유지하면 족하다.[7]

---

5) 법관윤리(26, 27면).
6) 법관윤리(38면).
7) 법관윤리(28면, 29면).

해설

법관이 법정에서 다음과 같은 언행을 사용하는 경우 품위유지의무 위반이 될 수 있다. ① 기망, 사술, 회유, 협박 등에 해당하는 경우, ② 욕설, 고성 등 감정적 표현이 수반되는 경우, ③ 반말, 비속어 등을 사용하거나 상대방을 무시하는 언사를 사용하는 경우, ④ 추측을 일반화하거나, 사실을 확인하지 않고 단정적 표현을 사용하는 경우, ⑤ 합리적 범위를 벗어나 특정 행동을 애원하거나 간청하는 경우 등이 이에 해당한다.[8)]

5. 법관의 공정성과 청렴성

J 법관은 다른 사람들 눈에 띌 정도로 사법연수원 동기생인 A 변호사와 빈번하게 만나 술을 마시거나 골프 등 운동을 하고 있다. J 법관의 행위는 법관윤리강령에 위배되지 않는가? 현재까지 A 변호사는 J 법관이 담당하고 있는 사건을 수임한 적이 없다.

5-1. 공정성 · 청렴성의 의미

(1) 법관은 공평무사하고 청렴하여야 하며, 공정성과 청렴성을 의심받을 행동을 하지 아니한다(강령 3조 1항). 전단은 법관에 대하여 공정성과 청렴성이라는 실체 그 자체를 갖출 것을, 후단은 그러한 실체가 추정되는 정도의 외관을 갖출 것을 요청하고 있다.

(2) 재판에 대한 존중은 법관에 대한 신뢰 없이 생성되기 어렵다. 그런데 법관이 신뢰를 얻기 위해서는 공정성과 청렴성을 갖추어야 할 뿐 아니라 공정성과 청렴성을 추정할 수 있는 외관도 갖추어야 한다. 그 실체를 쉽게 파악하기 어려운 일반 국민의 입장에서는, 그 외관을 통하여 공정성과 청렴성을 추정할 수밖에 없기 때문이다.

Example ① 법관이 현재 담당하고 있는 사건의 당사자 또는 대리인 · 변호인 등 소송 관계인과 개인적 · 비공식적으로 만나거나 접촉하는 행위는 피해야 한다. 현재 법관이 담당하고 있는 사건과는 관계가 없는 변호사라고 하더라도 특정한 변호사와 눈에 띌 정도로 빈번하게 접촉하거나 지나칠 정도로 가까이 교제하는 행위는 일반인들에게 공연한 의심을 초래할 수 있으므로 피하는 것이 좋다.

② 그러나 극히 예외적인 경우가 아닌 한, 이 규정에 근거하여 법관이 친분관계가 있는 변호사, 예컨대 자신의 학교 · 사법연수원 동문이거나 과거에 같은 법원에서 근무하였거나

8) 법관윤리(37면, 38면).

고향이 같은 변호사가 대리 또는 변호하는 사건이라고 이를 당연히 회피하여야 한다고는 볼 수 없다. 이 모든 경우를 회피대상으로 삼는다는 것은 합리성 · 상당성(비례성) · 현실성을 모두 결여하기 때문이다.[9)]

5-2. 편견이나 차별 금지

(1) 법관은 혈연 · 지연 · 학연 · 성별 · 종교 · 경제적 능력 또는 사회적 지위 등을 이유로 편견을 가지거나 차별을 하지 아니한다(강령 3조 2항). 이 규정은 '법관의 공정성'이라는 이념을 좀 더 구체화한 것이다.

(2) 법관의 공정성이란 불편부당하고 공평무사한 것을 뜻한다. 법관이 공정성을 가지기 위해서는 일단 청렴성이 당연한 전제가 되어야 하겠지만, 현실적인 측면에서 공정한 재판이라는 이상을 달성하기 위하여 청렴성 못지않게 중요한 것은 법관이 법과 양심, 즉 법의 규정과 정신 및 정의의 이념에만 따르고 편견을 가지거나 차별적 고려를 하지 아니한다는 것이다.

(3) "법관은 법과 양심에 따라 재판한다"라고 할 때의 '법'이란 '법 규정' 그 자체만을 의미하는 것이 아니므로, 이를 헌법과 정의의 이념에 비추어 해석하거나 비판적으로 검토할 필요가 있다. 또한 '양심'이란 법관으로서의 직무상의 양심을 뜻하는 것이지, 법관 개인이 자연인으로서 가지는 각자의 생각 · 신앙 · 도덕심 · 세계관을 의미하는 것은 아니다.[10)]

해설

법관이 현재 담당하고 있는 사건의 당사자 또는 대리인 · 변호인 등 소송 관계인과 개인적 · 비공식적으로 만나거나 접촉하는 행위는 물론이고, 현재 법관이 담당하고 있는 사건과는 관계가 없는 변호사라고 하더라도 특정한 변호사와 눈에 띌 정도로 빈번하게 접촉하거나 지나칠 정도로 가까이 교제하는 행위는 비록 그러한 만남의 과정에서 청렴성에 아무런 문제가 없고 재판의 진행이나 결과가 실제로 공정하다고 하더라도 일반인들에게 공연한 의심을 초래할 수 있으므로 피하는 것이 좋다.

---

9) 법관윤리(39, 40면).
10) 법관윤리(40-42면).

6. 직무의 성실한 수행

법관 J는 다음과 같은 행위를 하였다. 법관윤리강령에 위배되는 행위인지 검토해보라.

(1) 법관 J는 현재 본인이 담당하고 있는 사건과 관계가 없는 대학동기인 변호사 A로부터 "저녁이나 하자"는 연락을 받고 이에 응하여 오랜만에 저녁식사를 하였다.

(2) 법관 J는 법학전문대학원 동기인 변호사 B로부터 휴대전화를 통하여 자신이 변호하고 있는 형사사건에 대한 선처를 부탁받았다.

(3) 법관 J는 자신이 담당한 공무원의 뇌물죄 사건에서 무죄를 선고하였는데, 기자 C가 정확한 보도를 위하여 무죄이유에 대한 설명을 요청하여 이에 응하였다.

(4) 법관 J는 국회의원 D에 관한 정치자금법위반죄 사건의 수사가 진행되는 상황에서 평소 알고 지내는 기자 E로부터 "이 사건이 기소된다면 법원에서 유죄로 인정되겠느냐"는 질문을 받고, "법리적인 측면에서 무죄라고 볼 수 있지 않겠느냐"는 취지로 답변해 주었다.[11)]

6-1. 성실성과 직무수행능력 향상

(1) 법관은 맡은 바 직무를 성실하게 수행하며, 직무수행 능력을 향상시키기 위하여 꾸준히 노력한다(강령 4조 1항). 강령 4조는 법관의 직무수행에 관한 기본규정으로서 직무수행의 성실성을 강조한 것이다.

(2) 가장 이상적인 법관의 재판은 공정성을 필수적인 요소로 하지만, 그것만으로는 부족하며 이와 아울러 '적정 · 타당한 재판' 내지 '현명한 재판'이 되어야 하고, 이에 덧붙여 직무수행의 성실성이 뒷받침되어야 한다. 즉 공정성, 적정성(현명성), 성실성 등 3가지 요소가 법관 직무수행의 가장 중요한 요소라고 말할 수 있다. 이 규정의 전단은 '성실성'에 대하여, 후단은 '현명한 재판'을 담보할 수 있는 법관 직무능력의 향상에 관하여 규정하고 있다.

(3) 법관에 대한 직무수행의 성실성 요구가 법관의 독립을 침해하는 것이 아닌지 종종 문제되었다. 그러나 법관은 재판의 독립성을 내세워 직무수행의 게으름을 변명하거나 사법행정상의 명령에 불복하여서는 아니 된다. 사법권의 독립성은 법관의 공정성과 재판의 적정성을 확보하기 위한 것일 뿐, 법관의 불성실 내지 게으름에 대한 면죄부를 주는 것은 아니기 때문이다.

---

11) 법조윤리시험(2011년) 문제를 변형한 것이다.

(4) 법관은 현재 담당하고 있는 직무를 성실하게 수행한다는 데에서 한 걸음 더 나아가, 현명한 재판을 담보하기 위하여 법관 내지 법률전문가로서 갖추어야 할 법률지식과 실무처리 능력 및 사안의 본질과 핵심을 파악할 수 있는 지혜를 향상시키기 위하여 노력하여야 한다. 그 밖에도 법의 이념과 역사, 변화하는 사회현상의 흐름과 인간성의 본질을 파악할 수 있는 안목 등을 갖추기 위해서도 노력을 게을리하지 말아야 할 것이다. 그러므로 이 규정의 후단에서 언급하는 직무수행의 능력이란 단순히 법률지식과 실무처리 능력 등 통상의 '능력'개념에 한정되는 것이 아니라는 점에 유의할 필요가 있다.[12)]

6-2. 재판의 신속성, 적정성

법관은 신속하고 능률적으로 재판을 진행하며, 신중하고 충실하게 심리하여 재판의 적정성이 보장되도록 한다(강령 4조 2항). 이 규정의 전단은 재판의 신속성에 대하여, 후단은 적정성에 대하여 규정하고 있다. 다만 이 두 가지 이념은 서로 충돌관계에 있으므로, 법관은 적정성과 신속성이 적절히 조화되면서 최대한 발휘될 수 있도록 최선을 다하여야 한다.[13)]

6-3. 친절성

법관은 당사자와 대리인 등 소송 관계인을 친절하고 정중하게 대한다(강령 4조 3항). 법관의 불공정한 발언이나 태도는 그것만으로 소송 관계인에게 재판이 불공정하다는 의심을 불러일으키기에 충분하고, 불친절한 발언이나 태도는 법원이 권위만을 내세우는 기관이라는 인상을 심어 줌으로써, 결국 사법부와 법관에 대한 신뢰와 존경의 저하 내지 상실을 가져오기 때문이다.[14)]

6-4. 소송관계인과의 접촉금지

(1) 법관은 재판업무상 필요한 경우를 제외하고는 당사자와 대리인 등 소송관계인을 법정 이외의 장소에서 면담하거나 접촉하지 아니한다(강령 4조 4항). 이는, 법관이 사적으로 소송관계인을 법정 이외의 장소에서 만난다면 공정성과 청렴성에 대하여 의심받을 우

---

12) 법관윤리(64, 65면).
13) 법관윤리(65면).
14) 법관윤리(65, 66면).

려가 있기 때문에 이를 방지하기 위한 것이다.[15)]

(2) 대법원은 행정예규로서 「법관의 면담에 관한 지침」(2006. 10. 19. 제정)을 제정하고 시행하고 있다. 이 지침에 의하면, 법관은 법정 이외의 장소에서 변호사 또는 검사와 면담하거나 접촉할 수 없다. 다만 예외로 다음의 다섯 가지를 열거하고 있다(동 지침 2조).

① 법관이 화해 · 조정 · 심문 등 재판절차의 진행을 위한 장소로 집무실을 지정한 경우

② 재판절차에 관련된 문제로 법관이 변호사나 검사에게 집무실에서의 면담을 요청한 경우

③ 법원장(지원장 및 기관장을 포함한다. 이하 같다)이 사법행정상 필요로 하는 경우

④ 검사나 변호사가 법원장의 허가를 얻어 부임인사 또는 개업인사 등을 위하여 방문하는 경우

⑤ 학술회의나 관혼상제 · 동창회 등 의례적인 모임의 경우이다.

법원 집무실의 직원은 변호사나 검사가 집무실을 방문하는 경우 면담 목적을 확인하고 공손한 태도로 이 예규에 따른 절차를 밟도록 권유하여야 한다(동 지침 3조 1항). 이 예규에 따르지 않고 무단으로 집무실에 출입한 변호사와 검사에 대하여는 법관이 명단을 작성하여 법원장에게 제출한다(동 지침 3조 3항).

6-5. 구체적 사건에 관한 공개적인 논평 · 의견표명 금지

(1) 법관은 교육이나 학술 또는 정확한 보도를 위한 경우를 제외하고는 구체적 사건에 관하여 공개적으로 논평하거나 의견을 표명하지 아니한다(강령 4조 1항). 구체적 사건에 관한 담당 법관의 의견은 판결을 비롯한 재판으로 표명되며, 그 이외의 공개적인 논평이나 의견표명은 판결서 등 재판의 내용에 대한 구구한 억측을 불러일으킬 우려가 있으므로 가급적 이를 피하는 것이 바람직하다.

(2) 여기서 '구체적 사건'이란 자신이 담당한 사건이거나 다른 법관이 담당한 사건 또는 곧 진행될 것으로 예상되는 사건을 의미한다. '공개적으로'란 법관들 사이의 의견교환이나 가벼운 대화의 범주를 넘어 기자회견이나 칼럼게재 등 사법부 외부를 향하여 의견을 표명하는 것을 뜻하며, 사법부 내부에서 의견을 표명하는 경우 이를 공식화하여 우회적으

15) 법관윤리(66면).

로 내외에 유포되도록 하는 것도 포함한다. 결국 이 규정에서 말하는 '공개적'이란 '사법부 외부에 대한 발언', '사석의 대화가 아닌 공식적인 발언', '언론이나 대중을 상대로 한 공개적 발언' 등의 의미의 전부 또는 일부를 포괄하고 있는 것이다.

(3) 그러나 법관이 사법연수원·법원공무원교육원 등에서 강의를 하거나 학회 등 학술모임에서 교육과 학술의 목적으로 그 내용에 대하여 언급하는 것은 회피대상에서 제외된다. 정확한 언론보도를 위하여 기자의 취재에 응하는 것도 마찬가지일 것이다.

다만 이러한 경우 강의·논평 등 의견표명에서도 재판 내용에 대한 공연한 오해를 초래하지 않도록 유의하는 것이 바람직하다. 특히 다른 법관이 현재 담당하는 사건의 경우에는 재판의 독립성을 침해할 여지가 있고 그 사건의 내용을 정확히 알기도 어려울 것이므로 공개적인 논평이나 의견 표명은 더욱 신중해야 한다.[16)]

6-6. 대법원공직자윤리위원회의 권고의견

대법원공직자윤리위원회는 2006. 11. 15.「법관의 외부인사와의 개인적인 관계에서 유의하여야 할 사항」(권고의견 제1호)이라는 제하에 권고의견 제1호를 발표하였다. 이에 의하면 법관은 소송관계인뿐만 아니라 소송관계인이 될 가능성이 큰 사람과의 접촉도 금지된다. 권고의견은 여섯 가지인데, 이 중 소송관계인과의 접촉금지에 관한 사항만을 소개하면 다음과 같다.[17)]

「첫째, 법관은 현재 담당하고 있는 사건의 당사자 내지 이해관계자 및 그 사건의 대리인 및 변호인(이하 '소송관계인'이라 한다)과 개인적·비공식적으로 만나거나 접촉하여서는 안 된다. 또한 법관은 공식모임 내지 단체모임, 예를 들어 학술모임과 동문모임, 토론회, 경조사 등에서 소송관계인을 만나는 경우에도 공정성을 의심받을 행동을 하여서는 안 된다.

둘째, 법관은 현재 담당하고 있는 사건의 소송관계인은 아니더라도, 조만간 담당할 사건의 소송관계인이 될 가능성이 큰 사람과의 만남이나 접촉도 삼가야 한다. 또한 이미 종결된 사건의 경우에도 그 사건의 성격상 법관의 공정성과 청렴성에 대한 의심을 불러일으킬 우려가 있으면, 그 소송관계인을 사건의 종결 직후에 만나거나 접촉하는 것은 피하여야 한다.

---

16) 법관윤리(67면).

17) 권고사항 중 넷째, 다섯째 사항은 후술한다.

여섯째, 법관은 현재 담당하고 있거나 과거에 담당하였던 사건의 소송관계인 또는 조만간 담당하게 될 가능성이 큰 사건의 소송관계인과 금전을 대차하거나 부동산을 매매하는 행위, 그들로부터 금전 또는 부동산을 증여받는 행위를 하여서는 안 된다.」

해설

1) 의례적인 만남이라면 대학동기 변호사와 식사하는 것은 지장이 없을 것이다. 다만 특정한 변호사와 눈에 띌 정도로 빈번하게 접촉하거나 지나칠 정도로 가까이 교제하는 경우라면, 비록 그러한 만남의 과정에서 청렴성에 아무런 문제가 없고 재판의 진행이나 결과가 실제로 공정하다고 하더라도, 훗날 당해 변호사가 그 법관의 사건을 담당하게 되었을 때 법관의 공정성을 의심받을 우려가 있는 등 일반인들에게 공연한 의심을 초래할 수 있으므로 가능한 한 피하는 것이 좋을 것이다.[18]
2) 우리나라의 경우 변호사가 학연이나 지연 등을 이유로 법관에게 직접 전화하는 경우가 있다. '전화변론'을 시도하는 것을 용납하는 것도 법관에게는 심각한 윤리위반이다. 이메일이나 전화 등을 통한 접촉도 당연히 허용되지 않는다.
3) '언론이나 대중을 상대로 한 공개적 발언' 등은 재판의 내용에 대한 구구한 억측을 불러일으킬 우려가 있으므로 이를 피하는 것이 바람직하다. 그러나 정확한 언론보도를 위하여 기자의 취재에 응하는 것은 가능하다고 본다.
4) 따라서 법관 J의 (2), (4)의 행위는 법관윤리강령에 위배된다고 볼 것이다.

7. 법관의 직무 외 활동

J 법관은 자신이 근무하는 법원에서 취급 중인 민사사건의 변호사 수임에 관하여 고등학교 동창인 A로부터 부탁을 받고 자신의 사법연수원 동기생인 B 변호사를 소개해주었다. J법관의 행위는 허용되는 것인가?

7-1. 허용되는 직무 외 활동

(1) 법관은 품위 유지와 직무 수행에 지장이 없는 경우에 한하여, 학술 활동에 참여하거나 종교·문화 단체에 가입하는 등 직무 외 활동을 할 수 있다(강령 5조 1항).

18) 법관윤리(85면).

(2) 법관은 그 직무의 특성상 일반인에 비해 사회활동에 참여할 자유를 더 제한받을 수 있다. 이 제한의 요체는 법관이 법정의 안팎에서 품위를 유지하고 직무수행에 지장을 초래하지 않아야 한다는 것이다.

(3) 그러나 법관 활동에 대한 제한이 지나쳐서 법관이 인간으로서 가지는 헌법상 기본권의 본질을 해치는 정도에 이르러서도 아니 된다. 그러므로 법관은 학술 · 종교 · 여가 · 사교활동 등 다양한 직무 외 활동에 참여할 수 있고, 법관이 이러한 활동을 통해 스스로 사회현상에 대한 안목을 높이고 다른 사회구성원에게 도움을 준다면 이는 매우 소망스럽고도 바람직한 일이다. 다만 직무 외 활동이라고 해도 법관으로서의 공정성과 청렴성, 품위유지 등에 의문이 제기될 수도 있는 상황은 피하여야 한다.

Example 특정 변호사와 자주 어울려 음주를 하는 등의 행위는 국민의 눈에 법관의 현재 또는 장래의 직무수행에 지장을 초래하는 것으로 비추어질 수 있다. 또한 통상의 수준을 훨씬 뛰어 넘는 보수를 받고 강의나 강연을 하는 것도 법관이라는 직책으로 인하여 우월하게 좋은 대우를 받는 것으로 비추어질 수 있다면 이러한 직무 외 활동 역시 삼가야 한다.[19)]

7-2. 타인의 법적 분쟁 관여 금지

(1) 법관은 타인의 법적 분쟁에 관여하지 아니하며, 다른 법관의 재판에 영향을 미치는 행동을 하지 아니한다(강령 5조 2항). 이 규정은 법관의 청렴성 또는 넓은 의미에서 법관의 공정성을 유지하고자 하는 데 그 취지가 있다.

(2) 이 규정의 전단에는 법관이 이웃 간의 분쟁 등 타인의 분쟁에 관하여 직접 중재 또는 조정을 하는 행위를 피하여야 한다는 뜻이 포함되어 있다. 또한 타인의 부탁을 받고 검찰이나 경찰 등에게 법관 신분을 밝히며 부탁하는 등으로 법관이 그 직책을 이용하여 영향력을 행사하는 것처럼 비추어질 수 있는 행동도 피하여야 한다.

(3) 이 규정의 후단은 법관이 타인의 부탁을 받고 다른 법관에게 사건에 관하여 청탁을 하는 등의 행위를 규율하고자 하는 것이다.[20)]

---

19) 법관윤리(88면).
20) 법관윤리(89면).

7-3. 법률적 조언 및 법조인에 대한 정보제공 금지

법관은 재판에 영향을 미치거나 공정성을 의심받을 염려가 있는 경우에는 법률적 조언을 하거나 변호사 등 법조인에 대한 정보를 제공하지 아니한다(강령 5조 3항). 이에 대한 한계는 '법관의 공정성 유지'라는 측면에서 찾아야 한다.[21]

7-4. 대법원공직자윤리위원회 권고의견

타인의 법적 분쟁 관여 금지 등에 관하여 대법원공직자윤리위원회 권고의견 제1호에서는 다음과 같이 기술하고 있다.

「넷째, 법관은 타인으로부터 분쟁의 해결에 관하여 직접 또는 간접으로 노력하여 줄 것을 부탁받더라도 이에 관여하여서는 안 된다. 법관은 직무수행을 제외하고는 타인의 분쟁에 관하여 직접 중재 내지 조정을 하는 행위를 회피하여야 한다. 또한 법관은 타인의 부탁을 받고 검찰과 경찰 또는 다른 법관에게 자신의 신분 내지 직위를 이용한 청탁을 하거나 영향력을 행사하는 행위를 하여서는 안 되며, 그러한 행위로 의심받을 만한 행위도 피하여야 한다.

다섯째, 법관이 타인으로부터 법률적 조언 또는 법조인에 대한 정보를 요청받는 경우 무색하게 법률적 조언을 해 주거나 법조인에 대한 일반적인 정보를 제공하는 정도를 넘어 스스로 나서서 분쟁의 해결을 도모해서는 안 된다. 다만 그것이 실질적으로 자신의 문제인 경우 등에는 예외가 될 수 있으나 그 경우에도 신중히 행동할 필요가 있다.」

해설

우선 유상으로 법률적 조언이나 변호사에 대한 정보제공행위를 하는 것은 모두 금지된다. 무상이라고 해도 자신이 근무하는 법원에서 취급 중인 법률사건이나 법률사무의 수임에 관하여 당사자 또는 그 밖의 관계인에게 특정한 변호사를 소개하는 행위는 변호사법 위반으로 과태료 부과대상임을 주의해야 한다(법 117조 1항 1호, 36조). 다만 법관이 자신의 친족이나 가까운 친지의 요청을 받았을 때 공정성에 의심을 받지 않을 정도의 법률적 조언을 해주는 것은 가능할 것이다. 그러나 스스로 나서서 분쟁의 해결을 도모하는 행위는 자제해야 한다. 특히 소송이 계속 중인 사건 또는 곧바로 소송으로 비화될 것으로 보이는 사안에 관하여는 법률적 조언이나 변호사에 대한 정보제공을 삼가야 한다.[22] 위 사례에서 J 법관이 변호사를 소개한 행위는 변호사법

21) 법관윤리(89-90면).
22) 법관윤리(101면).

위반(법 117조 1항 1호, 36조)으로 허용되지 않는다.

8. 경제적 행위의 제한

법관 J는 다음과 같은 행위를 하였다. 법관윤리강령에 위배되는 행위인지 검토해보라.

(1) 법관 J가 전보발령이 나자, 사업을 하는 친한 친구 A와 얼마 전 자신이 재판을 맡았던 피고인의 변호인이자 친구인 B가 각각 축하의 화분을 보내왔다.

(2) 법관 J는 과거에 담당하였던 소유권이전등기 사건의 소송대리인 변호사 C로부터 위 사건 관련 토지 2필지를 매수하였다.

(3) 경조사통지를 하지 않았는데, 현재 담당하고 있는 사건의 대리인이자 법학전문대학원 동기인 변호사 D가 경조사에 참석하여 50만 원의 경조금을 냈다.

(4) 동양화가인 피고인 E는 무죄판결이 확정된 후 감사의 표시라며 자신이 그린 서화와 부채를 재판장인 법관 J에게 전달하였다.

8-1. 경제적 거래행위 금지

(1) 법관은 재판의 공정성에 관한 의심을 초래하거나 직무수행에 지장을 줄 염려가 있는 경우에는, 금전대차 등 경제적 거래행위를 하지 아니 한다(강령 6조 전단). 이 규정은 법관의 청렴성을 구체화한 규정이다.

(2) 법관은 직무의 공정성을 유지해야 하기 때문에 경제활동에도 일반인에게는 가해지지 아니하는 일정한 제한이 부과된다.

Example 법관이 법정에서 접촉하거나 접촉할 가능성이 큰 변호사 또는 사건의 당사자이거나 당사자였거나 조만간 당사자가 될 개연성이 높은 사람으로부터 돈을 빌리거나 증여받는 행위, 부동산을 매입하거나 그에게 부동산을 매도하는 행위 등은 공정성을 훼손하거나 그러한 의심을 불러일으킬 우려가 있으므로 특별한 사정이 없는 한 금지된다. 법관이 그러한 사람에게 돈을 빌려주는 행위도 이자 등의 관계에서 공정성을 의심받을 우려가 있으므로 마찬가지로 피해야 한다.[23]

(3) 법관의 경제적 거래행위에 관해서는 「법관 및 법원공무원 행동강령」(대법원규칙 2260호, 이하 '행동강령'이라 한다)에서 좀 더 상세하게 규정하고 있다.

① 법관은 직무관련자(4촌 이내 친족은 제외한다) 또는 직무관련공무원에게 금전을

23) 법관윤리(106면).

빌리거나 빌려 주어서는 아니 되며 부동산을 무상(대여의 대가가 시장가격 또는 거래관행과 비교하여 현저하게 낮은 경우를 포함한다)으로 대여 받아서는 아니 된다. 다만 「금융실명거래 및 비밀보장에 관한 법률」 2조에 따른 금융기관으로부터 통상적인 조건으로 금전을 빌리는 경우는 제외한다(행동강령 15조 1항).

② 위 ①항에도 불구하고 부득이한 사정으로 직무관련자 또는 직무관련공무원에게 금전을 빌리거나 빌려 주는 것과 부동산을 무상으로 대여 받으려는 법관은 소속기관의 장에게 신고하여야 한다(동조 2항).

③ 법관은 직무수행 중 알게 된 정보를 이용하여 유가증권, 부동산 등과 관련된 재산상 거래 또는 투자를 하거나 타인에게 그러한 정보를 제공하여 재산상 거래 또는 투자를 돕는 행위를 해서는 아니 된다(행동강령 11조). 즉 주식거래 등 투자행위를 할 수 있지만, 직무관련정보를 이용한 거래를 해서는 안 된다.

8-2. 경제적 이익의 수수금지

(1) 법관은 재판의 공정성에 관한 의심을 초래하거나 직무수행에 지장을 줄 염려가 있는 경우에는, 증여 기타 경제적 이익을 받지 아니한다(강령 6조 후단).

(2) 법관은 직무관련자 등 공정성을 의심받을 우려가 있는 자로부터 경제적 이익을 받아서는 안 됨은 물론이거니와, 경제적 행위가 허용되는 상대방일지라도 그로부터 받는 선물의 가액이나 부조금의 액수, 식사대접이나 사회적 환대의 내용이 사회통념상 상당하지 아니한 정도에 이른다면 이를 자제하도록 요청하거나 필요한 경우에는 받은 선물이나 부조금 등을 돌려주는 것이 바람직하다.[24]

(3) 이에 관해서도 행동강령은 구체적인 규정을 두고 있다.

① 법관은 자신의 직위를 이용하여 부당한 이익을 얻거나 타인이 부당한 이익을 얻도록 해서는 아니 된다(행동강령 9조).

② 법관은 직무관련자, 직무관련공무원, 또는 직무관련자였던 자나 직무관련공무원이었던 자로부터 금품・부동산・선물 또는 향응 등을 받아서는 아니 된다. 다만 정당한 권원에 의하여 제공되는 금품이나, 통상적인 관례의 범위에서 제공되는 소액의 선물 등의 경우에는 그러하지 아니하다(행동강령 13조 1항, 2항, 3항).

---

24) 법관윤리(106면).

③ 승진이나 인사발령은 경조사가 아니기 때문에 이를 빙자한 금품(예 전별금)의 수수는 금지된다. 법관은 직무관련자나 직무관련공무원에게 경조사를 알려서는 아니 된다(행동강령 16조 1항) 또한 경조사와 관련하여 5만 원을 초과하여 받아서는 안 된다(법관 및 법원공무원 행동강령 운영지침 7조 1항, 2항). 법관이 기준을 초과한 금품 등을 받은 경우에는 즉시 반환하여야 하고, 반환하기 어려운 경우에는 행동강령책임관에게 인도하여야 한다(행동강령 20조).

8-3. 수익활동 금지

(1) 법원조직법 49조에 의하면, 법관은 ① 국회 또는 지방의회의 의원이 되는 일(1호), ② 행정부서의 공무원이 되는 일(2호), ③ 정치운동에 관여하는 일(3호), ④ 대법원장의 허가 없이 보수 있는 직무에 종사하는 일(4호), ⑤ 금전상의 이익을 목적으로 하는 업무에 종사하는 일(5호), ⑥ 대법원장의 허가 없이 보수의 유무를 불문하고 국가기관 외의 법인·단체 등의 고문·임원·직원 등의 직위에 취임하는 일(6호), ⑦ 기타 대법원규칙으로 정하는 일(7호)을 할 수 없다.

(2) 이 중에서 특히 법관의 경제적 행위와 직접 관련하여 문제되는 것은 ⑤의 경우이다. 여기서 '금전상의 이익을 목적으로 하는 업무'(5호)란 "① 상업·공업·금융업 기타 영리적인 업무를 경영하는 일, ② 상업·공업·금융업 기타 영리를 목적으로 하는 사기업체의 이사·감사·업무를 집행하는 무한책임사원·발기인 등 임원이 되거나 지배인 기타 사용인이 되는 일, ③ 그 직무와 관련이 있는 타인의 기업에 투자하는 일, ④ 기타 계속적으로 재산상의 이득을 목적으로 하는 업무에 종사하는 일"을 말한다(「법관이 관여할 수 없는 직무 등에 관한 규칙」, 대법원규칙 제1004호, 1988. 3. 23. 시행). 법관이 이러한 일을 하려고 하는 경우에는 사전에 대법원장의 허가를 받아야 한다(동 규칙 3조 1항).

(3) 일시적인 수익활동의 경우는 원칙적으로 이를 금지하지 않고 있으며 그것이 과도하지 않도록 조치하고 있다. 이와 관련하여 주로 문제되는 것은 외부강의·회의 등이다. 행동강령은 "법관이 대가를 받고 세미나, 공청회, 토론회, 발표회, 심포지엄, 교육과정, 회의 등에서 강의, 강연, 발표, 토론, 심사, 평가, 자문, 의결 등을 할 때에는 사전에 소속기관의 장에게 신고하여야 하고, 대가는 통상적으로 적용되는 기준을 초과해서는 아니 된다"고 규정하고 있다(행동강령 14조 참조).

해설

1) 법관은 원칙적으로 직무관련자나 직무관련자이었던 자로부터 통상적인 관례의 범위에서 제공되는 음식물 또는 편의를 받을 수는 있어도 금품이나, 선물을 받을 수 없다. 법관이 전보 시에 주고받는 화분 등은 '경조사 관련 금품'이 아닌 '선물'에 해당하므로, 직무관련자였던 B로부터는 위 화분을 받을 수 없고, 직무관련자가 아닌 A로부터는 받을 수 있다.

2) 법관이 법정에서 접촉하거나 접촉할 가능성이 큰 변호사 또는 사건의 당사자이거나 당사자였거나 조만간 당사자가 될 개연성이 높은 사람으로부터 부동산을 매수하는 행위 등은 공정성을 훼손하거나 그러한 의심을 불러일으킬 우려가 있으므로 특별한 사정이 없는 한 금지된다.

3) 「법관 및 법원공무원 행동강령」은 직무관련자에게 경조사의 통지를 제한하고 있으나, 이를 우연히 전해 듣고 경조사에 참석하여 경조금품을 접수하는 경우 접수 자체를 거부하는 것은 현실적으로 어렵다. 다만, 그 경우에도 경조사 관련 금품 한도액인 5만 원은 받을 수 있으나, 한도액을 초과한 45만 원은 즉시 반환하여야 하며, 이 경우 당해 법관은 증빙자료를 첨부하여 그 반환비용을 소속 기관장에게 청구할 수 있다.[25]

4) 피고인 관련 사건이 확정되었다 하더라도 피고인은 직무관련자의 범주에 속한다. 또한 피고인 스스로 제작한 미술품이어서 가치를 산정하기 어렵다 해도 서화 및 부채는 수령이 허용되는 통상적인 관례의 범위 안에서 제공되는 음식물 또는 편의 등에 포함된다고 보기 어렵다.

법관이 이미 확정된 사건 관계인으로부터 선물을 받는 것은 그 자체로 법관의 청렴성을 의심하게 하는 행동이 될 수 있고, 과거 법관의 업무처리의 공정성에 의문을 품게 하는 원인이 될 수 있으므로, 즉시 반환하여야 하며, 이 경우 당해 법관은 증빙자료를 첨부하여 그 반환비용을 소속 기관장에게 청구할 수 있다. 참고로, 수령한 서화 및 부채를 소속 기관의 장 혹은 기관에 기증할 수 있는 법적 근거는 없다.

직무관련자인 재판 중 당사자가 금품을 제공한 행위가 뇌물공여에 해당하는 경우에는 형사소송법 234조 2항의 직무상 고발의무가 발생하였다고 할 수 있다. 따라서 후자의 경우는 행동강령 20조 2항의 '제공자에게 반환하기 어려운 사정이 있을 때'로서 해당 법관은 위 수표를 제공자에게 반환할 것이 아니라 즉시 행동강령책임관에게 신고하고 그 수표를 인도하여 고발조치 하도록 해야 한다.[26]

---

25) 법관윤리(117면).
26) 법관윤리(117, 118면).

9. 정치적 중립성

법관 J의 배우자가 국회의원선거에 출마하였다. J는 당해 후보자를 위하여 선거운동을 할 수 있는가?

9-1. 직무수행상 정치적 중립

(1) "법관은 직무를 수행함에 있어 정치적 중립을 지킨다"(강령 7조 1항).

(2) 이와 같이 법관이 정치적 중립을 지키면서 직무를 수행하는 것은 재판의 공정성을 보장하기 위한 것이다. 만일 법관이 정치적 중립성을 상실한다면 재판의 공정성을 해칠 뿐만 아니라, 더 나아가 사법권의 독립을 위태롭게 하는 결과를 초래할 우려도 있다.

(3) 이 규정은 직무수행상의 정치적 중립에 대하여 규정하고 있다. 그러므로 법관이 사사로이 정치적 견해를 가지거나 친지들과 정치적인 토의를 하는 것이 금지되지는 않는다. 다만, 법관이 언론 등을 통하여 자신의 정치적 견해를 밝히거나 공식적인 정치적 토론에 참여하는 것은 직무수행 그 자체는 아니더라도 직무수행의 중립성 및 그 외관 형성에 중대한 영향을 줄 수 있기 때문에 피해야 할 것이다.[27)]

9-2. 정치단체가입, 선거운동 참여 등 정치활동 금지

(1) 법관은 정치활동을 목적으로 하는 단체의 임원이나 구성원이 되지 아니하며, 선거운동 등 정치적 중립성을 해치는 활동을 하지 아니한다(강령 7조 2항).

(2) 현행 정당법과 정치자금법에 의하면, 법관은 정당의 발기인이나 당원이 될 수 없을 뿐만 아니라, 정치자금의 기부를 목적으로 하는 후원회의 회원이 될 수도 없다. 그러므로 이 규정은 이러한 법률 규정의 내용을 당연히 포함하면서 정치적 단체 일반에 관하여 포괄적인 규정을 두고 있는 것이다.[28)]

---

27) 법관윤리(121면).
28) 법관윤리(121, 122면).

9-3. 대법원공직자윤리위원회 권고의견

정치적 중립성과 관련하여 대법원공직자윤리위원회는 2007. 6. 22.「법관의 정치자금 기부와 관련하여」라는 제하의 권고의견 제2호를 다음과 같이 발표했다.

「기탁금은 각급 선거관리위원회에 기탁하여 국고보조금 배분비율에 따라 각 정당에 배분・지급되는 것이므로 이를 기부한다고 하더라도 법관의 정치적 중립성에 대한 국민의 신뢰를 손상할 우려는 없다. 반면, 후원금은 특정 정당 또는 국회의원 등을 위한 후원회에 기부하는 것이므로 비록 소액을 기부하는 경우라도 특정 정치세력에 대한 지지의사로 해석될 가능성이 있고, 궁극적으로 법관의 정치적 중립성에 대한 국민의 신뢰를 해칠 우려가 있으므로 법관이 현행 정치자금법상 후원금을 기부하는 것은 소액이라도 바람직하지 않다.」

해설

공직선거법상 예비후보자・후보자의 배우자이거나 후보자의 직계존속・직계비속인 법관의 선거운동은 허용되고(공직선거법 제60조 제1항 단서), 이러한 공직선거법의 규정은 일반적 금지규정인 법원조직법 등에 대하여 특별규정의 성격을 갖는다고 해석된다(1995. 12. 공직선거법 개정 전에는 금지되었다).

그러나 이 경우에도 법관의 정치적 중립성에 대한 국민의 신뢰를 손상하지 않아야 한다는 제한은 여전히 유효하다. 법관으로서는 성실의무를 준수하여 선거운동으로 인해 재판이 지연되거나 진행에 차질이 생기지 않도록 유념하고, 직장이탈금지의무를 준수하여 일과시간 중 선거운동을 삼가며, 법관임을 내세우거나 명함을 돌리는 등 법관 신분이 드러나는 일이 없도록 주의해야 한다. 특히 당해 선거운동이 친속을 위한 선거운동의 범위를 넘어서 특정 정치세력에 대한 지지의사로 비치거나 법관의 정치적 중립성에 대한 국민의 신뢰를 손상할 가능성이 있다면 이를 자제함이 바람직하다.[29]

10. 법관의 징계

10-1. 법관의 신분보장

> 법관 J는 특정범죄가중처벌 등에 관한 법률위반(뇌물수수)의 범죄를 저질렀다. 징계처분으로 파면할 수 있는가?

29) 법관윤리(126-127면).

재판의 독립이 확보되려면 법관의 신분이 보장되어야 한다. 헌법은 법관의 신분보장을 위하여 파면·불리한 처분·강제퇴직의 제한 등을 명시하고 있다. 헌법에 의하여 신분이 보장되는 법관이 적법절차에 의하지 아니하고 그 의사에 반하여 해직된다면, 사법권의 독립과 법치주의에 중대한 위협이 될 것이다.

(1) 파면의 제한

법관은 신분의 보장을 받기 때문에 임기 중에는 특별한 사유가 없는 한 면직되지 아니한다. 헌법이 "법관은 탄핵 또는 금고 이상의 형의 선고에 의하지 아니하고는 파면되지 아니하며"(헌법 106조 1항)라고 규정하고 있으므로 헌법재판소에 의한 탄핵결정이나 금고 이상의 형의 선고가 있는 경우에만 파면될 수 있다.

(2) 불리한 처분의 제한

헌법은 "징계처분에 의하지 아니하고는 정직·감봉 기타 불리한 처분을 받지 아니한다"(헌법 106조 1항)라고 하고 있으므로 법관은 법관징계위원회의 징계처분에 의하지 아니하고는 정직·감봉 기타 불리한 처분을 받지 아니한다(법원조직법 46조 1항).

(3) 강제퇴직의 제한

헌법은 "법관이 중대한 심신상의 장해로 직무를 수행할 수 없을 때에는 법률이 정하는 바에 의하여 퇴직하게 할 수 있다"(헌법 106조 2항)라고 규정하고 있어 중대한 심신상의 장해로 직무를 수행할 수 없는 경우에만 강제퇴직될 수 있다.

해설

헌법 106조 1항은 "법관은 탄핵 또는 금고 이상의 형의 선고에 의하지 아니하고는 파면되지 아니하며 …"라고 규정하고 있다. 따라서 징계처분으로 파면할 수 없다.

10-2. 징계 종류 및 사유

> 법관의 다음 행위는 징계사유에 해당되는지 검토해보라.
>
> (1) 합의부 재판장 J1이 법정에서 재판을 진행하다가 기일연기사실을 당사자에게 전하지 않았다는 이유로 방청객들 앞에서 배석판사에게 크게 소리를 지르며 질책하는 등의 행위를 하였다.
>
> (2) J2 법관은 배우자에 대한 비인격적·비윤리적 대우로 말미암아 혼인관계가 파탄지경에 이르렀다.

(1) 징계종류

법관의 징계처분은 파면을 제외하고, 정직·감봉·견책의 세 가지만을 인정하고 있다(법관징계법 3조). 이 중 정직은 1월 이상 1년 이하의 기간 동안 직무집행을 정지하고, 그 기간 중 보수를 지급하지 아니한다(동조 2항). 감봉은 1월 이상 1년 이하의 기간 동안 보수의 3분의 1이하를 감한다(동조 3항). 견책은 징계사유에 관하여 서면으로 훈계한다(동조 4항).

(2) 징계 사유

법관에 대한 징계사유는 다음 각 호와 같다(법관징계법 2조).

① 법관이 직무상 의무를 위반하거나 직무를 게을리한 경우

② 법관이 그 품위를 손상하거나 법원의 위신을 실추시킨 경우

10-3. 법관징계위원회

(1) 법관에 대한 징계사건을 심의 결정하기 위하여 대법원에 법관징계위원회(이하 '위원회'라 한다)를 둔다(동법 4조 1항).

(2) 위원회는 위원장 1인과 위원 6인으로 구성하고 예비위원 3인을 둔다(동조 2항). 위원장은 대법관 중에서, 위원은 법관 3인과 변호사·법학교수 그 밖에 학식과 경험이 풍부한 자 각 1인 중에서 대법원장이 임명한다(동법 5조 1항).

(3) 법관징계위원회는 원래 법관들로만 구성되었으나, 2007년 법 개정에 의하여 법관이 아닌 자 중에서도 징계위원을 선임하도록 개정했다. 이는 징계의 공정성과 엄성성을 높이기 위한 것이다.

10-4. 징계절차

(1) 징계청구와 징계심의의 개시

위원회의 징계심의는 대법원장, 대법관, 해당법관에 대하여 법원조직법에 따라 사법행정사무에 관한 감독권을 가지는 법원행정처장·사법연수원장·각급 법원장·법원도서관장의 징계청구에 의하여 개시한다(동법 7조 1항).

징계청구권자는 해당법관에게 징계사유가 있다고 인정되는 때에는 그에 관하여 조사

할 수 있다(동조 2항). 징계청구권자는 조사한 결과 법관징계법 2조 각 호의 징계사유에 해당된다고 인정할 때에는 징계의 청구를 하여야 한다(동조 3항).

(2) 징계사유의 시효

징계사유가 있는 날로부터 3년(금품 및 향응 수수, 공금의 횡령·유용의 경우에는 5년)이 경과하면 그 사유에 관하여 징계를 청구하지 못한다(동법 8조).

(3) 징계의 심의

징계청구가 있는 때에는 위원장은 심의기일을 정하여 피청구인의 출석을 요구하여야 한다(동법 12조). 징계의 심의는 공개하지 아니한다(동법 13조 4항). 그리고 위원회의 심의·결정에 참여한 자는 직무상 알게 된 비밀을 누설하여서는 아니 된다(동조 5항).

위원회는 피청구인이 적법한 송달을 받고도 심의기일에 출석하지 아니하거나 진술권을 포기한 때에는 피청구인의 진술 없이 서면에 의하여 심의할 수 있다(동법 17조).

(4) 징계절차의 정지와 취하

징계사유에 관하여 탄핵의 소추가 있는 경우에는 그 절차가 완결될 때까지 징계절차는 정지된다(동법 20조 1항). 위원회는 징계사유에 관하여 공소의 제기가 있는 경우에는 그 절차가 완결될 때까지 징계절차를 정지할 수 있다(동법 20조 2항).

징계청구인은 징계청구 이후 새로운 사실의 발견 등 피청구인이 징계사유에 해당되지 아니한다고 인정할 만한 사유가 있는 경우에는 징계결정이 있기 전까지 징계청구를 취하할 수 있다(동법 21조).

(5) 징계결정

위원회는 심의를 종결한 때에는 다음 각 호의 1의 결정을 한다(동법 24조).

① 징계사유가 있고 이에 대하여 징계처분을 함이 상당하다고 인정되는 경우에는 징계사유의 경중·피청구인의 근무성적·공적·개전의 정 기타 여러 사정을 종합하여 그에 합당한 징계처분을 하는 결정. 다만 징계처분을 하지 아니함이 상당하다고 인정되는 경우에는 불문으로 하는 결정을 할 수 있다(1호).

② 징계사유가 인정되지 아니하는 경우에는 무혐의결정(2호).

(6) 징계처분 및 집행

대법원장은 위원회의 결정에 따라 징계처분을 하고 이를 집행한다(동법 26조 1항). 대법원장은 징계처분을 한 때에는 이를 관보에 게재한다(동법 26조 1항).

(7) 징계처분에 대한 불복절차

피청구인이 징계처분에 대하여 불복하고자 하는 경우에는 징계처분이 있음을 안 날부터 14일 이내에 전심절차를 경유하지 아니하고 대법원에 징계처분의 취소를 청구하여야 한다(동법 27조 1항).

대법원은 위 취소청구사건을 단심으로 재판한다(동조 2항).

해설

1) 법관이 법정에서 욕설, 고성 등 감정적 표현을 수반하는 언행을 사용하는 경우 직무상 품위유지의무위반에 해당한다.[30)]

2) 품위유지의무는 직무와 관련된 부분은 물론 사적인 부분에 있어서도 건실한 생활을 할 것을 요구하므로(대법원 1998. 2. 27. 판결, 97누18172, 동 2009. 1. 30. 판결, 2007추127 참조) 사생활 영역에서도 품위유지의무는 지켜야 한다. 따라서 배우자에 대한 비인격적·비윤리적 대우로 말미암아 혼인관계가 파탄지경에 이르게 될 경우 품위유지의무 위반이 될 수 있다.[31)]

Ⅱ. 검사의 윤리

1. 검사의 기본윤리

(1) 검사는 공소권을 독점행사하는 공익의 대표자로서, 기본적 인권을 옹호하고 실체적 진실을 발견하는 데 그 사명이 있다(검사윤리강령 1조 참조). 이것은 형사소송법의 목적과 부합하는 것으로, 검사의 윤리는 이 사명으로부터 도출된다고 할 수 있다.

(2) 이에 따른 검사의 기본적인 윤리를 살펴보면 다음과 같다.

① 첫째, 검사는 공소권의 주체로서, 법의 정당한 적용을 청구할 의무를 부담한다. 그러므로 검찰권의 행사에 있어서는 자신의 양심에 따라 무죄인 자를 보호함은 물론, 피고인의 권리옹호를 위해서도 노력해야 한다. 이를 검사의 객관적 의무라고 한다.

② 둘재, 검사는 공정성을 의심받을 행동을 해서는 안 된다. 검사는 검찰권의 행사

30) 법관윤리(38면).

31) 법관윤리(38면).

가 공정하게 행사되고 있다는 일반적 신뢰를 손상시키지 않도록 언동이나 태도를 신중히 하여, 외견상 객관성을 유지할 필요가 있다.

③ 셋째, 검사는 공익의 입장에 충실하여야 한다. 검사는 그 직무를 수행함에 있어서 항상 법률을 실제 사회에 적합하도록 그 운용에 배려할 필요가 있고, 또 그 배려는 전국적으로 통일되어야 한다. 이렇게 함으로써 형사사법은 살아 있는 것이 되는데, 검사동일체의 원칙이 필요하게 된 이유도 여기에 있다.[32)]

이러한 기본적 윤리에 기초하여 검사윤리강령이 1999. 1. 1. 제정·시행되었다.

2. 검사의 공정성

> 서울중앙지방검찰청 형사부에 소속된 검사 P는 새로이 폭력행위등처벌에관한법률위반사건을 배당받았다. 사건을 검토한 결과 당연히 구속기소될 사건이었다. 그러나 피의자의 이름이 낯익어 확인해 보니, 피의자 A는 고등학교 동기동창이었다. 검사 P는 어떻게 해야 하는가? 피해자가 동창인 경우는 어떠한가?[33)]

(1) 법집행기관인 검사는 공정·중립의 입장에서 사건처리를 해야 한다. 우리나라 검사는 기소권을 독점함과 동시에, 기소편의주의에 의하여 그 기소권의 행사에 대해 광범위한 재량권을 가지고 있다. 이는 검찰에 대한 국민의 신뢰가 각 검사 개인의 구체적 검찰권 운용의 공정성 여하에 달려있음을 말해주는 것이다. 따라서 각 검사는 검찰권을 공정하게 운용할 뿐만 아니라, 국민으로부터 그 공정성에 의심을 사지 않도록 특단의 배려를 할 필요가 있다.

(2) 공정성이라 함은 "피의자나 피해자, 기타 사건관계인에 대하여 정당한 이유 없이 차별대우를 하지 아니하며 어떠한 압력이나 유혹, 정실에도 영향을 받지 아니하고 오로지 법과 양심에 따라 엄정하고 공평하게 직무를 수행하는 것"을 의미한다(강령 3조 2항).

(3) 검사는 자신의 직무는 물론, 다른 검사의 공정성을 해치는 행위도 해서는 안 된다. 즉, 검사는 다른 검사나 다른 기관에서 취급하는 사건 또는 사무에 관하여 공정한 직무를 저해할 수 있는 알선·청탁이나 부당한 영향력을 미치는 행동을 해서는 안 된다(강령

32) 사법연수원(157-158면), 박휴상(568면).
33) 塚原 등(448면), 高中(208면) 참조.

18조 1항).

(4) 나아가 검사는 공정성을 의심받을 만한 행동도 자제해야 한다. 검사는 직무수행의 공정성을 의심받을 우려가 있는 자와 교류하지 아니하며 그 처신에 유의해야 한다(강령 14조). 또한 검사는 자신이 취급하는 사건의 피의자, 피해자 등 사건관계인 기타 직무와 이해관계가 있는 자(이하 '사건관계인 등'이라 한다)와 정당한 이유 없이 사적으로 접촉해서는 안 된다(강령 15조). 검사는 14조에서 규정한 직무수행의 공정성을 의심받을 우려가 있는 자나 사건 관계인 등으로부터 정당한 이유 없이 금품, 금전상 이익, 향응이나 기타 경제적 편의를 제공받아서는 안 된다(강령 19조).

해설

검사와 사건당사자(피의자 및 피고인)사이에 어떤 관계가 있으면, 검사가 공정하게 검찰권을 행사하더라도, 사건관계인 및 일반국민으로부터 검찰권의 공정성에 대해서 의심을 받게 된다. 따라서 이 사례의 경우 검사 P는 피의자가 고등학교 동창인 것을 상사에게 보고하여 사건을 다른 검사에게 재배당하도록 해야 한다. 당해 사건이 증거불충분으로, 어떠한 검사라도 무혐의 불기소처분을 할 것으로 보이는 경우에도 마찬가지이다. 당해 사건의 증거관계가 미묘하여, 검사에 따라 기소·불기소가 나누어지는 경우라면 더욱 그렇다. 피의자가 아니라 피해자가 고등학교 동기생인 경우도 마찬가지이다.[34)]

3. 검사동일체의 원칙과 검사의 소신

> P 검사는 X지방검찰청에 근무하고 있는데, 공갈사건 피의자 A의 조사를 담당하였다. A는 원래부터 공갈의 고의를 부인하고 있고, 피해자인 B로부터 그 경위를 조사해 보아도 A의 진술과 부합하여 공소유지가 곤란하다고 생각했다. 그래서 P 검사는 무혐의 불기소처분을 하기로 하고, 결재를 올렸다. 그런데 P 검사의 상사인 Q부장검사는 유죄증거가 충분하다면서 기소를 명하였다. P 검사는 어떻게 해야 하는가?[35)]

3-1. 검사동일체 원칙

(1) 검사는 단독제의 관청이다. 검사 각자가 독자적인 권한을 가지고 하나의 검찰청을

---

34) 塚原 등(453면).

35) 高中(206면).

구성한다. 그러나 검찰권 행사가 각 검사마다 상이하여, 균형을 이루지 못하거나, 자의적으로 되어서는 안 된다. 이러한 자의적인 검찰권의 행사를 방지하고, 개개의 검사에 속하는 검찰권이 통일적으로 운용되도록 하기 위하여 만든 제도가 '검사동일체의 원칙'이다. 즉 모든 검사는 검찰총장을 정점으로 하는 피라미드형의 계층적 조직체를 형성하고 일체불가분의 유기적 통일체로서 활동한다.

(2) 검사동일체의 원칙은 범죄수사와 공소의 제기 · 유지 및 재판의 집행을 내용으로 하는 검찰권의 행사가 전국적으로 균형을 이루게 하여 검찰권행사의 공정을 기하려는 데 주된 이유가 있다.

(3) 이에 관하여 검사윤리강령 12조는 "검사는 상급자에게 예의를 갖추어 정중하게 대하며, 직무에 관한 상급자의 지휘 · 감독에 따라야 한다. 다만 구체적 사건과 관련된 상급자의 지휘 · 감독의 적법성이나 정당성에 이견이 있을 때에는 절차에 따라서 이의를 제기할 수 있다"고 규정한다.

3-2. 결재제도

(1) 검찰청에서 행하여지고 있는 결재제도는 개개의 검사가 가지고 있는 검찰권이 통일적 · 균형적으로, 나아가 공평하게 운용되도록 하는 것이다.

(2) 검사는 상사의 의견이 다를 경우 상사의 의견을 존중하여야 한다. 그러나 검사는 단독관청이기 때문에 최종 결정은 검사 개인이 하는 것이고 이에 대한 책임도 결국 검사가 지게 된다. 따라서 검사의 의견과 상사의 의견이 다를 경우 이를 조율하지 않으면 안 된다. 먼저 검사는 상사의 의견을 존중하고 자신의 의견을 재고해 보아야 한다. 검사가 여러 가지 측면을 검토하여도 명백히 자신의 주장이 옳다고 생각하면 직장 상사를 설득하여야 한다. 만약 상사를 설득할 수 없다면 일단 자신의 견해가 보편타당성을 잃고 있을 가능성이 많고, 그만큼 오류의 가능성이 크다고 할 수 있다. 이렇게 상사를 설득하여도 결국 의견조율이 되지 않는다면 검사는 검찰청법 7조의2 2항에 의거하여 다른 검사로 하여금 그 업무를 처리해주도록 요청할 수밖에 없을 것이다.

(3) 이것은 어디까지나 적법한 업무처리를 전제로 한 것이다. 위법 부당한 업무처리가 진행되는 경우에는 직장 상사에게 그 업무처리의 재고를 요청해야 할 것이다. 만약 이러

한 재고의 요청이 받아들여지지 않을 경우에는 더 높은 상급자나 상급기관에 시정을 요청해야 할 것이다.[36]

해설

1) 결재자와 담당검사의 의견이 일치하지 않은 경우는 실무상 적지 않다. 만약 결재자의 의견에 반하여 담당검사가 기소하여도 법적으로는 유효하고, 담당검사가 자신의 신념을 굽히고 결재자의 의견을 따르더라도 그것에 의해서 담당검사는 책임을 회피할 수 없다.

2) 사례의 경우, 담당검사는 결재자의 의견도 염두에 두고 피의자 변명과 피해자 진술의 신빙성에 대해 수사를 다시 해야 한다. 다시 수사를 하여도 무혐의라는 결론에 도달한다면, 결재자를 설득해야 한다. 결재자도 자신의 당초 의견에 구애되지 말고, 허심탄회하게 담당검사의 의견을 듣고 양자가 동일한 판단에 이르도록 노력해야 한다. 그와 같은 노력에도 불구하고 결재자와 담당검사의 의견이 일치하지 않은 때에는 결재자의 직무이전권한(검찰청법 7조의2 2항 후단)에 의하여 당해 사건을 다른 검사에게 배당해주도록 요청할 수밖에 없다. 그 직무이전권한의 발동도 거부된 경우에는 의견이 나누어져 있지만, 사직의 길을 선택할 수밖에 없다.

4. 검사의 객관의무

공판검사인 P는 검사의 증거조사청구가 종료된 단계에서 증거조사청구를 하지 않은 조서 중에 피고인의 알리바이를 증명하는 참고인 B의 사법경찰관 작성의 진술조서가 있는 것을 발견하였다. 피고인이 법정에서 알리바이를 주장하고 있어, 알리바이의 유무는 이미 사건의 쟁점으로 되어 있었다. 그러나 피고인이 B와 면식이 없어, B의 존재 자체를 알지 못하였기 때문에, 피고인 측은 B의 조서에 대한 증거개시청구를 하지 않았다. P 검사는 어떠한 대응을 하여야 하는가?

(1) 객관의무

검사는 피고인에 대립하는 당사자이면서도 단순한 당사자가 아니라 공익의 대표자로서 피고인의 정당한 이익을 옹호해야 할 의무가 있다. 공익의 대표자인 검사가 진실을 탐지하고 법을 발견·적용해야 하는 것은 당연하기 때문이다. 따라서 검사는 피고인의 적이 아니라 피고인에게 이익되는 사실도 조사·제출하고, 피고인의 이익을 위하여 상소와 비상상고를 해야 할 객관적 관청이라고 할 수 있다. 이를 검사의 객관의무라고 한다.[37]

---

36) 사법연수원(183면), 박휴상(571면).

(2) 판례

객관의무와 관련하여 의미 있는 우리나라 판례가 있다.[38] 검사가 소송 진행 중에 피고인의 무죄를 입증할 수 있는 결정적인 물증(유전자 감정서)을 입수하고도 이를 법원에 제출하지 아니하고 이미 제기된 공소를 유지한 행위가 적법한지에 관해서, 우리나라 대법원은 국가형벌권의 남용으로서 위법하다고 판단하였다.

해설

이 사례는 검사의 객관의무에 관한 것이다. 검사는 공익의 대표자이며, 그 공익 중에는 피의자·피고인의 이익과 피해자의 이익도 포함된다. 따라서 검사는 기소에 유리한 증거뿐만 아니라 피고인에게 유리한 증거도 제출할 의무가 있다. 그러므로 검사 P는 참고인 B에 대해서 조사를 하여 피고인의 알리바이를 증명할 수 있는 증거인지 여부를 확인해야 한다. 그 결과 피고인의 알리바이가 성립된 것이 명백하면, 직접 상사에게 그 뜻을 보고하고, 필요한 결재를 받은 후, 공소를 취소하든지, 법원에 B를 증인으로 신청하여 알리바이를 명백히 한 후 무죄논고를 하든지, 어느 하나를 선택해야 한다. 그대로 B의 존재를 무시하고 유죄논고를 하는 것은 검사로서는 가져서는 안 될 태도임을 명심해야 한다.

5. 의견발표

X검찰청 차장검사 P는 X검찰청 특별수사부가 A에 대하여 수사를 진행하고 있는 상태에서 그 수사팀이 현재 어떤 자료를 확보하였고, 해당 사안이나 피의자의 죄책, 신병처리에 대하여 수사책임자가 어떤 의견을 가지고 있는지 등 수사팀의 내부 상황을 확인한 후, 그 내용을 A 측에 전달하였다. 차장검사 P의 행위는 공무상비밀누설죄에 해당하는가?[39]

5-1. 피의사실 공표 금지

(1) 피의자는 유죄판결이 확정되기 전까지는 무죄추정의 원칙의 적용을 받기 때문에 피의사실을 공판청구 전에 공표해서는 안 된다. 따라서 형법은 피의사실의 공표를 처벌하고 있다(형법 126조). 피의사실의 공표를 금지하는 이유는 개인의 사생활정보를 보호하고 재판의 공정성을 담보하는 데 있다.

37) 이재상(100면).

38) 대법원 2002. 2. 22. 판결, 2001다23447.

39) 대법원 2007. 6. 14. 판결, 2004도5561 참조.

(2) 문제는 국민의 알 권리와 관련하여 중요사건에 대한 언론발표가 허용되는가 하는 점이다. 이에 대한 명확한 기준은 없으나, 국가적으로 중요한 사건에 대하여 공적인 확인이 없을 경우 언론기관에서 추측기사를 보도함으로써 수사에 막대한 지장을 초래하고 당사자에게 심각한 인권침해가 이루어진다면 이러한 폐해를 막기 위해 수사상황을 확인해 주는 것은 가능하다고 보아야 한다. 다만 이러한 경우에도 필요한 최소한의 범위에서 정당한 목적으로만 언론발표가 허용된다.[40]

5-2. 직무상 비밀유지

(1) 검사는 수사사항, 사건 관계인의 개인정보 기타 직무상 파악한 사실에 대하여 비밀을 유지하여야 하며, 전화·팩스 또는 전자우편 그리고 기타 통신수단을 이용할 때에는 직무상 비밀이 누설되지 않도록 유의하여야 한다(강령 22조). 형사소송법도 "검사는 비밀을 엄수하며 피의자 또는 다른 사람의 인권을 존중하고 수사에 방해되는 일이 없도록 해야 한다"고 규정한다(형사소송법 198조). 이러한 비밀유지의무는 재직 중은 물론이고 퇴직한 후에도 적용된다.

(2) 검사는 그 사무실의 검찰공무원·사법연수생 기타 자신의 직무에 관여된 공무원들이 직무에 관하여 위법 또는 부당한 행위를 하거나 업무상 지득한 비밀을 누설하거나 부당하게 이용하지 못하도록 지도·감독해야 한다(강령 23조).

5-3. 외부기고행위

(1) 검사는 수사 등 직무와 관련된 사항에 관하여 검사의 직함을 사용하여 대외적으로 그 내용이나 의견을 기고·발표하는 등 공표할 때에는 소속기관장의 승인을 받아야 한다(강령 21조). 대외적으로 기고·발표를 할 때에는 공공의 이익에 필요한 최소한의 사항만을 정확하게 알려야 하고 관련자의 명예 또는 권리가 부당하게 침해되지 아니하도록 주의하여야 한다(검사윤리강령운영지침 13조 : 이하 '운영지침'이라 한다).

(2) 직무관련성이 없는 사항이더라도 검사의 명예와 품위를 손상하는 기고라면 검사윤리에 위배되는 것으로 보아야 한다. 그리고 검사는 사건 또는 법해석에 관한 개인적인 견해를 공중에게 발표할 경우에는 반드시 검찰의 의견이 아닌 개인의 견해임을 명백히 하

40) 사법연수원(177면), 박휴상(576면).

여야 한다.

(3) 물론 정치적인 의견이나 국가 및 검찰조직의 운영 등에 관한 견해를 표명해서는 안 될 것이다. 검사의 정치운동이 금지되어 있기 때문이다.

해설

대법원은 "검찰 등 수사기관이 특정사건에 대하여 수사를 진행하고 있는 상태에서, 수사기관이 현재 어떤 자료를 확보하였고, 해당 사안이나 피의자의 죄책, 신병처리에 대하여 수사책임자가 어떤 의견을 가지고 있는지 등의 정보는 그것이 수사의 대상이 될 가능성이 있는 자 등 수사기관 외부로 누설될 경우 피의자 등이 아직까지 수사기관에서 확보하지 못한 자료 인멸하거나, 수사기관에서 파악하고 있는 내용에 맞추어 증거를 조작하거나, 허위의 진술을 준비하는 등의 방법으로 수사기관의 범죄수사 기능에 장애를 초래할 위험이 있는 점에 비추어 보면, 해당 사건에 종국적인 결정을 하기 전까지는 외부에 누설되어서는 안 될 수사기관 내부의 비밀에 해당한다"고 판시한다.[41] 따라서 검찰간부가 위 정보를 누설하는 행위는 업무상비밀누설죄에 해당한다.

6. 검사의 정치적 중립

> 검사 P는 평소 국회의원 A와 두터운 친분이 있어 매년 소액의 후원금을 국회의원 A가 소속된 정당에 기부하였다. 검사 P는 검사윤리강령에 위배되는 행위를 한 것인가?

(1) 검사는 준사법기관으로서 정치적으로 중립적이어야 하기 때문에 검사의 정치적 활동은 금지된다. 검찰청법은 "검사는 그 직무를 수행함에 있어서 국민 전체에 대한 봉사자로서 정치적 중립을 지켜야 하며 부여된 권한을 남용해서는 아니 된다"고 규정한다(검찰청법 4조 2항). 또한 검사는 재직 중 '국회 또는 지방의회의 의원이 되는 일'과 '정치운동에 관여하는 일'이 금지된다(검찰청법 43조 1호, 2호).

(2) 이러한 검찰청법의 취지에 따라 검사윤리강령은 "검사는 정치운동에 관여하지 아니하며, 직무수행을 할 때 정치적 중립을 지킨다"고 규정한다(강령 3조 1항). 운영지침 2조에 의하면 "정치운동에 관여한다"라고 함은 다음 각 호의 어느 하나의 행위를 하는 것을

41) 대법원 2007. 6. 14. 판결, 2004도5561.

말한다. 다만 정치자금법 22조에 따라 선거관리위원회에 기탁금을 기탁하는 행위는 제외한다.

① 검사가 정당에 가입하거나 정당의 행사에 참석하는 행위

② 검사가 정치인에게 후원금을 포함한 정치자금을 제공하는 행위

③ 그 밖에 국가공무원법 65조, 국가공무원복무규정 27조의 규정에 의해 금지된 정치운동을 하는 행위

해설

검사가 정치인에게 후원금을 포함한 정치자금을 제공하는 행위를 할 수 없다(강령 3조 1항, 운영지침 2조). 따라서 검사 P는 검사윤리강령에 위배되는 행위를 한 것이다.

7. 이익충돌 회피

> 검사 P 는 A회사의 대표이사 B를 사기죄로 구속수사중이다. 이 사건의 피해자는 50여명이었는데, 그 피해자 중에는 검사의 사촌 형도 포함되어 있었다. 검사 P는 피의자와는 아무런 관련이 없으므로 이 사건을 담당해도 상관없다고 생각하고 수사를 계속하였다. 검사 P의 행위는 검사윤리강령에 위배되지 않는 것인가?

(1) 검사윤리강령은 사건의 회피에 관하여 규정하고 있다. 즉 검사는 취급 중인 사건의 피의자·피해자 기타의 사건의 관계인(당사자가 법인인 경우 대표이사 또는 지배주주)과 민법 777조의 친족관계에 있거나 그들의 변호인으로 활동한 전력이 있을 때 또는 당해 사건과 자신의 이해가 관련되었을 때에는 그 사건을 회피해야 한다(강령 9조 1항). 또한 위 사건관계인과 친분관계 기타 특별한 관계가 있는 경우에도 수사의 공정성을 의심받을 우려가 있다고 판단했을 때에는 그 사건을 회피할 수 있도록 하고 있다(동조 2항). 검사의 가장 중요한 가치인 공정성에 영향을 미치기 때문이다.

(2) 또한 검사는 직무상 관련이 있는 사건이나 자신이 근무하는 기관에서 취급 중인 사건에 관하여 피의자, 피고인 기타 사건 관계인에게 특정 변호사의 선임을 알선하거나 권유해서는 안 된다(강령 20조).

해설

검사는 취급 중인 사건의 피의자 · 피해자 기타의 사건의 관계인(당사자가 법인인 경우 대표이사 또는 지배주주)과 민법 777조의 친족관계에 있거나 그들의 변호인으로 활동한 전력이 있을 때 또는 당해 사건과 자신의 이해가 관련되었을 때에는 그 사건을 회피해야 한다(강령 9조 1항). 따라서 검사 P의 행위는 검사윤리강령에 위배된다.

8. 청렴성

검사 P는 자신의 변제능력을 초과하여 제3자를 위하여 채무보증을 섰다. 검사윤리강령에 맞는 적절한 행동인가?

검사는 공 · 사생활에서 높은 도덕성과 청렴성을 유지하고, 명예롭고 품위 있게 행동해야 한다(강령 4조). 이에 해당되지 않는 행동으로는 자신의 변제능력을 초과하여 제3자를 위하여 채무보증을 서는 행위, 지휘감독관계에 있는 사법경찰관리나 검사실 직원 등으로부터 사회통념상 적절하다고 인정하는 정도를 초과하여 접대를 받는 행위 등을 들 수 있다(운영지침 3조).

해설

검사는 공 · 사생활에서 높은 도덕성과 청렴성을 유지하고, 명예롭고 품위 있게 행동해야 한다(강령 4조). 따라서 검사가 자신의 변제능력을 초과하여 제3자를 위하여 채무보증을 서는 것은 이에 위반된 행위로 적절하다고 볼 수 없다.

9. 검사의 징계

P 검사는 사건관계인으로부터 뇌물을 받은 혐의로 대검찰청 감찰부로부터 조사를 받고 있다. P 검사에 대하여 직무집행의 정지를 명할 수 있는가?

9-1. 징계사유

다음 각호의 1에 해당할 경우에는 징계를 행한다(검사징계법 2조).

① 검찰청법 제43조(정치운동 등의 금지)의 규정에 위반하였을 때

② 직무상의 의무에 위반하거나 직무를 태만하였을 때

③ 직무의 내외를 막론하고 검사로서의 체면이나 위신을 손상하는 행위를 하였을 때

9-2. 징계종류

징계는 해임 · 면직 · 정직 · 감봉 및 견책으로 구분한다(3조 1항).

① 정직은 1월 이상 6월 이하의 기간 중 직무의 집행을 정지하고 보수를 지급하지 아니 한다(동조 3항).

② 감봉은 1월 이상 1년 이하의 기간 중 보수의 3분의 1 이하를 감한다(동조 4항).

③ 견책은 검사로 하여금 직무에 종사하면서 그가 저지른 잘못을 반성하게 하는 것을 말한다(동조 5항).

9-3. 징계위원회

(1) 징계사건을 심의하기 위하여 법무부 내에 검사징계위원회(이하 "위원회"라 한다)를 둔다(4조).

(2) 위원회는 위원장 1인을 포함한 7인의 위원으로 구성하고, 예비위원 3인을 둔다(4조 2항). 위원장은 법무부장관이 된다(5조 1항).

9-4. 징계청구와 개시

위원회의 징계심의는 검찰총장의 청구에 의하여 개시한다(7조 1항). 검찰총장은 검사가 2조 각호의 1에 해당하는 행위를 하였다고 인정하는 때에는 징계청구를 하여야 한다(동조 2항). 검찰총장인 검사에 대한 징계는 법무부장관이 청구하여야 한다(동조 3항).

9-5. 징계절차

(1) 징계혐의자에 대한 부본 송달과 직무정지

① 위원회는 징계청구서의 부본을 징계혐의자에게 송달하여야 한다(8조 1항).

② 법무부장관은 필요하다고 인정할 때에는 징계혐의자에 대하여 직무집행의 정지

를 명할 수 있다(동조 2항).

③ 검찰총장은 해임 또는 면직 사유에 해당한다고 인정되는 사유로 조사 중인 검사에 대하여 징계청구가 예상되고, 그 검사가 직무집행을 계속하는 것이 현저하게 부적절하다고 인정되는 경우에는 법무부장관에게 그 검사의 직무집행을 정지하도록 명하여 줄 것을 요청할 수 있다. 이 경우 법무부장관은 그 요청이 상당하다고 인정할 때에는 2개월의 범위 안에서 직무집행의 정지를 명하여야 한다(동조 3항).

(2) 심의절차

① 징계의 청구가 있을 때에는 위원장은 징계심의의 기일을 정하고 징계혐의자의 출석을 명할 수 있다(9조). 위원회는 심의기일에 심의를 개시하고 징계혐의자에 대하여 징계청구에 대한 사실과 기타 필요한 사항을 심문할 수 있다(10조).

② 징계혐의자가 위원장의 명에 의하여 심의기일에 출석하였을 때에는 서면 또는 구술로써 자기의 이익되는 사실을 진술하며 증거를 제출할 수 있다(11조). 징계혐의자는 변호사 또는 학식경험이 있는 자를 특별변호인으로 선임하여 사건에 대한 보충진술과 증거제출을 하게 할 수 있다(12조).

③ 징계혐의자가 위원장의 출석명령을 받고 심의기일에 출석하지 아니한 때에는 서면에 의하여 심의할 수 있다(14조).

④ 위원장은 명에 의하여 출석한 징계혐의자 및 선임된 특별변호인에게 최종 의견을 진술할 기회를 주어야 한다(16조).

(3) 징계의결

위원회가 사건 심의를 종료한 때에는 위원 과반수의 찬성으로써 징계를 의결한다(18조 1항). 검찰총장은 징계의결에 앞서 위원회에 의견을 제시할 수 있다(동조 2항).

위원장은 의결에 있어서 표결권을 가지며 가부동수인 때에는 결정권을 가진다(동조 3항).

9-6. 징계의 집행 등

(1) 징계의 집행

① 징계의 집행은 견책에 있어서는 징계처분을 받은 검사가 소속하는 검찰청의 검찰총장·고등검찰청검사장 또는 지방검찰청검사장이 행하고 해임·면직·정직·감봉에

있어서는 법무부장관의 제청으로 대통령이 행한다(23조 1항).

② 검사에 대한 징계처분을 한 때에는 이를 관보에 게재하여야 한다(23조 2항).

(2) 징계심의의 정지

징계사유에 관하여 탄핵의 소추 또는 공소의 제기가 있을 때에는 그 사건이 완결될 때까지 징계심의를 정지한다. 다만, 공소의 제기가 있는 경우로서 징계사유에 관하여 명백한 증명자료가 있거나 징계혐의자의 심신상실·질병 등의 사유로 형사재판절차가 진행되지 아니할 때에는 징계심의를 진행할 수 있다(24조).

(3) 징계사유의 시효

징계는 징계사유가 있는 날로부터 3년을 경과하면 이를 청구하지 못한다.

해설

법무부장관은 필요하다고 인정할 때에는 징계혐의자에 대하여 직무집행의 정지를 명할 수 있다(검사징계법 8조 2항). 또한 검찰총장은 해임 또는 면직 사유에 해당한다고 인정되는 사유로 조사 중인 검사에 대하여 징계청구가 예상되고, 그 검사가 직무집행을 계속하는 것이 현저하게 부적절하다고 인정되는 경우에는 법무부장관에게 그 검사의 직무집행을 정지하도록 명하여 줄 것을 요청할 수 있다. 이 경우 법무부장관은 그 요청이 상당하다고 인정할 때에는 2개월의 범위 안에서 직무집행의 정지를 명하여야 한다(동조 3항). 따라서 P 검사에 대해서 직무집행의 정지를 명할 수 있다.

Ⅲ. 사례 연습

1 다음 중 법관윤리강령에 위배되는 행위를 모두 고른 것은?[42]

가. 법관 A는 평소 국회의원 B와 두터운 친분이 있어 매년 소액의 후원금을 국회의원 B가 소속된 정당에 기부하였다.

나. 법관 C는 현재 본인이 담당한 사건과 관계가 없는 대학동기인 변호사 D로부터 "저녁이나 하자"는 연락을 받고 이에 응하여 오랜만에 저녁식사를 같이 하였다.

42) 법조윤리시험(2010년)문제이다.

다. 법관 E는 과거에 담당하였던 소유권이전등기 사건의 소송대리인 변호사 F로부터 위 사건 관련 토지 2필지를 매수하였다.
라. 법관 G는 자신이 담당한 공무원의 뇌물죄 사건에서 무죄를 선고하였는데, 기자 H가 정확한 보도를 위하여 무죄 이유에 대한 설명을 요청하여 이에 응하였다.
마. 법관 I는 국회의원 J에 관한 정치자금법위반죄 사건의 수사가 진행되는 상황에서 평소 알고 지내는 기자 K로부터 "이 사건이 기소된다면 법원에서 유죄로 인정되겠느냐"는 질문을 받고, "법리적인 측면에서 무죄라고 볼 수 있지 않겠느냐"는 취지로 답변해 주었다.

① 가, 마
② 나, 다, 라
③ 가, 다, 마
④ 나, 라, 마

2 J 법관은 서울중앙지방법원 형사단독판사이다. 재판 중인 피고인 A의 특정경제범죄가중처벌등에관한법률(업무상 배임)사건에 대해서 국회의원 B로부터 석방해달라는 청탁을 받았다. J 법관은 어떻게 처리해야 하는가?

3 J 법관은 재판진행 중 고령의 당사자에게 버릇없다는 내용의 발언을 하였다. 징계사유에 해당하는가?

4 J 법관은 법무법인 소속 변호사로 근무하다가 임용되었다. J 법관에게 위 법무법인이 변호인인 사건이 배당된 경우 어떻게 처리해야 하는가?

5 법관이 현재 담당하고 있는 사건의 소송관계인이 아니거나 이미 종결된 사건의 경우에는 그 소송 관계인을 면담·접촉하는 것에 지장이 없는가?

6 법관이 현재 담당하고 있는 사건 또는 그 직전과 직후의 사건의 대리인 내지 변호인이 아닌 변호사와는 면담·접촉하는 데 지장이 없는가?

7 현재 법관이 담당하고 있는 사건의 소송 관계인의 경우 사적인 만남이 무조건 허용되지 않는 것인가?

8 유사한 사안에 대하여 하급심에서 유죄판결과 무죄판결이 엇갈렸다. 이러한 상황에서 J 법관은 법관 내부의 학회 등에서 위 판결들에 대하여 논평을 하였다. 이것은 적절한 행동인가?

9 법관 J는 아파트 실소유자로부터 아무런 대가 없이 아파트를 사용하는 등의 편의를 제공받고 있던 중 그가 피고인이 된 재판을 회피하지 않고 진행하고, 피고인의 동생의 비용부담으로 피고인의 동생과 함께 2회 골프를 쳤다. 법관 J의 행위는 징계사유에 해당하는가?

10 법관윤리강령에 관한 설명 중 틀린 것은?[43)]

① 법관윤리강령은 대법원규칙이다.

② 법관윤리강령은 법관에 대하여 사법권 독립을 수호하고, 명예를 존중하고 품위를 유지하며, 공평무사하고 청렴할 것을 요구하고 있다.

③ 법관은 법관윤리강령을 자발적으로 준수할 것이 요구되고, 법관임용 때 법관윤리강령을 준수할 것을 선서한다.

④ 법관윤리강령은 강제규범이 아니기 때문에, 법관이 재판의 공정성에 관한 의심을 초래하여 이 규범에 어긋나는 행동을 해도 불이익한 처분을 할 수 없다.

11 ○○지검 형사부 검사 P는 피의자 A의 수뢰사건 수사를 담당하였다. A는 뇌물을 받은 사실이 없다고 부인하였다. 증뢰자인 B는 A에게 돈을 주었다는 사실을 인정하고 있으나, 그 돈의 용도나 돈을 준 경위에 대해서 일관성 없이 수시로 진술을 바꾸어 신빙성이 없었다. 신빙성이 없는 B의 진술 외에 증거가 없어 검사 P는 피의자 A가 무혐의라고 판단하고 부장검사에게 불기소한다는 취지의 보고를 하였다. 부장검사는 피의자진술이 신빙성이 없기 때문에 기소해야 한다고 주장하였다. 검사 P는 어떻게 행동해야 하는가?[44)]

12 검사 P는 절도죄로 기소된 피고인 X의 공판에 입회하였다. X의 국선변호인 L은 피해자와의 합의를 추진하지 않고, 정상증인의 신청도 하지 않았다. X에게는 자동차로 1시간정도 가면 친척이 있고, 그 친척의 도움을 받으면, 합의가 이루어질 가능성이 있고,

---

43) 법무부 법조윤리모의시험문제이다.

44) 塚原 등(455면).

X도 그 친척을 의지하여 갱생을 도모할 수 있다고 생각하고 있다. P 검사는 어떻게 공판 절차를 진행시켜야 하는가?

13 변호사 L은 서울중앙지검 특별수사부 검사로 근무하면서, 저명한 증수뢰사건이나 경제사건의 수사에 관여한 적이 있는데, 현재는 퇴직하여 변호사로 근무하고 있다. L은 '전 서울중앙지방검찰청 특별수사부 검사'인 것을 적극적으로 홍보하였다. 그리하여 과거 특별수사부에서 수사한 증수뢰사건의 피고인이 대표이사로 근무하는 기업의 고문변호사가 되었다. L 변호사의 행동에 문제가 있는가?

14 다음 설명 중 옳은 것은?[45]

① 검사는 구체적인 사건 청탁이 없을 경우라면 직무 수행의 공정성을 의심받을 우려가 있는 자라 하더라도 교류할 수 있다.

② 검사는 자신이 직접 수사하여 기소한 사건의 내용에 관하여 검사의 직함을 이용하여 대외적으로 그 내용을 공표할 경우 소속 기관장의 승인을 받아야 한다.

③ 검사는 취급 중인 사건의 피의자, 피해자의 변호인으로 활동한 전력이 있을 때에는 소속 기관장의 승인을 받아 사건을 취급한다.

④ 검사는 수사 및 공판과정에서 피고인에게 유리한 증거를 발견하였더라도 법원에 이를 제출할 의무는 없다.

해설

1 1) 후원금은 특정 정당 또는 국회의원 등을 위한 후원회에 기부하는 것이므로 비록 소액을 기부하는 경우라도 특정 정치세력에 대한 지지의사로 해석될 가능성이 있고, 궁극적으로 법관의 정치적 중립성에 대한 국민의 신뢰를 해칠 우려가 있으므로 법관이 현행 정치자금법상 후원금을 기부하는 것은 소액이라도 하지 않는 것이 바람직하다. 더욱이 정당에 대한 후원금 기부는 정치자금법 개정(2008. 2. 29.)으로 현재는 정치자금부정수수죄에 해당함을 유의해야 한다. 반면에 정치자금법상 기탁금은 각급 선거관리위원회에 기탁하여 국고보조금 배분비율에 따라 각 정당에 배분·지급되는 것으로 정치적 중립성에 대한 신뢰 손상의 우려가 없으므로 허용된다.[46]

45) 법조윤리시험(2010년)문제이다.
46) 법관윤리(127면).

2) 의례적인 만남이라면 대학동기 변호사와 식사하는 것은 지장이 없을 것이다. 다만 특정한 변호사와 눈에 띌 정도로 빈번하게 접촉하거나 지나칠 정도로 가까이 교제하는 경우라면, 일반인들에게 공연한 의심을 초래할 수 있으므로 가능한 한 피하는 것이 좋을 것이다.[47]

3) 법관이 법정에서 접촉하거나 접촉할 가능성이 큰 변호사 또는 사건의 당사자이거나 당사자였거나 조만간 당사자가 될 개연성이 높은 사람으로부터 부동산을 매수하는 행위 등은 공정성을 훼손하거나 그러한 의심을 불러일으킬 우려가 있으므로 특별한 사정이 없는 한 금지된다.

4) '언론이나 대중을 상대로 한 공개적 발언' 등은 재판의 내용에 대한 구구한 억측을 불러일으킬 우려가 있으므로 이를 피하는 것이 바람직하다. 그러나 정확한 언론보도를 위하여 기자의 취재에 응하는 것은 가능하다고 본다.

5) 따라서 가, 다, 마의 행위는 법관윤리강령에 위배된다고 볼 것이다. 정답은 ③번이다.

2 위 사례의 경우, 소속기관의 장에게 보고하거나 행동강령책임관과 상담한 후 처리하고, 위 소속기관의 장과 행동강령책임관은 해당 법관이 공정한 직무수행을 할 수 있도록 적절한 조치를 해야 한다. 소속기관의 장 자신이 이러한 청탁을 받은 경우에는 직근 상급기관의 장에게 보고하여 처리토록 한다.

3 이러한 행위는 직무상 품위유지의무에 위반된다. 또한 법관윤리강령 4조 3항(소송 관계인에 대한 친절의무)에도 위반된다. 이러한 행위로 경고를 받은 사례가 있다.[48]

4 종전에 법무법인의 구성원이었던 법관은 임명 이전에 당해 법관이나 법무법인이 직접 관여하였던 사건에 대하여 관련 지식이 없어질 것으로 합리적으로 예상되는 기간에는 해당 사건을 맡아서는 안 된다. 법관 등의 사무분담 및 사건배당에 관한 예규 10조의3에 따라, 법무법인 등에서 퇴직하거나 탈퇴한 날로부터 3년이 경과하지 않은 경우 해당 법관에게는 해당 법무법인이 수임한 사건을 배당하지 못한다. 사건이 배당된 경우 해당 법관은 재배당 요구를 할 수 있고, 그에 따른 재배당이 이루어져야 한다.[49]

5 법관이 현재 담당하고 있는 사건의 소송 관계인은 아니더라도 그 사람이 조만간 해당 법관이 담당할 사건의 대리인 등 소송 관계인이 될 것이 거의 확실한 경우라면 그를 면담・접촉하는 것은 가능한 한 피하는 것이 바람직하다. 또한 이미 종결된 사건의 경우에도 그 사건의 성격상 공정성에 대한 의심을 불러일으킬 우려가 크다면 그 소송 관계인을 사건의 종결 직후에 면담・접촉하는 것은 바람직하지 않을 것이다.[50]

---

47) 법관윤리(85면).
48) 법관윤리(35면).
49) 법관윤리(53면).
50) 법관윤리(84, 85면).

6 의례적인 만남이라면 지장이 없을 것이나, 특정한 변호사와 눈에 띌 정도로 빈번하게 접촉하거나 지나칠 정도로 가까이 교제하는 경우라면, 비록 그러한 만남의 과정에서 청렴성에 아무런 문제가 없고 재판의 진행이나 결과가 실제로 공정하다고 하더라도, 훗날 당해 변호사가 그 법관의 사건을 담당하게 되었을 때 법관의 공정성을 의심받을 우려가 있는 등 일반인들에게 공연한 의심을 초래할 수 있으므로 가능한 한 피하는 것이 좋을 것이다.[51)]

7 단순한 사적 만남이 아니라 학술모임이나 동문모임, 경조사 등 공식모임 내지 단체모임이거나 각종 토론회 등 공개석상에서의 만남을 포함하여 사회상규의 범위 내라면 허용되나, 그 경우에도 공정성을 의심받을 행동을 하여서는 안 된다.[52)]

8 상소심 계속 중이거나 상소심 계속이 예상되는 시점에서는 법관들이 하급심 판결들에 대하여 공개적인 논평을 하는 것은 교육이나 학술 또는 정확한 보도를 위한 경우라고 보기 어렵고, 다른 법관의 재판에 영향을 미치려는 것으로 비칠 수 있기 때문에 신중하여야 한다.[53)]

9 법관이 법정에서 접촉하거나 접촉할 가능성이 큰 변호사 또는 사건의 당사자이거나 당사자였거나 조만간 당사자가 될 개연성이 높은 사람으로부터 돈을 빌리거나 증여받는 행위, 부동산을 매입하거나 그에게 부동산을 매도하는 행위 등은 공정성을 훼손하거나 그러한 의심을 불러일으킬 우려가 있으므로 특별한 사정이 없는 한 금지된다. 법관이 그러한 사람에게 돈을 빌려주는 행위도 이자 등의 관계에서 공정성을 의심받을 우려가 있으므로 마찬가지로 피해야 한다.[54)]법관 J의 행위는 법관윤리강령에 위배되는 것으로 징계사유에 해당한다.[55)]

10 법관이 상당성 내지 합리성의 범위를 넘어 법관윤리강령을 위배함으로써 징계의 대상이 되었을 때는 이 강령의 내용이 징계의 기준이 될 수 있으므로, 이 강령의 강제적 측면이 전적으로 배제되는 것은 아니다. 따라서 ④번이 틀린 것으로 정답이다.

11 검사 P는 자신의 생각을 상사에게 진술하고 충분한 의견조정을 해야 한다. 그럼에도 불구하고 기소해야 한다고 하면 결재자의 직무이전권한(검찰청법 7조의2 2항 후단)에 의하여 당해 사건을 다른 검사에게 배당해주도록 요청할 수밖에 없다.

12 검사가 대표하는 공익 중에는 피해자의 정당한 이익의 실현, 적정한 재판의 실현 외에, 피고인의 정당한 이익도 포함된다. 그러므로 검사 P는 피고인의 친척을 정상증인으로 신청하여, 피고인에게 유리한 정상을 입증해야 한다고 본다.

13 L 변호사는 일반적으로 자신이 취급한 증수뢰사건의 피고인이 대표이사로 근무하는 기업의

51) 법관윤리(85면).
52) 법관윤리(86면).
53) 법관윤리(86면).
54) 법관윤리(106면).
55) 법관윤리(114면).

고문변호사가 되어서는 안 될 것이다. 그러나 그 기업의 법령준수(compliance)의 확립을 위하여 검사로서의 경험과 정의감을 청취하려고 고문업무를 의뢰한 것이라면 고문의 취임은 허용된다고 본다. L 변호사는 검사의 공정중립성 · 청렴성에 대한 국민의 신뢰를 손상시키지 않도록 신중히 고려하여 행동해야 할 것이다.[56]

14 검사는 자신이 직접 수사하여 기소한 사건의 내용에 관하여 검사의 직함을 이용하여 대외적으로 그 내용을 공표할 경우 소속 기관장의 승인을 받아야 한다. 따라서 정답은 ②번이다.

56) 高中(347면).

주요참고문헌

1. 국내서

		略語
김재원	미국의 법학교육과 변호사윤리, 도서출판 정법, 2007.	[김재원]
도재형	법조윤리입문, 이화여자대학교출판부, 2011.	[도재형]
박승옥	미국법률가협회 법조전문직 행동준칙모범규정, 법수레, 2010.	[박승옥]
박준	판례 법조윤리, 소화, 2011.	[박준]
박휴상	법조윤리(제2판), 도서출판 피데스, 2011.	[박휴상]
이상수	법조윤리의 이론과 실제, 서강대학교 출판부, 2009.	[이상수]
정형근	법조윤리강의, 박영사, 2010.	[정형근]
최진안	법조윤리, 세창출판사, 2010.	[최진안]
한인섭, 한상희, 김재원 이상수, 김희수, 김인회	법조윤리, 박영사, 2010.	[한인섭 등]
법원행정처	법관윤리, 법원행정처, 2011.	[법관윤리]
대한변호사협회	판례 · 선례 변호사법 축조해설, 대한변호사협회, 2009.	[대한변협]
서울대학교 법과대학	법률가의 윤리와 책임, 박영사, 2003.	[서울대]
사법연수원	법조윤리론, 사법연수원, 2007.	[사법연수원]
이재상	신형사소송법, 박영사, 2007.	[이재상]
이시윤	신민사소송법, 박영사, 2009.	[이시윤]
이철송	회사법강의, 박영사, 2007.	[이철송]
권영성	헌법학원론, 법문사, 2000.	[권영성]

2. 일본서

		略語
小島武司, 田中成明 伊藤 真, 加藤新太郎	法曹倫理, 有斐閣, 2006.	[小島 등]
森際康友	法曹の倫理, 名古屋大学出版会, 2005.	[森際]
高中正彦	法曹倫理講義, 民事法研究会, 2006.	[高中]
塚原英治, 宮川光治, 宮沢節生	法曹の倫理と責任, 現代人文社, 2007.	[塚原]
小島武司, 栢木俊彦 等	現代の法曹倫理, 法律文化社, 2007.	[栢木]
加藤新太郎	弁護士役割論, 弘文堂, 2001.	[加藤]
林屋禮二 等	法曹養成実務入門講座 1, 信山社, 2003.	[法曹養成]
日本弁護士連合会倫理に 関する委員会	注釈弁護士倫理, 有斐閣, 1996.	[日弁連 注釈]

3. 미국서

Richard Zitrin, Carol M. Langford, Kevin E. Mohr., *Legal Ethics in the Practice of Law*, 3rd ed., LexisNexis, 2006.

Deborah L. Rhode., *Legal Ethics*, 5th ed., Thomson Reuters, 2009. 등

색인

■ **저자약력**

박휴상

서울대학교 법과대학 졸업
법학박사(상법, 단국대)
사법연수원 수료(3기)
서울, 부산 지방검찰청 검사
법무부 법무심의관실 검사
대검찰청 검찰연구관
법무부 송무과장
서울, 부산 등 검찰청 부장검사
사법연수원 교수
청주지방검찰청 차장검사
법무법인 일원 변호사
전남대학교 법과대학장
동 행정대학원장
현재 전남대학교 법학전문대학원 교수

주요저서 · 논문

개정상법해설(법문사, 1984)
법조윤리(도서출판 피데스, 2011. 제2판)
증권인수인의 책임에 관한 고찰(기업법연구, 2007. 9.) 등 다수

법조윤리 사례연구

인쇄 | 2011년 12월 5일
발행 | 2011년 12월 10일

저자 | 박휴상
발행 | 김윤수
발행처 | 전남대학교출판부

등록 | 1981. 5. 21. 제53호
주소 | 500-757 광주광역시 북구 용봉로 77
전화 | (062) 530-0571~3
팩스 | (062) 530-0579
홈페이지 | http://altair.chonnam.ac.kr/~cnup

값 28,000원

ISBN 978-89-7598-956-8 (93360)

이 도서의 국립중앙도서관 출판시도서목록(CIP)은 e-CIP홈페이지(http://www.nl.go.kr/ecip)와 국가자료공동목록시스템(http://www.nl.go.kr/kolisnet)에서 이용하실 수 있습니다.
(CIP제어번호 : 2011005685)